読書礼讃

アルベルト・マングェル
野中邦子 訳

白水社

読書礼讃

装丁・本文レイアウト　細野綾子

つねに証拠を探している
マヴィス・ギャラントへ

「証拠を出せ」と王様はいった。「びくびくするな。さもないと、この場で処刑だぞ」

『不思議の国のアリス』第十一章

目次

III　覚え書

IV　言葉遊び

V　理想の読者

VI　本をめぐるビジネス

VII 罪と罰

VIII 荘厳なる図書館

はしがき

「あんたは気のきいたスピーチをして、お礼の言葉をのべなければいけないのよ」と、赤の女王がしかめっ面をしてアリスにいった。

『鏡の国のアリス』第九章

私のほとんどの著作と同じように、本書のテーマも「読むこと」である。読むことはあらゆる創作活動のなかでとりわけ人間的な行為であり、その最も広い意味で、種としての人間を定義するものでもある。人は世界に足を踏み入れたとたん、あらゆるものに物語を見出そうとする。風景、空、他人の顔、そしていうまでもなく、われわれが生みだしたイメージと言葉のなかに物語を見出す。人は自分の人生と他人の人生を読む。自分たちの暮らす社会とその境界を超えた先にある世界を読む。絵画を読み、建築を読む。そして一冊の本を読む。

本を読むことこそ本質である。思うに、ページの上に書かれた言葉があるからこそ、世界は調和を保つ。百年の孤独のうちに、ある日、マコンドの住民は記憶喪失の病にかかって、この世界についての知識がすっかり消えてしまったことに気づく。牛とは何か、木とは何か、家とは何か。彼らが発見した解毒剤は言葉だった。自分たちにとって世界が何を意味するかを思いだすために、彼らはラベルをつくって、家畜から品物まですべてに貼り付けた。「これは木」、「これは家」、「これは牛で、牛からは乳が絞れる。その牛乳をコーヒーに入れると、ミルクコーヒーになる」。言葉は、私たちが共同体としてこうあるべきだと信じる世界の姿を教えてくれる。

「こうあるべきだと信じる」――これはひとつの挑戦だ。私たち読者は言葉を経験に沿わせ、経験を言葉に沿わせながら、それらの物語を通して変化してゆく。誰もがよく知っているとおり、物語は私たちの経験の反響であり、また経験を予測させるものでもあり、けっして自分のものにはならなかった経験を語るものでもある。本を自分のものにしようとしても、できるのはせいぜい燃やすくらいのことだ。したがって、私たちがこうあるべきだと信じる本の姿は読むたびに変わる。長年のうちに、私の経験、趣味、先入観は変化してきた。月日が過ぎるにつれ、記憶は形を変え、分類され、わが書斎の本はいっぺんに処分される。私の言葉と私の世界は――けっして変わらないいくつかのランドマークを除いて――唯一のものでもなければ不変でもない。「万物は流転する」というヘラクレイトスの名言は、私の読書にもあてはまる。「同じ本を二度同じように読むことはできない」

変わらないのは本を読む楽しみである。本を手にしているとき、不意に奇妙な感覚にとらわれることがある。不思議な驚き、ぞくぞくしたり、温かさを感じたり、ただの文字の連なりがなぜそんな感覚を呼び覚ますのだろうか。私は、書評、翻訳、アンソロジーの編纂といった仕事をしているので、このような罪悪感をともなう快楽にも多少の言い訳はできる（快楽には言い訳が必要だというのか！）。そればかりか、ときにはそれが生活の糧になる。詩人のエドワード・トマスは友人のゴードン・ボトムリーへの手紙にこう書いている。「この世の中はなかなか悪くない場所だ。年に二百ポンドを得る手段さえわかれば」。私は書評と翻訳と編集の仕事で、その二百ポンドをなんとか稼いできた。

ヘンリー・ジェイムズは、一人の作家の作品に反復してあらわれる秘密の署名ともいうべきテーマを「じゅうたんの下絵」という言葉で表現した。私が書いてきたもの（書評や回想やはしがき）の多くにも、あいまいな形が見えるだろう。それは、私が心から愛する読書という行為と、それをなす場所、トマスのいう「悪くない世の中」に関連している。私は読書にも一種の倫理が存在すると信じる。そこから何を読みとるかという責任、ページを繰り、文字の列をたどることについての政治的および個人的な関与のあり方である。そしてときには、著者の意図や読者の希望をはるかに超えて、一冊の本が人を、より善く、またより賢くする場合もあると私は信じている。

感謝の意をあらわす「気のきいたスピーチ」は、広い心で原稿を読んでくれたアイリーン・スミスとスーザン・ライティ、綿密な校閲をしてくれたダン・ヒートン、詳細な索引をつくってくれたマリリン・フレイグに贈りたい。すばらしい表紙デザインをしてくれたソニア・シャノンにも。

過去二十年間、私の書くすべての本の最初の読者だったクレイグ・スティーヴンソンは、本書でも構成や並べ方、取捨選択について意見をくれた（この本の前身である一九九八年刊の *Into the Looking-Glass Wood* でも同様だった。この本からは何章かをここに再録し、この「はしがき」の文章も一部重複している）。私が感傷的な理由から捨てがたく思った文章も彼はばっさりと削り、その一方で、私が忘れていたものを思いださせてくれた。時代遅れに見える文章やたとえを書きなおさせ、各章の内容が適切かどうか、著者以上にじっくりと考えてくれた。根気のない私だけだったら、きっと投げだしていたにちがいない。この点と、そして本人はきっと認めないだろうが、それだけではすまない彼のさまざまな心遣いに、心からお礼を申し上げる。

Ⅰ　私は誰？

「わたしはここにいるわ！」アリスは泣きだした。

「泣いたからといって、いるという証拠にはならない」トウィードルディーがいった。「泣いたってむださ」

「わたしがここにいなければ」あまりにもばかばかしくなって、アリスは涙にくれながらも半笑いになった。「泣いたりできないはずよ」

「その涙だって本物とはかぎらないからな」してやったりという口調でトウィードルダムがいった。

『鏡の国のアリス』第四章

鏡の国の読者

「どうか教えてちょうだい。この先、どっちへ行ったらいいのかしら」
「どこへ行きたいかによる」と猫はいった。

『不思議の国のアリス』第六章

私が八歳か九歳のころ、いまはすでになきわが家で、誰かに『不思議の国のアリス』と『鏡の国のアリス』をもらった。大勢の読者と同じように私も、自分が初めて読んだ版がその作品のオリジナルだとずっと感じてきた。幸運にも、初めて手にしたアリスはジョン・テニエルの挿絵入りで、厚手のクリーム色の紙に印刷されており、その紙からはなぜか焦げた木材の匂いがした。

初めて読んだとき、その物語には理解できないところがたくさんあったが、そんなことはどうでもよかった。かなり幼いころから私にはわかっていた。楽しみのためだけに本を読むときは（なんの因果か、楽しみ以外の目的で本を読まなければいけないときがままある）、厄介な泥沼を迂回し、うっそうと茂るジャングルを避け、退屈で殺風景な低地を飛び越えて、物語のはつらつたる流れに身をまかせてもかまわないのだ、と。

思いだせるかぎり、アリスの冒険にたいする私の第一印象は、哀れなアリスの道づれとなって実際に旅をしたという感覚だった。兎の穴へ飛びこみ、鏡の向こうへ入りこむのは、ただの出発点でしかない。それはバスに乗りこむのと同じように、ささやかではあるが、わくわくする旅立ちだ。そして、その旅ときたら！　八歳か九歳の私はまだ懐疑など心に抱くはずもなく、ときとして、物語は日常以上にリアルに感じられた。不思議の国が実際にどこかにあると思っていたわけではないが、それが自分の家や通りと同じような素材、学校と同じ赤レンガでできていることを知っていた。

一冊の本は、読むたび別の本になる。子供のころに初めて読んだ『アリス』は、『オデュッセイア』や『ピノッキオ』にも似たひとつの旅だった。私としては、オデュッセウスや木偶人形よりも、アリスのほうがずっと気に入った。やがて、思春期のアリスが来る。テーブルの上にワインなどないのに三月兎からワインを勧められてグラスを手にするふりをしなければならないアリス、青虫に自分が何者なのか答えろと迫られるアリスの気持ちに共感し、それが何を意味しているかを理解した。アリスの存在は赤の王様が見る夢でしかないというトウィードルダムとトウィードルディーの警告のせいで私の眠りはさまたげられ、起きているあいだは、教師の姿をかりた赤の女王に「犬から骨をとったら何が残る？」などと問いつめられる拷問のような試験に苦しめられた。やがて二十代になると、ハートのジャックの裁判がアンドレ・ブルトンの『黒いユーモア選集』に借用されていることを知り、アリスがシュルレアリストの姉妹であることが明らかになった。キューバの作家セベーロ・サルドゥイとパリで話したあと、ハンプティ・ダンプティのいうことが雑誌『シャンジュ』や『テル・ケル』による構造主義の概念に通じると知って目からうろこが落ちる思いをした。そして、もっとあと、私がカナダで家をもつことになったときは、あの白の騎士（「だがおれは考えていた／顎髭を緑色に染めあげて／それが見えなくなるほどの／でっかいうちわをかざそうか」）がカナダの役所の廊下を駆け回る大勢の役人と同じようなものだと気づいて愕然とした。あちこちの役所の廊下を右往左往しながら、私もようやく白の騎士の心のうちを察するに至ったのだ。

　何年ものあいだ、アリスの物語を読みかえすたびに、別の見方、さまざまな解釈ができた。だが、あえていえばそれらはみな、心の奥底では私だけのものだと感じられた。もちろん他の人の読み方は私の個人的な読書体験に影響をおよぼし、ある一節に新しい観点や別の色合いを付け加えた。しかし、そのほとんどは、アリスの耳もとでしつこく「それでだじゃれがいえるよ」とくりかえすブヨのささやきと同じようなものだった。もちろん私は耳を貸さない。私は独占欲の強い読者だ。自分が読んだ本にかんするかぎり、その初夜権を他の人間に譲るつもりはまったくない。何年も前、初めて読んだときに感じた『アリス』への親愛の念はいつまでも消えない。読みかえすたび、その絆はとても個人的に、また予期しない形で強まった。暗記している部分もある。私が「セイウチと大工」の歌を飽きもせずに暗唱しはじめると、子供たち（ちなみに、長女の名はいうまでもなくアリスだ）は、やめてという。そして、新しい人生経験を得るたび、アリスの本のなかにその予兆となるものや、郷愁を感じさせる一節を見つける。つまり、「こうなるに決まっていた」とか「こんな状況は前にもあった」と思わされるのだ。

　多くの冒険のなかでも、あるひとつの冒険は、私にとって過去に味わった、またはいつか味わうことになる特定の体験というより、むしろもっと広い意味での経験または（大げさかもしれないが）人生哲学のように思える。それは『鏡の国のアリス』の第三章の終わりにある。さまざまな思いにふけりながらチェスの国を通りすぎて、アリスはやがて暗い森に近づく。そこでは、ものに名前がない（とアリスは教えられる）。「なにはともあれ、気持ちがいいことはたしかね」とアリスは自分を励ますようにいう。「あの暑いところからここに来られて——この——この——なんだっけ？」その言葉が出てこないことにあわてて、なんとか思いだそうとする。「ほらこの下——ええと——なんの下だったかしら！」と片手を木の幹において、アリスはいう。「これは自分のことをなんといっているのかしら？　そうね、名前なんかないんだわ——あらまあ、たしかに名前はないのね」。現実の生活では経験を言葉であらわすことに慣れきっていたアリスは、いま自分がいる場所の名前を思いだそうとして、不意に気づく。じつは、ものには名前などない。彼女が何かに名前をつけるまで、それは名なしのまま、幽霊のようにぼんやり黙ってそこにあるだけなのだ。アリスは忘れられた名前を思いださなければいけないのだろうか？　それとも、最初から新しく名前をつけなければいけないのだろうか？　これは太古からの難問だ。

「大地の塵から」アダムを創造し、エデンの園の東においた（創世記第二章にそう書いてある）あと、神は地上のあらゆる獣と空の鳥のすべてを創った。そして、アダムがそれらをなんと呼ぶかを見守った。そして、アダムがすべての生き物を呼ぶと、「それが生き物の名前になった」という。何世紀にもわたって、この奇妙な交換のエピソードは学者たちを惑わせてきた。アダムは、（鏡の国の森のように）あらゆるものが名前をもたない場所におかれ、目についたすべてのものと生き物に新しく名前をつけたのだろうか？　それとも、神が創造した獣や鳥には最初から名前があって、アダムはそれを知ることになったのだろうか？　つまり、初めて犬や月を見た子供のように、アダムもそれらの名前を声に出して呼んだだけなのか？

　さらに、ここでいう「名前」とはなんだろう。この問いかけ、ないし同種の問いは『鏡の国のアリス』に見られる。名前のない森を通りすぎてから何章かあとに、アリスは憂いに沈んだ白の騎士に出会う。騎士は大人ぶったえらそうな態度で、アリスを「なぐさめる」ためにうたってやるという。「その歌の名前は『タラの目』と呼ばれている」

「まあ、それが歌の名前なのね」と、アリスはなんとか興味をかきたてようとしながらいった。

「いや、わからないかな」と、ちょっといらいらしたようすで騎士はいった。「歌の名前がそう呼ばれているというだけだ。歌の名前は、ほんとうは『すごく年寄りの男』というんだ」

「それじゃ、『その歌はそう呼ばれているんですね』というべきだったのね」とアリスは自分の言葉を訂正した。

「いや、それもちがう。まったく別のことじゃないか！　その歌は『方法と手段』と呼ばれている。だが、もちろん、そう呼ばれているってだけのことだ！」

「で、結局のところ、その歌はなんなの？」さっぱりわけがわからなくなって、アリスは訊ねた。

「それをいいたかったんだ」と騎士はいった。「その歌は、ほんとうは『門のところに坐って』というんだ。メロディは私の創作さ」

やがてわかるとおり、そのメロディも彼の創作ではない（とアリスは指摘する）。そして、騎士がこだわった、呼ばれている名前、名前そのもの、呼ばれているもの、もの自体という厳密な区別も目新しいものではない。その区別は、創世記の語り手と同じくらい古い歴史をもつ。アダムにゆだねられた世界は、アダムと同じく無垢だった。同じようにアダムの言葉も無垢だった。アダムが見たもの、感じたこと、アダムが惹かれたもの、あるいは恐れたものは、名前の層を通じて彼の前に（そして、ゆくゆくはわれわれすべての前に）存在を確立する。名前をつけることで、むきだしの経験に言葉という衣を着せようとするのだ。アダムとイブが無垢を失ったのは偶然ではない。彼らは外皮をまとうよう運命づけられていたとタルムード学者はいう。「自分たちを包んだものの形を通して、彼らは自分自身が何者かを知る」のである。言葉、すなわちものの名前は、経験に形を与える。

命名の仕事はすべての読者に課せられる。本を読まない人びとは、苦労しながら自分たちの経験にゼロから名前をつけなければいけない。自分たちなりに本を想像しながら、言葉の起源を築いていかなければならないのだ。書物が中心となるわれわれの文明では、読書の技能は部族の一員になることを意味する。部族に特有の暗号や要求をそこから読みとらなければならず、その行為によって、記録された言葉という共通の起源を分けあうことができる。だが、読書をたんに受容的な行為だと考えるのはまちがいだ。じつは、その逆である。ステファヌ・マラルメによれば、すべての読者の義務は「部族に特有の言葉の感覚を純化させること」だという。それによって、読者は本を自分のものにしなければいけない。読者は果てしない蔵書のなかから、まるで夜陰に忍びこんだ泥棒のように、名前を盗みだす。その名前は多彩で、また創造性に富み、「アダム」のようにシンプルなものもあれば、「ルンペルシュティルツキン」のように珍しいものもある。ダンテは「人生の半ばにさしかかって」迷いこんだ暗い森のなかで三頭の獣に遭遇したときのことを書いている。ダンテの本を読む人びとにとって、半ばにさしかかったその人生は自分自身の経験と重なりあい、同時に、別の森を映しだすものでもある。その森は、かつて子供のときに見たものであり、松や狐の匂いがただよう、夢に満ちた場所である。ジョン・バニヤンは、妻や子供たちの嘆願が聞こえないよう両手で耳をふさいで家を捨て去るキリスト教徒について書いている。ホメロスが描くオデュッセウスは、セイレーンの歌声を聴かなければならなくなったとき、帆柱に体を縛りつけたという。バニヤンやホメロスの本を読む人びとは、それらの言葉を現代の風潮にあてはめ、人の話を聞こうとしない愛すべきプルーフロックを思い起こす。エドナ・セント・ヴィンセント・ミレーは自分のことを「皿のように家庭的」だといった。われわれの食事の友、日々キッチンで使う陶器に新しく獲得された意味をこめて命名しなおすのは読者にほかならない。「男とは、生まれついての詭弁家である！」と嘆いたのはカール・マルクスだった（フリードリヒ・エンゲルスが『家族の起源』に引用している）。「呼び名を変えることで、ものごとを変えようとする！」マルクスには申し訳ないが、私たちがしようとしているのはまさにそれである。

子供なら誰でも知っているとおり、経験の世界には（アリスの森と同じで）名前がない。私たちはまごまごしながら、右往左往する。頭のなかは教わったことや沸きあがる思いでいっぱいだ。私たちが読む本は、石や木に名前を与える手助けとなる。喜びのとき、絶望のとき、愛する人の息遣い、小鳥のピーピーというさえずりに名前を与えることができる。そこにあるもの、ひとつの感情、ひとつの認識に光をあて、長すぎる犠牲のあとに私たちの心がいまここにあること、エデンの園の用心深い見張り番がそこにいること、私たちの耳に届くのが聖心会の修道院から聞こえてくる声だということを教えてくれる。これらの啓示はときとして役に立つ。経験や命名がなされる場所において、順番はさほど重要ではない。経験は最初に来るかもしれないし、何年もあとに来るかもしれない。読者は、その経験を呼ぶための名前を『リア王』のページに見つけるかもしれない。あるいは、生涯の最後に来るかもしれない。ぼんやりした記憶のなかで、ぼろぼろになった『宝島』のなかから、すっかり忘れていたその言葉が浮かびあがるかもしれない。たとえ作家が名前をつくりだしたとしても、読者がそれを拒否する場合もある。その命名が的外れだったり、陳腐だったり、さらには日常的に使うには大げさすぎたりするせいだ。すると、それらの名前は見捨てられ、忘れられ、あるいはいずれやってくる（はずだと読者は期待する）至高の啓示の瞬間まで棚上げにしておかれる。しかし、命名しがたいものに名前をつけようとする読者にとって、ときには本が助けになることもある。「言葉にできないことを彼に知ってほしい。そして、同じ言葉で、完璧な答えを出してほしい」と『愛の発明』のなかでトム・ストッパードはいっている。読者が本のページのなかに完璧な答えを見出すことも、ときとしてあるのだ。

アリスと白の騎士が承知しているように、名前とそう呼ばれている名前、もの自体とそう呼ばれているものを混同してしまうことが危険のもとである。ページの上の優美な幽霊は、世界にラベルを貼るのにうってつけではあるが、それは世界そのものではない。人間が同じ人間を拷問にかけることや、わが子の誕生を名づけることはできないだろう。プルーストの天使やキーツのナイチンゲールを創作したあと、作家は読者に向かって「私の魂をあなたの手にゆだねた」といい、実際にそうすることができる。だが、そんなふうに魂をゆだねられても、読者はこの森、すなわち言語を絶した現実のなかで、はたして道を見つけられるだろうか？

体系的な読書はほとんど役に立たない。公の読書リスト（古典、文学史、検閲済みの図書、推薦図書、図書目録）によって、役に立つ名前がたまたま見つかるかもしれないが、それもそのリストの裏にひそむ動機を心においていた場合にかぎる。私が思うに、最良のガイドは読者の気まぐれである――楽しみにまかせ、偶然の発見を信じる――その結果、ときにはつかのまの優美さへと導かれ、亜麻の繊維から黄金が紡ぎだせるだろう。

亜麻の繊維から紡ぎだした黄金。一九三五年の夏、流刑地にいた詩人のオシップ・マンデリシュタームはスターリンから特別な許可を得て、期限三か月の身分証明書と居住許可証を得た。妻のナジェージダ・マンデリシュタームによると、このささやかな書類のおかげで、生活はたいへん楽になったという。ちょうどその時期、マンデリシュタームの夫妻の友人で俳優兼エッセイストのウラジーミル・ヤホントフも彼らのいる都市に来ていた。モスクワでのヤホントフとマンデリシュタームは配給帳を読むことを楽しみにしていた。それは失われた楽園に名前をつけようとする行為だった。いま、身分証明書を手にした二人はその書類も同じように読みあげた。ナジェージダの回想録『希望のない希望』にはその情景が描かれている。「それは、いっそう絶望を深める行為といってもよかった。配給帳を手に、彼らはそのリストを一人で、あるいは声を合わせて読みあげた。『牛乳、牛乳、牛乳……チーズ、肉……』。ヤホントフは身分証明書を読みあげるとき、その声に威嚇するような不吉な色合いをこめた。『発行者……発行……誰それによる……特別許可……居住許可、きょじゅう許可、きょ・じゅうきょ・か……』」

本物の読書とはつねに破壊的で、常軌を逸したものである。アリスと同様、まともな頭の読者はこの鏡の国で、狂った名前をつける者たちと出会う。侯爵夫人は辛子のことを「鉱物」といった。チェシャ猫はのどをごろごろ鳴らし、それを「ぶつくさ」といった。カナダの首相は鉄道網をずたずたにしてそれを「発展」と呼んだ。スイスのビジネスマンは略奪まがいの取引をしてそれを「商売」と呼んだ。アルゼンチンの大統領は人殺しをかくまってそれを「人道的行為」と称した。そのような誤った呼称に抵抗するため、読者は自分の本のページを開く。意図的な狂気を押しつけられそうになったとき、混沌のなかで人が一貫性を保つために読書は助けとなる。狂気を排除するのではなく、また経験を従来の言語構造のなかに封じこめるのでもなく、ただ目のくらむような独特のやり方で、混沌を創造的なものへと変えることができる。言葉の上っ面の輝きに惑わされず、闇の奥を探究しなければならない。

現代の衰弱した神話は、表面より下へ踏みこむことを恐れているように思える。われわれ現代人は深みを軽んじ、反応の遅さをばかにして笑う。恐怖のイメージは、大小さまざまな画面上にちらちらと明滅するが、スピードダウンを嫌うわれわれはあえて注釈を加えようとしない。グロースター伯の目がくりぬかれる場面は見たがるが、『リア王』の舞台を最初から最後まで見ようとはしない。しばらく前のある夜、私はホテルの部屋で、チャンネルを次々と変えながら漫然とテレビの画面を眺めていた。たまたまだろうが、二、三秒おきに切り替わる画面には人が殺されたり殴られたりする映像がつづき、苦悩に歪んだ顔や爆発する車や建物ばかりが映った。突然、気づいた。一瞬前に映しだされた映像はドラマのワンシーンではなく、バルカン半島の戦争を伝えるニュース番組だった。たたみかけられるせいで感覚さえ麻痺させてしまう暴力シーンのひとつとして、私は本物の銃弾で人が殺される現実の情景を平然と眺めていたのだ。

ジョージ・スタイナーによれば、ホロコーストによって、想像上の地獄の恐怖が焦げた肉や骨という現実に置き換えられたという。この変換こそが、他者の痛みを思いやれない現代的な無関心の始まりかもしれない。たとえば、中世の時代、殉教者の恐ろしい受難はさまざまな絵に描かれたが、それらはたんなる恐怖の図として見られることはけっしてなかった。それらは殉教者の栄光を広め、教えようとする神学（どれほど教義に縛られ、教理問答そのままの絵であっても）によって光をあてられた。そして、それらの殉教図はいまこの世界に存在する苦しみについて思いをはせるきっかけになった。すべての人が表面的な刺激以上の意味を読みとるわけではないが、より深い思索につながる可能性はつねにあった。結局のところ、図像や文章はさらに進んだ解釈やもっと深い思考への選択肢をさしだすだけのものである。読者や鑑賞者はその選択を拒否することができる。なぜなら、絵や文章それ自体は、紙の上のインクのしみ、または木の板やキャンバスになすりつけられた絵具のしみにすぎないからだ。

思うに、その夜、テレビで見た映像は表面的なものでしかなかった。人の感情を煽るだけの文章（政治スローガン、ブレット・イーストン・エリスの『アメリカン・サイコ』、薄っぺらな広告）と同じように、ぱっと見て理解できるもの、じっくり考えるだけの空間も時間もない、はかないものだった。アリスの鏡の国に出てくる森は、そんな薄っぺらなイメージでできてはいない。深みがあり、考えることを要求する。たとえ（そこを通りすぎるあいだは）そこにあるものの名前が出てこないとしても。本物の経験と本物の芸術（こんな形容詞を使うのは居心地が悪いが）には共通点がある。どちらも、われわれが理解する以上に大きい。むしろ、われわれの理解力をはるかに超えているといってもいい。それらの極限はつねに、われわれの手の届く少し先にある。アルゼンチンの詩人アレハンドラ・ピサルニクはこう書いている。

そして魂に、そんなに遠いのか、と訊かれたら、あなたはこう答えざるをえない。
川の向こうに。いや、この川ではなく、もうひとつ先の川の向こうに、と。

ここまで来るのにさえ、私は多くのすばらしい案内役に助けられた。圧倒的なものもあれば、親しみにあふれたものもあり、多くはとても楽しませてくれ、なかには期待以上に目を開かせてくれたものもいくつかある。それらの本は、わが記憶の図書館において、たえず変化する。記憶の図書館そのものも、年齢、忍耐力、異なる空、異なる声、新旧の意見によってつねに変化し、冊数が増減し、文脈からはみだし、余白に書きこみが加えられ、カバーがとりかえられ、新しい題名がつけられる。そのような無軌道な司書たちのひそかな行為によって、ささやかなわが図書館は果てしなく拡張しつづける。いまや、私は一度読んだ本を手にしても、まるで初めての本のように読むことができる。

コンコルドの自邸〈ブッシュ〉で、七十歳のラルフ・ウォルド・エマソンはアルツハイマー病と思われる病にかかっていた。伝記作家のカルロス・ベーカーはこう書いている。「ブッシュは忘却の場になった……［だが］彼いわく、読書はいまも『ゆるぎない楽しみ』だった。ブッシュの書斎はしだいに彼の避難所になっていった。一人で書斎にこもって、正午まで読書にふけり、午後もまた散歩に出かけるまでそこで過ごした。自分の書いたものについてさえ、記憶はしだいに薄れてゆき、自分のエッセイを読みなおすことに喜びを見出した。『いやはや、これらはじつによい文章だ』と彼は娘にいった」

私の場合も、エマソンの再発見と同じようなことが、『木曜の男』や『ジキル博士とハイド氏』を読むときに起こっている。初めてキリンを見たアダムのような気持ちで向き合えるのだ。

それだけだろうか？

ときには、それだけで十分だと思う。さまざまな不安と恐怖のなかで、喪失や変化に脅かされ、内憂外患の苦労を背負い、ささやかな慰めさえ得られないとき、本を読む人びとは、少なくとも、すぐそこに安全な場所があると知っている。現実の紙とインクが支えになって、私たちに屋根と安息を与えてくれる。それがあればこそ、この名前のない暗い森を通ってゆけるのだ。

亡霊に場所を与えよ

「これはとても重大なことだ」と王様は陪審員席に向かっていった。陪審員たちが石板に書きとめようとしたとき、白ウサギが口をはさんだ。「些細なことと陛下はおっしゃるつもりだったのでしょう、もちろん」白ウサギはうやうやしい調子でそういいながら、王様に向かって苦々しくまゆをひそめた。

「些細なことというつもりだ、もちろん」王様はあわてていいなおすと、どちらの響きがよいか試すように小声でくりかえした。「重大——些細——重大——些細」

陪審員のなかには「重大」と書いた者もいれば、「些細」と書いた者もいた。アリスはみんなの石板を見下ろせるほどすぐそばにいたのだった。「そんなこと、どうだっていいのに」とアリスは心のなかで思った。

『不思議の国のアリス』第十二章

コニー・ルークへ

私はもの書きになるつもりはなかった。何年ものあいだ、その誘惑は隅っこに押しやられ、見えないままだった。この現実の世界で本は確たる存在であり、最初は読み聞かせてもらい、のちには自分で黙読するようになって、私のあらゆる必要を満たしてくれたが、その一方で本はその内容とともに、つねに変わらないものとしての存在をアピールしつづけた。私が眠る部屋やドアの向こうから聞こえてくる声とはちがって、本は不変だった。父がアルゼンチンの大使だったので、乳母と私はよく旅をした。そして、移り変わるホテルの部屋、テルアビブの大使館の一室でさえ、夜ごとに入りこむ大好きな本の世界ほどには親しみがもてなかった。

自分で本が読めるようになると、なつかしい物語の世界への旅は乳母に頼らなくてもよくなった。乳母の手があいているかどうか、疲れていないか、気分はどうかに関係なく、自分の気まぐれで選べるようになったのだ。そして、空想や衝動にかられたときにはいつでも、心からなじんだ本の世界に戻り、頭のなかで暗唱できるほど愛読した本のページを繰ることができるようになった。朝は、大使館の塀をめぐらした中庭の四隅に植えられた四本の椰子の木のもとで。西洋夾竹桃の茂みのある砂丘に野生の亀がはいまわる広大な自然公園を行く車のなかで。とりわけ夜には、もう私が寝ているものと信じこんだ乳母が、原因不明の腹痛のせいで眠れないまま、夜半すぎまで編み機の前に坐って編み物をするあいだ、私は本を読んだ。ハンドルを行ったり来たりさせるにつれて規則的にくりかえされるザーッという音、手元を照らすためにつけているぼんやりした黄色いランプの明かりのなかで、私は壁に向かって本を開き、アラジンのように活躍する小さなムックの物語、名犬クルーソーの冒険、三色のワインを飲ませて娘を殺す盗賊の花婿、厳しい運命にさらされるカイとゲルダ、残忍な雪の女王の物語に読みふけった。

　私の書棚に並んだ本のなかに、いつか自分で書いた本を加えることがあろうとは夢にも思わなかった。私が求めたものはすでにそこ、手の届く場所にあった。そして、新しい物語が欲しければ、家から歩いてすぐのところにある書店で、自分の蓄えはいくらでも増やすことができた。当時の私には物語を紡ぎだすことなど不可能に思えたし、そもそも、それは庭に椰子の木をもう一本増やすこと、あるいは砂の上でもがく亀をもう一匹増やすだけのことでしかなかった。成功する見込みがあろうか。なにより、その必要があるのか?

　私が七歳のとき、家族はブエノスアイレスに戻った。丸石を敷き詰めた通りにあるひんやりした大きな暗い家で、私はテラスに面した自分の部屋をもらった。ほかの家族の部屋とは離れていた。そのときまで、英語とドイツ語しかしゃべっていなかった私はスペイン語で話すことを学び、しだいに私の書棚にはスペイン語の本が加わった。このときもまだ、なにかを書きたいという気持ちにはならなかった。

　もちろん、宿題は数に入らなかった。いわゆる「作文」は、与えられたテーマについて短文を書くことであって、フィクションというよりルポルタージュに近く、想像力の入りこむ余地はなかった。「家族について」「日曜日にしたこと」「仲のよい友達」といったテーマの作文は控えめな甘ったるい文章にしかならず、同じように穏やかな筆致の色鉛筆で描いた人物や出来事の絵が添えられ、そのすべてに先生が目を通して言葉遣いや綴りの間違いがないかどうかを点検する。一度だけ、与えられたテーマから外れたことがあった。そのお題は「海戦」だった。男子ばかりのクラスで、先生は生徒たちが全員、自分と同じように戦争ごっこが大好きだと信じこんでいた。私は飛行士や戦士の本を読んだことがなかった。クラスメートの何人かは、たとえば『ビグルス』シリーズや、安っぽい粗い紙に飛行機や戦車の写真が山ほど印刷された世界大戦の縮約版の歴史本を好んで読んでいた。私はこのテーマで作文を書くだけの知識が自分にはないとわかっていた。そこで、テーマを拡大解釈して、鮫と巨大イカの戦いについて書くことにした。いうまでもなく、私の大好きな『海底二万里』の挿絵から思いついたものだった。この思いつきが先生を面白がらせるどころか、怒らせることになったのは意外だった。テーマが何を意味するかよくわかっていたはずだ(まさしく)といって叱られた。私にとってこれが初めての創作だったと思う。

その気になった私は二度目の試みにとりくんだ。毎年、夏休みに入る直前、学校では愛国的な教訓を盛りこんだ退屈な芝居を上演した。少なくとも、そんなお説教くさい芝居より面白いものが書けるはずだと思った。そこで、ある晩、夕食のあと、机に向かって、かつての大統領の一人が子供だったときの物語を書いた。彼はワシントンのように、けっして嘘をつかないことで有名だった。第一場では、少年が遊び友達の悪さをいいつけるか、両親に嘘をつくかで悩むところから始まる。第二場は、友人を守るために嘘の話をでっちあげるところが描かれる。第三場で、少年は良心の痛みにさいなまれる。第四場では、友人が自分の罪を告白する。第五場では、主人公の少年が嘘をついたことを悔いる。こうして、深刻なジレンマは巧妙に回避される。人間の徳をテーマにしたこの芝居の題名――『義務か真実か』――は気の利いたものではないが、いわんとするところは明らかだった。この台本は採用されて上演され、自分の書いた言葉を人が声に出して読みあげるという初めての経験にわくわくした。

そのとき私は十二歳だった。この成功に味をしめて、さらに物語を書くようになった。『義務か真実か』は二、三時間で書いた。もう少し時間をかけて、『魔法使いの弟子』もどきの作品を書こうとした(ディズニー映画『ファンタジア』を見て思いついた)。それから、ブッダ、モーセ、キリストが主役の宗教劇。そして、グリム童話の「がちょう番の娘」を翻案した作品。どれも完成しなかった。本を読むという行為が、読者と選ばれた本のあいだで親密さとリズムを分けあう、満たされた官能的な作業である一方で、書くことは厳格さと根気強い努力を必要とする肉体労働だと思い知らされた。ひらめいたときの喜びは、じつによいものだ。だが、その辛さと厳しさは料理人が味わうものと同じである。思いつきと構想だけでは、作品はできない。長時間労働、こわばる関節、痛む足、痙攣する手、調理場の熱気と寒さ、材料不足の悩み、専門知識の不足があらわになる屈辱、玉葱の皮をむけば目から涙が出るし、鋭いナイフで指を切ることもある。その努力のすべては、誰かにおいしい食事を供するためなのだ。よい本を書こうとするのも同じこと。十二歳の私は作品を書くのに、たった二夜でさえ費やしたくなかった。なんのために？私は読者という居心地のよい立場に戻った。

本は私を誘惑しつづけ、本にかんすることならなんでも好きだった。ブエノスアイレスで過ごした少年時代には、幸いなことに著名な作家と知りあうことができた。きっかけは、学校のあいまにアルバイトをしていた英語とドイツ語の本を扱う書店、そしてそのあとは編集者見習いをしていた小さな出版社で、ホルへ・ルイス・ボルヘス、アドルフォ・ビオイ＝カサーレス、シルビーナ・オカンポ、マルタ・リンチ、マルコ・デネビ、エドゥアルド・マジェア、ホセ・ビアンコといった作家との知遇を得たのである。私は作家とつきあうのが好きだったが、彼らにたいしてはとても内気だった。もちろん、彼らにとって私など存在しないも同然だったが、ときたま私に目をとめて、こう訊ねる人もいた。「きみはなにか書くのかね？」答えはいつも「いいえ」だった。彼らのようになりたくなかったわけではなく、自分の名前が本の表紙に印刷され、その本が人びとに称賛されたらすてきだと思うこともたまにはあった。ただ、はっきりとわかっていたのだ。自分の書いたものに、私の愛する本と同じ棚に並ぶだけの価値があるとは思えなかった。自分が本を書いたとして、それがジョゼフ・コンラッドやフランツ・カフカの小説と並んでいるところなど想像もつかず、不釣り合いに思えるだけだった。どんなに生意気な少年でも、ばかばかしいと思う感性はある。

だが、作家たちの言葉には耳を傾けた。登場人物がどこに向かうのかを理解して、物語のさまざまなエピソードをていねいに組み立てること、そして読者には最小限の手がかりだけを残して、作者にさえ見えなかった何かを発見したように思わせることが大事だというビオイの話。複雑でパワフルな登場人物よりも、平凡な人びとの小さな悲劇のほうが心を打つのはなぜかというオカンポの解釈。チェーホフについて嫉妬まじりの賞賛で熱弁するリンチ、同じくディーノ・ブッツァーティへのデネビの思い、サルトルとドストエフスキーについて熱く語るマジェア。ボルヘスが貴重な骨董品の時計を調べるようにしてキプリングの作品をいくつもの部分に分け、また組み立てなおすのを拝聴した。作家たちは、私の愛読してきた作品がどのようにつくられたかを話してくれた。それはまるで、時計工房の片隅に立ち、熟練した親方たちが、いちばんいい素材、最良の組み合わせ、むずかしい角度を保たせたり、永遠の時を刻んだりするのに必要な工夫や道具について、またはありえないほど薄く簡素なケースのなかに無数のバネや歯車をぴったりと収める技について語るのを聞いているようだった。新しい技術を学ぶためではなく、自分自身をよりよく知るために耳を傾けていたのだ。

一九六九年、大学を中退した私はヨーロッパに向かい、さまざまな出版社で気まぐれなフリーランスの仕事をした。報酬はごくわずかで、週に何回かまともな食事がとれる程度にしかならなかった。ある日、アルゼンチンの新聞が主催する短編小説のコンクールで五百ドルの賞金が出ることを知り、応募することにした。さっそくスペイン語で四つの短編を書いたが、それらはまあ読めるというしろもので、形はととのっていたが、精彩を欠いていた。パリで知りあい、当時、バロック時代のスペインを思わせる豊かな隠喩に富んだ作品を書いていたセベーロ・サルドゥイに読んでもらったら、ひどいものだといわれた。「まるで会計士のような言葉遣いだ。自分のために演じてほしいと言葉に頼んでいない。ほら、コンタクトレンズを片方落とした男が出てくるだろう。『片目をなくした男として』床から立ち上がったと書いている。もっとよく考えなくては。ここで必要なのは『キュクロプス』という言葉だ」と彼はいった。助言をいれて、私は物語にキュクロプスを登場させ、応募作を送った。数か月後、受賞の知らせが届いた。私は誇らしく思うよりも恥ずかしかった。とはいえ、そのおかげで数か月はまともな食事にありつけた。

それでもまだ私は書こうとしなかった。エッセイを数本、詩をいくつか、だがすぐに忘れてしまえるようなものだった。心がこもっていなかった。音楽好きの人間がピアノを試してみるのと同じで、情熱よりも好奇心で手を染めただけのことだった。その後、書くのをやめた。いくつかの出版社で働き、原稿を読み、印刷にまわし、人が書いた本のタイトルを考え、さまざまなアンソロジーを編纂した。仕事のすべては、つねに読者としての立場の延長だった。「ダビデは才能にあふれ、聖歌の作り方も知っていた。では、私は？　何ができるだろう？」と、十八世紀のラビ、ウーリは問いかけた。答えはこうだ。「その聖歌を朗唱することはできる」

初めて自分の本が出版されたのは一九八〇年だった。『世界文学にみる架空地名大事典』は、イタリアの出版社で働いていたときに知りあった有能な編集者ジャンニ・グアダルーピとの共同作業から生まれた。この本のアイデアはジャンニのものだった。フィクションに登場する架空の国々へのまじめなガイドブックである。この本のために、私たちは二千冊以上の本を読み、若者しかもちえない情熱でとりくんだ。この『大事典』の執筆は、いまの私がいう執筆とはまるでちがった。むしろ、自分たちが読んだ本に注解を加えるようなものだった。オズの国、架空の国ルリタニア、理想都市クリスティアノポリスといった場所の地理、慣習、歴史、植物相、動物相などについてくわしく説明したのだ。ジャンニはイタリア語で書いた原稿を送ってきた。私は英語で書き、彼のイタリア語を英語に翻訳した。それから、各項目を並べなおした。並べ方は、定評あるベデカー社の旅行案内書のスタイルにならった。膨大な数の項目を扱ったせいで、純粋に文章を書くという行為に、ほかの雑多な作業がまじりあった。（私たちの『大事典』のために）項目を列挙し、メモをとり、指示し、報告し、情報を集め、おしゃべりし、わがままを通し、批評し、おだてあい、意見を表明し、宣伝し、変節し、説教し、分類し、記述し、校正し、注を加えたのである。それらの作業には言葉の助けが必要だったが、はっきりいって、それは文章を書くという行為ではなかった。

二年後の一九八二年、私はカナダに引っ越した。『大事典』のおかげで、新聞に載せる書評の仕事を頼まれ、ラジオで本について語り、本を英訳し、芝居へと翻案した。心から満足だった。子供のころ友達のあいだで人気が高かった本のことをカナダの新しい読者に向けて紹介し、不思議なことに、過去に読んだ名作を鏡に映したかのようなカナダの古典を初めて読んでいくうちに、四歳か五歳のときから集めはじめた私の蔵書は夜ごとに勢いよく、また容赦なく膨らんでいくのだった。本は私のまわりでたえず増殖していった。いまやトロントのわが家では、すべての壁が本で覆いつくされ、部屋という部屋で本がひしめいている。いまも増えつづけている。そこに自分の著書を加えるつもりはなかった。

そのかわり、私は別の読書法を身につけた。本が与えてくれる可能性は無数に広がる。読者とその蔵書という単一の関係からその何倍もの関係が生まれる。気に入った本を友達に薦める。書店員（スーパーマーケットの時代に生き延びたのはほんの少数にせよ）は新刊書を教えてくれる。見知らぬ人のためにアンソロジーを編纂する。何年にもわたって本を読み、読み返していくうちに、これらの行為は重なりあい、たがいに反響しあう。大昔にあなたから本を薦められたという人に会えば、若いころに大好きだった本のことを不意に思いだすだろう。復刻版の本を見れば、忘れていたものが新しい姿で目の前によみがえるのがわかる。かつて読んだ本も、表紙が変われば、まったく別のものとして読める。そんなふうに、本はさやかながら永遠の生命をもっている。

その後、たまたま、答えのない問いかけによって、私の執筆にたいする態度が変わった（その件については本書に収めた「イン・メモリアム」に書いた）。独裁政権下のアルゼンチンを脱出した一人の友人から、高校時代の教師の一人――私が文学への愛を育むのに大切な役割を負っていた先生――が自分の教え子たちを軍事警察に売り渡していたという話を聞いたのだ。逮捕されれば、拷問を受け、ときには殺されると知っていながら。カフカやレイ・ブラッドベリ、それにポリュクセネーの死について語ってくれた教師だ（その一節を読むとき、いまでも私の耳には彼の声がよみがえる）。スペイン語で書かれた中世騎士道物語のその場面はこんな言葉で始まる。

A la qu'el sol se ponía
en una playa desierta,
yo que salía de Toroya
por una sangrienta puerta,
delante los pies de Pirro
vide a Polyxena muerta...

太陽が照りつけていた
人気のない浜辺
トロイアへおもむいた私は
血にまみれた門を通り
ピュロスの足元に
死せるポリュクセネーを見る

このことを知ってから、私は彼の教えの価値を否定すべきか、それとも彼がしたことの罪に目をつぶるべきか、はたまた（とても無理だと思ったが）その二つが同じ人間のうちに共存するという恐ろしい矛盾を受け入れるべきかを決められずに取り残された。この問いかけにはっきりした形を与えるために、私は『異国からの知らせ』という小説を書いた。

私の聞いたかぎりでは、ほとんどの作家はごく若いときから、自分が文章を書くであろうことに気づいている。外界へのなんらかの反応、他人から見た彼らの姿、日常のものごとに言葉を与えて自分自身を表現するやり方、その何かによって、自分が生まれながらの作家であることを知る。ほかの子供たちが、おのずと獣医やパイロットになろうと思うのに似ている。その仕事のために選ばれた存在であり、大人になったときには自分の名前が本の表紙に印刷されるだろうということを確信させる何かがある。それは巡礼者のしるしのようなものだ。私の場合、その何かは、自分が読者であると教えていた。亡命してきた友人と会ったのは一九八八年のことだった。つまり、作家になるという選択肢をはっきりと見据えたのは四十歳のときだった。四十歳は変化のときである。それまでに溜めこんだもの一切合財をあとに残し、身になじんだ慣習を捨て去り、暗闇のなかで荷物をまとめ、闇のなかに潜んだ力と向きあうべきときなのだ。

私の意図は明らかだった。たとえ結果がうまくいかなくても、私の意図することの本質は変わらない。こうして、私は初めて書きたいと思った。小説を書きたかった。とても言葉にはできないように思えるものを言葉で――文学の言葉、私の書棚に並ぶ本をつくりあげている言葉、燃えるような言葉で――表現した小説を書きたかった。私はそれにとりくんだ。生活の資をかせぐ仕事のかたわら、早朝や深夜、出張のときはホテルの部屋やカフェで、二面性をもった男、あるいはひとつだった本質が分裂した男の物語を書いた。十三歳のとき、夜中に読んで背筋を寒くさせた『ジキル博士とハイド氏』がつねに頭から離れなかった。小説の執筆にかかる時間があまりにも長くなって落ちこんだこともあった。ペースを維持し、話の連続性や筋道を見失わず、そしてなにより、リズムを保つのには努力を要した。何日も、ときには何週間も中断したあとで、だいじょうぶ、つづけられると自分を励ました。集中力がとぎれたって平気だというふりをし、中断したところから書きつづけるのはなんでもないことだと自分にいいきかせた。そう、しおりをはさんでおいた場所から本の続きを読むのと同じだ。しかし、そうはいかなかった。だが、うまくいかなかったのは、集中できなかったせいだけではない。思春期に作家たちから教わったことは、いまやほとんど役に立たないように思えた。いくつかの場面はうまくいった。だが、小説としては失敗だった。

技術がなかった。文章がうまくいかないとき、読者はすばやく察知する。文章が息づき、独特のリズムで波打っているか。それとも、防腐処理をされた死体のように硬直しているか。書くほうに転じた読者も気づくが、彼らはそれを説明することができない。ほとんどの作家にできるのは、文法と綴りの法則を学ぶこと、そして読書の技術を身につけることである。それ以上は、どんなにすばらしい作品が生まれたとしても、それは努力して習得したものをひたすら活かし、書くことによって文章の書き方を学んだ結果でしかない。新しい作品にとりくむたび、作家は輝かしくも危険な光の環に包まれる。「よい本を書くには三つの法則がある」とサマセット・モームはいった。「残念ながら、誰もその法則を知らない」

誰にも自分の人生で経験したことがある。それを文学的な経験に変えるこつを、誰もが知っているわけではない。たとえ錬金術師のような才能を授かったとしても、作家が物語をつくりあげるのに使うことが許される経験とはどんなものだろう？　アリス・マンローの「マテリアル」の語り手のように、母親の死は？　トーマス・マンの『ヴェニスに死す』のような、罪悪感がともなう欲望は？　マルグリット・ユルスナールの『老絵師の行方』では、弟子が首をはねられたのを見て、緑色の床の上の真紅を美しいと思う絵師が登場するが、そのような親しい人の流した血は？　家族や友人の隠しごと、あるいは作家を信用してもらした個人的な打ち明け話を小説にする権利があるのだろうか？　自分の秘密が読者の前にさらけだされたら、彼らはショックを受けるのではないだろうか？　小説家のマリアン・エンゲルは、他の作家たちと同席していたとき、面白い内緒話を聞いたとたん、大声で「それ、もらった！」と宣言し、自分の小説の素材にする意思表示をしたという。どうやら、作家の世界には、獲物をめぐる縄張り争いにかんする倫理規定はないようだ。

私もまた経験をもとにして書こうとした。ある瞬間や出来事を探しだし、それらを材料にして、影のなかにあったものに形を与えようとした。主人公の顔には、一度だけ新聞で見た男の顔を借りた。おだやかで知的で親切そうな顔だったが、あとでそれがナチの戦犯クラウス・バルビーだとわかった。誤解を招きやすい顔は、私の主人公にぴったりだった。ベレンスという名前も同じく、ブエノスアイレスからヨーロッパへ渡るときの船で会った風変わりな紳士の名を借りた。到着地の港に逗留することなく、たえず大西洋を船で往復するという奇妙な習慣をもつ作家だった。ある晩、私がひどい風邪をひき、高熱で苦しんでいたとき、彼はジッドの『法王庁の抜け穴』の登場人物ラフカディオの話を聞かせてくれた。彼は走っている汽車から世間知らずのアメデを突き落すという無償の行為に手を染めるのだ。アルジェの街のようすはブエノスアイレスを思いだしながら書き（どちらも海に面したフランスもどきの都市だ）、ケベック北部の描写はペルセ旅行の記憶をもとにした。真実味をもたせるために、拷問のやり方を描く必要があったが、実際に拷問をやってみるわけにはいかない。生きた人間ではなく、じっと動かないもの、つまり無機物を相手に乱暴を働く誰かを想像することにした。放りっぱなしの冷蔵庫には古くなったセロリが入っていた。そのセロリを拷問にかけたらどうなるか。どういうわけか、そのシーンはとてもうまく書けた。しかし、それだけでなく、小説では拷問する者の自己正当化を言葉にしなければならなかった。そのやり方がわからない。「その人間に同化して考えなければだめよ」と、友人の小説家スーザン・スワンは助言をくれた。そんなことは無理だと思った。だが、忸怩たることに、私は拷問者になったつもりで考えることができた。

うまくいった部分はあったとはいえ、全体としては迷いが多く、たどたどしく、平板だった。一人の男が部屋に入ってくる、庭の光が変わる、子供が何かを怖がっているといった、日常の至るところで伝えあっている（または、伝わっていると信じている）シンプルで正確な事実を言葉で表現することが、文学作品を執筆するにあたっていちばんの難行だと思い知った。私たちは、そんなことは簡単だとつい思いこむ。というのも、私たちのような聞き手ないし読者は認識論に重きをおき、直観でメッセージが伝わるものと考えがちだ。「いいたいことは察しがつくだろう」と。だが実際には、音をあらわす記号が思考を導き、それが記憶を呼び起こし、経験の集積のなかから何かを掘り起こし、それがきっかけで粉々になった感情を引きだすという一連の作用はすべて、明確な意図のもとに計算されたものにほかならない。それが実現したとき、読者はその作家がうまくやったことを知り、その奇跡に感謝する。

G・K・チェスタトンはあるエッセイでこう述べている。「どんな本でも、一冊の本がそのためだけに書かれたと思わせるいくつかの言葉がある」。すべての読者は心から愛する本のなかにその言葉を見つけられるのではないだろうか。だが、すべての作家にそれができるかどうか。私の小説についていえば、漠然とだが、その言葉がたぶんこれだという思いはある。そしていま（その出来事から何年もたったあと）、当時の——小説を書くという行為に駆り立てられた——私にそれがわかっていたというだけで十分だと感じている。

書きあがった小説は、想像していたものとはちがっていた。しかし、いまや私も一人の作家だった。いまやこの私も、(文字どおりの意味で)読者の手にゆだねられていた。読者にとって、私という存在は書いた本を通してしか確かめられない。読者は私を判断し、気にかける。もっと好ましいのは、厳密に限られたページのなかに提示されるものだけを見て、あとは無視してくれることだ。私が何者か、これまでの経歴は、意見や立場は、意図することとは、主題についての知識がどれほど深いか、中心的な問題について私がどれだけ心を砕いているかといったことは、読者にとってはどうでもいいことだ。ふわふわと浮遊し、しつこくつきまとう亡霊のように、作家は「ここのばかばかしさは笑えるだろう」とか、「このシーンでは泣くはずだ」と読者の耳にささやきかける。だが、それにたいして読者はこう答えざるをえない。「そんなにしつこくいうのなら、自分でやったらどう?」私が小説に書いていないことまで伝えたいとは思わない。そして、誇りをもった読者は、私が書いていないのに、どこからともなく笑いや悲哀を引きだすようなことはしないはずだ。この意味で、私はいつも、へたくそな作家の欠点を快くつくろってくれる読者の寛大さを不思議に思っている。おそらく、そんな憐れみ深い反応を引きだすのは、たんに二流の作品というだけでなく、かなりひどいしろものにちがいない。

うまくいった私の数ページが何に起因するのか——大勢の先輩作家からの大量の助言か、手本になった山ほどの本か、人生を通じて見てきたさまざまな出来事や耳を傾けた教訓的なゴシップのおかげか——私にはわからない。文章の書き方を学ぶのはつらい。なぜなら、説明できるものではないからだ。どれほど勤勉に努力しても、目的が高尚でも、よき相談相手がいても、水ももらさぬ調査ができても、痛ましい経験があっても、古典の教養があっても、音楽を聴く耳があっても、文体の趣味がよくても、よい文章が書けるとはかぎらない。「ペンはない、インクもない、テーブルもない、部屋もない、時間もない、静けさもない、やる気もない」とジェイムズ・ジョイスは一九〇六年十二月七日、弟に宛てて書いている。まさにそのとおりだ。

古代の人びとがミューズと呼び、私たちが控えめにインスピレーションと呼ぶものに突き動かされた何かが、言葉という衣を選び、組み合わせ、切りとり、縫いあわせ、つくろって、私たちの内部の深いところにうごめく、口に出せない無形の影――それがなんであれ――を包みこもうとする。なぜかはけっして明らかにならないが、ときにはすべてがしっくりくる。形は正しく、視点も正しく、濃淡や色調も正しい。そして、行やパラグラフの合間から、恐るべき神秘のすべてが損なわれず、あるべき姿で、その影がしっかりと出現する。ほかのものに解釈しなおすのではなく、思想や感情に奉仕するのでもなく、物語やエッセイの一部ですらなく、純粋な顕現《エピファニー》として――古い隠喩にもあるように、文章を書くことはすなわち、世界そのものに等しい。

十八世紀半ばまでのフランスでは、演劇愛好家のなかでもとくに裕福な人びとが、オーケストラピットやボックス席ではなく、舞台の上の席を買うために大金を支払った。この席はとても人気があったので、ときにはこの目障りな観客が出演者の数を上回ることさえあった。ヴォルテール作『セミラミス』の初演時には、舞台上に大勢の観客がひしめいていたため、ニヌス王の亡霊を演じた役者がつまずいて、あやうく舞台から落ちそうになり、緊迫したシーンが台無しになりかけた。それを見て大笑いが起こるなか、ヴォルテールは立ちあがって、こう叫んだという。「亡霊に場所を与えよ！」

このエピソードは有益だ。舞台と同じように、執筆を生業とする者の生活は、慎重にバランスを保った小道具、刺激的な照明効果、絶妙のタイミング、ぴったりの音楽、技術と経験の神秘的な組み合わせによって成り立っている。偶然の機会、金銭、名声、友情、家族としての務めといった理由でやむをえず、作家は上演中に大勢の観客が舞台上の席につくことを許可する。芝居の邪魔になる観客の群れは、やがて不本意ながら芝居の一部となり——場所をふさぎ、盛りあがりに水をさし、役者をつまずかせる——ついには失敗の言い訳や原因ともなり、注意をそらすものとして受け入れられ、誘惑の魔手として正当化される。執筆者として成功するかどうか（つまり、すぐれた作品を書けるかどうか）は、もろい小さなものに左右される。天才があらゆる障害を乗りきれるというのは確かだ——カフカは折りあいの悪い父の家の廊下で傑作を書き、セルバンテスは獄中で『ドン・キホーテ』の構想を思い描いた——が、ふつうの才能しかもたない者にとっては、邪魔をする群衆は少ないほうがいいし、大方の作家が味わう心理状態という点でも抑圧はなるべく小さいほうがいい。亡霊に場所を与えよ。ただし、舞台上に十分な場所があったとしても成功が約束されるわけではない。

時がたつにつれて、読者としての私は、なんとかなりおおせた作家としての私、この新たな技能のために戦略を練る私をおもしろがり、そして寛大に受け入れるようになった。薄暗い場所に潜む亡霊は限りない力をもちながら、きわめてもろい。途方もなく魅力的で、少し怖い。私がページの端から端へと移っていくとき、それは私に手招きする（たぶん手招きだろうと私は思う）。

ユダヤ人であること

ユニコーンはいった。「さて、これでおたがいの姿を見たわけだから、おまえがおれさまの存在を信じるなら、おれさまもおまえの存在を信じよう。そういう取り決めでどうだ？」

『鏡の国のアリス』第七章

『フランス人とはなにか』『男らしさについて』『女性であるとはどういうことか』といったタイトルの本を私はめったに読まない。だから、数年前にアラン・フィンケルクロートの警告的なエッセイ『想像のユダヤ人』を読むにあたっては、かなり躊躇した。読書がきっかけで、自分が経験した過去の奇妙なエピソードを思いだすことがあるが、このときも長いあいだ忘れていた昔の出来事が不意によみがえった。七歳のときのある午後、通いはじめたばかりのブエノスアイレス英語学校から帰るバスのなかで、後ろの席に坐っていた名前を知らない子に、「おい、ユダヤ人！　おまえの親父は金儲けが好きなんだろう？」といわれた。私はただびっくりして、なんと答えていいかわからなかった。自分の父親がとくに金儲けに熱心だとは思えなかったが、その少年の口調にわけのわからない侮蔑がこめられていることは伝わってきた。なによりも私を驚かせたのは、「ユダヤ人」と呼ばれたことだった。祖母はシナゴーグへ通っていたが、両親はとくに信心深いわけではなく、私は自分がユダヤ人だと思ったことは一度もなかったのだ。ユダヤ人というのは、祖母のような世代の老人たちを指す言葉だとずっと思っていた。しかし、そのような呼称は一種の定義づけでもあるから、そう呼ばれた瞬間（当時は理解していなかったが）、私は選択を迫られることになった。広範な意味をもつその厄介なアイデンティティを受け入れるか、それとも拒否するか。フィンケルクロートは著書のなかで似たような瞬間について書き、その種の経験は普遍的なものだと認めている。だが、彼の主題は敵意の継承ではない。フィンケルクロートはこう書いている。「私自身は、どちらかといえば反対の形で自分を定義し、呼ぼうとする傾向があった。自分がユダヤ人だということを誇りに思うだけでなく、心から満足している子供および若者というケースである。やがて、この若者は少しずつ疑問を抱きはじめる。異分子として、また流浪の民としての生き方に満足しているのは自己欺瞞ではないのか、と」。うわべだけのアイデンティティ、つまり個人的な経験としての苦しみを味わっていないくせにユダヤの苦難を継承しようとする者に、鋭い眼識をもつフィンケルクロートは、「想像のユダヤ人」あるいは「アームチェア」ユダヤ人という卓越した呼び名を与えている。

自分を悩ませる問題を説明するのに、この考え方がとても有効だったので、私は感銘を受けた。自分は何者かという意識が、周囲の世界を認識するときにどのような影響をおよぼすのか？　鏡の国の森を通り抜けるとき、アリスにとって自分が何者かを知ること（ヴィクトリア朝時代の子供は自分のことなど知らなくてよいと見なされた）はどれほど重要なのだろうか？　どうやら、とても重要なことのようだ。なぜならそれを知ることによって、森で出会うほかの生き物とアリスの関係が左右されるからだ。たとえば、自分が誰なのかを忘れたアリスは、自分が子鹿であることを忘れた子鹿と仲良くなる。「そこで二人は森のなかをいっしょに歩いていった。アリスは両手でやさしく子鹿のやわらかな首を抱いていた。やがて、また開けた場所に出た。森を出たとたん、子鹿は不意に跳びあがり、アリスの腕から逃げだした。そして、『ぼくは子鹿だ！』と喜びの声をあげた。『なんと！　きみは人間の子供じゃないか！』きれいな茶色の目に警戒の色を浮かべたかと思うと、次の瞬間、子鹿は全速力で逃げていった」

構築されるアイデンティティという問題をめぐって、フィンケルクロートは、ユダヤ人であること（私としては、アリスであること、子鹿であることも付け加えたい）についてのさまざまな疑問を次から次へと提起する。そして、あらゆる定義づけは一種の制約だという理由で、彼はそれらの疑問にはっきりした答えを出そうとしない。フィンケルクロートの問いかけの中核をなすのは、ユダヤ人はたしかに存在するという、一見陳腐に感じられる意見である。個人にせよ集団にせよ、ユダヤ人のアイデンティティがいかなるものであろうと、彼らは確たる存在であり、ナチでさえ抹消することはできなかった。それは簡単に生まれたわけではなく、いわんや分類できるものではない。ハインリヒ・ハイネは書いている。「どうか、先生。ユダヤ主義のことなど話題にしないでください。目のかたきにしたくないのです。汚点と恥辱。私にとっては、それだけです。ユダヤは宗教などではなく、一種の災難です」。「なぜこの私が？」という問いかけは、迫害されたユダヤ人の誰もが口にした。想像のユダヤ人には物憂げなため息がつきまとう。自分自身を例にあげて、フィンケルクロートは打ち明ける。一方では、自分はユダヤ人でよかったと公言し、その一方で、自分のなかのユダヤ的な要素を排除しようとし、自分を「よそ者」へと転換させ、非ユダヤ人の仲間にたいするメッセンジャーになろうとする。これはまさに自分のことだ、と私は思った。フィンケルクロートの場合、両親がホロコーストに言及しようとすると、彼はヴェトナムをもちだした。両親がユダヤ人排斥運動について話そうとすると、フランスにはユダヤ人のごみ収集人がいないと指摘した。「なぜこの私が?」という問いは、「なぜ私は別の誰かではないのか?」という問いに変わっていた。

この鏡の国の森のなかで、想像のユダヤ人は、自分がどこかに帰属しているという感覚をすっかり失った。そのためにユダヤ人は、ユダヤ人として「われら」と称することができない。根強い偏見によれば、この「われら」とは忌まわしい陰謀と世界征服をたくらむ秘密結社を意味する。それにたいする想像のユダヤ人の答えは、結びつきを否定し、「ユダヤ主義はあくまで私的なものだから、『われら』など存在しない」というものだ——にもかかわらず、今日では、ユダヤが一種のコミュニティだと広く認められている。そこで、フィンケルクロートは鋭く指摘する。「集団をあらわす定義がつねに政治の分野に限定されているのはなぜか?『私』以外の何かをあらわすとき、きまって権力や国家に関係してくるのはなぜか?」つねにユダヤ人は、過去に虐殺された何百万もの人びとのなかに隠れ、あるいはその一員だと声高に主張することになり、ただの「私」でいられないのはなぜか?

それは危険海域だ。議論の的となる過去の迫害をかならずしもつねに思いだす必要はないのだろうが、そこには往々にしてヒロイズムがつきまとう。「歴史の忘却のなかに」生きている仲間たちへの軽蔑を口にする人びとは、自分たちの不安定なアイデンティティが「歴史の幻影」の上に成り立っていることを忘れている。そのような過去の無数の網にからめとられ、はるか時代をさかのぼり、広い世界のあちこちに住みついた無数の家族とともにすべてのユダヤ人を祝福する過去のせいで、若いユダヤ人はときとして自分がたんなる傍観者にすぎないと思い知らされる。安息日のろうそくに灯をともし、祈りの言葉を唱えながら、揺らめく炎の上に円を描くように両手を動かす祖母を見ているとき、私は祖母の起源である暗い森の奥や冬の霧や大昔の言葉など、まったく思い描かなかった。私の祖母ではあったが、その存在は私という存在のなかで始まり、そして終わった。祖母はほかの先祖のことや自分が生まれた土地についてはめったにしゃべらなかった。だから、私の人生にとって、祖母の語る短い断片的な思い出話は、グリム童話やアリスの風景よりもはるかに軽いものだった。

ユダヤ主義の中心をなす禁止令があるとすれば、それは「アイデンティティの問題ではなく、記憶だろう」とフィンケルクロートはいう。「面白半分に迫害をまねたり、ホロコーストを見世物にしたりしてはならず、犠牲者に敬意を払うべきである」。ホロコーストを風化させてはならない。なぜなら、そうすることでユダヤ人は二重の死に追いやられるからだ。一度は殺されて死に、二度目は忘れられることで死ぬ。この点でも、私にとってホロコーストの恐怖は直接的なものではない。私の知るかぎり、近い家族でナチの犠牲になった者は一人もいない。母の両親も、父の両親も、第一次世界大戦のずっと前に移民してきて、ヒルシュ男爵がユダヤ人移民のためにアルゼンチン北部に建設したユダヤ人街に住みついた。そこにはイサアクやアブラハムといったユダヤ系の名前をもった牧童がいて、家畜にイディッシュ語で呼びかけていた。私は思春期になるまでホロコーストのことはまったく聞いたことがなく、その後もアンドレ・シュヴァルツ＝バルトやアンネ・フランクなどの本を通して知るだけだった。ユダヤ人の悲劇は私の歴史の一部なのだろうか？　人類の共通の歴史という以上に、この私のものだというのか？　大昔にスクールバスのなかで浴びせられたユダヤ人という侮蔑的な呼び名によって私は、古代に辛酸をなめた、探究的で、頑固で、賢い人びとの仲間入りをさせられるのだろうか？　私は彼らの一員だったのだろうか？　いまも一員なのだろうか？　私はユダヤ人なのか？　私は何者なのか？

人間の子供であるアリスと、狩られる動物である子鹿は、この最後の質問を反響させる。そして、私と同じように、自分はこうであるという自分のなかの言葉ではなく、外部の人間が見て、自分たちに投げかける言葉で自分自身を知りたいと思う。偏見の対象とされるすべての集団は以下のように主張する。私たちは、他者が私たちについて語る言葉、他者が私たちを見て思い描くイメージ、けっして忘れられない歴史でできている。なぜなら、私たちはいま現在、積極的な役割を禁じられているからだ。しかし、同時に私たちは、それらの仮定に疑問を投げかける言葉、ステレオタイプを無効にしたあとのイメージだともいえる。さらに、いま私たちが生きている時間そのものでもある。その時間からは、けっして自分を消せない。私たちには自分自身の存在がある。もはや想像上の存在でいるつもりはない。

一方、森の向こうでは……

「七の目はすっかり森のなか――でも騎士《ナイト》が道案内をしてくれるでしょう」

『鏡の国のアリス』第二章

コミックの熱烈な読者だったころ、読んでいていちばんわくわくしたのは、この先に予想外の展開が待っていることを期待させるもの、つまり「一方、森の向こうでは……」というせりふだった。それはたいてい、コマの上の左隅に派手な大文字で書かれていた。（物語が永遠に終わらないでほしいと切に望む熱烈な読者の一人である）私にとって、このせりふは永遠に近い何かを約束するものだった。分かれ道のその先、別の道の向こうで何かが起こっているらしい。定かではなく、謎めいているが、同じように重要なその道は、冒険に満ちた森のどこかに通じている。

森の地図をつくる

呪われれば引き締まり、祝福されれば弛《ゆる》む。

ウィリアム・ブレイク「地獄の格言」

三世紀半ば、キュレネの詩人カリマコスは、有名なアレクサンドリア図書館に収められた五十万冊の本の分類作業にとりくんだ。これは途方もない仕事だった。おびただしい数の書物を調べ、埃をはらい、棚に並べるだけでなく、どんな規則にしたがって並べるかを決める必要があったからだ。その並べ方は、広大な宇宙の秩序にしたがったものでなければならない。たとえばホメロスは「詩」、ヘロドトスは「歴史」というように、ある種の本を決まった棚に置くことで、カリマコスは世界で初めて、あらゆる著作をいくつかのカテゴリーに分類しようと試みた人物となった。カリマコスはそれをピナケスつまり「目録」と名づけた。そして、そのあと、ラベルのついていない何千冊もの本をどんなカテゴリーに分けるかを決めなければならなかった。カリマコスはこの膨大な蔵書を八つのピナケスに分けた。パピルスに記されたあらゆる事実、憶測、思想、想像がそのなかに含まれた。後世の図書館員はこのわずかな数を無限へと広げた。ホルヘ・ルイス・ボルヘスによれば、ブリュッセルにある書誌学研究所の分類システムの番号231は神だったという。

本を読む楽しみを知っている人なら誰でも、そんな分類をあてにはしない。主題、文学ジャンル、学派や流派、国別または民族別、年代順、テーマごとに分けるといった方法は、読者にとって、いくつもある視点のひとつにすぎず、一貫性がなく、書物という神秘的な存在の息吹や深みをかすめてさえいない。本は棚にじっとしていない。『ガリバー旅行記』は「年代記」から「社会風刺」へ、そこからさらに「児童文学」へと跳躍し、しかもどの場所でもおとなしくしていない。読書という行為は、人の性的指向《セクシュアリティ》と同じく、多面的で流動性に富んでいる。ウォルト・ホイットマンは書いている。「私は大きい。私のなかには多くの面がある」

「ゲイ文学」という分類は三つの点で罪がある。その一、文学的な分類としては、作者または登場人物のセクシュアリティにもとづいた狭いジャンル分けであること。その二、性的な分類としても狭いものなのに、なぜかその定義が文学形式として通用していること。その三、政治的な分類としても、特殊な性的指向をもった集団の、限定された人権を擁護するものであるから、きわめて狭いといわざるをえない。ところが、近年にかぎっていえば、「ゲイ文学」という概念は明らかに大衆の意識に存在する。「ゲイ文学」という棚を設けた書店もあり、「ゲイ文学」シリーズを出す出版社もある。そして、雑誌や新聞は「ゲイ文学」の見出しのもとに小説や詩を定期的に掲載している。

では、その「ゲイ文学」とは何か？

同語反復を恐れずにいえば、「ゲイ文学」として一般に理解されているのは、ゲイを主題にした文学である。ということは、オスカー・ワイルドの愛人だったアルフレッド・ダグラス卿が遠回しにほのめかす「日陰者の愛」――「その名を語ることをはばかる愛」とはまさに十九世紀ならではの表現である――から、現代の作家たち――ゲイであろうとなかろうと――によって書かれた、ゲイ・ライフのあからさまな記録までが含まれる。ときには、ゲイの作家が書いたゲイとは無関係の主題の本（たとえば、E・M・フォースターの『インドへの道』、エドワード・オールビーの『ヴァージニア・ウルフなんかこわくない』）が、明らかにゲイを扱った本――マルグリット・ユルスナールの『アレクシス』やマヌエル・プイグの『蜘蛛女のキス』――といっしょに同じ「ゲイ文学」の棚に置かれることもあり、まるで批評家や編集者や書店員はわざと作品ではなく作家によって分類しようとしているかのようだ。作家のなかには「ゲイ」というラベルを拒否する人（パトリック・ゲイル、ティモシー・フィンドリーなど）もいて、「たまたまゲイとして生まれた作者による本」と称している。この種のラベル付けには往々にして見られることだが、どんな定義もいずれは用をなさなくなる。だから、なんらかのラベルを貼ろうとするなら、そのたびに定義を見なおすべきなのだ。

クロード・J・サマーズはエッセイ集『ゲイ・フィクション』で、この主題について「ゲイまたはレズビアンの作家による、同性愛をテーマにした創作」と定義している。この定義にしたがえば、ゲイでない作家による多くの作品が含まれなくなる。つまり、作家のセクシュアリティによって、それらの作品は除外されるということだ。作家の性的指向はおそらく作品に影響を与えるだろうが、『ナショナル・エンクワイアラー』のようなタブロイド誌を読むときは、誰も文学作品のように筆者の素姓を気にしたりはしないだろう。D・H・ロレンスが年上の女性を好んだかどうかを知っていたら、『チャタレー夫人の恋人』を読む楽しみが増すかどうかは不明だが、このあまりにも有名な小説を読むのに不可欠な情報ではけっしてない。メルヴィルの生涯を研究すれば『白鯨』に含まれたホモエロティックな要素が発見できるかもしれないが、綿密な研究がなければそのような要素は読みとれないだろうか？　ゲイをテーマにしたウィリアム・フォークナーの短編小説は、作者に実体験があったかどうかを知らなければ読むにたえないものだろうか。「フィクション」という言葉は、物理的に経験した世界よりも想像力による創作を意味するものではなかったか？　作者の性向を知ることがテクスト理解に欠かせないものだとしたら、匿名の著者による作品（官能小説の多くは匿名で書かれている）の解読は、とどのつまり不可能ということになるのではないだろうか？

森をつらぬく道

執筆という精妙なる道は、ただ想像力に拠ってのみ立つ。

ジョン・ドライデン『アーサー王』

どんなジャンルも成立と同時に前史が生まれる。エドガー・アラン・ポーは探偵小説というジャンルを考案し、それによって聖書と同じくらい古い物語の定義を読者に認めさせた。「ゲイ文学」という分類は最近つくられたものだ。おそらく、ゲイ雑誌『クリストファー・ストリート』が創刊された一九七五年より前にはなかったはずだが、いまではそれ以前の作品の多くがこのジャンルに入れられる。英語で書かれたゲイの詩を集めたアンソロジーには、古典的な作家の名前がたくさん見られる。たとえば、シェイクスピアやバイロン卿などだ。一方、英語で書かれたゲイ小説には、古典といえるほど古いものはない。たぶん、詩の場合はあいまいな読み方ができ、また（シェイクスピアのホモエロティックなソネットの多くに誤った説明がなされているように）狭い理解ですまされるのにたいして、小説の場合は社会の秩序を守るという圧力を受けやすいからだろう。トマス・ハーディは、「小説に書いたら世間のひんしゅくを買うようなことでも、詩なら書ける」といっている。

英語で書かれた「ゲイ文学」を年代別にあげたリストの冒頭には、ベイヤード・テイラーの『ジョゼフとその友』（一八七一年）やセオドア・ウィンスロップの『セシル・ドリーム』（一八七六年）のようなマイナーな小説、またはもう少し有名なオスカー・ワイルドの「W・H氏の肖像」（一八九〇年に書かれた短編）が置かれるだろう。つづいて、ゲイの情熱を遠回しに表現したヘンリー・ジェイムズの『生徒』（一八九一年）、死後に出版されたE・M・フォースターの『モーリス』（完成は一九一四年）、D・H・ロレンスの「プロシア士官」（同じく一九一四年）、そしてロナルド・ファーバンクの『ピレッリ枢機卿の奇癖について』（一九二六年）などがつづき、やがてついに一九四八年、ゲイ・ライフを主題にした小説として初めてベストセラーになったゴア・ヴィダルの『都市と柱』が登場する。この年には、もう二冊のゲイ文学の古典が出版された。トルーマン・カポーティの『遠い声、遠い部屋』とテネシー・ウィリアムズの『片腕その他の短編』である。他の言語の文学史でも、同じようなリストがつくれるはずだ。

一九五〇年になると、英語圏のゲイ文学には二つの流れができていた。ひとつは「ストレート」の読者に向けて書かれ、弁解がましくいいわけし、自分がゲイであることの罪滅ぼしをしようとするもの。もうひとつはおもに開明的な読者に向けて書かれたもので、自分が異端であることを堂々と認め、ゲイの旺盛な性生活を描いている。多少なりとも、この二つの流れの両方を追った『都市と柱』は、ある重要な要素（アンドレ・ジッドの一九二六年の作品『一粒の麦もし死なずば』にヒントを得たと思われる）をとりいれた最初の長編小説だ。この後につづくゲイ小説のほぼすべてに見られるその要素とは、自伝的な語りである。北米でとくに影響力のあったゲイ文学の自伝的小説『ある少年の物語』（一九八二年）の著者エドマンド・ホワイトはこう書いている。「ゲイとして育てられる者はいないのだから、［少年が］違いを自覚したとき、彼はそれを受け入れるしかない」。異性愛者は性にまつわる道徳観（主として、保守的かつ性差別的な起源をもつ）を、家庭、学校、職場、テレビ、映画、活字などさまざまな場所で学ぶ。ところが、同性愛者の場合、概してそのような場所は与えられていない。見えない存在として育ち、思春期にさしかかるころには、ほとんどつねに孤立して過ごさなければならない。したがって、ゲイ小説――とくに自伝的なゲイ小説――は彼らにとってひとつのガイドになる。読者は自分の経験に照らして考え、比較することができる。

こうした事実にもとづく小説の多くは役に立ち、励ましになり(エイズの時代にはとりわけ有用だ)、ゲイの存在が日常生活の一部であることを読者に受け入れさせる。カミール・パーリアによれば、ゲイのほとんどは、その他のマイノリティ集団とはちがって自己再生産をしないという。それゆえ、世界中の芸術家と同じように、「彼らの連続性は文化を通じてしか得られず、文化が自分たちを支える土台となる」。クリストファー・イシャーウッド(『シングルマン』)、デイヴィッド・レーヴィット(『失われしクレーンの言葉』)、アーミステッド・モーピン(テレビの人気シリーズになった『テールズ・オブ・ザ・シティ』)のような作家たちも、この「文化を通じた連続性」を明確にしている。ゲイの登場人物を多面的な社会のただなかに置き、そうすることで現実の彼らが「よそ者」ではなく、大勢のなかの「ひとり」であり、歴史をもった文化全体――自分のイメージをもとに規準を定めようとする支配的かつ中心的な文化ではなく――の一部であることを示している。

ゲイ文学は教育的な目的で用いられることもある。偏見に屈し、罪の報いといった家父長的な価値観を暗黙のうちに受け入れるゲイ小説は文学的なテロリズムも同然であり、ヴィクトリア朝の説教くさい寓話と同じ範疇に入れられても文句はいえない。すぐれた作家のなかにもこの範疇にはまってしまう例は多い。たとえば、ネクロホモエロティックな欲望を描くデニス・クーパーの作品は病と腐敗の美学を追求し、死はつねに避けられない定めである。一方、ときとして臆病になるジッドはホモセクシュアリティを

「生物学の誤謬」と見なし、その小説の主人公はカトリック教徒としての苦悩に押しつぶされそうになる。

同性愛者は指導を必要とし、証言を必要とし、彼らを無視または排除しようとする多数派が力を握っている社会で生き延び、存在する権利を確保する必要に迫られているために、ゲイ文学の多くは、なんとしても現実的であらざるをえない。権利を要求し、その一部を獲得した他の被迫害グループの一員として、文学作品に描かれるゲイの男たちは、そのほとんどがいまだに情報提供ないしドキュメンタリーの段階にとどまっている。女性文学は、たとえばマーガレット・アトウッドの『侍女の物語』やジャネット・ウィンターソンの『ヴェネツィア幻視行』のように、ファンタジーを生みだすことができる。黒人文学は、トニ・モリスンの『ビラヴド』のような幽霊物語を生みだした。だが、ひとつかふたつのすぐれた例外(真っ先に思い浮かぶのはワイルドの『ドリアン・グレイの肖像』やジュネの『花のノートルダム』である)をのぞいて、ゲイ文学にはファンタジーが存在せず、空想の世界を描いたものがない。そのかわり、ゲイ文学の強さはその言葉の破壊的な可能性にある。

日常の言語を用いること、陳腐な使い方しかされないありきたりの言葉をひっくり返すこと、シュルレアリスム風の戦略をゲリラ的にくりひろげることで平凡な場所に危機感をもたらすこと——抑圧された文学すべてにいえることだが、それがゲイ文学の最大の強みである。フランスの詩人、劇作家、小説家で、一九八五年に死んだジャン・ジュネは、他のゲイ文学作家の誰にもまして、ゲイの存在を文学的な声として豊かに表現した。ジュネは、抑圧者にたいしてぜったいに譲歩してはならないということを肝に銘じていた。ゲイのセクシュアリティを咎めながら女性への搾取を黙認し、こそ泥を逮捕しながら追いはぎ貴族のふところを潤わせ、人殺しを縛り首にしながら拷問者に勲章を与える偽善的な社会において、ジュネは男娼であり、泥棒だった。そのような立場から、のけ者の目に映るこの世界の姿を官能的な幻覚として描きだそうとした。ジュネの視点はあまりにも不穏だったので、ジャン・コクトーがジュネの『花のノートルダム』の原稿をポール・ヴァレリーに見せようとしたとき、ヴァレリーは「そんなものは燃やしてしまえ」といった。英語圏では、やむをえず、あるいはみずから意図して社会のアウトサイダーになった作家たち――オスカー・ワイルド、ジョー・オートン、ウィリアム・バロウズら――が社会の権威に反抗する共通言語を築きあげようとした。

おそらく、社会から分離されたマイノリティ集団の文学はどれも似たような段階をたどるのだろう――弁明し、自分を説明し、他者を教育しようとする。政治的な発言と証言者としての立場。偶像破壊者にして反乱分子。だとすれば、次の段階は、アラン・ガーガナスやアラン・ホリングハーストの小説にその例が見られると思うのだが、登場人物はたまたまゲイでありながら、周囲の状況は彼らのセクシュアリティをはるかに越えているというものになるはずだ。ここでも、ゲイのセクシュアリティは、このなんでもありの混沌とした世界の一部と見なされている。

木々にしるしをつける

何年も前、おそらくはひとつの時代の始まりだったころには、
よりよき運に恵まれていたはずだ、ああ！　いまのわれらよりもはるかに、
賢人になるのにさほどの苦難はなく、
快活でいるために軽薄である必要はなかった。

マシュー・アーノルド「大シャルトルーズ修道院からの四行詩」

裸身に毛皮のふちどりのある薄物のネグリジェをはおり、裸足でおろおろと歩くケイリー・グラントは、なぜそんなかっこうをしているのかといぶかるメイ・ロブソンに向かって、「ゲイ」になったからだという。一九三八年の映画『赤ちゃん教育』のせりふで用いられた「ゲイ」とは「男性の同性愛者」を意味しており、これをきっかけに、その言葉は北米の英語の語彙として定着した。

それは幸先のよい船出ではなかった。グラントのせりふは紋切り型の概念を反映していた。ゲイであることは、女物のドレスを着たり女になりたがったりすることと同じだと見なされ、その結果、意図せずして、女性のパロディになってしまう。たしかにゲイの男性のなかには女装する人がいるとはいえ、異性装趣味の人びとがすべて同性愛者というわけではないし、同性愛者の全員が異性装の趣味をもつわけでもない。グラントの映画を見る多数派にとって、社会は不変のルールのもとに成り立っているように思える。そこでは、男と女が特定の役割を負い、決まった形式の装いをし、ふさわしい振る舞いをする。そうした役割やスタイルが本当に必要なのだろうかと疑問をもつことは、社会からの逸脱――すなわち悪――と見なされる。今日、そのような見方の一部は変わったが、その変化のほとんどは表面的なものにすぎない。グラントの映画を見る新たな観客にしても、表向きは寛容だが、意識下ではかつてと同じ旧弊な規準がいまだに支配力をふるい、昔と変わらない違和感を抱きつづけている。

そのような意味をもつ「ゲイ」という言葉がどこから生まれたのか、起源ははっきりしない。Gai savoirは十三世紀のプロヴァンス語では「詩」を意味したが、たしかに吟遊詩人の作品のなかには同性愛的なものがあったので、この言葉はそれらの歌の特徴をさすところから来たとも思われる。またそのほかにも、詮索好きな語源学者はその起源を古英語までさかのぼる。それによるとgalという語には現代ドイツ語の

geil と同じく「好色な」という含みがある。語源がどうであれ、十二世紀初頭にはすでに gay という言葉はイギリスの同性愛的下位文化において合い言葉ないし暗号としてごくふつうに用いられていた。そして、gay または gai という単語はたちまち、フランス語、ドイツ語、デンマーク語、日本語、スウェーデン語、カタルーニャ語において「男性の同性愛者」を意味するようになった。

「ゲイ」は一般に男性の同性愛者をさす。「レズビアン」という言葉は『オックスフォード英語辞書』の一九七一年版にはまだ取り入れられていなかったが、女性の同性愛者にもそれなりの用語と来歴がある。伝統と相容れないセクシュアリティをもつ人間はすべて罪人の仲間だという偏見にもかかわらず、そしてそのような偏見の対象であることから結果として政治的な力をもつようになることは共通していたが、同じ同性愛でも男と女では、世間的なイメージ、言葉遣い、来歴などが異なる。たとえば、レズビアンはフェミニズムとの結びつきによって権利を獲得したが、ゲイの男性には、それに比肩するような男性集団からの支援はなかった。その一方で、レズビアンの活動はヘテロセクシュアルの法体系からは無視されてきた。前世紀にイギリスで悪名をはせた同性愛禁止令は、男性だけを対象にしたものだった。「女性がそんなことをする」はずはないとヴィクトリア女王が信じていたからだ(といわれている)。多くの国で、女同士のカップルは「尊敬に値する」ものと見なされるのに、男同士のカップルは考えるだにおぞましいものとされている。というのも、多くの社会において支配的なヘテロセクシュアルの男性の想像力によれば、女同士がいっしょに暮らすのは男をつかまえられなかったからで、その不運を哀れむべきであり、またはふつうは男が引き受けるべき責任を自分たちで背負っていることを称賛すべきなのである。同じように、レズビアンのイメージはヘテロセクシュアルの男性向けポルノでも抵抗なく受け入れられ、むしろ歓迎される。幻想のなかでは、女同士の性交シーンに男が加わることが期待されている。ヘテロセクシュアルの男性の体面はこうして保たれるのだ。

このような既存の決まりにしたがわない人間は、この社会において自分を守ってくれる標準的な個人としてのアイデンティティを脅かす存在に見える。このような背徳者をさっさと片付けるには、その存在をカリカチュアにするのがいちばんだ（たとえば『ラ・カージュ・オ・フォール』では安直な笑いが成功している）。こうして「善きホモセクシュアル」という神話がつくられる。ハーヴィ・ファイアスタインの『トーチソング・トリロジー』に見るように、この「善きホモセクシュアル」とは、心の奥で母親のように――夫と子供に恵まれて家事をこなす存在に――なりたいと思っている男だが、自然の気まぐれによってそうすることが許されない。「善きホモセクシュアル」という神話の根底にあるのは、ホモセクシュアルが道を誤ったヘテロセクシュアルだという考えである（一九七三年にはアメリカ心理学会もこれを支持した）。遺伝子をいくらか操作し、テストステロンの量をやや増し、「お茶と同情」を少々与えれば、ホモセクシュアルは治療でき、「ノーマル」になる。そして、それがうまくいかないとき（たまに病が進行しすぎた症例もあるので）、その人物にたいする最善の策は、異質な人間として隔離し、カップルを基本単位とする社会においてなるべく役割を減らし、女性もどきとしてあつかうことだった。私が男子校に通っていた当時、「特定の友情」について案じたカウンセラーがクラス全員に心理テストを受けさせたことがあった。前の授業でテストを受けた生徒たちによれば、女の絵を描くと女になりたい願望だといわれ、男の絵を描くと男に惹かれている証拠だといわれたという。どっちにしても、性倒錯の恐怖についてお説教を聞かされるらしい。別のクラスでのカウンセラーの話によれば、性倒錯者の末期は波止場で船乗りたちに殺されるのがおちだという。私の番が来たとき、私は猿の絵を描いた。

歴史のなかの森

そして、炎に両手をかざしながら大声でいった。「さて、同性愛のやつらがいなくなったら、次はどこへ行こう？」

サー・ウォルター・スコット『ケニルワースの城』

ホモセクシュアリティがすべての社会で排斥されているわけではない。人間のセクシュアリティがもっと広く容認されている社会もある。古代ギリシャとローマでは、ホモセクシュアルとヘテロセクシュアルのあいだに倫理的な区別はなかった。日本の武士のあいだでは同性愛の関係が公に認められていた。中国では皇帝に男の愛人がいるというのは周知の事実だった。グアテマラ先住民のあいだでは同性愛は異端とは見なされない。先住民の活動家リゴベルタ・メンチュウはこう語る。「われわれはホモセクシュアルとそうでない人びとを区別しない。だが、この社会から出たとたん区別される。ここの暮らしのよいところは、すべてが自然の一部として受け入れられることだ」

ヨーロッパ社会でゲイにたいする敵意が広がったのは十二世紀半ばになってからだった。イェール大学の歴史家ジョン・ボズウェルはこう書いている。「この変化の原因の理由について明快な説明はなされていないが、十三世紀から十四世紀にかけて、教会および世俗の組織がマイノリティ集団にたいしてしだいに不寛容になっていったことと大きな関係があると思われる」。こうした敵意にもかかわらず、十九世紀までホモセクシュアリティは目のかたきにはされていなかった。異質な何か、ヘテロセクシュアリティとは異なる性質をもった人びとが排斥されたり、「自然に反する」特殊な行為だけでなくその存在自体が罪として忌み嫌われたりすることはなかったのだ。ミシェル・フーコーが『性の歴史』で書いているように、十九世紀まで「男色は一時的な逸脱だった。だが、いまやホモセクシュアルは生物学上のひとつの種となった」。

種として定着するとともに、「ホモセクシュアル」は不寛容の標的となった。いったん偏見が生まれるや、個人という異質な存在でできている集団がそのなかに閉じこめられ、複数の人間に共通するたったひとつの特徴が偏見そのものによって規定されてしまう。肌の色、特定の信仰にたいする帰依の度合い、性的指向の特定の側面などが欲望の対象となり、嫌悪の対象となる。その選択に論理はあてはまらない。偏見によって、インドネシア人の法律家とラスタファリ主義者の詩人が「有色人種」としてひとまとめにされる一方で、日本人のビジネスマンは「名誉白人」として除外される。エチオピアのユダヤ人とアメリカのハシディズムを忌避する一方で、キリスト教の伝統を支える柱としてソロモンとダビデには敬意を捧げる。ゲイの若者と哀れなオスカー・ワイルドを咎めるくせに、エルトン・ジョンに喝采を送り、レオナルド・ダ・ヴィンチとアレクサンドロス大王の同性愛には目をつぶる。

偏見によってつくられた集団は、その構成員である個人の自由意思ではなく、外部にいる人びとの反応によって存在が規定される。性的欲望とは、形にも色合いにも無限のバリエーションをもつものであり、人間の生活の中心ではない。それなのに、ゲイの男たちはたったひとつの特徴——同性にたいして肉体的に惹かれること——だけで定義されてしまう。ところが、相手のどんなところに惹かれるかは、男性全般にわたるほどさまざまなのだ。背が高い、背が低い、痩せている、太っている、生真面目、ひょうきん、乱暴、やさしい、知的、頭のめぐりが悪い、髭がある、禿げている、右翼、左翼、年下、年上、など千差万別で、共通するのはペニスをもつことだけだ。この狭い分類ができてしまうと、その標的はあざけりの対象となり、社会の特定の領域から追放され、なんらかの権利を剝奪され、ときには逮捕され、殴打され、殺されることさえある。イングランドではつい最近まで同性愛を助長する行為は違法だった。アルゼンチンでは、ゲイは毎日のように脅迫される。アメリカとカナダでは同性愛者を軍隊に入れるかどうかで議論が紛糾した。キューバではゲイは投獄される。サウジアラビアとイランでは、ゲイは死刑に処せられる。ドイツでは、ナチの犠牲になった同性愛者の多くがいまだに補償を受けていない。なぜなら、彼らが殺されたのは政治活動のせいではなく、犯罪行為におよんだせいだからというのである。

歴史を通じて、グループ、カテゴリー、名称は、たえずつくられ、変化しつづけてきた。だが、これをじかに体験することは、作家が芸術的な言語でその経験を表現する――詩をつくり、小説を書く――のに、かならずしも必要ではない。ゲイのテーマをあつかった多くの物語は、ゲイのゲットーのなかに生存せざるをえなかった作家の手で書かれた。しかし、そのような封じこめとは無縁な男女によって書かれた作品も多い。ありがたいことに、フィクションとして創作された作品はその点にかんして見分けがつかないのだ。

風景のなかの多様性

多様性こそ快楽の源泉である。

アフラ・ベーン『放浪者』第二部

『オデュッセイア』第四歌には、「海の翁」という別名をもつエジプト王プロテウスの挿話がある。プロテウスは未来を予見し、意のままに姿を変えることができた。一説によれば、無限の可能性をもつ存在として神々の手でつくられた最初の人間だったともいわれる。この古代の王の変幻自在な姿と同じく、人の欲望には限りがない。まちがいなく、異性愛と同性愛はそのような変幻自在の形のうちの二つではあるが、どちらも相手を排除するものではなく、また浸透しあえないものでもない。文学の好みと同様、私たちが自分の性的指向を明らかにし、はっきりと名づけるのは強制されたときだけである。快楽の瞬間、私たちはその瞬間そのものがそうであるように、定義できない存在となる。そんな寛容な快感こそが最後には勝利をおさめるはずだ。

　ところが、この社会を構成する組織はいまだにラベルを貼りたがり、分類を要求し、その結果として社会階層や階級といった構造ができあがり、そのなかで権力を握る人びとがいれば、排除される人びとも出てくる。どんな図書館にも影がつきまとう。選ばれなかった本、読まれなかった本、拒否された本、忘れられた本、禁じられた本の書架が果てしなくつづく。とはいえ、読者または作者のいずれかの意図であろうとも、文学からなんらかのテーマが排除されるとすれば、それは許しがたい検閲の一種であり、全人類の人間性を傷つける行為である。偏見によって排斥されるグループは一時的に、あるいはつねに閉めだされるかもしれないが、それは永遠につづくわけではない。これまでの経験からわかっているとおり、不正にたいして人びとはかならず声をあげる。その声には目立った特徴がある。声は可能性、明快さ、臨機応変、そして独創性である。それらは、文学作品をつくろうとする人間にとって、すべて善きものである。

イングランドは遠く

鱗だらけの友人がこたえた。
「どれだけ遠くまで行けるかが大事なのさ。
この先にもうひとつの岸があることは知っているよね。
イギリスから遠ざかるほど、フランスが近くなる――
怖がることはないよ、かたつむりくん、
さあ、いっしょに踊ろうじゃないか」

『不思議の国のアリス』第十章

ブエノスアイレスの高校を卒業してから、ヨーロッパの出版社にフルタイムで勤務するようになるまで、ほとんど完全な気まぐれにまかせて本を読みながら、パリとロンドンですばらしい十年を過ごした。自分が買うには高すぎるような本に大枚をはたき、うかつにも私に貸してくれる友人たちの本にはざっと目を通し、図書館では教えを授かるというよりはむしろ暇つぶしのために何冊か借り、最後まで読みとおすことはまれだった。方針もなく、知識にもとづいた秩序もなく、義務感もなく、厳密な探究心もない。それが私の読書体験だった。体と同じく、心もさまよっていた。

ビートルズが最後のＬＰを出した年、私は一年ほど楽しく暮らしたパリを離れ、数か月の予定でロンドンに住みついた。一軒の家を三人の男とシェアし、週に五ポンドの家賃を払うことになった。私のアルゼンチンのパスポートではヨーロッパでの就労許可が下りなかったので、絵を描いた革のベルトを売って生計を立てていた。最初はカーナビー・ストリートの路上で売り歩き、のちにはミスター・フィッシュという店に置かせてもらうようになった。私にとって忘れがたい栄光の瞬間は、ミック・ジャガー本人が私のベルトの一本を買い、コンサートの舞台でそれを身につけてくれたときだった。わが人生で運命の女神がほほえんでくれた、最初にして最後の瞬間だった。

だが、人は往々にして運命の女神を軽んじる。ちょっとした気まぐれで、私は友人といっしょにパリへ戻り、二、三日のあいだカフェ・ド・フロールでコーヒーをすすりながら、この世界一魅力的な都市をなぜ離れたりしたのかとつくづく思った。だが、やがてベルトなしでピカデリーを右往左往する怒った客たちの姿が頭に浮かんで、そろそろロンドンへ戻るときだと思った。ユーロスターが登場する前、汽車賃はかなり安かった。ある日の午後遅く、私は切符を買って、カレーに向かった。

キャラメル色の車体にひび割れた模造皮革のシートと妙にごてごてした窓枠を備えた北駅発カレー行きの急行列車は、人を暖かく歓迎してくれる場所ではなかった。本を読もうとしたが、集中できず、居心地が悪かった。灰色の街並を過ぎ、雑然とした北部の郊外住宅地を走りぬけるころになると、車内全体が一時的に集合的な鬱状態におちいったようだった。隅の座席の女性は鼻歌を止め、赤ん坊は泣き声をひそめ、騒がしかった若者たちのグループもいまや口をつぐみ、気味の悪い沈黙に包まれたまま、列車は暗闇に包まれたノルマンディーの平坦な田園地帯を走っていった。猛スピードでアラスを通過した。一度も降り立ったことはないが、私の想像力のなかではサン＝テグジュペリと強く結びついている土地だ。やがて空気がじっとりとした塩気を含むようになった。プラットホームの標識がカレーに到着したことを教えていた。

いわゆる――イギリス人のいう――イギリス海峡を越えるのは、誰もが知るとおり不愉快な経験である。ドーバーの切り立った白い断崖を見ても気分は晴れない。白っぽい月の光のもとで見ると、疲れ切った旅人を迎えるそれは少々傷んだ巨大なカテージチーズの塊のようだ。ぐらぐらする道板を上り、パスポート審査の行列に並んだ。

フランスの係官は、厳格だが公正だ。夜にはソネットを書き、週末には庭の果樹の手入れをしているような感じといえばいいだろうか。彼らの厳しさは、韻をそろえ、アブラムシ駆除の殺虫剤をまくときのものだ。入国管理官のほうはちがう。フランス人であれイギリス人であれ（とりわけ、建て前にせよボーダーレスをうたうヨーロッパ連合が誕生する前の時代には）、係官は「正義の順守」に努めるよりも「権威をふりかざす」ことのほうが多かった。彼らは、レバーやすね肉をあつかう肉屋のように、その冷たい両手に他人の身分証明書をとってほくそ笑む。検問所にいた係官は『アラビアのロレンス』のピーター・オトゥールにそっくりだった。ガラスのような青い目を私のパスポートに落とし、目をあげて私をじっと眺め、またパスポートに目をやり、それからまた私を見た。目にしたものがまったく気に入らないようだった。

私の身なりといえば、当時のカーナビー・ストリート・ファッションというべきもので、クリニャンクールの蚤の市で見つけた服を着ていた。サンダルとぶかぶかの白いコットンシャツはインド製で、ベルボトムの真っ赤なズボンに、自分でデザインしたベルトを締めていた。図柄は、プッサンのスタイルを借りた（つもりの）「レダと白鳥」だった。おまけに、肩までかかる長髪がゆるやかにウェーブしていた。

「入国の目的は？」とピーターは苦しそうな低い声で訊いた。

不意に悟った。私はいま、天国の門を守る聖ペテロ（すなわちピーター）と向きあっているようなものなのだ。王国に入るためのれっきとした理由をペテロの前で述べなければいけない。猛烈に頭を働かせた。この男は役人だ。役人は官僚主義に弱い。十五年も前のことではあったが、父はアルゼンチン大使だった。大使こそ官僚主義の典型ではないだろうか。アルゼンチン訛りを強調して、元アルゼンチン大使の父と会うことになっていると話した。

ピーターの眉毛がぴくりと動いた。

「どこで、その……えーと……大使と会う予定ですか？」

またしても、頭を猛烈に働かせて答えを探した。ロンドンで救世軍のホステルに泊まっていたとき、通りをはさんだところに（当時の私には）上品そうに見えたホテルがあった。その名前を覚えていた。

「ホテル・セントジェイムズです」

（何年もあと、そのセントジェイムズがフランス語でいうオテル・ド・パッセ、カップルが偽名を使って泊まる、いわゆる連れ込み宿だと知った。）

「その……ええと……セントジェイムズに予約はしてあるんですか？」

「たぶん……予約は父が」

「電話をしてみていいですか？」とピーターはいった。

すでに、ほかの乗客は次々とゲートを抜け、フェリーに乗りこんでいた。海峡を越えてロンドンまでたどりつけるのだろうかと不安になった。有り金は十フランと二ポンドしかない。イングランドでのヒッチハイクについてはあまりいい話を聞かない。

ピーターは受話器を下ろした。

「セントジェイムズには……ええと……マングェル大使の予約はないそうです」

もう一人の係官がやってきた。ピーターの顔にかすかな笑みが浮かんで、悲しげな表情が消えた。

「この方のお父さんはアルゼンチン大使だそうで、ロンドンのセントジェイムズで落ちあう予定だとか」

「セントジェイムズで？」

もう一人の係官は目をむいた。

「なるほど」

「しかし、マングェルの名前では予約がない。アルゼンチン大使館に電話してみましょうかね」

この時間では誰もいないだろうと私はいった。すでに真夜中近かった。

「とにかく、かけてみましょう」と係官はいった。

電話をかけると誰かが出たが、どうやらスペイン語しか話せないらしい。もう一人の係官が私に受話器をよこした。

「この人があなたの父上を知っているかどうか、身元引受人になってくれるかどうか、訊いてください」

スペイン語でまず相手の名前を訊ねた。

「ホセです」という返事だった。

「ホセ、きみが誰でもいいから、ここの係官に私の父のマングェル元大使を知っているといってくれないかな」

「いいですよ」とホセはいった。

アルゼンチン人の同志愛に心のなかで感謝し、受話器を係官に返した。

「もう一度話してください」

係官はホセのスペイン語の話に耳を傾けた。

「スペイン語はわからないんです。英語でいってもらえますか？　ええ、はい。あなたは大使館でどんな仕事を？　わかりました。ありがとう」

係官は受話器を置いた。

「守衛の言葉だけでは保証になりませんね」

その間、ピーターは私のリュックのなかを熱心にかきまわしていた、歯磨きのチューブの蓋をあけ、中身を少し絞りだして、それをなめた。『シッダールタ』のページをぱらぱらとめくる。線香の匂いをかぐ。そして、ようやくアドレス帳を見つけた。彼はそれを手にして事務所へ入っていった。ふたたび出てきたとき、顔には笑みが浮かんでいた。まるで、ハルツームで捕えられたあとのロレンスのようだ。

「ロンドンで家をシェアしているということを話してくれませんでしたね。お友達によると、あなたはカーナビー・ストリートで装身具を売っているとのこと。労働許可はないですよね？　いったい、大使の息子がなぜそんなまねを？」

私は簡易ベッドのある白い壁の小部屋につれていかれ、パリ行きの始発電車が来るまでそこで待つようにといわれた。一晩中、私は自分が失ったものを考えていた。自分の部屋、それまで集めた本、ミック・ジャガーも認めてくれたアーティストとしてのキャリア。本を読みはじめたときから、私の心のなかでロンドンは一種のエデンの園だった。大好きな小説の舞台でもあった。チェスタトンとディケンズのおかげで、ロンドンはなじみ深かった。他の人にとっての北極かサマルカンドのようなものだった。それなのにいま、口うるさい権威主義の小役人のせいで、ロンドンははるか遠く、手の届かない場所になってしまった。官僚主義、不公平な移民法、他人の歯磨きを当然のように絞りだす青い目の役人がふりかざす権威といったものが、当時の私には（そしていまでも）、なんともいやらしい醜態に見えた。一方、フランスは、自由、友愛、平等の国だった——この順番とはかぎらないが。ロベスピエールにこれほど共感できたことはない。

一九七〇年十一月、私が穏健なるアナキストになったのはこういうわけである。

プロテウス頌

「いったいぜんたい、わたしは誰？　ああ、それが大問題なのよ！」

『不思議の国のアリス』第二章

その問題は古代からのものだ、と私の書斎が教えている。

伝説によると、プロテウスはエジプトの王であると同時に海神でもあり、海に棲む生き物の護り手であった。また未来を見通し、外見をたえず変えることができたという。ダンテによれば、そのような変幻自在さは罰として与えられるものに等しかった。ダンテの描いた地獄の第八圏では、生きているあいだに他人の持ち物に手を出した泥棒や強盗は死後、現世で自分のものだった姿形さえ保つことができず、たえず別の姿に変転させられ、「二度と同じ姿に戻ることはない」のだった。

人間は誰しも、いつか恐ろしい問いに直面せざるをえない。それは、不思議の国で青虫がアリスに投げかけた問いである。「あんたはだれ？」まさしく――自分は何者なのか？　私たちが一生をかけて見つけようとするその答えは、けっして完全に納得できるものとはならない。私たちは鏡に映る顔である。名前や国籍は与えられたものだ。属する社会によって厳密に定義されている性別、目を見交わす相手の目に映る自分の姿、私たちを愛する人びとの抱く幻想、私たちを嫌う人たちにとっての悪夢。揺りかごに寝かされた赤ん坊の体と、経帷子に包まれた身動きしない体。私たちはそのすべてであり、またその逆でもある。私たちの自己は闇のなかにある。そっくりの外見や正確を期した描写のなかに見失った秘密の特性——それが私たちだ。私たちは、これからなろうとするものであり、同時に、はるか昔に存在した誰かである。私たちの本質と、私たちが存在する時間と空間は、水のように流動的で一過性のものである。

『不思議の国のアリス』には、アリスがいくつもの顔をもっていることをあらわすもうひとつの場面がある。だが、それはアリスばかりでなく、読者にも多くの顔があることを意味する。第二章である。兎の穴に落ちたあと、アリスはもはや自分が自分でないように感じられ、ほかの誰かに変わってしまったのだろうかと思う。だが、アリスは少しもめげず、誰かが上からのぞきこんで「さあ、あがっていらっしゃい！」といってくれたらいいのにと考える。そのとき、アリスはこう答えるだろう。「ねえ、わたしは誰なの？　それを先に教えて。その子になってもいいと思ったら上がっていくわ。でも、その子が気に入らなかったら、ほかの誰かになるまでここにいる」

夢のなか、本のなか、そして毎日の生活のなかで、好奇心に富んだ目を待ち望むいくつもの顔（すべて私たちのものだ）は、ああなんということか、いつか現実のものとなる。最初に見たとき、それらの顔は私たちを面白がらせ、あるいはまごつかせるかもしれない。時がたつにつれ、それらは仮面のように私たちの肌に食いこみ、骨となり肉と化す。プロテウスはたえず姿を変えてゆくが、誰かが彼をつかまえ、しっかり抱きしめると、その変転は終わる。そのとき、この変幻自在の神プロテウスは自分の本来の姿——それまでの変化のすべてを混ぜあわせたもの——に戻るのだ。私たちがもつ無数の顔も同じである。

それらは私たちの目の前で、また他者の目の前で変化し、溶けあう。だが、いつか私たちは突然、「私」という言葉を発する。そのとき、私たちの姿は錯覚、幻想、あてずっぽうであることをやめ、驚くべき確信とともに本質をあらわすのだ。

II　巨匠に学ぶ

「もどってこい！」青虫がうしろから呼び止めた。
「だいじな話がある！」

『不思議の国のアリス』第五章

ボルヘスの恋

「そのとおり。で、その教訓は――『ああ、それは愛、愛こそが世界を動かす！』」と公爵夫人はいった。

「だれかがいってたわ」と、アリスは小声でつぶやいた。「みんながよけいなおせっかいを焼かなければ世界は動くって！」

「まあ、いいでしょう！　どちらも同じことだわよ」と公爵夫人がいった。

『不思議の国のアリス』第九章

一九六六年のブエノスアイレスで、ある日の午後、私は作家のエステラ・カントの家に招かれ、午餐をともにした。当時、五十歳前後だった彼女は、耳がやや遠く、自然のものとは思えない鮮やかな赤い髪をもち、度の強い近視だった（それなのに、見栄えが悪いといって人前ではけっして眼鏡をかけなかった）。すすけた狭いキッチンをよろよろと行きつ戻りつして缶詰の豆とソーセージの食事をととのえながら、キーツやダンテ・ガブリエル・ロセッティの一節を大声で暗唱した。ボルヘスの傑作のひとつである短編小説「エル・アレフ」には彼女への献辞がある。カントはそのことを会う人ごとに吹聴した。ところが、ボルヘスのほうは過去の思い出にこだわるつもりはなさそうだった。少なくとも、私が彼女の名前を出して、また会うことになっていると話したときも、彼は何もいわなかった。のちにある人がいうには、ボルヘスにとって、沈黙は一種の礼儀なのだそうだ。

私がカントと知りあったころ、彼女の本はすでにアルゼンチンの文学界では時代遅れと見なされていた。マヌエル・プイグの世代を世に送りだしたいわゆるラテンアメリカ文学ブームのあと、カントの作品はもはや編集者たちに興味をもたれず、その小説は二束三文で売られ、キッチンと同じように埃をかぶっていた。ずっと昔、一九四〇年代の彼女はウィリアム・ヘイズリット（彼女の憧れの的だった）風のエッセイを書いていて、一時期ボルヘスが編集をしていた『ブエノスアイレス年報』や『スル』といった文芸誌に載せていた。レオニード・アンドレーエフを思わせる（と彼女は考えていた）写実的な短編は、『ラ・ナシオン』や『ラ・プレンサ』などの新聞の文芸別冊に掲載され、心理学と象徴主義のあいだで揺れ動くような長編小説は、ブエノスアイレスの知識人のあいだで、よく読まれこそしなかったが、好意的に迎えられた。カントによれば、評判が地に落ちたのは小細工を弄したせいだという。優秀な翻訳家だった兄のパトリシオは、自分たちの近親相姦の噂をひそかに広めたりしたが、その兄と共謀して、ある文芸コンクールの賞をとろうとしたのである。審査員はボルヘス、小説家のエドゥアルド・マジェア、短編作家で批評家のカルメン・ガンダラだった。カント兄妹は応募作に審査員が喜ぶような細工をほどこした。ボルヘスにたいしてはダンテからの引用、マジェアには芸術、文学、倫理についての哲学的な議論、ガンダラには当のガンダラ作品からの一行をちりばめたのである。信頼していたある女流作家の名前を借りて、『光、それは彼女の名』という作品を応募すると、満場一致で一等賞をとった。残念ながら、作家同士の友情ほどあてにならないものはない。その女流作家は二人を裏切り、計略を暴露した。審査員をだました二人はブエノスアイレスのあらゆる文学サロンから締めだされた。二人は恨みがましい気持ちに加え、ロシア文学への見当違いの愛着から、アルゼンチン共産党に入党した（エルネスト・サバトにいわせると、老いぼれ党員の大半は会議中も居眠りばかりしているのだから、アルゼンチン共産党など保守党と同じようなものだった）。若いころボリシェビキ革命賛美の詩を書いたことに後悔の念を抱いていたボルヘスにとって、共産主義は憎悪の的だった。

食事の途中、カントは「エル・アレフ」の自筆原稿を見たくないかといった（二十年後、彼女がサザビーズの競売にかけたとき、その原稿は二万七千ドルで落札された）。私は見たいといった。油がしみた茶色の紙ばさみから、彼女は十七枚の原稿を取りだした。そこには「小人の手書き文字」（字間のあいた、ちまちました自分の文字のことをボルヘスはそう形容した）が几帳面に並んでいた。小さな訂正や書きなおした箇所がいくつかあった。カントは原稿の末尾に書かれた献辞を指し示した。それから、テーブルごしに身をのりだして私の手をとり（十八歳の私はぎょっとした）、その手を自分の頰に押し当てた。「この頰骨を感じて」と彼女はいった。「あのころの私はきれいだったのよ」

「あのころ」とは一九四四年だ。その年、カントはアドルフォ・ビオイ＝カサーレスとシルビーナ・オカンポ夫妻の家でボルヘスに会った。すぐれた詩人で短編小説の名手でもあったシルビーナは、文芸誌『スル』を創刊した裕福で貴族的なビクトリア・オカンポの妹だった。シルビーナより八歳年下だったビオイは、アルゼンチンの大手酪農家の跡継ぎだった。母の名前マルタから、この会社の乳製品には〈ラ・マルトーナ〉という名前がついていた。ボルヘスとビオイの最初の共同作業は、〈ラ・マルトーナ〉ヨーグルトの広告を考えることだった。

ボルヘスと初めて会ったときの印象は、エステラ・カントの側からすれば、「一目惚れ」とはほど遠かった。「でも、ダンテに会ったときのベアトリーチェだって、それほど感銘は受けなかったわ」と、彼女は昔をなつかしむような笑みを浮かべてそういった。

そんな感想を裏付けるかのように、カントの描きだす四十四歳のボルヘス像（後年、回想録『逆光のボルヘス』が出版された）は、意図してか、あまり魅力的ではない。「でっぷりして、どちらかといえば背が高く、姿勢がよく、顔は青白く、肉付きがよかった。足は驚くほど小さく、握手をした手は骨がないかのようにやわらかく、おずおずとして、人と触れあわざるをえないのをいやがっているようだった。声は震えがちで、言葉に迷い、許しを求めているように見えた」。あるとき私は、ボルヘスがその声の震えをとても効果的に用いた場面に出くわした。一人の記者がボルヘスに、独立戦争のときにスペインと闘ったアルゼンチンの国民的英雄サン・マルティン将軍のどんなところを最も称賛するかと訊ねた。ボルヘスはゆっくりした口調で答えはじめた。「将軍の銅像は……公共の建物や……学校の……庭に……飾られている。その名前は……たえず……軍隊の……行進で……くりかえされる。その顔は……十ペソ……紙幣にもある……」。ここで長い間があり、記者は困惑した面持ちで続きを待った。これらの言葉の説明を求めようと記者が口を開きかけたとき、ボルヘスはやっとつづけた。「……そうしたもののために、私にはこの英雄の真実の姿が遠ざけられているように感じるのです」

初めて会ったその夜を境に、ボルヘスとカントはビオイ家でしばしば夕食をともにするようになった。その席では活発な会話が交わされた。オカンポは「自殺をするときに手段が選べるとしたらどんな方法をとる？」といったような刺激的な質問をする癖があった。ある夏の夜、たまたまボルヘスとカントは同時にビオイ家を出た。ボルヘスは地下鉄の駅までいっしょに行こうといった。駅に着くと、ボルヘスは言葉に詰まりながら、もう少し歩かないかといった。一時間後、二人は五月大通りのカフェにいた。二人の会話の中身はまちがいなく文学のことだったろう。カントは『カンディダ』が大好きだと話し、その戯曲の終幕の一節を暗唱した。ボルヘスは喜んで、バーナード・ショーを好む女性に会うのは初めてだといった。それから、視力を失いかけた目でカントをじっと見つめると、彼女への賛辞を英語でつぶやいた。「モナリザのほほえみ、そしてチェスのナイトのような身のこなし」。二人は閉店時間までカフェにいて、そのあと午前三時まで歩きつづけた。翌日、ボルヘスは彼女の家を訪ねたが、呼びだしはせずに、一冊の本、コンラッドの短編『青春』を託した。

エステラ・カントへのボルヘスの求愛は二年におよんだ。その間、カントによれば、「彼は私を愛し、私も彼に好意を抱いた」という。二人は長いあいだ歩きまわるか、または行くあてもなしに、ブエノスアイレス南部近郊を走る路面電車に乗った。ボルヘスは路面電車が好きだった。ダンテの『神曲』の対訳版を読みながらイタリア語を独習したのも、市立図書館でのつらい仕事への行き帰りに乗る七番の電車のなかだった。「地獄篇は英語で読みはじめ、煉獄を出るころには原語で読めるようになっていた」とボルヘスは語っている。彼女と会わないとき、ボルヘスは間をおかずに手紙を書いたが、のちにカントが『逆光のボルヘス』に収めたその手紙の文章はとても胸を打つものだった。日付のないある手紙では、「恐れから、または礼儀からか、私がきみにとって本質的に何者でもなく、むしろ厄介者であり、またはひとつの義務にすぎないという悲しい確信から」彼女に知らせずに町を離れたことについて詫び、さらに告白がつづく。「運命はそれ自身をくりかえすことで成り立っている。そこには輪廻のパターンがある。いま、また同じことがくりかえされている。またも私はマル・デル・プラタにいて、きみを思い焦がれている」

一九四五年の夏、ボルヘスは、「この世のすべての場所」が存在する空間についての小説を書きたいとカントに話し、その作品を彼女に捧げるつもりだと伝えた。二、三日後、彼はカントの家に小さな包みを持ってきて、「エル・アレフ」だといった。カントは包みをあけた。なかには小さな万華鏡が入っていた。だが、メイドの四歳になる息子がたちまち壊してしまった。
「エル・アレフ」の物語は、ボルヘスがカントに熱を上げるのと並行して書かれた。カントのもとに、英語で書かれたこんな葉書が届いた。

木曜日　五時ごろ
ブエノスアイレスにいます。今夜会いましょう。明日も会いましょう。二人でいれば幸せになれるでしょう（幸せにさまよい、ときには無言で、ときには輝かしい無為のなかで）。そして私は早くも、きみと離れていることによる肉体的な苦痛を感じています。川と都市と草の茂みと周囲の環境と、昼と夜とによって、むりやりきみと切り離されて。
この緊張のなかで書くのはこれを最後の数行にすると約束します。もうめそめそするのはやめます。愛する人よ、あなたを愛しています。あなたの幸せを祈ります。私たちの前には、巨大な、そして複雑な、緊密に織りあわされた幸せな未来があります。まるでへたな散文詩人のようですね。後悔しそうだから、この葉書は読みなおさずに投函します。エステラ、エステラ・カント、きみがこの葉書を読むころには、きみに約束した作品、長い連作のひとつめができあがっているはずです。

あなたのジョージー

「すべての場所である場所の小説」（と、ボルヘスは別の葉書で書いている）は、ブエノスアイレスの美しい貴族ベアトリス・ビテルボが死んだ夏から始まる。語り手であるボルヘスは彼女に恋をしている。ベアトリスのいとこ、衒学的で大げさな詩人カルロス・アルヘンティーノ・ダネリ（噂によれば、ボルヘスは王立文学アカデミーの推奨する語彙をおとなしく受け入れた義弟の作家ギジェルモ・デ・トーレをこの詩人のモデルにしたという）は壮大な叙事詩を書いており、そこにはこの地上および天国のすべてが含まれるはずだった。その発想のもとは、あらゆる存在が集束している場所、エル・アレフにあった。ダネリがボルヘスに語ったところによれば、その場所はベアトリスの家の地下室、階段の十九段目にあるという。地下室の床に横たわってその場所に目をこらせば、それが見えるのだ。ボルヘスがそのとおりにすると、エル・アレフが出現した。「エル・アレフの直径は二、三センチメートルだったと思うが、そのなかに宇宙空間がそのままの大きさですっぽり収まっていた」。驚く彼の目の前にあらゆるものが出現し、ホイットマン風の列挙がつづく。「私は大勢の人でごったがえしている海を見た、夜明けとたそがれを見た、アメリカの群集を見た、黒いピラミッドの中心にある銀色のクモの巣を見た、壊れた迷宮（それはロンドンだったが）を見た、鏡を覗きこむように私のようすをうかがっている無数の目を間近に見た……」。列挙は次のページまでつづく。信じがたいことに、ボルヘスはそれらの幻影のなかに、自分の顔や読者の顔——私たちの顔——を見る。「かつていとしいベアトリス・ビテルボであった人のぞっとするような遺骨」も見た。さらに情けないことには、手の届かない存在だったあのベアトリスからダネリに宛てた、「卑猥で詳細な信じがたい手紙」の数々までも見た。「私はめまいを覚え、泣いた」とボルヘスは書く。「というのも私の目は人間によってその名を不当にも奪われはしたが、誰ひとり実際に見た人のいない秘められた推測上の物体、すなわち想像もつかない宇宙を見たのだ」

ボルヘスはこれを書きあげると雑誌『スル』に送り、一九四五年九月号に掲載された。その直後、ボルヘスとエステラ・カントはブエノスアイレス近郊のアドロゲーにあったオテル・ラス・デリシアスで食事をした。ボルヘスにとって、ここはとりわけ重要な場所だった。少年時代には家族とともにここで何度か幸せな夏を過ごし、読書にふけった。一九三四年八月二十五日、三十五歳のときには、人生に絶望してここで自殺をはかった（一九七八年、このエピソードをもとに、未来を舞台にした「一九八三年八月二十五日」という短編を書いた）。難解な探偵小説「死とコンパス」を構想したのもこの場所だった。小説のなかでは、ラス・デリシアスが、トリスト゠ル゠ロワ荘という美しい名前に変えられている。夜になると、ボルヘスとカントは暗い通りを歩きまわり、彼は地獄めぐりをするダンテにどうか同行してほしいとベアトリーチェがウェルギリウスをかき口説くせりふをイタリア語で暗唱した。

おおマントヴァの親切なお方、
あなたのお名前はいまも世に知られております。
この世の続くかぎり永《なが》く永く伝わることと存じます。
わたしの友で運のない人が、
人気のない浜辺で道をふさがれて難渋し、

この一節を思いだしながらカントは、欲しいものを手に入れるために甘言を用いるベアトリーチェのことをボルヘスは面白そうに笑ったものだと語った。「それから、ボルヘスは私に向きなおった」とカントはつづけた。「霧に包まれた街灯の下にやっとのことで私を引きだすと、結婚してくれといったのよ」なかば面白がり、なかばまじめに、彼女は結婚してもいいと答えた。「でも、ジョージー、私がバーナード・ショーの信奉者だということを忘れないで。まずベッドをともにしなければ、結婚などできないわ」。食卓をはさんだ私に向かって、彼女はこう付け加えた。「そんな勇気がないことはわかっていたのよ」

二人の関係は、これまでと同様、宙ぶらりんのまま、さらに一年つづいた。カントによれば、別れることになった原因はボルヘスの母だったという。やかましいお目付け役だった母は、息子の女友達を歓迎しなかった。だいぶあと、一九六七年にこの母がボルヘスとエルサ・アステテ・デ・ミジャンとの結婚を表向き認めたとき（「エルサは前の夫を亡くしているし、人生をわきまえているから、彼女と結婚するのがいいでしょう」）、カントはこんな感想をもらした。「息子に母親の代わりを見つけてやったのよ」。しかし、この結婚は不幸な結果に終わった。ボルヘスが親しみを抱く人びとすべてに嫉妬したエルサは、母に会いに行くことを禁じ、自分たちの家にも母を招かなかった。エルサはボルヘスの文学への関心をまったく分かちあわず、活字を読むこともめったになかった。ボルヘスは毎朝コーヒーとトーストを前にして、見た夢のことを話すのが楽しみだった。ところが、エルサは夢を見なかったし、あるいは、夢など見ないといいはっていた。ボルヘスにしてみれば信じがたいことだった。エルサがこだわったのは、ボルヘスの名声がもたらす付属品――メダル、カクテルパーティー、有名人との会合など――だったが、彼自身はそれらを嫌悪していた。講演のために招かれたハーヴァード大学で、エルサはもっと高額の講演料が支払われて当然であり、もっと贅沢な場所に滞在したいと要求した。ある晩、教授の一人が部屋の外でパジャマにスリッパ姿のボルヘスを見つけた。「妻に締めだされた」と、彼は恥ずかしそうに説明した。教授はその晩、ボルヘスを自分の家に泊め、翌朝、エルサにつめよった。「あなたは彼と同衾しなくてもいいんですものね」というのがエルサの答えだった。また別のあるとき、私はブエノスアイレスのボルヘスのアパートを訪ねた。エルサが部屋を出ていくのを待って、ボルヘスはこっそり私に耳打ちした。「教えてくれないか。ベッポはここにいるかね？」ベッポとはボルヘスが飼っていた大きな雄の白猫である。ここにいる、肘掛け椅子の上で寝ていると答えた。「やれやれ、よかった」。ナボコフの『カメラ・オブスクーラ』（英語での題名は「闇のなかの笑い」）のワンシーンそのままに、ボルヘスはいった。「猫が逃げたと妻はいったんだ。しかし、これのたてる物音が聞こえるから、自分の頭がどうかしたのかと思った」

ボルヘスはエルサから逃げることにしたが、そのやり方はたしかに不名誉なものだった。アルゼンチンには離婚が存在せず、できるのは法的に別居することだけだった。一九七〇年七月七日、アメリカにボルヘス作品を紹介していた翻訳者ノーマン・トマス・ディ・ジョヴァンニが国立図書館（ボルヘスの執務室があった）にタクシーを乗りつけて彼を拾い、秘密のうちに空港まで付き添い、そこでコルドバ行きの飛行機に乗りこんだ。一方、ディ・ジョヴァンニの助言のもとでボルヘスが出した指示にしたがい、法的な書類を用意した弁護士が三人の引っ越し業者をつれてエルサのいるアパートのベルを鳴らし、ボルヘスの蔵書を引きとっていった。この結婚は四年で幕がおりた。

ボルヘスはまたしても、自分は幸せにはなれない運命なのだと感じた。文学は慰めを与えてくれたが、それだけでは満たされなかった。文学は喪失や挫折の記憶もいちいちよみがえらせるからである。二連のソネット「一九六四年」の前半を締めくくるいくつかの言葉を書いたとき、ボルヘスにはよくわかっていた。

何人も失いはしない（きみはむなしくくりかえす）
もっていないもの、もったことがないもの以外は

だが、忘却の術を学ぶためには
勇敢であるだけでは足りない。
ひとつのシンボル、一本のバラの花がきみを引き裂き
一本のギターがきみを殺すこともある。

ほぼ一世紀におよぶ生涯で、ボルヘスは懲りずに何度も恋をしたが、その思いはつねに報われなかった。彼は本に出てくる恋人たちにさえ嫉妬した。キプリングの「神の恩寵もえられず」の主人公である英国軍人ジョン・ホールデンとインド人の妻アミラ（「いつからおまえは端女《はしため》になったのかね、わが妃よ」）、『ヴォルスンガ・サガ』の貞淑なシグルドとブリュンヒルド（いま、ジュネーヴに眠るボルヘスの墓には、この物語からの二行が刻まれている）、スティーヴンソンと妻のファニー（ボルヘスの想像ではこの夫婦は幸せだった）、G・K・チェスタトンとその妻（まあまあの関係だとボルヘスは考えていた）。ボルヘスの恋の相手は、短編や詩に添えられたさまざまな献辞の名前から類推できる。エステラ・カント、アイデー・ランヘ、マリア・エステル・バスケス、ウルリーケ・フォン・キュールマン、シルビーナ・ブルリッチ、ベアトリス・ビビローニ・ウェブスター・デ・ブルリッチ、サラ・ディエル・デ・ウエジョ・モレーノ、マルゴット・ゲレーロ、セシリア・インヘニエロス――「それぞれに個性があり、かけがえのない存在だった」とビオイはいう。

ある晩、オテル・ドラのレストランで、いつもの味気のないパスタをはさんで、ボルヘスは私にこんな話をした。文学への信念とともに、彼は「女の神秘性と男の英雄的な運命」を信じているというのだ。その神秘をページの上に再現することは不可能だと彼は感じていた。彼の短編に出てくる女たちは端役にす

ぎず、存在感をもたない。例外は、復讐心に燃えるエンマ・ツンツくらいだが、彼女の造形は実在の女性セシリア・インヘニエロスからヒントを得たものだった。「争い」（冒頭にヘンリー・ジェイムズへの言及がある）に出てくるライバル同士の二人の女性作家は、名前以外には性別をもたず、「老婦人」の主人公も同じである。「じゃま者」に出てくる共有された女は、はりあう兄弟がたがいへの忠誠心を守るために殺されるひとつの「もの」でしかない。ボルヘスが創作した女のなかで最も奇妙なのは、同名の小説に描かれたウルリーケだろう。彼女は女というよりむしろ亡霊である。ノルウェー人の若い学生であるウルリーケは、コロンビア人の年配の教授ハビエル・オタロラに身をまかせる。彼女は男をシグルドと呼び、男は彼女をブリュンヒルドと呼ぶ。最初、彼女は乗り気だったが、やがて冷淡になり、オタロラは彼女に向かって、「ブリュンヒルド、きみはまるで、ベッドでぼくたちのあいだに剣もおきたがっているような歩き方をするね」という。そして、物語はこう締めくくられる。「二人のあいだには剣もなかった。砂のように、時間が流れた。幾世紀にわたる闇のなかで愛が流れ、私は最初にして最後に、ウルリーケのイメージを抱いた」

一方、ボルヘスの描く男たちは、禁欲的な決意をもって英雄的な運命をまっとうし、自分が何かをなしとげたことさえ知らず、たまに気づくとすれば、失敗したことだけである。「円環の廃墟」の夢みる魔術師は、自分も誰かが見ている夢にすぎないことに気づく。勤勉な小説家ハーバート・クエインは、自分の作品が「芸術ではなく、たんなる芸術史の一部」でしかないことを自覚している。「死とコンパス」の謎めいた探偵エリック・レンロットは、みずから進んで死地に赴く。迷宮の奥で救い主を長いこと待ちつづけた牛頭の囚われ人は、いざその救い主があらわれたとき、彼を殺す。「隠れた奇跡」の劇作家ヤロミール・フラディークの場合は、死の直前に神の恩寵によって戯曲の完成を見た。「南部」に登場する事務員のファン・ダールマンは、平凡な人生の最期に予期しなかった劇的な死の機会を与えられる――ボルヘスにとってこの男たちすべての運命は、自分の運命と重ねあわせて共感できるものだった。ブエノスアイレス大学でのある講演は、こんな言葉で始まった。「あらゆる男たちと同じように、プラトンも不幸でした……」。思うに、ボルヘスにとってこれは避けがたい真実だったのだろう。

ボルヘスが望んだのは、複雑なところのない単純な結びつきだった。ヘンリー・ジェイムズの小説――そのテーマの独創性を高く買ってはいたが――を思わせる厄介な運命によって、ボルヘスの心はときとしてきりきり舞いさせられた。マリア・コダマとの最後の結婚は、ボルヘスの死まで二か月もない一九八六年四月二十六日、パラグアイの小さな町で、町長不在のまま婚姻証明書が交付されたようだ。「ようだ」というのは、この手続きが不可解な秘密のうちになされたからである。しかもエルサとの結婚は無効になっていなかったので、マリアとの結婚は重婚となり、ボルヘスは罪悪感をもったことだろう。マリアはアングロサクソンをテーマにしたクラスの教え子の一人で、のち一九六〇年代には、ボルヘスの旅行に同行するようになった。この結婚にほとんどの人は驚き、マリアが高齢のボルヘスを意図的に友人たちから遠ざけたといって怒る人も多かった。実際のところ、友人たちは、ボルヘスが愛情を示したり関心を寄せたりするすべての人にやきもちをやき、ボルヘス自身もヤハウェの神の片意地さでその嫉妬心をあおったというのが真相である。

八十代になり、マリアの世話を受けるようになったボルヘスは、もはやビオイ家で食事をとらず、昔の知り合いとも会わなくなった。そのすべてがマリアのせいにされ、ボルヘスの気まぐれだとは思われなかった。長年にわたって、子供のように親愛の対象をころころ変えるボルヘスが、そのときどきの気分によって、詩の献辞を消したり、新しい知己の名前に入れ替えたりしてきたことは、誰も思いだせなかった。新たな抹消はマリアのさしがねだといわれた。彼が永遠の故郷たるブエノスアイレスから遠く離れたジュネーヴで死んだことさえマリアの嫉妬のせいだと非難された。死の前日か二日前、ジュネーヴのボルヘスからビオイに電話がかかってきた。彼の声はとても悲しげだったとビオイはいう。「ジュネーヴなんかで何をしているんだ？　帰ってこいよ」とビオイはいった。「無理だよ」とボルヘスは答えた。「いずれにせよ、どこにいたって死ぬには十分だ」。長きにわたる友情はともかく、作家としてのビオイは、その別れの言葉がじつに上出来で、まったく修正の必要がないと思ったという。

だが、マリア・コダマがじつは献身的で熱意にあふれた伴侶だったと考える人びともいた。たとえば、ガリマール社でボルヘスの担当編集者だったエクトル・ビアンキオッティ、故コルタサルの妻アウロラ・ベルナルデスなどである。彼らにいわせれば、断固として、嫉妬深く、かけ離れた、世話焼きのベアトリーチェに、ボルヘスはようやく出会ったのだった。ボルヘスはビアンキオッティにこういった。「私は肝臓癌で死にかけている。最後の日々を日本で過ごせればいい。だが、私は日本語がしゃべれない。知っているのはほんの二、三語だ。最後の時間をやり過ごすのにおしゃべりをしていたい」。ボルヘスはジュネーヴからビアンキオッティに本を送ってほしいと頼んだ。これまで彼の作品のなかで触れたことがないものばかりだった。モリエールの喜劇、ラマルティーヌの詩、レミ・ド・グールモンの作品などである。やがてビアンキオッティは気づいた。ボルヘスは若いころジュネーヴで本をたくさん読んだといっていたが、これらの本がそれだったのだ。最後に選んだのはノヴァーリスの『青い花』だった。ボルヘスはドイツ語を話せる看護士に頼んで、苦痛に満ちた長い待ち時間のあいだ、この本を読んでもらった。死の前日、見舞いに来たビアンキオッティは一晩中、ベッドの傍らに坐ってこの老いた作家の手を握りしめ、朝を迎えた。

ボルヘスは一九八六年六月十四日に死んだ。十年後、私は彼をしのんで「エル・アレフ」を再読しながら、ふと考えた。ボルヘスの作品のなかで、すべてを包含する空間というアイデアは何か所に登場するだろう。「エル・アレフ」の冒頭に掲げられたトマス・ホッブズの引用によれば、「停止している今（nunc-stans）」または「停止しているここ（hic-stans）」である。私はボルヘス作品を収めた二つの書棚に目をやった。最初に出版されたエメセ版は活字がびっしりと詰まっているが、いまやぼろぼろになっている。『全作品』および『共作による全作品』とうたってはいるが、すべてを網羅していない分厚い二冊はさらに活字だらけだ。つやつやした紙の、なぜか冗長に感じられるアリアンサ版、気まぐれな英訳版、ボルヘス全作品を収めたフランス語のみごとなプレイヤード版。これはジャン゠ピエール・ベルネによる編集がすばらしいので、私の頭のなかではオリジナルのスペイン語版をしのぐものとなっている（ボルヘスは気にしないだろう。彼はかつてウィリアム・ベックフォードのフランス語で書かれた『ヴァテック』の英訳版について、「オリジナルは翻訳に忠実でない」といったことがあった）。

フランスにボルヘスを紹介したロジェ・カイヨワ（「私はカイヨワの創作物だ」とボルヘスはいったものだ）によれば、ボルヘスのおもな主題は迷宮だという。この仮説を裏付けるかのように、あまり出来がよいとはいえない英訳版のうち、とくに有名なものの何冊かには迷宮というタイトルがついている。驚いたことに（少なくとも、ボルヘスの作品を読みこんでいると自負していた私にとっては意外なことに）、ボルヘスの作品を読みなおしてみると、それは迷宮とはほど遠かった。そこにあるのは、ひとつのもの、ひとつの場所、ひとりの人物、ひとつの瞬間であり、そのすべてがあらゆるもの、あらゆる場所、あらゆる人間、あらゆる瞬間を包含するという考え方だった。その普遍性がボルヘス作品のすべてに見られるのだ。

私はプレイヤード版の本の見返しにリストを書いていった。しかし、すべてをあげることはとてもできないだろう。

最初にあげられるのは「エル・アレフ」の対になる作品ともいえる「ザーヒル」だ。アラビア語で「見える」を意味する「ザーヒル」はものであり（コインだが、同時に虎や天体観測器をも意味する）、一度見たら忘れられない。壁の割れ目に咲いた花についてのテニソンの文章を引いて、ボルヘスは「どれほどとるに足らないものであっても、そのなかに世界史の原因と結果の無限の連鎖にかかわりのないものは何ひとつ存在しないといおうとしたのだろう」という。リストの次に来るのは有名な「バベルの図書館」で、「それを宇宙と呼ぶ人びともいる」。そして、その宇宙はきわめて薄い一冊の本に要約される。そのことは「バベルの図書館」の注記にあり、のちの「砂の本」でも発展させられている。やや長い「会議」の語り手が追い求めた百科事典は、手の届かないものではない。それはすでに存在し、宇宙そのものである。それは地図製作者の国の地図（「夢の虎」）のようなものであり、ルイス・キャロルが『シルヴィーとブルーノ』で予見したものである。ボルヘスの短い寓話のなかで、それは地図上に描かれた国とぴったり一致する。

ボルヘスの作品では、場所やものと同じように、登場人物もすべてを包含する存在となりうる。ボルヘスの愛読したサー・トマス・ブラウンはつねづねこういっていた。「どんな人も、その人だけの存在ではない。これまで大勢のディオゲネスが生きてきたし、同じくらい大勢のティモンがいたが、名前が残るのはごく少数である。人は何度も生きなおす。いまのこの世界は、過ぎ去った時代の世界と同じだ。過去に同じ人間がいたわけではないが、同じような人間はつねに存在した。その人間の本質はいまも昔も変わらず、何度もよみがえる」。ボルヘスはこの一節が大いに気に入り、私は彼に頼まれてその文章を何度か読みあげたものだ。ボルヘスは、ブラウンの一見したところ愚直に思える「名前が残るのはごく少数」だという部分に賛成し、「かわいいところがあるじゃないか」といい、答えを待たずにひとりで笑っていた。そのような「生きなおした人間」のごく初期の例は、『汚辱の世界史』に登場する「真《まこと》とは思えぬ山師」トム・カストロである。この男はうすのろにもかかわらず、ひとりの男はじつはすべての男であるという言葉にしたがって、貴族であるティチボーン家の跡継ぎになりすます。いくつもの顔をもつ登場人物はほかにもたくさんいる。たとえば、何ひとつ忘れない存在として読者に忘れがたい印象を残すフネスである(「記憶の人、フネス」)。その短い生涯で目にしたすべてが記憶され、がらくたのように積みあげられている。アラブの思想家アヴェロエス(「アヴェロエスの探求」)は、何世紀にもわたってアリストテレスを理解しようとする。それはまるで、アヴェロエスを探求するボルヘス自身に似ていて、さらにボルヘスを追い求める読者のようでもある。ホメロスであった人(「不死の人」)、そして人類の歴史を通じてあらゆる人間を標本にしてきた人、そして何者でもない者とみずから称したオデュッセウスを創作した人。同じように、私たちの時代にもう一度『ドン・キホーテ』を書くためにセルバンテスになったピエール・メナール。「全と無」では、あまりにも多くの人になってきたシェイクスピアが自分自身に戻してくれと神に頼む。神はシェイクスピアに、自分もまた何者でもないのだと打ち明ける。「シェイクスピアよ、おまえがその作品を夢みたように、わたしはこの世界を夢みた［と神はいう］。わたしの夢に現われるさまざまな形象のなかに、確かにおまえもある。おまえはわたしと同様、多くの人間でありながら、何者でもないのだ」。「バビロニアのくじ」では、すべての男がかつて地方総督であり、また奴隷だった。つまり、誰もがあらゆる人間だった。私のリストには次のような注釈も含まれた。ボルヘスはヴィクター・フレミングの映画『ジキル博士とハイド氏』の評の最後にこう書いている。「二面性をめぐる寓話というべきスティーヴンソンの原作を越えており、ファリードゥッディーン・アッタールによる十二世紀の詩集『鳥の会議』に近い。いわば汎神論的な映画だと考えることができる。ここでは大勢の登場人物が最後には溶けあって唯一無二の存在となり、それは永遠となる」。このアイデアはビオイと共作のシナリオ（「はみだした男」）にも使われ、やがてウーゴ・サンティアゴ監督の映画にもなった。日常会話でも、すべてがひとつのなかにあるというテーマはつねに出てきた。マルビナス戦争〔フォークランド紛争〕の宣戦布告のあと、私は短い時間ながらボルヘスと会って、いつものように文学について話し、話題は二重性におよんだ。ボルヘスは悲しげにこういった。「ガルティエリ将軍とサッチャー夫人が同一人物、つまり同じひとりの人間だということに誰も気づかないのはなぜだろうかね」

だが、この存在および場所の多重性、永遠の存在および永遠の場所という考えは、幸福につながるものではない。ボルヘスは幸福を人間にとってなくてはならない徳と考えていた。死の四年前、ボルヘスはもう一冊の本を出した。この『ボルヘスの「神曲」講義』は、もともと一九四〇年代と五〇年代に書かれたエッセイに後年、加筆されたものである。序文の冒頭で、ボルヘスは東洋のどこかの架空の図書館で見つかった古い銅版画を思い浮かべる。そこにはこの世のあらゆるものが細密に描かれている。ボルヘスにいわせると、ダンテの詩篇はすべてを包含したこの銅版画に似ている。つまり、エル・アレフとしての『神曲』である。

このエッセイ集は、ボルヘスのゆっくりと正確な、息切れするような声で書かれている。ページを繰るたびに、意図的なためらい、問いかけるような皮肉な口調――独創的な発言はほとんどすべてそんな形で終わった――や、記憶をもとに長い文章を暗唱するときの重々しいレチタティーヴォといったボルヘスの声が聞こえてきた。ダンテにかんする九つめのエッセイ「ベアトリーチェの最後の微笑」は、無邪気なまでの単純さで会話しようと思うという宣言から始まる。「私のめざすところは、文学が達成した最も哀切な詩句に評釈を加えることである。それらの詩句は『天国篇』の第三十一歌に含まれ、有名なものではあるが、そこにある心の痛みを感じ取った者は誰ひとりいなかったように見える。誰もこの一節を余すところなく聴きはしなかったのだ。なるほど、詩句が孕《はら》んでいる悲劇的な要素は、作品自体よりは作者のほうに、主人公としてのダンテよりは執筆者ないし創造者としてのダンテのほうに属しているのは確かであるが」

こうしてボルヘスは語りはじめる。煉獄の山の高い頂で、ダンテはウェルギリウスの姿を見失う。新たな天に到達するたびに美しさを増してゆくベアトリーチェに導かれて、ダンテは至高天に達する。この無限の領域では、遠くにあるものも近くにあるものと同じように鮮明に見える（「ラファエル前派の絵画のように」とボルヘスはいう）。ダンテは空のはるか高みを見る。光の川、天使の群れ、正義の人びとの魂がバラの花の形に秩序正しく並んでいる。これまで彼が見てきたものを列挙するベアトリーチェの声が聞こえてきて、ダンテは頭をめぐらすが、彼女は消えてしまう。彼女がいたはずの場所には弱々しい翁が立っている。「彼女は？　どこへ行った？」とダンテは叫ぶ。老翁はダンテに上を見よという。見上げると、頭上高く、栄光に包まれたバラの花のひとつに彼女の姿がある。ダンテは彼女に感謝の祈りを捧げる。そして、詩篇はこうつづく。

私がこう話した、すると彼女はいかにも遠くに見えたが
微笑してじっと私を見つめ、
ついで永遠の泉のほうへ向きを変えた。

（つねに職人である）ボルヘスの注釈によれば、「に見えた」という語句で距離の遠さがあらわされているが、同時に、ベアトリーチェのほほえみが台無しになっているという。

この詩篇をどう解釈したらいいのだろう、とボルヘスは問いかける。寓意の注釈者たちは、理性ないし知性（ウェルギリウス）は信仰に達するための手段であり、信仰ないし神学（ベアトリーチェ）は神性に達するための手段であると考えてきた。目標に達すると、どちらも消えてしまう。これにたいしてボルヘスはいう。「読者もお気づきだろうが、この説明は非の打ちどころがないとはいえ冷淡そのものである。これらの詩篇はそのようなみじめな図式から生まれたものではけっしてない」

批評家のグイード・ヴィターリ（ボルヘスは彼の本を読んでいた）によれば、天国をつくりだしたダンテを動かしたのは愛する女性のためにひとつの王国を築きたいという気持ちだったのだろうという。「だが、私はさらに先まで進みたい」とボルヘスはいう。「ダンテが文学史上最高の作品をつくりあげたのは、取り戻すことのできないベアトリーチェとの何度かの出会いをそこに挿入するためだったのではないだろうか。より正確には、懲罰の圏谷《たに》や、南の果てにそびえる煉獄の山、同心円状の九つの天、フランチェスカ、セイレーン、グリフォン、ベルトラン・デ・ボルン、それらは挿話であり、すでに失われてしまったことを詩人が知っているひとつの微笑、ひとつの声こそが肝要なのだ」

ボルヘスはまた、告白めいたものを吐露する。「不幸な者が幸福を心に描くのは、なんら特別なことではない。人はみな、毎日のようにそうしている。われわれと同じように、ダンテもそうする。だが、何かがつねに、そうした幸せな虚構の陰にある恐れを垣間見せるのだ」。さらに、ボルヘスはこうつづける。「この老翁ははるか高みにあるバラの花輪のひとつを指し示す。そこには、後光に包まれたベアトリーチェの姿がある。その眼差しによって、耐えがたいほどの幸せを彼の内につねにあふれさせたベアトリーチェ。つねに真紅の服を着ていたベアトリーチェ。詩人が一途に思い続けたベアトリーチェ。ある朝フィレンツェで見かけた巡礼たちが、彼女の噂を一度も聞いたことがないと知って彼は心底驚いたものだった。一度は冷たく彼を拒否したベアトリーチェ。二十四歳で亡くなったベアトリーチェ。バルディと結婚したベアトリーチェ・デ・フォルコ・ポルティナーリ」。ダンテは彼女の姿を仰ぎ見、神に祈るように、しかしまた恋い焦がれた女性にするように、彼女に祈りを捧げる。

ああ、私の希望はあなたのなかから湧くのです。
あなたは私を救うために、御足労をいとわず、
わざわざ地獄のなかまでおいでくださいました。

するとベアトリーチェは一瞬のあいだ彼を見つめてほほえみ、それから頭をめぐらして永遠の光の泉へと向きを変える。

そして、ボルヘスはこう締めくくる。「議論の余地のない事実、まことにささやかなひとつの事実だけは記憶に留めておこう。この場面はダンテが想像したものである。私たちにとっては非常に現実的に感じられるが、ダンテにとってはそれほどでもないのだ(詩人にとっての現実とは、まず初めに生が、続いて死が、彼の手からベアトリーチェを奪いとったということだ)。ベアトリーチェを永遠に失い、おそらく屈辱のうちにひとり残されたダンテは、ベアトリーチェと結ばれた自分を思い描きながらこの場面を書こうとした。詩人にとっては不幸なことに、しかしこの作品を手にする後世の読者にとっては幸いなこと

に、この出会いは想像のものにすぎないという作家の意識が心象風景を歪めたのだ。だからこそ、このような残酷な舞台ができあがった——いうまでもなく、これが地獄ではなく、天国の最も高い場所である至高天で起きているだけにつらさはいや増す。ベアトリーチェは姿を消す、彼女のかわりに出現した老翁、彼女は昇天してバラの花の一部になってしまう、つかのまのほほえみと眼差し、そして永遠に背けられた顔」

私は他人の読解に頼りすぎないようにしている。その解釈がいかにすぐれていても、それはその人の自己を反映したものだ。ボルヘスがはっきりと述べているように、読者には何を選び、何を捨てるかの自由がある。本はすべての読者にとってつねに鏡になるとはかぎらない。だが『ボルヘスの「神曲」講義』の場合、ボルヘスのいうことは正しいと思う。ダンテの運命についてのボルヘスの解釈は、ボルヘスの運命を解釈しようとする私にとって助けになる。一九二六年に『ラ・プレンサ』紙に発表された短いエッセイで、ボルヘス自身がこう述べている。「私はつねづね、文学の究極の目的はわれわれの運命を明らかに示すことだといってきた」

ボルヘスによれば、ダンテが『神曲』を書いたのは、たとえ一瞬でもベアトリーチェと結ばれることを願ったからだという。ある意味で、それはありえないことではない。ひとりの女性、彼が求めた多くの女性たちの誰であれ、彼女の神秘を共有し、ひとりの小説家としてではなく、彼が生みだすもののためではなく、彼自身として愛し愛されるために、ボルヘスは作品のなかで何度もくりかえしエル・アレフをつくりだしたのだ。すべてを包含するその想像上の場所では、起こりうることのすべて、そしてありえないことのすべてが起こる。あるいは、すべての男を包含するひとりの男の腕のなかで、手の届かない存在である彼女が彼のものになるかもしれない。また、彼女がまだ彼のものになっていないとしたら、少なくとも、彼自身がその男女を創作したと思えば、そんな苦しみもいくらか耐えやすくなるというものだ。

だが、すぐれた職人としてのボルヘスは十分に承知していた。創作の法則を曲げることは、現実と呼ばれるこの世界の法則を曲げるのと同じくらいむずかしい。「ザーヒル」のテオデリーナ・ビリャールも「エル・アレフ」のベアトリス・ビテルボも、彼女たちを愛する知識人の語り手ボルヘスを愛さない。物語の必要上、この女性たちはベアトリーチェよりもずっと劣る――テオデリーナは流行を追いかける俗物で、「美貌よりも完全さ」を心がけていた。上流社会の花であるベアトリスは、愚かな俗物のいとこに熱をあげていた――物語を動かすためには、語り手をも含めた無知で無価値な人間のあいだで奇跡(エル・アレフの出現、またはザーヒルの記憶)を起こさなければならないからだ。

かつてボルヘスは、現代の英雄の運命は、イタケへ到達することでも、聖杯を手にすることでもないといった。彼の悲しみは、とどのつまり、心から切望する最高のエロティックな出会いを得るかわり、小説家としての技ゆえに挫折する定めだと自覚したところから来るのだろう。ベアトリスはベアトリーチェになれず、彼はダンテになれない。彼は手さぐりでよろめきつつ進む夢想家ボルヘスでしかなく、みずからの想像の世界においてさえ願望は成就せず、白昼夢のなかで出会うほとんど完璧な女性を描きだすこともできない。

ボルヘスと待ち望まれたユダヤ人

「ちょっと！　あんた、いったいなにものなのさ？」と鳩はいった。「なにかたくらんでいるね！」

『不思議の国のアリス』第五章

一九四四年、ヒムラー配下の秘密諜報部員たちがマドリードに到着し、敗北したナチの残党のためにドイツ脱出のルート作りにとりかかった。二年後、安全のため、この作戦の本部がブエノスアイレスに移された。選出されたばかりのフアン・ドミンゴ・ペロン大統領の保護のもとで、その本部は大統領官邸内におかれた。第二次世界大戦中、アルゼンチンは中立を保ったが、軍部の大半はヒトラーとムッソリーニを支持してきた。反ユダヤ主義が顕著だった裕福な上流階級は、ほとんどの点でペロンの政策に反対だったが、ナチ寄りの態度にだけは沈黙を守った。一方、ユダヤ人コミュニティでは、世情の動きについて噂が飛び交うようになった。一九四八年、ユダヤ系アルゼンチン国民の抗議行動の兆しを未然に抑えるため、ペロンは新しく国家として誕生したばかりのイスラエルに大使を送ることにし、私の父であるパブロ・

マングェルを任命した。父はユダヤ系だったので（一族はヨーロッパから来た移民であり、ヒルシュ男爵がアルゼンチン内陸部に築いた開拓地のひとつに住みついた）、その指名に反対する声は多かった。とりわけ、昔からカトリックの国粋主義者が多勢を占めていた外務省から激しい反対の声があがった。ヴァチカンからの推薦を受けた候補者の名前もあがったが、ユダヤ系層からの支持がどうしても必要だとわかっていたペロンは意見を変えなかった。後年（そしていまも）、証拠文書がぞくぞくと出ているにもかかわらず、ペロンはナチ思想を支持したことはないといいはり、私の父を大使に任命したことがユダヤ人への好意の証だと主張しつづけた。今日、ペロンの庇護を受けた人びとのなかでとくに悪名高いのがアドルフ・アイヒマンとヨーゼフ・メンゲレであることがわかっている。

ペロン政権下のアルゼンチンで、ナチに反対する意見をはっきりと述べた数少ない知識人のひとりがホルヘ・ルイス・ボルヘスだった。一九三四年四月初め、国粋主義の雑誌『クリソル』の編集者からの非難（「ユダヤの血が流れていることを卑劣にも隠した」という）に答えて、ボルヘスは短い文章「私、ユダヤ人」を寄稿した。ボルヘスはこう書いている。自分がユダヤ人だと想像することがよくあり、それはたいへん喜ばしいことだが、悲しいかな、家族の歴史をさかのぼっても過去二百年の祖先のなかにひとりもユダヤ人はいない。それでも、ユダヤ文化の伝統がきわめて重要であり、価値あるものだという信念は、あらためていうまでもない。ユダヤ文化が重要なものであり、それら（聖書の物語、タルムードの叡智、ゲルショム・ショーレムの学識、グスタフ・マイリンクとカフカの悪夢、ハインリヒ・ハイネの詩、ゴーレム伝説、カバラの神秘）が自分の作品に養分を与えていることについては弁明の余地がないというのだ。そして、敵対するすべての人間にユダヤ人の血が流れていないかと疑いの目を向けるユダヤ嫌いの人びとを笑いとばした。ボルヘスは自分に語りかけるようにこう書いている。「統計学的見地からすれば、ユダヤ人はとても少数だ。四〇〇〇年になったとき、サン・フアン［アルゼンチンでとくに人口の少ない州］出身者の末裔がいたるところにいると思えるだろうか？　われらが審問官たちはヘブライ人を捜しだす。だが、フェニキア人、ヌミディア人、スキタイ人、バビロニア人、フン族、ヴァンダル族、東ゴート族、エチオピア人、イリュリア人、パフラゴニア人、サルマティア人、メディア人、オスマン人、ベルベル人、ブリトン人、リビア人、キュクロプス族、ラピテス族などは眼中にない。アレクサンドリア、バビロニア、カルタゴ、メンフィスの夜はひとりの祖父さえ生みだせず、子孫繁栄という点では失敗だった。そのような稀有な恩恵に与したのは、瀝青炭の土地である死海のほとりに暮らした一族だけだった」

彼はドイツ文化も否定しなかった。一九三九年三月二十四日付の『エル・オガール』（アルゼンチンで人気のあった家庭向け週刊誌）に載せた記事で、ボルヘスはルイス・ゴールディングという人物が書いた本を書評した。『ユダヤ人問題』というタイトルが不穏を感じさせる。ゴールディングはユダヤ人排斥の風潮を批判しており、その点ではボルヘスも同感だったが、別の面では著者の態度に異論をもち、こう論じた。ユダヤ人を嫌う人びとは、「ドイツ文化におよぼしたユダヤ人の影響を（愚かにも）否定しようとする。一方、ゴールディングは（愚かにも）ドイツ文化がユダヤ人の貢献だけで成り立っていると決めつける。彼は人種差別を愚行だという。だが、ユダヤ人差別にたいする彼の抗議はほとんど型にはまったナチ差別でしかない。彼の立脚点は、必要な防御から不必要な猛攻撃へとたえず移りかわる。不必要なというのは、イスラエルの徳を証明するのにドイツの過失をもちだす必要はないからだ。不必要にして軽率である。というのも、これは敵の主張を受け入れるに等しい行為だからである。つまり、ユダヤ人と非ユダヤ人が根本的に異なる存在だということになるのだから」。一年後、ドイツによるデンマーク侵攻の直後、ボルヘスとドイツびいきのアルゼンチン人との対談が活字になった。ボルヘスにとって、この相手は矛盾そのものだった。その男はドイツを愛するというより（ドイツ文化について何も知らなかった）、むしろイギリス嫌いにすぎない。さらに、彼はユダヤ嫌いでもあった。要するに彼は、ローゼンブラット、グリュンベルク、ニーレンシュタイン〔尿路結石の意〕といったドイツ起源の名前をひけらかし、ドイツの方言であるイディッシュ語をしゃべるスラヴ系ドイツ人コミュニティをアルゼンチンから排除したいだけなのだ。

だが、ボルヘスはたんなる言葉遊びには終わらせず、ユダヤ文化には、形而上学的に、象徴としての重みがあると主張した。ヒトラーが遂行しようとした目的——ユダヤ文化の絶滅——は、結局のところ不可能な試みだった。なぜなら、ユダヤ文化は（ボルヘスの信念によれば）人類の歴史の中核をなすものだからである。だとしたら、ユダヤ人を絶滅させたいというヒトラーの望みは、たんにユダヤ人が永遠に生きのびることを証明するために構築された宇宙の機構の一部でしかない。ボルヘスは、パリ解放の日について述べた「一九四四年八月二十三日について」というエッセイにこう書いている。「ナチズムの欠点は非現実性である。そこでは生きることができない。人はそのために死に、そのために嘘をつき、そのために人を殺し、傷つけることしかできない。人はみな、存在の奥深いところでは、ナチズムの勝利を望んでいない。私はさらにこの推論を一歩進めよう。ヒトラーは敗北を欲している」。二年後、「ドイツ鎮魂歌」（ジョナサン・リテルの『慈しみの女神たち』の先駆といえる）では、ナチの士官が弁明し、自分の行為について語る。「世界はユダヤ主義とユダヤ主義の病弊であるイエスへの信仰によって死に瀕している。われわれはそれにたいして暴力と剣の信仰を示した。その剣がわれわれを殺すのだ。われわれは迷宮をつくりあげ、死に至るまでそのなかをさまよわざるをえなくなった魔法使い、あるいは見知らぬ人を裁くことになり、死を宣告したあとで、その男から〈あなたがその人です〉といわれたダビデにも似ている」。

そして、このナチの士官はみずからを断罪する力強い言葉を発する。「勝利と不正、それに幸福がドイツのものでないのであれば、ほかの国民のものであってもいいではないか。われわれのいる場所が地獄であっても、天上が存在すればいい」

「ドルーズ派のように、月のように、死のように、翌週のように、ものごとの一部をなす遠い過去の形は無知によって豊かになる」とボルヘスは「私、ユダヤ人」に書いた。そのような状況では、善も悪も同じ無関心によって一掃され、過去の出来事はつくりかえられ、偽りの記憶が真実として定着するだろう。このような状況は後年の作品、「疲れた男のユートピア」にも描かれた。ここでボルヘスは未来世界の悪夢を描いた。その夢のなかで出会う未来人は、すばらしい新世界のことを説明する。やがてボルヘスは丸屋根のある塔のような建物を目にする。「あれは火葬場です」と案内人は指さした。「あのなかにはガス室があります。なんでも、アドルフ・ヒトラーとかいう名の博愛主義者が考案したものだとか」

品位をもち、控えめで、知性にたいして誠実な人間だったボルヘスは、歴史に名を残そうなどとは思わなかった。いくつかの作品は残ってほしいと思ったが、自分の名声には興味がなかった。個人としては忘れられていたいと願った（「永遠に、だが過ぎたことではなく」と、ある詩に書いている）が、それでも歴史の気まぐれな記憶を恐れた。というよりも、むしろ人が最も卑小な衝動に合わせて歴史上の事実を書き換えようとする気まぐれを嫌悪した。だからこそ、彼は政治を嫌い（「人類の行為のなかで最も悪辣だ」）、フィクションの真実を信じ、真実の物語を伝えようとする人間の能力を信じたのだ。

創造行為としての贋作

ジャックがいった。「どうか、陛下、わたしは書いておりません。わたしが書いたという証拠もございません。最後に署名がないではありませんか？」

王様がいった。「署名をしなかったのなら、なおさら悪い。何かよからぬことをたくらんでいたにちがいない。後ろ暗いところがないなら、ちゃんと名前を書いていたはずだ」

『不思議の国のアリス』第十二章

一九三二年十月二十九日、ブエノスアイレスの新聞『クリティカ』に、この新聞の読者にはおなじみの煽情的な告知が載った。

「『クリティカ』は近々、スリル満点の探偵小説を掲載する予定。この物語はブエノスアイレスで実際に起こった事件にもとづく。しばらく前にこの街で起こり、世間を震撼させた実話をもとに、著者は感動的な作品を生みだした。この『アルコス街の謎』では、ページを追うごとに謎が深まってゆく。チェスの選手ガルバンの妻を殺したのは誰か？　それとも、これは奇妙なかたちの自殺だったのか？　殺害後に犯人が巧妙に証拠を隠蔽したのか？　犯人は部屋の鍵を壊さずにどうやって現場から逃げだしたのだろうか？　宝石箱の行方やいかに。明日、日曜版から連載開始」

いかにも仮名らしいサウリ・ロスタルという筆名で発表されたこの連載小説は人気を博し、一年後には単行本として出版されることになった。一九三三年十一月四日、同じ新聞に『アルコス街の謎』が刊行されたという広告が載った。「アルゼンチン初の本格派探偵小説。従来、このジャンルの作品はお粗末で現実味がないものが大半だったが、この作品は一線を画している。感情豊かでリアリズムにあふれ、スリルに満ち、読者の興味を引くものとなっている。本物の傑作といってよい。挿画入りの大著にもかかわらず、価格はわずか九十五センターボ」。アン・バス社から出たこの本は総ページ数二四五、挿絵画家の名はペドロ・ロハスであり、表紙の絵から判断するに、その画風は内容にふさわしいものだったようだ。

スペイン語圏以外の読者にこの小説のおどろおどろしい文体のニュアンスを理解してもらうのは困難だが、なんとかやってみよう。

その直後、守衛室につながる部屋で、オスカル・ララとスアレス・レルマ——後者はまだマテ茶をすすりながら——はこの不穏な夜に記者の彼がここに来た理由について話しあっていた。まもなく、巡査補が彼に事実を伝えはじめ、記者はとくに慎重にメモをとりはじめた。二人がその作業を終えたとき、電話の鳴る音が聞こえた。巡査補のララは電話に手を伸ばし、受話器を取ると、それを耳に押し当てた。警官と電話をかけてきた相手とのあいだに始まった通話は以下のようなものである。のちに話し手みずからの証言をもとに組み立てた。

この小説の出版から三十年後、『フィロロヒア』誌に、評論家エンリケ・アンダーソン・インバートによる「ボルヘスの出典研究にかんする新たな発見」という記事が載った。そのなかでアンダーソン・インバートは、「アル・ムターシムを求めて」のモデルにこの『アルコス街の謎』を用いたのではないかと論じている。「アル・ムターシムを求めて」は、インド人の弁護士ミール・バハドゥール・アリという人物が書いた同名の探偵小説の書評という形をとっている。ボルヘスによれば、挿絵入りの最初の版は一九三二年にボンベイで出され、その二年後にロンドンのヴィクター・ゴランツ社がドロシー・L・セイヤーズの序文付きで再刊したが、それには挿絵はついていなかった（「おそらく好意からだろう」とボルヘスはいう）。

ボルヘスの「アル・ムターシムを求めて」が最初に発表されたのは雑誌ではなく（彼の作品のほとんどは雑誌に載った）、エッセイ集『永遠の歴史』（一九三六年）に収められていた。「覚え書　二篇」と題した付録のひとつで（二つめの「覚え書」は「誹謗の手口」というエッセイだった）、ノンフィクションと見なされたことから、最初の読者はミール・バハドゥール・アリが実在の人物だと思い、（権威ある出版社ゴランツ社から出たという）その本が実際に手に入るものと信じこんだ。ボルヘスの熱心な書評に興味をそそられた友人のアドルフォ・ビオイ＝カサーレスはロンドンに注文を出したが、買うことはできなかった。

ボルヘスの文章は少なくとも二度、生まれ変わりを経験した。一九四一年、ボルヘスは「アル・ムターシムを求めて」を、今度は明らかにフィクションとして、短編集『八岐の園』に入れた。三年後、『八岐の園』全体を、おそらく彼の代表作ともいうべき『伝奇集』の前半部分に入れた。後半は「工匠集」と題され、新たな作品が数編加えられた。さらに厄介なことに、最近の版（たとえばアリアンサ版）では、「アル・ムターシムを求めて」が『伝奇集』から削除されて『永遠の歴史』のほうに戻されている。

一九九七年七月十三日、ブエノスアイレスの『ラ・ナシオン』紙文芸別冊にひとつの記事が載った。アルゼンチン人の短編作家ファン・ヤコボ・バハルリアはアンダーソン・インバートの推測をさらに進め、ボルヘスは『アルコス街の謎』のことを知っていただけでなく、巨匠みずからがこの本の作者ではないかと示唆したのだ。バハルリアによれば、ウリセス・ペティト・デ・ムラト（ボルヘスの若いころの友人）が、この忘れられた探偵小説の作者はボルヘスだと内緒で教えてくれたのだという。ムラトがバハルリアに語ったところによれば、ボルヘスは「タイプライターに向かって物語をつくりあげてゆき、たった一日、二時間ほどで書きあげた」という。

一か月後（八月十七日）、小説家のフェルナンド・ソレンティーノが、同じく『ラ・ナシオン』紙に、バハルリアへの返答として一文を寄せた。丁重ながら断固として譲らず、ボルヘスがこの小説の作者だなどということはありえないといった。事実、構造、倫理観、そして文体などを理由にあげて、ソレンティーノはバハルリアの主張を粉砕した。第一に、ボルヘスはタイプが打てない。第二に、ボルヘスは長編小説を書かなかった。彼は、少なくとも自分の才能にかんがみて、長編小説というジャンルを避けていた（ボルヘスはこういっている。「長編小説のプロットを考えるのは楽しい。だが、実際に書くとなると、それは誇張そのものになる」）。第三に（そして、これがソレンティーノにとっては最も強力な根拠だったはずだ）、この小説の大げさな文体と、嫌味なほどのスペイン語を多用するところは、慎重に組み立てられたボルヘスの散文とはまったく相容れないもので（二十代から三十代にかけての彼のバロック時代に見られた複雑な表現、または後年のもっと控えめな文体でも同じことだった）、ひとりの人間が両方の文体で書くことなどありえない、というのである。「完全に自分のものではない文体で書くことは誰にもできないと私は信じる」というソレンティーノの言葉は理にかなっている。「とっぴなパロディを書いたとしても、遅かれ早かれ、でっちあげた文章の行間から自分の文体が顔を出すものだ」。そして、めったにないこととはいえボルヘスが作中で別の人間の声を借りるときの例をあげ（短編「エル・アレフ」には、恋敵の男がつくったへたな詩が引用される）、その拙い韻文のなかでさえ、ボルヘスその人の知性、ユーモア、明晰な言葉の選び方が輝いているという。ソレンティーノにいわせれば、文学において完璧な捏造などありえないのだった。

さらにもうひとつ、すぐれた耳をもっていたボルヘスが拙い散文を聞き分け、情け容赦なく嘲ったというエピソードがある。驚異的な記憶力の持ち主だったボルヘスは、有名無名の作家たちによる不出来な文章を暗唱し、（ソレンティーノが指摘するように）自分の作品のなかでそれをパロディとしてとりいれた。ビオイと共作した滑稽な物語「証人」では、アルゼンチン風の文体の最悪の例をパロディにしている。この作品には題辞としてイザヤ書六章五節が掲げられているが、肝心の文章は省かれている。私はその文章を探してみた。「わたしはいった。『災いだ。わたしは滅ぼされる。わたしは汚れた唇の者。汚れた唇の民のなかに住む者』」。文学にたいしてこれほどの意識をもった者が、『アルコス街の謎』のような作品を書くはずがない。

ソレンティーノは最後に決定的な事実をあげて、バハルリアの主張を打ち砕いた。明らかに仮名と思われる「サウリ・ロスタル」の正体を明かしたのである。一九九七年二月二十七日、トマス・E・ジョルダーノという人物がブエノスアイレスの新聞『クラリン』に公開書簡を寄稿した。「正体不明の著者による」『アルコス街の謎』の新版が出るという広告を見たあと、彼はこの謎の答えを世間に公表すべきだと思った。ジョルダーノによると、サウリ・ロスタル（Sauli Lostal）はルイス・スタッロ（Luis Stallo）のアナグラムだという。ジョルダーノの父が一時期、このスタッロと商売上のつきあいがあった。彼は作家ではなく実業家で、教養があり、世界中を旅したあとアルゼンチンに住み着いたイタリア人だった。「潑剌とした気性は、読書にふけることでさらに刺激を受け、一九三三年には当時人気の高かった『クリティカ』紙が主催する探偵小説のコンテストに応募する気になった。このコンテストはガストン・ルルーの『黄色い部屋の謎』を超える独創的な作品を求めていた。『クリティカ』紙はこの小説の結末に物足りなさを覚えたのである」。そうして生まれたのが『アルコス街の謎』だった。ブエノスアイレスの電話帳の一九二八年、一九三〇年、一九三二年版を調べると、ルイス・A・スタッロという人物がこの時期にブエノスアイレスに住んでいたことがわかった。このような疑問の余地なき事実にもかかわらず、『アルコス街の謎』をボルヘスの作品だとする声は消えなかった。他の点では欠点のないニコラス・エルフトのボルヘス『全作品目録』（一九九七年、フォンド・デ・クルトゥーラ・エコノミカ社）の新版でも、この作品をボルヘスの著作に含めている。

三流の作品をボルヘスに帰す例として、『アルコス街の謎』は最も有名だが、これだけでは終わらない。たとえば一九八四年、アルベルト・モラヴィア、レオナルド・シャーシャ、エンツォ・シチリアーノ（イタリア文学界で最も有名な三人）が編集するイタリアの一流文芸誌『ヌオヴィ・アルゴメンティ』に、ボルヘス作として「十字架の謎」という一篇が掲載された。付されていた書簡によると、この作品は一九三四年に書かれ、すぐれた作家で翻訳者のフランコ・ルチェンティーニが翻訳し、ボルヘス自身とボルヘス作品を扱うイタリアの出版人フランコ・マリア・リッチから掲載許可を得ていたという。トリノの新聞『ラ・スタンパ』への公開書簡で、ルチェンティーニはそんな翻訳はしていないと断言し、ボルヘスの作品に似たところがまったくないどころか、「無学に近い人間が書いたもののように思える」と述べた。
一九八九年、詩人のオクタビオ・パスが創刊したメキシコの雑誌『プルーラル』は、ボルヘスが亡くなった年に書いたとされる詩「瞬間」を掲載した。マウリシオ・シエチャノウェルなる人物の前置きが付され、それによると、この作品は「巨匠にふさわしい統合力をはらんで」いた。実際には、くだらない自己陶酔の瞑想から生まれたもので、ホールマークのグリーティングカードに書かれた文面に似ていなくもない。こんな詩である（逐語訳ではあるが、私には大まかな意訳に思える）。

人生をもう一度やりなおすとしたら
次の人生ではもっと過ちをおかしたい。
完璧をめざすのはやめて、もっと気楽に生きたい。
それどころか、いまの私よりも、もっと愚かでありたい。
ものごとに真面目にとりくむのはやめよう。
もっと不健康な暮らしをしたい。
もっとたくさん冒険し、もっと旅をし、もっとたくさんの
落日を眺め、もっと多くの山に登り、もっと多くの川で泳ぎたい。
行ったことがない場所へ、もっと行きたい。
豆よりも、もっとたくさんのアイスクリームを食べたい。
頭のなかだけの悩みより、現実の悩みをもっと味わおう。
人生のあらゆる瞬間を豊かに感じとる人びとのようになりたい。

もちろん、私にも幸せな瞬間はあった。
だが、もう一度やりなおせるとしたら、
すばらしい瞬間だけを追いかけよう。
ご存じない方のためにいえば、人生は一瞬一瞬の積み重ねでできている。
いまのこの一瞬を逃がすな。
私は出かけるときにはいつも体温計と
湯たんぽと傘とパラシュートを持っていった。
もう一度生きられるなら、もっと身軽に旅をしたい。
もう一度生きられるなら、春になったとたん、裸足で歩きだし
秋までそのままでいよう。
もっとたくさんのメリーゴーラウンドに乗り、もっと多くの落日を見よう。
そして子供たちともっと遊ぼう、もう一度、別の人生を生きられるとしたら。
だが、私は八十五歳で、自分が死にかけていることを知っている。

三年後、それまでボルヘスの詩の翻訳者として定評のあったアライスター・リードによる新訳としてこの作品が『クイーンズ・クォータリー』に発表された。誰も異を唱えなかった。
やがて一九九九年五月九日、文芸評論家のフランシスコ・ペレヒルがマドリードの新聞『エル・パイス』に次のようなすっぱ抜きの記事を載せた。「出典の疑わしいこの詩の本当の作者は、ナディン・ステアという無名のアメリカ人である。ボルヘスがジュネーヴで没する八年前の一九七八年、彼女は八十六歳

のときにこの詩を発表した」。この詩（大仰な散文詩というべきか）は、一九七八年三月二十七日、ケンタッキー州ルイヴィルの雑誌『ファミリー・サーカス』に掲載され、それ以後、さまざまなバージョンがつくられ、そのすべてが別々の媒体――『リーダーズ・ダイジェスト』から文字をプリントしたTシャツまで――に発表された。

まちがいなく文学の発祥以来、あらゆる類の文章が有名作家に帰せられてきたが、そこにはさまざまな理由があった。その文章の出典を本来の作家に戻そうという真っ当な意図もあれば、偽の権威を借りようという不届きな思惑もあり、有名作家の名声を利用しようとする狡猾な手段として使われることもあった。ボルヘス自身、代表作のひとつである「『ドン・キホーテ』の著者、ピエール・メナール」のなかで、このリストに新たな可能性を（もちろん、皮肉をこめて）付け加えている。テクストに新たな生命を与えること、つまり予期できなかった別の文脈において読みなおすことである。ボルヘスはこの作品の最後にこう書いている。「『キリストのまねび』をルイ＝フェルディナン・セリーヌかジェイムズ・ジョイスの作品だと想定することは、その衰えた宗教的教訓に大いに活を入れることにはならないだろうか？」

『アルコス街の謎』やナディン・ステアの詩をボルヘスの作品だと主張した人びとが、こうしたことを考えていたかどうかは定かでない。いずれにせよ、贋作者たちの意図がなんであれ、ボルヘスはこれらの試みを高く評価したはずだ。なぜなら、ふだん否定的に使われる「贋作」という概念について、ボルヘスは肯定的に捉えていたからだ。

一九三八年のクリスマス・イブ、ボルヘスは自宅を出て、友人のエマ・リッソ＝プラテロを迎えに行った。彼女をディナーに招待しており、プレゼントをもっていったのだ。中身は本だったにちがいない。エレベーターが動いていなかったので、階段を駆け上がった。だが、ペンキを塗ったばかりの観音開きの窓のひとつが開きっぱなしになっているのに気づかなかった。額に何かが触れるのを感じたが、足を止めて調べようとはしなかった。リッソ＝プラテロがドアを開けたとき、ボルヘスは彼女のぎょっとした顔を見てやっと、何かまずいことが起こったのだと悟った。額に手を触れると、血まみれだった。応急手当はしたのに傷は化膿して一週間寝ついてしまい、高熱にうなされ、幻覚を見た。ある夜、言葉が出ないことに気づいた。大急ぎで病院にかつぎこまれ、緊急手術を受けたが、敗血症を起こしていた。ひと月のあいだ、医師たちは死を覚悟した。英語で口述された自伝で、ボルヘス自身がこの出来事について語っている。のちには、その体験をもとにして短編小説「南部」が生まれた。自伝に彼はこう書いている。「回復期に入って、私は自分の知性が損なわれたのではないかと不安になった。ちょうど注文しておいたC・S・ルイスの『沈黙の惑星を離れて』が届き、母はそれを読んでやるといったが、私は二、三日のあいだ母を避けていた。ついに根負けして、一、二ページ読んでもらったとき、涙がとまらないのに気づいた。なぜ泣くのかと母に聞かれて、『理解できたのがうれしくて泣いているんだ』と答えた。その少しあと、以前のように書けるだろうかと不安になった。それまでは、ほんの数編の詩と十あまりの短い書評しか書いていなかった。ここで同じような書評を書いて失敗したら、私の知性は尽きたも同然だと思った。だが、これまで経験のないことをやってみて失敗しても、それほどがっかりはしないだろうし、最悪の事態を迎える準備にもなる。それで短編小説を書いてみようとした。その結果が「『ドン・キホーテ』の著者、ピエール・メナール」だった」

「『ドン・キホーテ』の著者、ピエール・メナール」は、雑誌『スル』の一九三九年九月号に載った。ピエール・メナールを称える記念論文という体裁のこの小説で、ボルヘスが書こうとしたのは『ドン・キホーテ』を新しく書き直そうとするメナールの試みだった。メナールの贋作は模倣ではなく、パスティーシュでもない。ボルヘスはこう書いている。「彼の素晴らしい野心は、ミゲル・デ・セルバンテスのそれと——単語と単語が、行と行が——一致するようなページを産みだすことだった」。この小説は大成功を収めた。文学好きのある紳士は友人のボルヘスにお祝いを述べつつも、わざわざ書くまでもないことだといった。真に教養ある読書人なら、メナールのことはもうよく知っている、というのだ。

ボルヘスの戦略はもろ刃の剣だった。一方で、彼は（まちがいなく遊び心をもって）もの書きなど気まぐれで、たいして意味のないものであり、適切な時と場所さえ与えられれば、どんな書き手であれ、どんな文章でも書けるとほのめかす。彼の最初の詩集『ブエノスアイレスの熱狂』に添えられた題辞は、やっと二十四歳の若者が書いたものだが、こんな文章である。「本書のページが幸せな韻文のために用意されているとしたら、読者にはあらかじめわが無作法にたいして許しを請うものである。この本の中身は、それとは大違いである。これらの習作が読者諸氏の目にふれるのは、とるに足りない偶然の結果である。同じく、作者がこの私であることもまた」

その一方で、ボルヘスは、テクストの特質が何にもまして読者の寄与によって決定されるとも示唆する。ある作者によって書かれたテクストは、読者がそれを別の作者によるものと思って読んだときには別のものになってしまう。セルバンテス（十七世紀の教養ある学者）が書いた『ドン・キホーテ』と、メナール（ウィリアム・ジェイムズの同世代人）が書いた『ドン・キホーテ』は同じものではない。サウリ・ロスタルのものとされる『アルコス街の謎』と、ボルヘスが作者の『アルコス街の謎』は別物である。言外の含みをまったくもたない本というものは存在しない。すべての読者はページに印刷された文字を読むだけでなく、読者自身の存在につながる無限のコンテクストの流れを読みとる。そのような視点からすれば、「贋作」はありえない。ただ、たまたまそっくり同じ文章をもつ別の本があるだけなのだ。

ボルヘス自身の著作には、そのような贋作に関連した素材がたくさん用いられている。たとえば、以下のようなものである。

・すでに述べたミール・バハドゥール・アリやピエール・メナール、また変わり者のイギリス人作家ハーバート・クエインなど、原形の小説の果てしないバリエーションを書きつづける作家たち。

・出典として異物を紛れこませること。たとえば、ボルヘス名義の作品のさまざまな「翻訳」など。ボルヘスが手がけた最初のフィクション作品がマルセル・シュウォッブの『架空の伝記』の模倣だったことを思いだすのは有益かもしれない。ボルヘスはこの短い伝記集を一九三三年から『レビスタ・ムルティコロール・デ・ロス・サバドス』に連載し、二年後に『汚辱の世界史』として出版した。これらの短いテクストのなかでボルヘスが言及している出典や引用は、彼の解釈や翻訳によって変形させられている。一九九八年にヴァイキング社から出た『汚辱の世界史』では、訳者のアンドリュー・ハーリーがオリジナルの「復元」を試みたあげく、ばかげたことになってしまった。「本来の形にふさわしい英語を用いた」とハーリーはいう。「その結果、『モンク・イーストマン』(『汚辱の世界史』の一編)に登場するニューヨークのギャングたちはハーバート・アズベリー(『ギャング・オブ・ニューヨーク』の著者)の本に見るような話し方になった。ふだんの言語感覚でボルヘスのスペイン語を英語に移すことはあえてしなかったのだ。ボルヘスがスペイン語にしたものをもう一度英語に戻すのは意味がないと思う」。このハーリーの言葉は見当違いといわざるをえない。ハーリーは、ボルヘスがこの作品を「物語的な散文の習作」と呼んだことを明らかに無視している。

・注釈が加えられた架空の本、短編やエッセイに添えられたさまざまな出典や引用、たとえば、強烈な印象を残す中国の百科事典など。この百科事典は平然として、動物を次のように分類する。「(a)皇帝に帰属するもの、(b)芳香を発するもの、(c)調教されたもの、(d)幼豚、(e)人魚、(f)架空のもの、(k)駱駝の繊細な毛の絵筆で描かれたもの、(l)その他のもの、(m)花瓶を割ったばかりのもの、(n)遠くで見ると蝿に似ているもの」。そしてもちろん、異世界としての「トレーン、ウクバール、オルビス・テルティウス」、「バベルの図書館」など、謎めいた架空の創作物。

それでも、これらすべての創作物はけっして根拠のないものではない。これらは必要な発明であり、文学史が満たそうとしない隙間を埋めるものだ。この中国の百科事典の記述は、ミシェル・フーコーの『言葉と物』の出発点になった。ウンベルト・エーコが『薔薇の名前』を書くには、その前に『バベルの図書館』（そして、ボルヘ・ダ・ブルゴスという名のボルヘス自身）が存在しなければならなかった。ハーバート・クエインという先駆があればこそ、実験的な文学グループ、ウリポが生まれた。メナールは明らかに、ロレンス・スターンやジェイムズ・ジョイスとつながっている。そして、ボルヘスがフランスに生まれなかったのは当人のせいではない。思慮に欠けたそんな行動を正してくれるボルヘスにこそ感謝すべきなのだ。

したがって、ボルヘスの宇宙においては、贋作は創作にたいする冒瀆ではない。それ自体が創造行為の一種なのだ。それなのに贋作は、おおっぴらに認めようと、また巧みに隠そうと、つねに不審の目を向けられる。「はじめに言葉ありき」という聖書の一節は、私たちに「言葉が神とともにある」ことだけでなく、「言葉は神である」ことを信じよ、と命じる。『ドン・キホーテ』に書かれた言葉は、メナールにとって読んだものであると同時に、彼が作者として書いたものでもあるのだ。

人生は、私たちに偽の表現を何度となく与える。ボルヘスにとって、人生とはボルヘス的な小説世界の完全な似姿だった。そのなかで、読者はあるひとつのテクストに、すべてが包含される完璧な答えを吹きこむのだ。

一九七六年四月、シェイクスピア学会の第二回世界大会がワシントンで開かれた。学会の目玉はホルヘ・ルイス・ボルヘスによる講演『シェイクスピアの謎』だった。会場はヒルトン・ホテルの大ホールだったが、何千人もの学者たちが、まるでロックバンドに群がるグルーピーのように席を奪いあった。出席者のなかに、舞台演出家のヤン・コットもいた。ほかの聴衆と同様、巨匠が見出した謎の答えを聞こうとして、やっとのことで席を確保したのだった。二人の男がボルヘスを両側から支えて壇上に案内し、マイクの前に坐らせた。コットはそのようすを『演劇の本質』に書いている。

会場にいた全員が立ち上がって喝采を送った。その拍手は長々とつづいた。ボルヘスは微動だにしなかった。ようやく拍手がやんだ。ボルヘスの唇が動きはじめた。スピーカーから聞こえてくるのは、ぼんやりしたうなり声だけだった。その単調なハミングのなかから、一心に耳をすましてなんとか聞き取れたのはたったひとつの単語だけだった。まるで海に沈もうとする船からくりかえし発せられる叫びのように。「シェイクスピア、シェイクスピア、シェイクスピア……」。マイクの位置が高すぎたのだ。だが、会場を埋め尽くした人びとのなかに、壇上にあがってこの年老いた盲目の作家の前でマイクの位置を直す勇気のある人は誰もいなかった。ボルヘスは一時間ほどしゃべった。そしてその一時間、聴衆の耳に届いたのはこの反復される一語――シェイクスピア――だけだった。その一時間、席を立ったり、会場を出たりする者は一人もいなかった。ボルヘスがしゃべり終わると、会場は総立ちになり、その拍手が永遠につづくかと思われた。

ほかの聴衆と同様、まちがいなくコットは聞こえない講義に自分の解釈をあてはめ、反復された単語――シェイクスピア、シェイクスピア、シェイクスピア――のなかに謎の答えを聞いたのだった。それ以外にいうべきことはなかったのかもしれない。機械の不調からわずかばかりの助けを得て、贋作の巨匠ともいうべき老作家はまんまと目的をはたした。彼は自分のテクストを朗々と響きわたる贋作につくりかえた。それに力を貸したのは会場を埋め尽くした聴衆だった。彼らはいわば全員がピエール・メナールだったのだ。

III　覚え書

「あのときのおそろしさときたら」と、王様はいいつのった。「けっして、けっして、けっして忘れぬぞ！」
「忘れますよ」と女王はいった。「手帳に書いておかないと」

『鏡の国のアリス』第一章

チェ・ゲバラの死

「見つからなかったらどうなるの?」

「そうしたら死んじゃうのさ、もちろん」

「でも、それって、よくあることじゃないのかしら」アリスは遠慮がちにいった。

「いつものことだ」と蚊はいった。

『鏡の国のアリス』第三章

政治を文学として読むことはできるだろうか? おそらく、ときには可能だろう。特定の例にかぎって。たとえば、一九六七年十月八日、ボリビアのスクレの東、ラ・イゲラ村に近い荒野の荒れ果てた峡谷で、ボリビア陸軍に所属する遊撃兵の一団が少数のゲリラを捕えた。そのうち二人は生け捕りにされた。ひとりはウィリーという名前だけが知られているボリビア人のゲリラ兵、もうひとりはエルネスト・「チェ」・ゲバラである。キューバ革命の英雄であり、ボリビア大統領レネ・バリエントスにいわせれば、

「カストロ共産主義の手先による外国勢力の侵略」の指導者だった。知らせを受けたアンドレス・セリーチ中佐は緊急にヘリを準備させ、ラ・イゲラへ飛んだ。崩れかけた校舎に収監されていたこのゲリラ兵と四十五分間にわたって話をした。一九九〇年代末になるまで、死を前にしたゲバラのようすはほとんど知られていなかった。二十九年間の沈黙の末に、セリーチの死後、残された夫人はついに、その貴重な会話について書きとめたメモをアメリカのジャーナリスト、ジョン・リー・アンダーソンに託した。歴史的文書としての重要さ以上に、ある人物の最後の言葉がその仇敵によって大事に記録されていたという事実に痛ましさを感じずにいられない。

「司令官《コマンダンテ》、あなたはどこか悲しそうです」とセリーチはいった。「どうしてですか?」

「私はしくじった。すべておしまいだ。だから、そんなふうに見えるのだろう」とチェは答えた。

「あなたはキューバ人ですか、それともアルゼンチン人ですか?」

「私はキューバ人であり、アルゼンチン人であり、ボリビア人であり、ペルー人であり、エクアドル人であり……わかるだろう」

「なぜ、ここ、ボリビアで戦う気になったのですか?」

「農民がどんな暮らしをしているか、きみには見えないのか?」とチェは反問した。「まるで未開人のようだ。胸が痛くなるような貧困のなかで暮らしている。たったひとつの部屋で眠り、料理をし、身にまとう服もないまま、獣のように見捨てられている……」

「しかし、それはキューバでも同じではありませんか」とセリーチはいった。

「いや、ちがう」とチェは反論した。「キューバに貧困があることは否定しない。だが［少なくとも］あそこの農民たちは進歩の幻想をもっている。ところがボリビアの人びとは希望がないまま生きている。ただ生まれ、ただ死ぬ。人間としての状況にいささかの改善を見ることもなく」

CIAは彼を生かしておきたかった。だが、その指令はこの作戦の指揮をとったキューバ生まれのCIA諜報員フェリクス・ロドリゲスのもとに届かなかったようだ。チェは翌日処刑された。戦闘中に死んだように見せかけるため、処刑者は両腕と両脚を狙った。地面に倒れ、「悲鳴をあげまいとして片手の手首を嚙みしめ」ながら、身をよじらせていた男の胸に最後の銃弾が撃ちこまれ、肺が血で満たされた。遺体はヘリコプターでバジェグランデまで運ばれたあと、そこで二日間さらしものにされ、役人、ジャーナリスト、それに町の人々が見にやってきた。遺体の枕元に並んで立ってポーズをとるセリーチや役人たちの写真が撮られた。その後、遺体は「行方不明になり」、バジェグランデの飛行場に近いどこかに埋められた。遺体の写真は、死せるキリストをいやおうなく連想させ（痩せた半裸の体、顎髭、苦しげな顔）、私たちの世代の若者にとってなくてはならない偶像となった。一九五九年にキューバ革命が起こったとき、私たちはまだ十歳そこそこだった。

チェが死んだという知らせを聞いたのは、ブエノスアイレスの大学に入って一年目の終わりだった——結局、私にとってはそれが最初で最後の学年となった。その年の十月は暖かかった（一九六七年の夏は早く来たのだ）。私は友人たちと南部を旅する計画を立て、パタゴニア・アンデスでキャンプをするつもりだった。それはよく知っている場所だった。高校生のときも、夏にはよくパタゴニアでトレッキングをした。リーダーは熱烈な左翼のクラス委員たちで、彼らの政治的信条は保守的なスターリン主義から自由思想のアナキズム、憂鬱なトロツキー主義からアルフレード・パラシオスのようなアルゼンチン風社会主義までさまざまだった。キャンプファイアーを囲んだときに彼らのリュックをあさると、毛沢東語録からブラス・デ・オテロやパブロ・ネルーダの詩集、サキやファン・ルルフォの短編集、アレホ・カルペンティエールやロバート・ルイス・スティーヴンソンの小説などが出てきた。フリオ・コルタサルのある短編の題辞にチェの日記の一節があったことから、キューバ革命の是非について議論したこともあった。私たちはスペイン内戦やイタリア・レジスタンス運動の革命歌や威勢のよい「ヴォルガの舟歌」をがなりたて、色っぽいルンバ「あの娘のすてきな太腿」、さまざまなタンゴ、アルゼンチンのサンバをかたっぱしからうたった。はっきりいって、なんでもよかった。

南部でのキャンプは気楽な観光旅行ではなかった。私たちのパタゴニアは、紀行作家ブルース・チャトウィンの描いたパタゴニアとはちがった。若者らしい情熱にあふれたクラス委員は、私たちにアルゼンチン社会の隠された一面を見せようとした――ブエノスアイレスの快適な家ではけっして見ることがなかった部分である。私たちがなじんでいた富裕層向けの住宅地の周縁には、「ビジャス・ミセリア」すなわち「みじめな村」と呼ばれるスラムがあり、漠然とながら、そのイメージはあった。だが、チェがセリーチに語った奴隷のような暮らしについては何も知らなかった。僻地で暮らす農民たちのあいだには、まだ貧困が根強く残っていた。さらに、先住民への組織的な殺戮が軍の公的な活動として三〇年代までつづいていたことも私たちは知らなかった。クラス委員はたしかによかれと思って、私たちに「アルゼンチンの現実」を見せようとしたのだった。

ある午後、エスケルの町に近づいたとき、クラス委員は切り立った岩だらけの峡谷に私たちをつれていった。一列になって進みながら、この面白みのない単調な岩の回廊はどこへつづいているのだろうと考えた。峡谷の壁が尽きたところに洞窟の入口のような穴が見えた。そこには痩せこけた顔をした男女と子供たちがいた。クラス委員たちはひとこともしゃべらずに私たちを先導し、その峡谷の奥まで行って、また引き返した。だが、その晩キャンプを設営しながら、峡谷で見た人びとの暮らしについて話してくれた。岩山の洞窟で動物のように暮らし、ときどき農家の手伝いに雇われてわずかな現金収入を得ている。子供たちは七歳まで生き延びることがめったにない。翌朝、クラスメートのうち二人が、どうしたら共産党に入れるだろうかとクラス委員に訊ねた。その他はもっと穏当ならざる道を選んだ。七〇年代、軍事独裁に抵抗するゲリラ組織に身を投じた者も何人かいた。その一人、マリオ・フィルメニッチは過激なゲリラ組織モントネロスに加わって好戦的な最高幹部となり、目障りな反抗分子として軍事政権に何年も追いまわされることになった。

チェの死の知らせは衝撃的だったが、ほとんど予期していたことだった。私たちの世代にとって、彼はまさしく人民の英雄であり、手の届かない存在であることはわかっていた。勇敢さと無鉄砲さが奇妙に混じりあったチェの存在は、私たちの世代にとって強烈な魅力だった。さらに、のちの世代にとっても、彼は文句なしの英雄だった。私たちにとって、彼は生きていたときからすでに伝説的な人物だった。その輝きは死後も色あせることはないだろう。彼の死後、裏切り者のCIA諜報員ロドリゲスが、チェの持病を受け継いだかのように急に喘息を発症したことは、私たちにとって少しも不思議ではなかった。

チェは私たちが見たのと同じものを見た。私たちが感じたのと同じことを感じた。「人間の境遇」が根本的に不公平であることに怒りを覚えた。だが、私たちとちがって、彼はそれをなんとかしようとして行動した。そのやり方は疑わしく、政治観は底が浅く、倫理観は無慈悲で、究極的な成功は不可能に思われた(おそらくいまでも)が、そんなことよりもずっと重要だったのは、彼が不正だと感じることにたいしてみずから戦いを挑んだことである。これが正しいというはっきりした代案をもたないままに。

エルネスト・ゲバラ・デ・ラ・セルナ(簡潔な「チェ」という有名な愛称を得る前のフルネーム)は、一九二八年五月十四日、アルゼンチンの都市ロサリオで生まれた。しかし、出生証明書には「六月」と書かれていて、ここには大急ぎで結婚した理由が隠されている。コンキスタドールとともに最初にアルゼンチンへやってきた人びとの末裔である父親は、亜熱帯性気候のミシオネス州に農場をもっていた。エルネストは喘息もちだった――生涯にわたってその持病は彼を悩ませた――ので、両親はもっと気候のよいコルドバへ引っ越し、その後、一九四七年からはブエノスアイレスに住むようになった。エルネストはこの地の大学の医学部で学び、医師免許をとったあと、南米大陸の「ものすごい驚異をすべて」見るために放浪の旅に出た。その旅で見たものに魅了された彼は、放浪生活を打ち切るのはむずかしいと思うようになった。エクアドルから母親に宛てた手紙には、「一〇〇パーセント冒険者」になったと書いている。

このグランドツアーで出会った大勢の人びとのなかに、とくに強い印象を受けた人がいた。それはスターリン政権下のユダヤ人大虐殺《ポグロム》から逃れてきた老いたマルクス主義者で、エルネストがグアテマラへ行ったときに出会った。「きみはこぶしを握り、歯を食いしばって死ぬことになるだろう」と、この遠い国から来た預言者テイレシアスはいった。「憎悪をたぎらせ、戦う姿勢をとったままで死ぬ。なぜなら、きみはシンボルなどではなく、崩壊しつつあるひとつの社会のまぎれもない構成員だからだ。大衆の精神がきみの口を通して発言し、きみの行動を通して発現する。きみは私と同じように有能だ。だが、きみが社会のために役立てようとするその有能さが自分をどれだけ犠牲にするかわかっていない」。この老いた男の言葉が自分の墓碑銘にふさわしいものになろうとは、エルネストには知るよしもなかった。

グアテマラで、エルネストは政治的な反目を敏感に察知し、初めて革命という思想に共感を抱いた。この地で、そして直後のメキシコで、彼はキューバから亡命してきた人びとと知りあった。フルヘンシオ・バティスタ独裁政権への抵抗運動の指導者たちだった。独裁者バティスタとその腐敗した政権には、アーネスト・ヘミングウェイやグレアム・グリーンも注目し、強い反感をもった。当時中央アメリカにいたC

ＩＡ諜報員のデイヴィッド・アトリー・フィリップスは人並み外れた嗅覚で、このアルゼンチン生まれの若い医師がトラブルメーカーになりそうだと察知し、身辺調査のファイルを作成した――やがて、このファイルはＣＩＡの記録のなかでもとびきり分厚いものとなった。一九五五年七月、エルネスト・ゲバラとフィデル・カストロとの最初の出会いはメキシコでのことだった。一九四八年、法律を学ぶ二十一歳の学生だったときからバティスタ政権打倒運動にとりくんでいたカストロは、このアルゼンチンの若者と会ったとたんに意気投合した。そのころ、キューバ人たちはこの若者をアルゼンチンのくだけた呼びかけの言葉から「チェ」と呼ぶようになっていた。「二人のあいだにはおたがいへの共感があるようだ」とチェは日記に書いた。その言葉は正しかった。

一九五九年、キューバ革命に勝利したあと、チェは野心的な革命運動をつづけようとした。革命後の歳月、政権を維持するために専制的な方法をとるようになったカストロの支援をつづけたのは、革命への忠誠心からだったのだろうか。チェの目はもっと遠い未来に向けられていた。チェの信念によれば、キューバでの戦争のあと、革命運動は周辺の国々へも広げるべきだった（最初に選ばれたのがボリビアだった）。チェは少数独裁体制を打倒し、帝国主義の支配者を倒す闘いに乗りだした。そうした戦争はやがて巨大な敵アメリカ合衆国を動かし、その介入を招くだろう。結果として、ラテンアメリカは「外国からの侵略者」に対抗して団結し、この大陸から帝国主義を一掃できるだろう。チェの戦いはすべての権力に対抗するものではなかった。さらにいえば、階層社会さえ否定していなかった。彼はけっしてアナキストではなかった。組織的なリーダーシップが必要だと信じており、強力な支配力をもちながら、倫理的に公正な政府のもとでアメリカ大陸が一体となるような国家の姿を思い描いていたのだ。フランスの歴史家ジャクリーヌ・ド・ロミリーによる、古代ギリシャの自由の概念を論じた小さな本『古代ギリシャにおける自由の発見』によれば、アンティゴネーの反抗は権威そのものへの否定から発したのではなく、その反対に、専制的な命令よりも倫理的な規範にしたがおうとしたものだという。チェも、そのような倫理的な規範にしたがうことをよしとし、そのためにはすべてのもの、すべての人間をあえて犠牲にしようとした。そのなかには、もちろん自分自身も含まれていた。周知のとおり、革命運動がボリビアを越えて広がることはなかった。みずからを犠牲にしたことで得るものがあったかどうか、そこからチェが何を学んだかは、答えが出ないままである。

それでも、チェの理想は政治的な敗北を乗りこえて受け継がれた。貪欲さが美徳のひとつになりかねず、また企業の野心が（社会主義的な思想はおろか）たんなる社会への配慮よりも優先されそうな昨今でさえ、その理想は消えていない。ひとつには、彼がエミリアーノ・サパタやパンチョ・ビジャのようなラテンアメリカならではの魅力的な英雄となり、Tシャツやショッピングバッグに描かれるようになったことがある。ボリビアの国営観光局は、いまやチェの最後の戦闘地点や遺体がさらされた病院をめぐるツアーを実施している。だが、チェの遺産はそれだけではない。チェの顔――星のついたベレー帽をかぶった、生きているときの顔、あるいは見る者の肩越しに一点を見つめているかのような死んだ直後の顔――は、いまでも世界における人間の役割について、壮大かつ英雄的な視点を示しているのではないだろうか。その役割とは、今日の私たちにとって、とても手が届くものとは思えず、まったく無縁のもののように思えるかもしれない。

まちがいなく、彼は役割を体現した存在だった。壮大な文学はかならずイコンを必要とする。怪傑ゾロやロビン・フッドは（ダグラス・フェアバンクスやエロール・フリンを通して）同じような特徴を生前のチェに与えた。大衆の想像力のなかで、チェは若きドン・キホーテであり、ラテンアメリカのガリバルディだった。バジェグランデ病院の修道尼たちはチェの髪の毛をこっそり切り取って聖遺物箱にしまったが、彼女たちがいうように、その遺体は死せるキリストに似ていた。周囲を取り囲む黒っぽい軍服の男たちは、まるで現代風の衣装を着たローマ兵のようだった。このとき、死んだ男の顔が生前の顔にとってかわった。フェルナンド・ソラナス監督の四時間におよぶドキュメンタリー映画『灼熱の時』（一九六八年）は、アルゼンチンの草創期からチェの死に至るまでの歴史を描いた傑作だが、このなかで、カメラは生命を失った男の顔を数分間じっととらえ、不正を目にしたら行動を起こさなければいけないと説いた男への視覚によるオマージュを観客に強いる。彼の前で、私たちは自責の念にさいなまれる。私たちはその顔をじっと見つめて自問する。彼がこの世界について嘆き、権力者の無慈悲な貪欲さをただ罵倒するだけのところから脱けだし、なんらかの行動を起こし、不正のはびこる世の中にたいして実力行使をするようになったのは何がきっかけだったのだろうか？

そのきっかけになった出来事はおそらく同定できる。一九五七年一月二十二日、チェ・ゲバラが初めて人を殺したときである。チェと仲間たちはキューバの藪のなかにひそんでいた。真昼だった。彼らが立っていた場所からほんの二十メートルほど離れた小屋から、一人の兵士が銃撃を浴びせてきた。チェは二度発砲した。二度目の射撃でその兵士は倒れた。その瞬間まで、普遍的な不正にたいする憤りはバイロン風の態度で示されてきた。チェは十九世紀の大げさな表現をまねたへたな詩をこねあげたり、ところどころに就任演説風の語彙や美文調の隠喩をちりばめた一種の学術的な散文――ラテンアメリカでは革命的と見なされた――を書いたりしていたのだ。しかし、その最初の殺人のあと、何かが変わった。熱意はあったが、一方で保守的な知識人でもあったチェは行動する人間となり、もはや後戻りはできなかった。その宿命は生涯つきまとったようだが、彼自身はその宿命に全力で抵抗しようとした。持病の喘息のせいで、行軍はおろか、長い演説の途中で咳きこむことさえあったというのに、また不公平な世の中でむしろ恩恵を受けられる階級に生まれたという矛盾を自覚していたにもかかわらず、彼は闘いに挑んだ。自分の行動がどんな結果をもたらすかをじっくり考えるよりも、むしろ思いきって運動に身を投じたのだ。チェはかたくななまでの決意をもって、ロマンチックで英雄的な闘士の役割を引き受けた。そして、その存在は私たちの世代が良心の呵責をなだめるのに必要だった。

ソローはこう述べている。「原則にもとづいて行動し、正しい考えをもち、正しい態度をとり、ものごとや関係を変革せよ。それが真の革命だ。なにごとも旧態依然のままで満足してはいけない。それは国家や教会ばかりでなく、家族さえ分断する。ああ、さらにそれは個人を分裂させ、神聖な部分と悪魔的な部分に二分する」。マタイによる福音書十章三十四―三十五節〔地上に平和をもたらすために、わたしが来たと思うな。平和ではなく、つるぎを投げこむために来たのである。わたしが来たのは、人をその父と、娘をその母と、嫁をその姑と仲たがいさせるためである〕をいいかえたような言葉に、チェは（当時のアルゼンチンの知識人の例にもれず、彼もソローのエッセイ『市民的不服従』を読んでいたにちがいない）きっと賛同しただろう。

盲目の帳簿係

「おれはもう一度いってやった、二度いってやった。
ところが、連中は忠告を聞きやしない」

『鏡の国のアリス』第六章

一九四三年の春、ノースロップ・フライはある文章を書いた。タイプ原稿の余白に手書きで添えられたメモによれば、それはエマニュエル・カレッジの出版物用に書かれたものだが、「日の目を見なかった」。タイトルは「世界の現状」で、この現状について論じるときに「決まり文句と矛盾の中道」を選び、「オリュンポスの神々の無関心さとバッカスの馬鹿騒ぎ」のあいだを行くことの困難さについて書かれていた。フライのいう現状とは、当時の世界を巻きこんでいた大きな戦争のことだった。いつもの明晰さでフライは読者に警告した。戦争からはどんな恩恵も得られない、と。「腐った木には腐った実しかならない。この邪悪にして怪物的な恐怖から、いくらかの悲哀をともなうにせよ、なんらかの善い結果が導きだせるという考えは、有害な幻想でしかない」。そして、こう結論する。「その結果もたらされることを、血や悲惨や戦禍と『引き換え』にする価値があるなどと考えるのは、後世の帳簿係（ブックキーパー）が正気とは思えないほどの皮肉屋でないかぎり、とうてい無理というものだ」

この文章でフライは、信仰より理性を重んじる社会のあり方を危惧している。その行きつく先は戦争だと彼はいう。三度目の千年紀《ミレニアム》を迎えた現代にも、これは心に刻んでおくべき真理である。核心をついたこの文章が未完のままに終わったことはじつに残念だ。しかし、フライの文章がつねにそうであるように、ここにも本筋から外れた魅力的な表現がある。なかでも、戦争を歓迎する社会である特定の役割を担う人物のことは、もっと追求する価値がありそうだ。それは帳簿係（bookkeeper）、つまり人類の愚行を数えあげ記帳していく役目を負った人間である。

簿記（bookkeeping）とはよくできた言葉だ。現在のこの言葉の使われ方は完全に正しい。人類史上の最も明るい朝、文字が発明されたその瞬間、粘土板の上に意味のある刻み目をつけた最初の人間は詩人ではなく会計係だった。現代まで伝わった最古の楔形文字は二枚の小さな粘土板に刻まれていたが、バグダッドのイラク国立博物館が略奪されたときにおそらく破壊されてしまった。そこに記録されていたのは、山羊または羊の数――つまり、商取引のさいの受領証だった。人類の最初の本は帳簿だったのだ。したがって、そのあとに登場した詩人たちが、先人である帳簿係の本質ともいうべき二つの特徴を受け継いだのも不思議ではない。リスト作りを好むこと、そして記録の責任を負うことである。

人類にとって基本図書ともいうべき二冊、『イリアス』と『オデュッセイア』はその二点にかんしてすぐれている。この二冊の作者は戦争の不毛さについてフライと意見を同じくし、戦争の果実が平和だとはけっしていわなかった。ホメロスは戦争を忌み嫌った。「極悪非道」「人間にとっての禍」「二枚舌の嘘つき」という言葉で戦争を語った。ホメロスの詩では、憐れみと哀悼はつねに戦場のすぐそばにあり、『イリアス』の冒頭と結末に同情を乞う言葉が語られているのは偶然ではない。ホメロスの作品にある貸方と借方の記述は、現代の政治家の見方とは異なる。帳簿係としてのホメロスは、けっして「正気とは思えないほどの皮肉屋」ではない。

それでは、ホメロスのように、私たちの時代の決済を記録する正気で慈悲深い帳簿係は誰だろうか？ 彼らはどんな特徴をもっているのだろう？ というより、むしろ、彼らがその仕事をきちんとこなすためには、どのような特徴をもつべきだろうか？ 私たちの時代の基本図書となりうる二冊の本を書く作者にはどんな条件が求められるのだろうか？

書くことの歴史——その最初と最後の章は読むことの歴史になるはずだ——には風変わりな創作物がいくつも見られるが、なかでもとりわけ奇妙に思える行為がある。それは作者の名前がないテクストにむりやり作者をでっちあげようとする試みだ。匿名性は人を惹きつける。そして、文学に関係する者全員の大きな特徴は匿名性にほかならない。だが、ときとして、テクストの深みと響きがあまりにも普遍的で、一人の読者の書棚に収まりきれないものに思えるとき、私たちはそのテクストの作者として、肉と血をもったごく普通の人間である詩人の姿を思い浮かべる。大事にしていた自分だけの秘密や、心の奥深くに隠していた言葉にならない経験が作品に表現されているのを目にしたとき、読者はこれも人間の手と人間の心から生まれたものだと考えることで自分を納得させようとするかのようだ。自分とさほど変わらない一人の人間が、年若い弟妹である私たちにはちらりと覗き見るか漠然と感じるだけだったものについて、あるとき、雄弁に語ってくれたのだ。作者を割りだすために、科学的批評が役に立つ。そして、綿密な調査によって、『ギルガメシュ叙事詩』や『これからの一生』の裏にいる本当の作者が割りだされた。だが、そうした努力はたんに裏付けでしかない。読者の心のなかには、すでに気心の知れた仲間としての作者がほとんど実体をもって存在している。ないのは名前だけなのだ。

ホメロスは、彼の詩が書かれたずっとあとに登場した。いうなれば、子供たちから親として受け入れられたのだ。文芸評論の長い歴史のなかで、ホメロスはやがて具体的な特徴と象徴的な特徴を併せもつようになった。最初は正体不明の伝記作者としてあらわれ、のちに寓話、概念、国家のアイデンティティとなり、ついには詩そのものを体現する存在にまでなった。とはいえ、どんな場合でも、詩を読んでそこから感じとれる作者像を心に抱く最初の人びとは読者である。

作者の実像を想像することの歴史は、ある意味で、文学史と並行している。ギリシャ人にとって、ホメロスはギリシャ的なるものすべての起源であり、ギリシャの文明および歴史の始まりだった。ウェルギリウスにとってのホメロスは、生まれを別として、ローマそのものだった。ビザンツ（東ローマ）帝国の詩人たちにとって、ホメロスは歴史家であり、人間性についての知識はすぐれていたが、史実についての知識はあてにならないと思われていた。ダンテにとっては、有名だがすでに引退した名匠だった。トマス・ド・クインシーは一八五〇年頃、ホメロスという名（ギリシャ文学には同じ名前が見られない）がセム語の「オマル」の変形ではないかという疑問を投げかけ、『千夜一夜物語』の語り手の兄弟かもしれないと想像した。世間に嘲笑されたハインリヒ・シュリーマンは、歴史家カール・ブリントの極論に賛同して、ホメロスが彼のトロイア人と同様、白人で青い目と赤い髪をもち、武芸と音楽の才に恵まれた哲人だったと考えた。アレクサンダー・ポープはホメロスをイギリス紳士になぞらえた。ホメロスのなかに自分の姿を見たゲーテは、ドイツに生まれたホメロスだと自負していたからこそ、一八〇五年、フリードリヒ・アウグスト・ヴォルフによる有名なホメロス講義を正面きって聴くのが面映ゆく、カーテンのかげに隠れたのだろう。サミュエル・バトラーは皮肉をこめて、ホメロスは女だといった。ラドヤード・キプリング、エズラ・パウンド、ジェイムズ・ジョイス、デレク・ウォルコット、そしてホルヘ・ルイス・ボルヘスにとって、ホメロスはすべての人間であると同時に誰でもなかった。言語学者のミルマン・パリーとアルバート・B・ロードは、ホメロスをセルビアの吟遊詩人と結びつけた。バイオリンに似た楽器グスルを弾きながら叙事詩をうたう彼らはいまも村から村へと巡っている。二〇〇八年、ドイツの詩人ラオウル・シュロットは、ホメロスの詩がシュメールの古歌にヒントを得ているようだという説を述べ、ホメロスが詩作の技をバビロニアかウルで習得したのち中東から移り住んだのではないかと推測した。バビロニアの影響があるという指摘はうなずける。『ギルガメシュ叙事詩』の雰囲気はたしかに『オデュッセイア』に似たところがある。登場人物の二人――だが、読者はひとつの存在のように感じる――ギルガメシュとエンキドゥの冒険は、誰でもないと称する一人の男――だが、読者には多くの顔をもった人物に思える――の冒険にも通じる。

生業の多様さ、影響の多様さ、民族性の多様さは、ホメロスと呼ばれる男の長い歴史を特徴づけるものである。実在の人物であれ架空の存在であれ、また一人か複数かにかかわらず、この詩人の最も顕著な肉体的特徴として、アリストテレスからジョイスまでほとんど全員が信じて疑わなかったと思われるのは、目が見えなかったということである。紀元前七世紀ごろに書かれた『アポロン讃歌』ではすでに、こんなやりとりがあった。旅人から「ここを訪れた詩人のなかで最も麗しいのは誰か」と訊かれたとき、デロス島の娘たちは「岩だらけのキオスに住む盲人です。彼の歌はどれも最高傑作と呼ばれるでしょう。いまも、そしてこの先もずっと」と答えた。

だが、人類の帳簿係たるホメロスがつねに目の見えない人として描かれるのにはなにか理由があるのだろうか？　紀元前五世紀以来、さまざまに語られてきたホメロスの「生涯」でも、目が見えないという特徴は一貫していた。なかでもよく知られているのは、紀元前四世紀または五世紀に書かれ、一時期ヘロドトスの作といわれた『ホメロス伝』だが、それによるとホメロスは生まれつき失明していたわけではなく、イタケを訪れたときに眼病を患ったという。この土地で彼はオデュッセウスの伝承を知り、のちにそれを韻文にして永遠の命を与えることになった。イタケの住人はこのシンクロニシティを喜んだ。詩人がこの物語と遭遇した時と場所は、同時に視力を奪われる時と場所になったのだ。あたかも内面の光を獲得するために、外の光を失うことが交換条件だったかのように。

だが、イタケの主張への異論がなかったわけではない。ホメロスがどこで視力を失ったかは、彼の詩の読者にとってはきわめて重要なことだったので、偽ヘロドトス（イオニア人だったことはわかっている）はイタケの主張をしりぞけ、彼が視力を失ったのはイオニア地方のコロポンだったといっている。「これについては、コロポンの住人すべてが同意している」と彼は本のなかで付け加えている。ホメロスの家族の出身地や没地として名乗りをあげる場所もあり、出生地にいたっては七つの都市が競いあっている。だが、文学的な観点からすれば、盲目になった土地こそが肝心なのである。

偽ヘロドトスによれば、この詩人が今日まで伝わる名声を授かったのは、見る力を失ったことと引き換えだったという。将来『オデュッセイア』を書くことになるこの詩人は、子供のころは、メレス川にちなんでメレシゲネスと呼ばれていた。ホメロスという名前を得るのはもっとあとで、キムメリオスへ行ったときのことだった。放浪の詩人はこの町の議員に、宿と食事を与えてくれれば、自分の詩で町の名を揚げてやろうと申し出た。議員たちは、この不埒な申し出を受け入れたらキムメリオスはたちまち、施しを求める盲目の乞食（キムメリオス語で「ホメルス」）であふれかえってしまうだろうと（政治にたずさわる者のつねとして）その申し出を拒否した。先見の明のなさを笑うかのように、詩人はこれを自分の名前にした。

象徴として、盲目には二重の意味があり、それらはたがいに矛盾する。視覚的に霊感を授かった人、内部の目を開かれた人という意味をもつ半面、それとは正反対の状態を示唆する。そのようすは人を破滅に導く女神アーテーの姿でいいあらわせる。狂気の女神アーテーは、人の判断力を失わせて盲目的な行動に駆り立てたあげく、非情な復讐の女神ネメシスの犠牲にするのである。盲目のもつ二重の意味は、ホメロスの詩にも明らかだ。オデュッセウスが正体を隠したまま入りこんだアルキノオス王の宮廷では、盲目の吟遊詩人デモドコスが暗闇のなかで、ほかの人には見えず、また知ることもできないものを察知する。宮廷の人びとが誰もオデュッセウスの存在に気づかないのに、真実を見抜く人である盲目のデモドコスはオデュッセウスの試練の旅についての歌をうたう。アキレウスとの諍いやトロイの木馬をめぐる謀略の歌を聴くと、遠い昔のことが思い起こされ、素性を隠した旅人は思わず涙を流した。だがオデュッセウスはデモドコスの天賦の才能を称賛する一方で、一筋の光も射しこまない暗闇の王国が死と同じであり、盲人たちがその運命を嘆き悲しむことも知っている。それればかりか、盲目が罰にもなりうること、生きながらの死であることも彼は知っている。彼とその仲間たちを捕えた食人鬼キュクロプスがその例である。また、詩神より歌がうまいと自慢した吟遊詩人タミュリスにムーサイが与えた罰も視力を奪うことだった。

ギリシャにおける盲目のこうした両義性は、ユダヤ・キリスト教の時代まで生き延びた。旧約聖書では、アロンの子孫たちへの戒めとして、神に捧げものをすべきでない人間のなかに盲人も加えている。また、よそ者に不親切だったソドムの男たちに与えられた罰も目が見えなくなることだった。一方で、盲目は神との契約によって守られたものでもあった。レビ記には盲人の歩く道に障害物をおいてはいけないとあり、申命記には盲人にまちがった道を教える者は永遠に呪われると書かれている。イエスと遭遇した盲目の乞食バルティマイ（マルコによる福音書十章四十六節―五十二節）はダビデの子よと呼びかけ、何を望んでいるのかと訊かれて「視力を得る（receive）」ことだと答える（翻訳によっては「視力を回復する（restore）」としているものもあるが本来はそうではない）。生まれつき目が見えなかったせいで、真実を見抜くことができたバルティマイは、こうしていま自分の目が本当に開かれることを欲するのだ。ミルトンは『失楽園』三章三十五節―四十二節でこう嘆く。「盲目のタミュリスと盲目のマイオニデス〔ホメロスの別称〕と同様、「季節はめぐるが、私の季節はめぐらない／白日も、朝と夕べの爽《さわ》やかな訪れも」ない。それでも、彼は盲目ゆえに「想いがおのずと躍動し、美しい詩を生みだす」ことを喜ぶ。「それは、寝もやらぬ夜鳴鶯《ナイチンゲール》が暗がりで鳴き、あやめもわかぬ／木蔭に隠れて夜の調べを奏でるのに、似ていよう」

千年王国の伝承がいうように、ホメロスはみじめな盲人であると同時に賢い先覚者である。このような二重性ゆえに、彼の作品の多様な読みも正当化される。盲目のホメロス像が生まれたことから、『イリアス』と『オデュッセイア』を人生の隠喩――人生は戦いであり、旅である――として読むことが許される。同時に、そのような読みのために、彼は最初の作者、伝説上の詩の父として存在することになり、その結果、詩の威信が上がる。ホメロスを『イリアス』と『オデュッセイア』の創作者として考えるか、あるいはこの二つの傑作が偉大な創作者を生んだと考えるか――つまり、ニーチェが示唆したように、概念《ベグリフ》から人間がつくられるのか、それとも人間から概念ができるのか――いずれにせよ、この堂々巡りの問題は、人が詩的行為そのものとどんな関係をもつかで決まる。その行為は永遠につづく解釈のあいだに存在し、その解釈のひとつひとつは特定の世界観を表現する語彙と見方によって成り立つ。そしてまた同時に、はるかな時をへだてた、すべてを包含する創造的な天才と私たち読者との関係性によっても決まる。それは先例のない人間であり、世俗にまみれた偽りの見方のすべてを超越した有能な人物である。なぜなら、盲目ゆえに、彼は俗世を越えた真実を見通すことができるのだ。
盲目をめぐるこのような概念はおのずと生まれた。盲目であることは、外の現実を見ないことではない。こうした概念が示唆するのは、よけいなものに邪魔されないほうが、内面の真実はより明快に理解できるのではないかという考え方である。色彩や形態にとらわれなくなったとき（つまり、ブレイクによれば、自分の感覚によって制限されなくなったとき）、詩人は解放されて宇宙をまるごと感知できるようになり、自分の物語の過去を通じて過去を理解し、みずからの登場人物の将来を通じて未来を知ることができる。詩人は本当の意味で、私たち人類の予見者となり、帳簿係となるのだ。『イリアス』で、ヘクトールは妻のアンドロマケーにこう語る。

いずれは聖なるイリオスも、プリアモスも、
またとねりこの名槍をふるうプリアモスの民も亡びる日が来る。

このとき、読者は彼がどんな運命について語っているのかを知っている。そして、詩人に運命を見通されているのがプリアモスだけではないこともわかっている。
私は先に、筆記の技術が考案されたのはメソポタミアだったと述べた。だが、テクノロジーは往々にして、あるいはつねに、その最初の意図を裏切るものである。商取引の記録が始まってまもなく、それらの売買の経緯が付記され、それぞれの欄の一番上に書かれていた売り手と買い手の名前に個人的な特徴が書きこまれ、彼らにまつわる挿話も添えられるようになった。こうして、書くことはこの世界を記録するだけでなく、世界を創作する場ともなった。そして、それまでは現在を記憶し、経験や欲求に名前をつける

ために用いられていた言葉が、物語を粘土板の上に刻むためのものとなり、その物語は後世の何世代にもわたる読者たちに受け継がれることになった。羊や山羊の売買を記録する役目だった帳簿係はいまや、少なくとも象徴的には、盲目であることが望ましい存在となった。なぜなら、読むに値する物語とは、自然をそのまま写したものではなく、自然界や社会のエッセンスを凝縮し、神秘的な言語に翻訳したものだということを、読者は直観的に知っていたからだ。フライは未完のテクストの最後に、予言者の役割とは、自然の言葉ではなく、明かされた神の言葉を説き広めることだと書き添えている。「宗教」(religion)という言葉の本来の意味(「ふたたび結ぶ」または「より強い絆」)には、詩の定義に通じるものがある。

言葉の定義にかんしていえば、「自然そのもの」と「明らかにされた絆」の対比には驚くべき意味がこめられている。一方で、人間は地上につながれた存在であり、この地球上の事物に縛られている。人は他のあらゆる生き物と同等であり、分子的な観点からいえば、生命をもたない物体ともたいした違いはない。人間を星屑にたとえる古くからのイメージは科学的にまちがっていない。人体を形成する原子は、太古の昔に爆発した星の一部だった。だが、ダーウィンの進化論が教えるように、生物種はこの物質世界に適応しようとして、それぞれ別個の方法で進化をとげてきた。人類は進化の過程で、自意識という能力を獲得した。この地上に存在するという事実だけでなく、この地上に存在するのが「自分」だという意識をもったのである。この自意識を通して、あるいはこの自意識とともに、人は想像力という天分を授かった。ここでいう想像力とは、たとえばわれわれの曾祖父の世代が燃焼の原因だと考えた架空の元素フロギストンのような底の浅いどうでもいいものではなく、食べたり息をしたりするのと同じくらい人類にとって欠かせない生物としての機能のことである。この機能のおかげで、人は現実の世界ではありえない状況を心のなかで思い描き、それについて研究し、起こるであろう困難を乗り越えるための方法を予習することができる。やがて、実際にそうした状況が起こったとき、それを役立てられるのだ。武器を取る前に、あるいは旅に出る前に、心のなかであらかじめ戦争を経験し、まだ見ぬ風景のなかを探検する。『イリアス』と『オデュッセイア』は、人間にとってすべての戦いとすべての移動の心構えである。詩――文学――は、人と世界をふたたび結ぶものである。そして、その絆はより強くなる。なぜなら、詩や文学は、私たちが世界と自分自身を知るための助けとなるからである。

第二次世界大戦の末期にフライが目にした世界の現状は普遍的な戦争状態であり、それは今日の世界にあてはまるといえなくもない。一九四三年のフライは、アメリカのことを「原型としての国家」と呼んだ（タイプ原稿の余白に記された自筆の注記による）。そして、原型はつねに変化するとはいえ、これも今日の状況にあてはまる。戦闘の場所は変わった。兵士たちはちがう軍服を着ている。だが、武器はあいかわらず人を殺し、狂気も同じように激しい。自分を道連れにして大勢のペリシテ人を殺したサムソンは、日本の神風特攻隊の隠喩ともとれる。そして、その特攻隊はいま、毎日のように世界のどこかで大勢の人を殺している自爆テロの隠喩となる。

そして、どちらの側でも、人は敵をつくりつづける。そのような敵が必要とされるのは戦争産業を維持するためだが、同時に、私たちの自意識を閉じこめておくためでもある。人は自分の知らない物語を恐れる。そして、その物語の語り手が彼らの世界観を押しつけてくることを恐れる。自分が誰だかわからなくなることを恐れる。人は、自分の熟知するプロットを捨てて、別のプロットを選ぼうとはしない。新しいプロットは理解できないかもしれず、それを選んだら身動きがとれなくなるかもしれない。あるいは、不思議なやり方で私たちを動かすかもしれない。私たちは、ベッドで見慣れた顔が隣にあるときの安心を捨てたくない。自分たちの物語が他人の物語よりよいという思いこみにしがみつく。私たちは外国語を信じようとせず、翻訳を奨励しない。悲惨な戦争体験を描いた二十世紀の作家のバランスシートは、警告の意をこめたものになるはずだ。要約すれば、「二度とあってはならない」という警告である。だが、日々の営みが示すように、その警告は心に突き刺さらなかった。すべての年代記、事実と創作とを問わないすべての記述、殺戮と破壊の残骸から生みだされたすべてのシンボルと寓話をもってしても、平和な世界はもたらされず、それどころか、人間としてより受け入れやすい世界さえも得られなかった。この世に神がいるとしたら、その忍耐、さもなければ無頓着は、まさしく驚くべきものである。

ハインリヒ・ハイネは『アッタ・トロル』の八章で、熊たちにとって創造主は熊の姿をしており、その毛並みは「一点の汚れもなく雪のように白く輝いている」だろうと書いている。『イリアス』の時代に近いところでは、コロポン(ホメロスが盲目になった土地だという栄誉を主張している島)のクセノパネスは、牛や馬やライオンに指があって人間のように絵を描いたり彫刻をつくったりできるとしたら、牛は牛に似た神、馬は馬に似た神をつくるだろうし、「他のすべての生物もきっとそう」だといっている。人が神々の姿を想像するのは、読者が作者の姿を想像するのと同じだ。さらにいえば、それは自分のあるべき姿を想像することである。私たちが作者や神々をうまく想像できずにいるのは、自分自身が不完全なものだと知っているからにちがいない。

したがって、私たちが物語を紡ぐことに失敗したとしても、それはどちらか一方の責任ではない。文学は共同作業である。編集者や創作クラスにも共同作業はあるが、ここでいうのはそれではなく、粘土板に初めて文字が刻まれたときから、作者と読者がはっきりと気づいていたものである。詩人は言葉を用いてひとつの作品をこしらえ、最後のピリオドで完成させる。その作品がふたたび命を吹きこまれるのは、初めて読者の目に触れたときである。しかし、その目は、注意深い目でなければならない。軽薄な飾りや鏡に気をとられず、ひたすら集中し、言葉を肉体にしみこませる。読みながら、その本を咀嚼し、また自分もその本に咀嚼される。フライはこうもいっている。「本とは、そのなかで生きるべきものだ」

読者が自分たちを理解しようとして作者ホメロスのイメージをつくりあげたように、詩人ひとりでは――いかに才能あふれた盲目の詩人でさえ――新しい世界を描きだすことができない。デモドコスの歌には、オデュッセウスがそれを聞いて涙を流すことが不可欠だった。オデュッセウスはその歌を聴いて初めて、自分が闘ってきた戦争、辛苦に耐えてきた旅の意味を理解したのである。詩のために、オデュッセウスはデモドコスと同じように盲目にならなければならず、必要とあらば、涙によって目を塞がなければならなかった。アガメムノンの野心、アキレウスの不機嫌、キルケーの美、キュクロプスの恐怖から目をそらすために。そして、自分のなかにある、より暗く、より高貴で、より深遠な何かを見つめるために。

おそらくそれと同じように、読者も――ポジティブな意味での――目の見えない状態を獲得しなければならない。世界の事物を見ないのではなく、ましてや世界そのものに目をつぶるのではなく、また日常のなかに垣間見る喜びと恐れから目をそらすのでもない。盲目となるべきは、私たちの周囲に満ちあふれる表面的なきらめきと華やかさである。私たちは自分を中心とした一点にまっすぐ立っている。そして、立っているその場所は、足元であるがゆえに、私たちの目には見えない。私たちは自分が世界の中心だと信じこみ、すべてが自分のために存在すると思ってしまう。貪欲な目で、私たちはすべてが自分のためにつくられたものであってほしいと願う。語られる物語さえも。それらの物語が自分より大きいものであってはならず、また私たちを内省に誘うような、未知の自分に気づかせるような精妙なものであってはならず、むしろごく底の浅い冒険や、簡単に追いかけられて、心になんのさざなみも立てずに理解できる、やさしい物語でなければならない。私たちに与えられるのは、サイズも色も一律の決まりきった本である。

業界はそれを読者に薦め、これなら心配なく楽しむことができ、深い思索とは無縁の感想が抱けるという。そこでは、野心的で利己的で薄っぺらな出来合いの単純なストーリーが語られる。それは、何かを諦めることさえなく、あっさり手に入るものでしかない。私たちは詩人に、W・H・オーデンが「独裁者の墓碑銘」に書いた暴君のような存在であれと望む。

ある種の完璧さ、それこそ彼が追い求めたものだった。
そして、彼がつくった詩はわかりやすかった。
彼は人間の愚かさを知りつくしていた。
そして、陸軍と海軍に大きな関心を寄せていた。
彼が笑うと謹厳な政治家たちさえ腹を抱えて笑い、
彼が叫ぶと幼な子たちが野垂れ死にをした。

盲目の吟遊詩人は普遍的な存在である。神話の世界を人間的なスケールで描いたわれらがホメロスは、ある特質を必要とした。それは私たち人間がみずからの感性によって道を誤らないようにするためのものだった。慣習に縛られた現実に迷わされたり、型にはまった思考に「プログラム」(今日の用語である)されたりしないように。だが、ページのこちら側にいる読者たる私たちもまた、ある種の才能を要求される。ルパート・ブルックのより正確な表現によれば、それは「自分の目を盲目のままに」しないでおく天分である。ノースロップ・フライがいうように、その天分こそ読書という技術の真の核心をなすものなのだ。

不屈の真理

「わたしにだって考える権利はあるわ」アリスはぴしゃりといった。少々うんざりしてきたのだ。
「豚にだって飛ぶ権利はあるさ」と公爵夫人がいった。

『不思議の国のアリス』第九章

二〇〇七年一月十九日、イスタンブールで、アルメニア人虐殺の事実を隠蔽したことにたいしてトルコ政府を告発したアルメニア系トルコ人のジャーナリスト、フラント・ディンクはトルコの愛国主義者である十七歳の青年に殺された。真実を暴いたジャーナリストが殺されるのは昔からの習わしであり、またそのような犯罪への言い訳も同じくらい古くからの慣習となってきた（ここでの「習わし」や「慣習」という言葉は意図的に用いている）。書棚を眺めれば、洗礼者ヨハネやセネカから、ロドルフォ・ウォルシュやアンナ・ポリトコフスカヤにいたるまで、真実を語る者とその死刑執行人の名前は驚くほど広範なジャンルで見ることができる。

いまから二十四世紀ほどさかのぼる紀元前三九九年、アテナイの三人の市民は、社会に害をなす者だとして哲学者ソクラテスを告発した。裁判では、訴追側も弁護側も自分たちの言い分を主張してみずから弁論に立った。その結果、アテナイ市民から選ばれた陪審員の大多数はソクラテスを有罪と見なし、奇妙なほどの厳しさで死刑判決をくだした。ソクラテスの一番弟子だったプラトンはしばらくたってから、ソクラテスが語った弁論を記録としてまとめた。それが『ソクラテスの弁明』である。この本で、ソクラテスはさまざまな主題について語っている。不敬罪について、彼を告発した人びとの人間性について、異端の告発について、若者の堕落について、そしてアテナイにおける民主主義の本質にたいする侮辱について。この最後の告発は、現代の私たちにとって、奇妙なほどなじみがある。そして、すべての弁明を貫くひとつの輝かしい流れのようなものとして、ソクラテスは公正な社会における市民の責任という問題について語っている。

弁明の半ばほどで、ソクラテスは政治の世界で真実を述べようとする人間は危険を覚悟しなければならないと述べている。「この世で、自分の属する国家に存在する多くの不正や不法を阻止しようとする良心的な人は誰であれ、命を落とす危険を覚悟しなければならない。本心から正義を擁護しようとする人は、たとえしばらくでも生きていたいと思うなら、かならず私人として生活すべきであり、公人として活動してはいけない」

そのとおりだ。最初の予言者までさかのぼって、真実を告げるという人間としての使命と引き換えに命を落とした人びとの名前のリストは延々とつづく。そして、毎年アムネスティ・インターナショナルが出版する年鑑は、いまも世界中で率直な意見を口にしただけで牢獄に繋がれている人がどれだけ大勢いるかを教えてくれる。ハンス・クリスチャン・アンデルセンの『裸の王様』には、王様がじつは裸だと指摘した少年がその後どうなったかは書かれていない。まちがいなく、この少年の運命は喜ばしいものではなかったはずである。

法廷でのソクラテスは、真実を告げることの危険性をよく承知していると語った。不正や不法に反対する人間は、それらを告発するとき、自分の命を賭けるのだと彼はいう。それは確かなことである。だが、つづけてソクラテスは——ソクラテスにとって、真実の追求は人生の究極の目的であり、誰にとってもそうであるべきだった——こういった。「ほんのいっときでも」命を永らえたいなら、そうした追求はごく私的なサークルのなかだけに限定し、より大きな社会にまで広げてはいけない、と。

だが、どうすればそんなことが可能だろう？

ソクラテスが正気とは思えないほどの皮肉屋でないかぎり、ほかの誰にもまして、彼はよく知っているはずだ。真実を追求すること、つまり嘘を暴き、欺瞞やペテンや詐欺を白日のもとに晒し、王様がじつは裸だと指摘する——これらの行為はすべて公共の場に広げるべきであり、世界に知らしめて同輩である市民たちと分けあうべきなのだ、と。人生の始まりと終わり、子宮のなかと墓のなかで、人間は一人だ。しかし、そのあいだには共有された空間があり、そこでは人間の義務と権利が隣人たちの義務と権利によって規定される。そして、すべての欺瞞、すべての嘘、真実を隠そうとするあらゆる試みが、この空間に住むすべての人に害を与える——とどのつまり、嘘をついた当人にさえもその害はおよぶ。ソクラテスが死刑に処せられたあと、気がとがめたアテナイ市民は、喪に服するためにレスリング場と体育場《ギュムナシオン》を閉鎖し、告発者の二人をアテナイから追放し、もう一人には死刑を宣告した。

ソクラテスが熟知していたように、すべての社会は二つの方法で定義される。その社会が許容するものと、禁じるものである——その社会が何を自分の一部と見なし、みずからのイメージに合致すると考えるか、そして、その社会が何を除外し、無視し、否定するかによって規定されるのだ。また、社会という壁に囲まれて生きる市民は誰もが二重の義務を負う。社会が認める包含と除外のルール（すなわちその社会の法律）にしたがう義務と、自分自身への義務である。活気ある社会は成り立ちの一部として、市民がこの二重の義務をうまく調整するための手段を用意している。市民は、従順であることと異議を唱えることと、社会の法律を守ることとそれを変更することが許される。市民がそのどちらかしか許されないような社会（独裁、または無政府状態）は、自身の原則が信じられない社会であり、したがって破綻しやすい。人間は共同体の法律が守られることを望むが、その一方で、息をするのと同じように、自分の考えや信念や疑念を表明せずにはいられない。それが人間の本質だからだ。

ソクラテスの言葉について考えるとき、遠く時空を隔てた奇妙な弟子ともいうべきある人物のなかに反響するものに耳をすませば、わかりやすいかもしれない。この「ラ・マンチャの男」は、たまたま読んだ騎士道物語のとりこになり、騎士として巡歴の旅に出る。各地をめぐり歩きながら、「自分の名誉をいやまし、お国に奉仕するため」勇敢さと名誉と正義の教訓を開陳する。ソクラテスと同じように、ドン・キホーテも「自分の属する国家に存在する多くの不正や不法」を阻止しようとすることの危険を承知していた。このために、ドン・キホーテは狂人と呼ばれることになるのだ。

だが、彼の狂気とは、正確にはなんだろう？　ドン・キホーテは風車を巨人、羊の群れを兵士たちだと思いこみ、魔法使いや空飛ぶ馬の存在を信じるが、そんな夢想のただなかでさえ、彼には踏みしめる大地と同じくらい確固たる信念がある。それは正義をなすべきだという義務感である。ドン・キホーテが奇想天外な想像力をもつに至ったのは彼がおかれた環境ゆえであり、それは現実の単調さに耐えるための手段だった。だが、彼を突き動かす情熱、揺るぎない信念は、孤児に手をさしのべ、未亡人を助けなければならないという責任感から来ている――その行動の結果、助けた彼自身と助けられた者の両方にとって運命がさらに悪くなったとしても。この大きな矛盾こそ、セルバンテスが読者に示そうとしたものだった。たとえこの世が不公正でも、正義はあらねばならない。悪しき行ないをそのまま容認してはならない。たとえ、そのあとにもっと悪い事態が来るとしても。ホルヘ・ルイス・ボルヘスは同じことを、とりわけ敬虔な登場人物の一人の言葉をかりて、こう語らせている。「私の場所は地獄であってもよいから、天国を存在せしめよ」

正義を追求するとき（それは人間的な真実の追求である）、ドン・キホーテは個人として行動する。その多くの冒険において彼は権力の座を求めず、支配者になろうとせず、政治の世界における役割を欲しない。（騎士道物語の伝統にそって）奉公への報いとして領主の座を与えられるのは、むしろ従者のサンチョのほうだ。そして、ドン・キホーテから領主としての身の処し方を言い聞かされるのも、そのサンチョである。身分にふさわしい服装をし、紋章や文字についての知識をもち、謙虚なふるまいをし、判断には感情を交えないこと。皮肉と知恵のあいだで、ドン・キホーテの教えは領主としての役割の基本となるものだった。そして、彼自身は明らかにその役割を望んでいないのだ。

さまざまな冒険の末、公爵夫妻から痛い目に遭わされ、なぶりものにされたあと、ドン・キホーテはサンチョとともに故郷の村に帰りつく。そのとき、サンチョはこういう。「腕を広げて、お前さんの息子のドン・キホーテ様を迎えておくれ。他人に打ち負かされはしたが、ご自分には打ち勝って戻ったんだ。よくいうじゃないか、おのれに勝つことこそ勝利のなかで最大のものだって」。ここに、おそらく私の問いかけにたいする答えの一部がある。「本心から正義を擁護しようとする人は、たとえしばらくでも生きていたいと思うなら、かならず私人として生活すべきであり、公人として活動してはいけない」というソクラテスの言葉が本当に伝えたかったのは、このことではないだろうか。人前での派手な勝利や賞賛を求めるのではなく、自分自身を超えるという内面の勝利とごく私的な領域での名誉だけを求め、不正に目をつぶり社会の過ちに口をつぐんでいたいという臆病な欲求に打ち勝つことである。

これがドン・キホーテの心を占める関心事である。社会の暴虐を無視しないこと、権力の座にある人びとの偽証を許さないこと、そして何にもまして、起こった出来事を正しく記録すること。真実を語るために、自分の文学的な語彙で現実を語りなおさなければならないとしたら、それもやむをえない。風車を巨人と見まちがえることは、風車の存在をまるっきり無視するよりもずっとよい。セルバンテスの場合、フィクションは真実を語るための手段だった。当時のスペインは嘘をもとに歴史を組み立てなおそうとしていた。その嘘とは、ほんの一世紀前にユダヤ人とアラブ人を追放し、ときにはたとえ改宗した者であっても問答無用で国外へ追いやったという事実があったにもかかわらず、混交のない純粋なキリスト教王国と称したことである。こうして、セルバンテスは虚構の上に築かれた現実を糾弾するために公正なフィクションをつくりあげ、読者に向かって自分は『ドン・キホーテ』の真の父ではなく、いわば養父にすぎないといったのだ。つまり、本当の作者は、行方不明になった人びとの一人、シデ・ハメーテ・ベネンヘーリというアラブ人の歴史家だというのである。信じやすい読者は、自分が手にしている本はずっと禁じられてきた言葉で書かれた作品の翻訳にすぎないと思いこんだ。セルバンテスによれば、フィクションは隠された真実を暴くものでなければならない。スペインはみずからの歴史を隠蔽しようとし、ユダヤやアラブの影響をなかったことにしようとした。純粋なキリスト教という衣をまとうことで、自分の存在を疑いの余地なきものにして厄介事を避けようとしたのである。アンデルセンの童話に出てくる少年のように無邪気に、ドン・キホーテはその存在に剣をつきつけ、「だが、王様は裸だ！」と大声で叫んだのだ。

セルバンテスにとって、歴史は起こったことを忠実に記述するものであり、よりよく語るためにさまざまな形へ「翻訳」するのはいっこうにかまわなかった。小説にしてもよい。謎めいたアラブ人の作者によるる作品でもよい。魔法と暴力と驚異があふれた物語として語ることだってできる。だが、どんな言葉であらわそうと、最も深い意味において、それは真実でなければいけない。物語の最初のほうで、語り手はこういう。真理の母たる歴史は「時間の敵手、行為の保管所、過去の証人、現在の手本にして教訓、未来への警鐘なのである」。そして、スペインはようやくいまになって、セルバンテスが四世紀前に教えようとしたことを学ぼうとしている――しかし、今日でさえ、その教訓を完全には受け入れたくないようだ。近年、大方の人びとは、一時期のスペインがたしかにユダヤとアラブの影響下にあったことを認めているが、フランコ時代の犯罪を認めようとしない人びとがまだいて、彼らはスペインという国のあり方について、かつてと同じ欺瞞を受け入れようとしている。フランコによる大量虐殺の集団墓地の発掘を要求し、国民党と共和国政府側の両方が関与した非人道的な行為についての審理にとりかかろうとしたバルタサル・ガルソン判事は、遺憾なことに最高裁から判事の資格を剝奪された。しかし、セルバンテスの時代にスペインが過去を隠蔽したのと同じように、この一件もいつか物語として語られるだろう。

かつての、そして現在のスペインと同じように、集団としての私たちは、自分の属する社会の後ろ暗い歴史を認めたくないと思う。臆病から、無知から、高慢さから、そしてごくまれには羞恥心から、多くの社会が過去に犯したみずからの不埒な行為を、ときには否定し、変更を加えようとする。紀元前二千年紀の前半、メソポタミアの太陽神シャマシュ神殿の神官たちは、資金不足に悩まされ、王からの援助が増えることを期待して、建造したばかりの記念碑を、八世紀前につくられた古いもののように見せかけた。紀元前二一三年の中国では、自分の即位から歴史を始めようとした秦の始皇帝が、帝国内のすべての本を破壊せよと命じた。第三帝国の時代には、ドイツ文化へのユダヤ人の影響が皆無だったことを証明しようとして、宣伝大臣パウル・ヨーゼフ・ゲッベルスがハインリヒ・ハイネの有名な詩『ローレライ』を作者不詳の古代ドイツの歌だと主張した。ヨシフ・スターリンは粛清された党員の姿を公式の写真から削除して記録から抹消するように命じ、未来の歴史家にさえ彼らの存在を隠しとおそうとした。より現代に近い例では、天安門広場で大量殺戮があったという事実を中国共産党は認めようとしなかった。悲しいかな、例はいくらでもあげられる。

ときには、たった一人の人間を消し去るために、ひとつの事件が抹消される。またときには、子供も含めた何百万人もの男女が計画的にかつ手際よく殺戮される。いずれにせよ、ある事件をなかったことにしようとする社会の努力は不首尾に終わる。中世の神学者によれば、それ——過去の変更——は神にさえ不可能なことなのだ。『鏡の国のアリス』で、丘の上に登ろうとしたアリスは赤の女王にさえぎられる。赤の女王は、丘などいくらでも見せてやれるが、「それにくらべたら、あれなんか谷みたいなものだ」という。アリスは思いきって反論した。「そんなはずはないわ。丘が谷だなんてありえない。そんなのナンセンスだわ——」。まさしく、ナンセンスである。何度もくりかえし、私たちの社会はそんなナンセンスなことをいいつづけてきた。丘を谷だといい、現実に起こった痛ましい出来事をなかったことだといいはるのだ。

十三世紀アルメニアの詩人で、ブルズという名で知られるホヴハンネス・イェルズンガツィはこう書いている。「真実の太陽だけが光を放つ。本物と偽物を区別しよう」。簡単な言葉だが、実行するのはむずかしい。ときには、本物と偽物、本物の太陽と偽物の太陽の違いが見分けられないからではなく、公の過ちが堂々とまかりとおった結果、そうなることもある。つまり、そこには不正な行為があるのだ。そして、大方の社会では謝罪や悔悛の語彙が豊かとはいえない。

おそらくそれゆえに、自分たちの不完全な魂を清めるための集合的な自己反省の言葉を口にするのが難しいがゆえに、ほとんどの宗教は悔悛の行為を儀式化しているのだろう。カトリックのミサでは「メア・クルパ（これわが過ちなり）」という祈りを三度唱える。ユダヤ教の「贖罪の日」には友人や隣人に赦しを乞う。イスラームの信徒は毎日五度の祈りをささげ、そのたびに神の赦しを乞う。このすべては、社会的な存在としての人間の弱さを知り、人がどんな恐ろしい行為にも加担できるという事実を心に刻みこむためにある。もちろん、これらの儀式は犠牲者に敬意を捧げるものでもある。だが、何よりもまず、苦痛を与えた当人に忘却を許さず、犯した罪を忘れさせず、少なくとも自分たちが悪事をなしたという事実を認めさせ、罪を贖う機会を与えるためのものである。言葉は誤用され、人に嘘をつかせ、罪を糊塗し、なかった過去を捏造して、それを人びとに信じこませることができる。だがその一方で、言葉には治癒力があり、創造する力がある。まず害をなした者がみずからの悪事を言葉にし、次いで犠牲者の耳にその言葉を届ける。実際に起こった出来事を、人びとの共通認識へと移し替えることができれば、ドン・キホーテがいうように、言葉は歴史を真理の母にする手助けができるのだ。

言葉にできない出来事を言葉にしないまま放置しておくことを許さないという覚悟のもとに、いわゆる民主的な社会では、世俗の組織が犠牲者の存在を忘れないために、そして過去の悪行の証拠とするために、記念碑を建造することがある。しかし、記念碑をつくることには危険もある。生きた共有の経験へと生まれ変わらせないかぎり、それは記憶を黙って背負っただけの存在になり、社会は記憶という重荷をそこに丸投げして安堵してしまうことだ。それでは、言葉にできない出来事がもう一度沈黙のなかに沈むだけである。社会において「記憶に留める義務」があるというとき、それは行動をともなう義務でなければいけない。強い印象を喚起する記憶によって、恐ろしい行為を二度とくりかえさないように、また、万が一くりかえされたとき、無知のせいだと言い訳できないようにし、後世に判断をゆだねるためである。二〇〇九年、『ニューヨーク・タイムズ』に寄稿した論評で、ノーベル賞受賞者のポール・クルーグマンはこう述べている。ブッシュ政権時代になされたこと（さらに、私たちはなされなかったこともそこに含めたい）にかんする調査をオバマ大統領が棚上げにしているあいだ、権力の座にある人びとは「権力を濫用してもその結果に責任を負わずにすみ」、結果として自分たちは法律を越えた存在だと信じつづけるにちがいない、と。ドン・キホーテがいうように、不正行為のほとんどは、責任をとるべき立場の人びとが結果を引き受けずにすむとわかっているからなされるのだ。そんな状況では（ここでソクラテスに戻るが）、「自分の属する国家に存在する多くの不正や不法」を阻止するために「良心的な」行動をとることはあらゆる市民の義務である。そしてその義務には、「行動をともなう」義務としての記憶や、耳を貸す人びとすべてに過去の悪行を言葉にして届けるという世俗的な償いの儀式も含まれる。

だが、記憶に裏切られることもある。一九六〇年代には、心理学の分野で「記憶への執着」が注目された。最初に知った事実があとになって間違いだとわかっても、最初に受けた印象があまりにも強いために、しばしばその「事実」のほうを記憶に留めてしまう。つまり、偽りだとわかっている情報を真実として記憶し、正しい情報に置きかえることを拒否してしまうのだ。このように、はっきり虚偽だとわかっていることを真実として「記憶」できるとしたら、集合的なレベルで記憶の義務が歪められ、歴史家が事実として証明したもののかわりに修正された過去が人の記憶に定着してしまうことも意外ではない。アテナイの法廷で、ソクラテスはやってもいないことをやったといわれ、それによって死刑に処せられた。ブッシュ政権は将来、（コンドリーザ・ライスがいったように）「中東に平和をもたらした」として記憶されるかもしれない。歴史は真理の母たりうる。だが、この母は私生児を産むこともあるのだ。

とはいえ、政府がときとしてこのような社会的な記憶の改竄を利用して情報を隠したり誤解させたりすることがあったとしても、同じくらい強力な保存作用があることを忘れてはならない。いうなれば、それは「真実への執着」である。イギリスには古くから伝わるこんな格言がある。「真実はいずれ露見する」。途方もない空想や理屈を超えて、社会的な領域における創作や宇宙をめぐるおとぎ話を越えて、いまここにあるもの、そして過去に起こったことは、確固たる現実として存在する。そして、それはいつの日かかならず、積み重なった無数の虚偽の層の下から姿を現わすだろう。白の女王がアリスにいうように、練習すれば、「朝食前にありえないことを六つも」信じることができるかもしれない。だが、そんな不合理な行為に励んでみても、結局のところ、非情に前進しつづけるこの世界を少しも変えることはできない。

そんな訓練に励んできたアドルフ・ヒトラーは、一九三九年にポーランドへ侵攻する直前、軍の参謀たちに訊ねた。「結局のところ、アルメニア人虐殺について、いまいったい誰が問題にしているだろうか?」ヒトラーの空疎な問いにたいしては、いくつもの答えが出せる。なぜなら、オスマン帝国政府によって、十年間でおよそ百五十万のアルメニア人が殺害されるという悲惨な出来事が起こって以来、世界中のドン・キホーテが声をあげつづけてきたからだ。「これは許しがたい悪辣な行為である。この残酷な悪行をけっして忘れてはいけない。不正きわまる残虐行為である。こんな恐ろしい犯罪が実際に起こりうるとは、とても想像できないかもしれない。だが、これは実際にあったことだ。何をいおうと、この悲劇をなかったことにはできない」。アルメニア人の悲運に抗議して、一九一五年に百万ドル以上の寄付金を集めたアメリカの無名の人びとから、フラント・ディンクのように勇敢にも声をあげた個人にいたるまで、ヒトラーの問いを黙って見逃すまいとする人びとはかならずいる。

とはいえ、その何千という声でさえ十分とはいえない。ヒトラーの時代以来、世界は第三帝国の残虐行為を糾弾し、いまもそれはつづいている。ドイツ自身もその悪辣さを認めてきたし、いまも認めている。ドイツ人はいう。「そう、これは実際にあったことだ。われわれは、祖先のしたことを残念に思う。できることなら、われわれは赦しを乞いたい。われわれはわが祖国、この土地で起こったことをけっして忘れないし、誰にも忘れてもらいたくない。そして、このようなことが二度と起こらないようにしたい」。こうして、ネオナチの集団が過去の歴史をくりかえそうとするたび、大多数のドイツ国民は「否」という。これが私のいう「真実への執着」である。

だが、残念なことにトルコは、少なくともトルコ政府は、まだ実際にあったことを認める段階に達していない。世界中で非難の声があがっているにもかかわらず、トルコ国民の大部分は、沈黙によってヒトラーの問いかけに賛同した共犯者のように、いまも歴史的な事実を認めようとしない。当時、この一帯で最も古い歴史のあったアナトリア地方の全住民、子供を含めた男女およそ百五十万人以上が一九〇九年から一九一八年のあいだに皆殺しにされた。詩人のキャロライン・フォルシェはそれを「近代における最初の大虐殺」と呼んだ。

フラント・ディンクが求めたのは、まともなジャーナリスト、率直な知識人、誇りをもった市民なら当然だと思うことにすぎない。真実を認めることだ。ディンクの殺害は、このエッセイの冒頭にあげたソクラテスの言葉の正しさを裏付けている。「この世で、自分の属する国家に存在する多くの不正や不法を阻止しようとする良心的な人は誰であれ、命を落とす危険を覚悟しなければならない」。フラント・ディンクはこの言葉を知っていたにちがいない。そして、これに続く、「本心から正義を擁護しようとする人は、たとえしばらくでも生きていたいと思うなら、かならず私人として生活すべきであり、公人として活動してはいけない」という忠告もわかっていたはずだ。ディンクは、そしてソクラテス自身も、そのような束縛にはしたがえないということを知っていた。なぜなら、私たちが個人としてとる行為のすべて、くだす判断のすべて、口にする意見のすべてが、政治的な結果につながるからだ。そもそも政治とは集合的な行動であり、少数の人間が権力の座につくとはいえ、残りの大勢の人びとも無数の役割を負っているものだ。私たちの社会から虚偽やごまかしを少しでも減らし、より真実に近づくよう闘いをつづけるとき、無用な市民は一人もいないし、無駄な声はひとつもない。「私の唯一の武器は誠実さだ」とディンクは最後に掲載された記事に書いている。ソクラテスが知りすぎるほど知っていたように、誠実さほど破壊的な武器はない。それこそディンクが学んだ最後の教訓だった。真実の探求者はときとして沈黙を強いられるかもしれないが、その誠実さ（sincerity）は（ラテン語の sincerus は「汚れのない」または「純粋な」を意味する）、やがて嘘を葬り去るだろう。

エイズと詩人

「書きとっていたら、もっとよくわかったはずなんだけど」と、アリスは控えめにいった。

『不思議の国のアリス』第九章

一九九〇年代後半、新聞各紙は南アフリカ政府がエイズ患者の治療のために安価な薬の輸入・製造プログラムに着手する予定だという記事を報じた。その声明からおよそ四年後、ヨーロッパと北米の大手製薬会社数社を代表する製薬産業協会は、プレトリアの最高裁判所に訴訟をもちこんだ。そのようなプログラムを容認した南アフリカの法律――ネルソン・マンデラの署名による法律――は、科学者、芸術家、作家などの著作権や特許を保証する国際的な協定に反しているというのである。

今日、南アフリカには数百万人ものＨＩＶウィルス感染者がおり、人口の約一割というその比率はおそらく世界一と思われる。治療が遅れているのは、ひとえに経済的な理由からである。エイズ治療のための一人あたりの薬代は、ヨーロッパや北米では年間二万米ドルから三万米ドルである。アフリカ（そしてアジアと南米のほとんど）の一般大衆にとっては考えられないような大金である。しかし、地元の製薬会社はなんとかジェネリック医薬品（ヨーロッパやアメリカの高価な医薬品と同じ成分の薬を、有名ではない会社のレーベルで安く供給するもの）を開発し、年間の薬代をおよそ四百ドルにまで下げることができた。これにたいして、世界最大の製薬会社グラクソ・スミスクライン（イギリスの大製薬会社グラクソ・ウエルカムとスミスクライン・ビーチャムの二社が合併してできた）は大まじめに、「特許制度はいかなる犠牲を払っても守らなければいけない」といった。いかなる犠牲を払っても。

これらの会社への投資がなくなったら、科学的な研究開発は停滞するだろうといわれる。新しい製品を開発するには研究費が必須であり、その金を確保するためには、その出資に見返りがあることを保証し、出資者を説得しなければならない。それも、たんなる利益ではなく、大きな利益。しかも、確実な利益である。この世で、死に至る病、そしてそれを克服したいという人類の欲求ほど確実な保証はあるだろうか。だからこそ現代において、製薬会社をつくろうとする誘因はきわめて強い。こうした企業の背景にある動機は、いわゆる慈善の心ではない。彼らが第一の目標として掲げるのは、病気治療への使命感ではない。十六世紀フランスの彩飾写本『ルーアンの詩歌競技会に捧げられた王室風歌謡』の挿画には、薬剤師としてのキリストが描かれている。キリストは、アダムとイブに永遠の命のもとである薬を分け与えている（もちろん代金は取るはずだ）。グラクソ・スミスクラインの理事はこの絵を知っていたにちがいない。

数年後、国際世論の圧力を受けて、大手製薬会社三十九社は南アフリカでの訴訟をとりさげた。国境なき医師団その他の組織による抗議と手紙によるキャンペーンが、ある製薬会社の表現によれば「パブリシティとしては甚大な逆効果」をもたらすと判断されたからである。法外な特許権による利益と、イメージの悪化からくる損失を慎重に秤にかけた結果、企業イメージに敏感な製薬会社は示談にもちこむことにしたのだった。それでも、こうした巨額の利益をめぐる合法性の問題は答えが出ないままである。

　私たちは（つまり私たちの社会は）、何百万もの人命を引き換えにしなくても、これらの企業が科学研究に投資したくなるような動機を見つけられるだろうか？　ここでは、資金、信託、利率、税金といった実際的な問題は信仰療法のエコノミストにまかせておいて、この方程式における別の要素に注意を向けたい。つまり、このような儲け第一主義を許容するモラルのあり方について、である。

　科学産業の実際的な要求に十分に応じながら、厳しくモラルを守らせようとする社会は可能だろうか？　科学の緊急性と、科学を発展させる全体的な流れについて社会が同時に考えることは可能だろうか？　あるとき、ベルトルト・ブレヒトはこう揶揄したことがあった。「まず食い物、道徳はそのあとだ」。食い物と道徳の両方、社会の倫理観《エートス》と商売《ビジネス》を同時に重んじることは可能だろうか？　この古くからの問いかけは、時代と場所を問わず、くりかえしあらわれる。トロイアに向かうギリシャ軍の船を無事に航行させる順風が吹くよう祈って、アガメムノンが娘のイーピゲネイアを犠牲に捧げたときにも問われた。バーナード・ショーの『バーバラ少佐』にも描かれた。『フランケンシュタイン』を書いたメアリー・シェリー、『モロー博士の島』を書いたH・G・ウェルズもそれを頭においていた。その本質は、オスカー・ワイルドの小説『若い王』にある。虐げられた人びとが採取した宝石のついた王冠を拒否した若い王が、富める者と貧しい者は兄弟ではないのかと問いかけると、こんな答えが返ってくる。「兄弟です。そして富める兄弟の名はカインと申します」

　この答えられない問いこそが何よりも重要なのだ。私たちが重々承知しているとおり、文学は解答を与えてはくれない。だが、すぐれた謎かけではある。物語は、永遠に人を悩ませる複雑さとごく身近な親しさを併せもつ道徳の問題を読者の前に並べてみせる。そして私たち読者は、この世界について、普遍的とはいわずとも個人として明晰な理解を得たという確信を抱くのだ。レベッカ・ウェストは『リア王』を読んだあと、「この気持ちはいったいなんだろう？」と自問した。「これほど大きな喜びを与えてくれる壮大な芸術作品は私の人生にどんな実りをもたらすのだろう？」私はあらゆる類の文学で同じような感情を味わったことがある。壮大な作品でも、ささやかな作品でも、一行の文章であれ、ひとつの段落であれ、ときには——しばしば——一冊の本まるごとであれ、はっきりとした理由がないまま、ある登場人物やある状況について語られたことが不意に読者である私の心をわしづかみにし、とてつもなく親しい、とても大事なものになるのだ。

下男の少年をひどく殴りつけている農夫を見かけたドン・キホーテは騎士的な態度でいさめたが、その農夫はドン・キホーテがいなくなったとたん、それまで以上にひどい扱いをする。このドン・キホーテの行為は褒められるべきだろうか？　長い生涯の末に、これ以上の犠牲者を出すまいとして殺人者の命を断つことにしたエルキュール・ポワロは正しいといえるだろうか？　未来のローマ皇帝の座という栄光のために、自分を受け入れてくれたディードーを情け容赦もなく捨てたアエネーイスは許されるだろうか？ボヴァリー夫妻が非業の死をとげたあと、薬剤師のオメーがレジオン・ドヌール勲章を授かったのは正当だろうか？　マクベス夫人は怪物なのか、それとも犠牲者なのか？　彼女を憐れむべきか、それとも恐れるべきなのか？　あるいは（このほうがずっとむずかしいが）彼女を恐れると同時に憐れむべきなのか？

現実は普遍性の姿をかりて特殊な事例を扱う。文学はまったく逆である。だから、『百年の孤独』は、私たちがカルタゴの運命を理解しようとするときに役立つ。リア王の娘ゴネリルの主張は、アルジェリア戦争で逮捕者を拷問にかけたポール・オサレス准将の倫理的なジレンマになぞらえることができる。文学の使命とは、まさにこれに尽きるのではないかと私はいいたい。読者を魅了するすべての本は倫理的な問題をつきつける。こういってもいい。本のページの表面をなぞるだけでなく、深いところまで掘り下げることができた読者は、その深みから倫理的な問いかけを持って帰ってくる。その問いかけは作者が多くの言葉を費やしていないことも多い。にもかかわらず、暗にほのめかされただけのその問いは、読者の感情を揺さぶり、胸騒ぎを感じさせ、あるいはただ、はるか昔の記憶を呼び覚ます。この化学変化を通じて、文学作品はある意味ですべてがメタファーとなる。

　中世以来の文学手引書は、暗喩と隠喩、隠喩と直喩、直喩と象徴、象徴と寓意の区別をつけようとして、たゆみない努力を重ねてきた。もちろん本質的には、これらの技巧が呼び起こす知的な洞察は同じものである。ゴルゴーンの顔をじかに見ないようにしたペルセウス、神から顔をそむけたモーセのように、現実の経験を直接にではなく、いったん別の場所においてから理解させるため、誰にもわかりやすい連想を用いるのだ。私たちが立っているこの場所、つまり現実は、そのなかにいるかぎり、私たちには見えない。自分が何者で、どこにいるのかを知るには、（想像、ほのめかし、プロットなどを通して）「いったん場所を移す」という工程が必要だ。最も広い意味において、メタファーは、私たちがこの世界、そして当惑させられる自己の姿を垣間見る（そして、ときとしてほぼ理解する）ための手段なのだ。すべての文学作品はメタファーだといっても過言ではない。

　いうまでもないが、メタファーはメタファーを生む。私たちが語らなければならない物語の数には限りがある。そして、心のなかに大事な物語を反響させるイメージの数は少ない。ウォレス・スティーヴンスはこういっている。

　　あの十一月、テワンテペック湾へ出かけた

彼が見たもうひとつの海は、ステファヌ・マラルメが、「肉体は悲しい」そして私は「すべての書物を読んだ」といったあとで、愛すべきものとして憧れた（同じ）海である。それは、パウル・ツェランが「鮫の青色をした海の吠え声」を聞いたのと同じ恐ろしい海である。「冷たい灰色の岩」の上で口もきけずにいたテニソンの足元で三度砕けた波である。ドーバー海岸のマシュー・アーノルドを感動させ、昔日のソポクレスを思い起こさせた——「はるか昔／エーゲ海で耳にした波の音が／人間の悲惨さを思い起こさせ／彼の心に陰鬱な潮の干満が生じた」——「震えるカデンツァ」と同じものである。マラルメ、ツェラン、テニソン、アーノルド、ソポクレスはみな、遠い異国の海岸で金属的に輝く海を眺め、波が静まるのを見たスティーヴンスのなかに存在する。読者はこの光景、この音のなかに何を見出すだろう？ アーノルドはこういいあてている。私たちは「その音のなかにひとつの思考を」見る。さらにいえば、その思考はメタファーの力を通じて、ひとつの問いかけを導き、そしておぼろげとはいえ、ひとつの答えに至らせる。

執筆という行為のすべて、メタファーを用いる創造行為のすべては、少なくとも二つの意味で翻訳だといえる。ひとつには、外界の経験またはイメージをつくりかえて、読者の心のなかにそれを越えた経験やイメージを呼び起こすこと。そして、もうひとつには、何かをある場所から別の場所へと移し替えるということである。後者にかんしていえば、中世の時代、translation とは神殿から聖遺物をこっそり盗みだして別の神殿に納めること——「聖物盗掠《フルタ・サクラ》」——を意味した。書くという行為に含まれる何か、そしてさらに読むという行為の何かが、アーノルドの真髄ともいうべき文学的思考を盗み、神聖化し、変形させ、作家から作家へ、読者から読者へと受け継ぎ、創造という行為を築きあげ、この世界での経験を新たにし、再定義してゆく。

カフカの死から数年後、カフカに深く愛されたミレナ・イェセンスカはナチに捕まり、強制収容所に送られた。人生が突然ひっくり返ったように思えただろう。ひとつの終わりとしての死ではなく、野蛮な苦しみに満ちた狂気と無意味さのなかに放りこまれたのだ。原因を探っても、はっきり目に見える過ちはなく、目に見える終わりも与えられない。そんな悪夢のなかで生き延びるために、ミレナの友人の一人はある方法を考えだした。これまで読んだ本、記憶のなかに蓄えられた本に助けを求めたのだ。彼女が記憶していた本のなかに、マクシム・ゴーリキーの短編『人間の誕生』があった。

その小説はこんな話だ。ある日、語り手の少年が黒海の岸辺を歩いていると、苦しそうに呻いている農婦に会う。女は妊娠していた。飢饉に襲われた生まれ故郷から逃れてきた女はいま、不安のなか、たった一人で子供を産もうとしている。女のためらいを無視して、少年は出産に手をかす。少年は生まれてきた赤ん坊を海水で洗い、火をおこし、お茶の用意をする。物語の終わりで、少年と農婦はほかの農民たちのあとを追う。少年は片手で母親を支え、もう一方の手で赤ん坊を抱いている。

ミレナの友人にとって、ゴーリキーの小説は楽園そのものだった。ささやかな安息の地であり、そこでは日々の恐怖から逃れることができた。それは彼女の苦しみに意味を与えてはくれず、説明も正当化もしなかった。未来への希望さえも与えてくれなかった。それはただ平衡を保つものとして存在し、真っ暗なカタストロフのなかで光を思いださせてくれた。

カタストロフとは、突然の暴力的な変化であり、恐怖に満ちた理不尽なものを意味する。大カトーの演説のあと、ローマの大軍がカルタゴを根こそぎ略奪し、二度と植物が生えないよう土に塩を撒いたとき。ヴァンダル族が四五五年にローマを襲い、この偉大なメトロポリスが廃墟と化したとき。最初の十字軍が北アフリカの諸都市に入城し、男ばかりか女子供まで皆殺しにしたあと、図書館に火を放ったとき。スペインのカトリック両王が自分たちの領土からアラブとユダヤの文化を排除し、よりよい時代が到来するのを願って、トレドのラビが契約の箱の鍵を天に投げあげたとき。ピサロが自分を歓待してくれたアタワルパを処刑し、インカ文明を事実上滅亡させたとき。アメリカ大陸で初めて奴隷売買が行なわれたとき。ヨーロッパからの移民が、天然痘の菌のついた毛布をアメリカ先住民にわざと配ったとき（これは世界で初めて生物兵器が使われた戦争といっていい）。第一次世界大戦の塹壕戦で無理な命令にしたがった兵士たちが泥だらけになって毒ガスで殺されたとき。広島の市民が巨大な黄色いきのこ雲の下で、自分たちの剝がれた皮膚が飛んでいくのを目にしたとき。クルド民族が有毒な化学兵器の攻撃にさらされたとき。ルワンダで何千人もの男女が山刀で殺戮されたとき。マンハッタンのツインタワーに自爆テロのジェット機が突き刺さり、ニューヨークがマドリード、ベルファスト、エルサレム、ボゴタなど、テロリストの標的となって悲嘆に暮れる多くの都市の仲間になったとき。これらすべてのカタストロフを生き延びた人びとは、ミレナの友人がしたのと同じく、しばしのあいだ悲嘆を忘れ、正気を保つために一冊の本に慰めを求めたかもしれない。

読者には、これがいちばん大事なことかもしれない。おそらく、文学に正当性を与える唯一の根拠だろう。世界の狂気は私たちを完全に呑みこむ前に、家の地下室へ忍びこみ（マシャード・ジ・アシスによる比喩）、いつのまにかそっと食堂から居間へと入りこみ、やがて家全体を占拠してしまう。シベリアに流刑されたヨシフ・ブロツキーはW・H・オーデンの詩にそれを見出した。カストロの監獄に収監されたレイナルド・アレナスにとっては『アエネーイス』だった。レディング監獄のオスカー・ワイルドにはキリストの言葉だった。アルゼンチン軍事政権による拷問を受けたアロルド・コンティにはディケンズの小説だった。世界が理不尽なものになり、昼と夜が恐ろしいテロ行為とそれに怯える人びとで満たされるとき、途方に暮れ、とまどいながら立ちすくむとき、私たちは理解できる（または理解できると思える）場所を言葉のなかに求める。

あらゆるテロ行為はそれなりに正当な理由を掲げる。ロベスピエールは非情な命令を下すたびに、「何の名のもとに？」と訊ねたものだった。だが、人間なら誰でも身にしみてわかっているように、正当化できるテロ行為などない。この世界の絶えざる残酷さ、そして、それにもかかわらずこの世界の日々を満たす美しさ、寛大さ、思いやりという奇跡に、私たちは驚かざるをえない。それらは正当な理由などないまま、おのずと生じるものであり、まさしく「誰もいないところ」に降る雨の奇跡（神はヨブにそう説明した）に等しい。宇宙の根源をなす本質はまさに天恵ではないだろうか。

このすべてを意識しつつ、私たちは真理にも気づく。つまり、暴力は暴力を生むこと、あらゆる権力は濫用されること、あらゆる類の狂信は理性の敵であること、たとえ不正の打倒をうたっていてもプロパガンダはあくまでもプロパガンダにすぎないこと、戦争に栄光を見るのは、神が大軍の側に味方すると信じる勝者だけだということも私たちは知っている。だからこそ、人は本を読む。だからこそ、暗い時代に生きるとき、人は本に戻ってゆく。自分がすでに知っているものについての言葉と比喩を見出すために。

隠喩は隠喩の上に、引用は引用の上に築かれる。人によっては、他人の言葉を引用の源泉と見なし、それによって自分の考えを表現する。また別の人びとにとっては、他者による言葉が自分の考えそのもの、、、で、あり、他人が考えだした言葉を形だけ変えて紙の上に並べ、語調や前後の脈絡を変えることで、まったく別のものにつくりなおす。このような連続性、このような盗用、このような翻訳作業がなければ、文学は成立しない。そして、このような処理を通して、文学は永遠性を保つ。周囲の世界が変化するなかで、飽きもせずに寄せては返す波のように。

ウジェーヌ・イヨネスコの『犀』が独立戦争さなかのアルジェで上演されたとき、主人公のベランジェが芝居の締めくくりとなる「負けないぞ、絶対に!」というせりふを口にしたとき、劇場を埋め尽くしたアルジェリアの独立運動家とフランスの植民者の両方が大喝采を送った。アルジェリア人にとって、ベランジェの叫びは自由を求める闘いをけっしてあきらめないという自分たちの心情をあらわした。フランス人にとって、その叫びは祖先が征服した土地をぜったいに引き渡さないという自分たちの決意そのものだった。もちろん、イヨネスコが書いた言葉はひとつだ。違うのは受け取る側の感じ方（読み方）である。

ここで、知的所有権という問題の実際的な面を見ておくことは有益かもしれない。つまり、文学の著作権についてどう考えるか、である。著作権が確立されたのは、たとえば「ワインのごとく暗い海」という表現の考案者としてホメロスを前面に押し出し、その権利を守るためではなく、いわばエズラ・パウンドやギリシャ観光局などがその表現を搾取しようとすることを取り締まるためである。古代ローマの諷刺詩人マルティアリスは、帝国の最も遠い辺境に駐屯する百人隊長たちさえ彼の詩を読むと自慢したが、その一方で、版元は辺鄙な土地にいる百人隊長にまで詩を売りつけているのに、作者である自分の特権としての謝礼を払っていないと文句をつけた。一七八九年八月四日、パリの国民議会で、あらゆる個人、都市、地方、組織の特権を廃止し、そのかわり権利という考えを認めたのは、マルティアリスが金を受け取れるようにするためだった。出版社や印刷所や書店と同じように、著者もテクストにかんして特定の権利があるということが認められたのだ。そして、これ以後、この――著者が書き、出版社が出版し、印刷所が印刷し、書店が売った――作品から出た儲けは関係者のあいだで分けあうことになった。大事な点は二つあった。第一に、「作品は創作物であり、たとえ未完であっても、著者によって一般大衆に向けて、独自に考案されたひとつの作品であること」。第二に、「知的財産権は、物体としての所有権とは別個のものであること」だった。要するに、『犀』は舞台で初演される前から、そしてアルジェリア人とフランス人がこの戯曲をどう解釈するかに関係なく、イヨネスコのものなのだ。『犀』への「対価」はイヨネスコに属する。

この対価とは何か？　私の知るかぎり最良の答えはこうである。「それがなんであれ、そのひたいに価値がでかでかと貼ってあるわけではない。むしろ、労働の成果は象形文字に転化される。やがて、人はその象形文字の意味を解こうとする。自分が深く関与した社会的生産物の秘密を探ろうとする。役に立つものから価値あるものへのこの転換は、言語そのものと同じく、社会的生産物である」。このすぐれた解釈を披歴したのは、悲しいほどに悪評の高いカール・マルクスである。意味としての対価――文学に興味をもつ人なら、この考え方が良識的なものだと理解できるはずだ。キーツのいう、真理は美、美は真理と同じである。「想像力が美しいと感じるものは真理でなければならない――それが存在するかどうかはともかくとして」と、キーツは友人への手紙に書いている。したがって、対価は真理や美と同じような一種の比喩である。それらは概念的な現実として存在する。肉や血のように、そこにあることを知っていながら、『リア王』を読んだときの感動と同じく、正確にいいあらわせないものなのだ。

匿名社会（Anonymous Society）、多国籍企業（Multinational）、母体企業（Umbrella Organization）などと呼ばれる会社は、目に見えない存在であり、実体がなく、労働の結果だけがある。顔もなく、魂もない。

その労働の「対価」やその比喩の意味は偽りのまま世間に広められる。そのような広告を飽きずに何度でも読み解き、そこに含まれる潜在的な害悪――市民である私たちはそれに関与している――を見逃さないようにするのは、退屈なこととはいえ、社会にたいする義務である。

二〇〇〇年三月、ドイツの製薬会社ベーリンガーインゲルハイムの重役パウル・ステュアートはケープタウン郊外のカエリチャ地区にあるエイズ診療所を視察した。ベーリンガーインゲルハイムはエイズ関連疾患の治療に用いるネビラピンの製造元であり、『ワシントン・ポスト』(二〇〇一年四月二十日)のジョン・ジーターの記事によれば、ステュアートが南アフリカを訪れたのは、ジェネリック医薬品の製造を差し止めるためだった。この視察の途中、ステュアートは混雑した待合室に一人でいる痩せ衰えた七歳の男の子を見た。この子はあまりにも弱っていて、頭を上げることもできず、胸は痛々しい水泡で覆われていた。ステュアートは蒼白になった。「この子の治療費を私が払ってやりたい」と彼はつい口に出した。思慮深い診療所長は、そのような個人的な同情ではもはや間に合わないのだとステュアートに話した。ステュアートは一人の哀れな少年を助ける以上のことをしなければいけない。もっと大きな問題を直視すべきなのだ。それは倫理をめぐる重大な問いかけである。七歳の少年という目に見える現実の恐怖、その恐怖のなかで、ステュアートの会社は複雑に絡みあう関係の一部となっている。ステュアートが自腹を切るという罪滅ぼしの行為では、その恐怖の現実は変えられない。

どれほどすぐれた感動的な作品であっても、言葉による作品が南アフリカで苦しんでいるエイズ患者、あるいはその他、現実の苦境におかれた人びとの現状を変えることができるかどうか、私にはわからない。どんなに力強い詩でも、現実の苦痛を取り除いたり、不正行為を排除したりすることはできないだろう。だが、どれほどへたな詩でも、とくに選ばれた秘密の読者にとっては、得がたい慰めとなり、武器を取るように促し、幸せの輝きを見せ、ひらめきを与えるにちがいない。ささやかなページのなかの何かが、不可解にも、また思いがけなく、叡智とはいわないまでも、叡智の兆しを感じさせてくれる。その叡智とは、日常生活の経験と文学的現実の経験のはざまで得られるものなのだ。

私たちが想像する世界とページのはざまにある空間（作家の視点でいえば）、または確固たるページと私たちが想像する世界のはざまにある空間（読者の視点でいえば）を想起させるのは、たぶんメタファーの力である。『地獄篇』の第二十五歌で、ダンテは盗人の地獄を描写する。その罪と罰の宇宙は鏡でできていて、盗人たちは人間だったときの姿さえ失い、次から次へと怪物的な生き物に変身しつづける運命にある。この変貌は不規則な間をおいて徐々に起こるので、苦しむ罪びとたちは一瞬たりとも、これが自分だと思える姿でいることができない。そして、ダンテはこう書いている。

ちょうど火が燃えつくと
紙がだんだんと茶色く焦げ、
まだ黒ではないが、白は死ぬ、そんな様《さま》だ。

白いページと真っ黒な権威ある文字のあいだには、ひとつの空間、ひとつの瞬間、ひとつの色彩があり、それらはたえず変化しつづける。作者と読者はともに、炎が意味を焼き尽くす寸前、そこに啓示を見るかもしれない。

Ⅳ　言葉遊び

「問題は、ひとつの言葉にそんなにたくさんの意味をもたせることができるかどうかだわ」とアリスはいった。

「問題は」とハンプティ・ダンプティはいった。「どっちがご主人様か、だ――それだけさ」

『鏡の国のアリス』第六章

ピリオド

「最初から始めよ」と、王様は重々しく告げた。「そして終わりになったら、そこでやめよ」

『不思議の国のアリス』第十二章

ペンの先端やキーボード上のワンタッチから生じる、塵のかけらのようにちっぽけなピリオドは、われわれの筆記術のなかでもほとんど無視された存在だ。ピリオドがなければ若きウェルテルの悩みは尽きず、ホビットの旅はいつまでも終わらない。ピリオドが不在なら、ジェイムズ・ジョイスは『フィネガンズ・ウェイク』を完璧な円環構造にすることができ、ピリオドの存在があったからこそ、アンリ・ミショーは人間の存在の本質を「死に呑みこまれる小さな点」と形容した。その黒い点は、たとえばナポレオンの打つそれのようにサイズは極小にもかかわらず、思考の完了を示し、結論に達したという錯覚を与え、ある程度のものを成しとげたという傲慢さを生む。先行きに不安を感じる私たちは、出発のときには目印を必要としないのに、いつやめるべきかについては知りたいと願う。この小さな死の象徴《メメント・モリ》は私たちに、自分も含めてあらゆるものがいつか滅びるということを思いださせる。一六八〇年に出た『句読点および間についての論文』で無名の英語教師が書いているように、終止符とは「完了した感覚《センス》、そして完了した文章《センテンス》の印」なのだ。

書かれた文章の完了を示す必要性は、書くことそのものと同じくらい古いと思われる。だが、簡潔にして魅力的なその解決法が定着したのは、ようやくイタリア・ルネサンスの時代になってからのことだった。それまでは長いあいだ、句読点の打ち方は気まぐれだった。早くも紀元一世紀には、ヒスパニアの学者クインティリアヌス（もちろんヘンリー・ジェイムズを読んだことはなかった）が、文章とは完成した考えを表現するものであると同時に、一息で述べられるものでなければいけないと述べている。文章をどのように終わらせるかは個人の趣味の問題だった。長年のあいだ、書記はあらゆる種類の記号や図形で文章の区切りをつけてきた。ただ字間をあけておく場合もあれば、さまざまな点やスラッシュを用いることもあった。五世紀の初め、聖書の翻訳者である聖ヒエロニムスは「コロンとコンマ（per cola et commata）」という方式を考案した。この書き方では、ひとまとまりの意味をもつ文章が、余白に書き入れた文字で区別される。いわば、新しい段落の始まりを示すものだった。三世紀のちに、プンクトゥスすなわち点が、文章のあいだの息継ぎ、そして文章の結びを示すものとして使われるようになった。そのようなあいまいな決まりのもとでは、作者の文章が意図どおりに大勢の読者に伝わることなど、とても期待できなかった。

やがて一五六六年、携帯用小型本の発明で知られるヴェネチアの偉大な出版業者アルドゥス・マヌティウスの同名の孫が、句読点の手引書（*Interpungenti ratio*）を著した。マヌティウスは紛らわしいところのない明晰なラテン語で、句読点の究極的な役割と使い方を初めて説明したのである。本人としては、活版植字工の手引書のつもりだった。未来の読者である私たちに、来るべき文学作品のすべてに共通する感覚および音楽――ヘミングウェイのスタッカート、ベケットのレチタティーヴォ、プルーストのラルゴ・ソステヌート〔ゆったりと幅広く保って〕――の贈り物をしたとは知る由もなかった。

ロシアの作家イサーク・バーベリは書いている。「完全に結末をつけようとするあの力をまさに正確な場所に用いなければ、鉄といえども心臓を刺しつらぬくことはできない」。言葉の強力さと無力さの両方を知る者にとって、この信頼に足る最後の小さな点ほど役に立ってくれるものはほかにない。

言語への賛歌

「みんなのわかる言葉で話しなよ！」と、鷲の子がいった。「そんな長ったらしい言葉、半分も意味がわからない。そもそも自分だってわかってないんじゃない」

『不思議の国のアリス』第三章

猿は言葉が話せるが、働かされるのがいやで黙っているのだ、とルネ・デカルトは信じた。現実をもとにして創作し、それから、その創作に現実の厳格なルールをあてはめるという知的な活動ほど、人間と言語の関係をよくあらわしたものはない。ずっと昔、はるか遠い砂漠で、私たちにとっては見ず知らずの誰かが思いついた。粘土板の上に刻まれた言葉は法令や家畜の数などを示す慣習的な記号ではなく、頑迷な神の恐ろしい言葉にちがいない。したがって、こうした言葉が命じること、その言葉を構成する文字の数、さらにはその言葉の出現自体にさえ、なんらかの感覚と意味が含まれているはずだ、と確信する。神が告げる言葉に無駄はなく、気まぐれなものはないのだ。カバラ信者はこのような文字にたいする信仰をさらに深めた。神が「ひかり、あれ」というと、光があらわれた（と創世記に書かれている）からである。つまり、ひかりという単語そのものに創造的な力があるにちがいない、とカバラ信者は考えたのだ。だとしたら、肝心な言葉の正しい形と抑揚がわかれば、創造主である神と同じように何かをつくりだせるのではないだろうか。ある意味で、文学の歴史とは、この希望の歴史といってもいい。

神をまねることにさほど興味がなく、言葉の魔術的な力をそこまで信じていないとはいえ、同じように記号とシンボルをつかさどる秘密の法則を発見しようと励むのが、言葉遊びに熱中する人たちである。古代のカバラ信者と同じように、彼らは文字を入れ替え、数え、並べ替え、ばらばらにし、また集めなおすが、それは混沌のなかに秩序を見出すという純粋な喜びのためなのだ。クロスワード愛好家、だじゃれ好き、アナグラムや回文の作り手、辞書の間違いさがしをする人、スクラブル〔単語をつくってゆく字並べゲーム〕のプレイヤー、暗号解読家などの情熱の裏には、言語に究極の論理性を求める一種の狂気がひそんでいる。

言葉遊びは古代からあった。たとえば、メソポタミアのアクロスティック〔言葉遊びをもりこんだ詩。折句〕、ヘブライのアナグラム、ギリシャのパングラム〔アルファベットのすべての文字を使った文章〕、ローマのパリンドローム〔前後どちらから読んでも同一に読める文章。回文〕などである。ごろ合わせ（ときとして疑わしいユーモアの陰に、宇宙の蜘蛛の巣のような一貫性を示している）は、いうまでもなく世界共通である。少なくとも、聖ヒエロニムスが翻訳した聖書には、カトリック教会の土台となった場所にまつわるイエスの言葉遊びが記されている。イエスはペテロ（ラテン語でPetrus）を指して、「この岩（petrum）の上にわが教会を築く」といったのだ。

言葉遊びは無数にある。アルファベットの一文字またはいくつかの文字を使わずに文章を書くこと（ジョルジュ・ペレックの小説『煙滅』は、ギルバート・アデアによって見事な英語に翻訳されたが、この小説にはeの文字がひとつも使われていない〔塩塚秀一郎による邦訳ではイとイ段の文字を使わずに翻訳されている。水声社刊〕）。母音を一種類しか使わずに書かれた文章（"I'm living nigh grim civic blight; / I find its victims, sick with fright"）。二つの同じ綴りの反復でできている単語（たとえば murmur）や、それをさらに発展させて同じ綴りでできている文章（"Flamingo pale, scenting a latent shark / Flaming opalescent in gala tents — hark!"）。単語の文字を入れ替えて別の意味をもつ単語にする（carol を coral に）。英語を勉強する外国人にとって苦労のたねである同音異綴り字（idol, idle, idyll）。アルファベット順に文字が並んでいて、同じ綴りでそれ以上長いものがない「支配されない」単語（たとえば deft）。

このような言葉遊びの多くはとても楽しいものだが、だからといって、彼らの真剣さを少しでも疑うべきではない。たとえば、紀元前六世紀にシグマの文字を使わずに『ケンタウロス頌』を書いたヘルミオネのラススから、『ドン・キホーテ』の序文に「短縮」ソネット（最後の音節ではなく、最後から二番目の音節が韻を踏む）を含めたセルバンテスまで、単語を二つに分けるのが好きなジェラルド・マンリー・ホプキンス（"Resign them, sign them"「彼らを辞めさせ、彼らに署名させよ」）から "Time wounds all heels"「時はすべての悪漢を害する」（"Time heals all wounds"「時がすべての傷を癒す」の単語の置き換え）と書いた無名の吟遊詩人まで、詩人は昔から言葉遊びを愛してきた。それどころか詩は、私たちが生まれつき言葉遊びの重要性を確信していることの証である。押韻に豊かな意味をこめ、頭韻で自分の考えを表現しようとする私たちは、ローマの秘密の名前は Roma を逆に綴ったものだと信じたルネサンスの占い師とかけ離れた存在ではない（バンクーバーを逆に綴った Revuocnav がシベリアのエヴェンキ族の言葉で「ならず者の風刺劇」、そしてトロントの逆綴り Otnorot がエスペラントで「Otno〔オンタリオ州知事マイク・ハリスにエスペラント・コミュニティがつけたあだ名〕の腐敗」を意味するというのはどう解釈すべきか？）。

マーティン・ガードナーによれば、今日の言葉遊びの多くは「コンピューターの助けなしではつくれないだろう」という。だがさらにつづけて彼は、「新しい発見にもコンピューターが必要だという印象を与え」たくはないといっている。そのとおりだ。コンピューターは私たちに（たとえば）アルファベットから反復する三文字を選んで言葉をつくるには三千二百七十六通りの方法があると教えてくれるが、そのような機械的な操作でできることは、言葉遊びの達人や筋金入りのカバラ信者にとっては面白みがないだろう。コンピューター時代が到来しつつあった時代、アーサー・C・クラークはこんな警告を発した。「九十億の神の御名」という短編で、チベットのラマ教寺院の僧侶が、アメリカのコンピューター技師にアルファベットからできるすべての組み合わせを出してほしいと依頼する。そのなかに神の隠された名前があるというのだ。チベットの信仰によれば、その名前が明らかになったとき、宇宙は存在意義を失うという。技師たちはコンピューターに指令を出し、コンピューターは数か月で数えきれないほどの組み合わせを吐きだした。ついに、すべての作業が終わった。荷物をまとめて去ろうとしたとき、技師たちの一人がなにげなく空を見上げた。頭上では、星々が音もなく消えようとしていた。

ページをめぐる短い歴史

魚にそっくりの従僕は、自分の体ほどもある大きな封筒をわきの下からおもむろに取りだした。

『不思議の国のアリス』第六章

ページは謎めいた存在である。表紙と裏表紙にはさまれて、仲間のあいだで姿を隠し、あるいは持ち運ぶために切り離され、限られた量の文字が一枚に収まっている。めくられ、ちぎられ、ノンブルを打たれ、角を折られる。忘れるかと思えば思い出し、書きこみをするかと思えば線で消し、また、ざっと目を通すだけかじっくり読みこむかにかかわりなく、読者の意識のなかで、ページは読もうとする内容を入れておくだけの枠または器でしかない。きわめてもろく、しかも二次元の存在なので、読者の目が文字の軌跡を追っていくとき、ページの存在はほとんど意識されない。文章という皮を支える骨格のように、ページはまさに機能を果たしながら存在を消す。そして、そのような地味な特質のなかにこそ、ページの強さがある。ページは読者の空間である。さらに、読者の時間でもある。デジタル時計の数字が変わるように、ページは過ぎてゆく時間を刻む。私たち読者が甘受しなければならない運命を思い起こさせる。本を読むスピードは、速くしたり遅くしたりできる。だが、読者としての私たちが何をしようと、ページをめくるたびに、過ぎ去った時間がカウントされる。ページは私たちの読書を限定し、切り詰め、広げ、削除し、つくりなおし、翻訳し、強調し、ゆるませ、橋渡しをし、分断する。私たちは読書を自分の手に取り返そうと懸命になる。この意味で、読書という行為はテクストの支配をめぐってくりひろげられる読者とページの勢力争いともいえる。たいていの場合、勝つのはページである。

だが、正確にいって、ページとはなんだろう？

ホルへ・ルイス・ボルヘスによれば、この宇宙に存在するすべての本（これまでに書かれた本だけでなく、この先いつか書かれるはずの本、あるいは書かれない本も含めて）を収めたものとして彼が想像する無限のバベルの図書館は、一冊の本にまとめることができるという。ボルヘスはこの作品「バベルの図書館」の注記に、広大な図書館は無用の長物であると書いている。無限に薄いページの無限数からなる「一巻の書物」で十分なはずだ、と。もちろん、そんな本は扱いにくいことこのうえない。ページをめくるたびに別のページが開いてしまい、途中のページに表裏があるなどとはとても思えないだろう。

この悪夢のような瞬間にこそ、ページの栄光と恐怖が共存する。それは文章を収める枠組みという条件を与えられた、あるいは押しつけられた、ひとつの物体であり、結果として私たち読者はその断片を手にし、その意味を理解することができる。さらにまた、ひとつの物体として、ページはその枠組みに合わせて文章に制限を加える。サイズに合わせて全体としての文章を切り分け、分離して、その意味を変え、または封じこめる。すべてのページはこうした二重の性質をもつ。

「ページ」とは、一定の量の文章を含むひとつの空間ユニットだと定義すれば、紀元前五〇〇〇年から二〇〇〇年のシュメールの粘土板や巨大な花崗岩の石板もページと見なすことができる。実際的な理由から、このシュメールのページはおもに限界を定めるものと考えられてきたようだ。どんな文章も与えられた空間のなかに収めなければいけない。文章がはみだしてしまうと、そこに含まれた意味を分けなければならない。シュメールの石板は、文章の途中で途切れて次の石板でつづきを読むということはない。石板の空間と文章の空間は一致している。

シュメールの石板や粘土板は、どちらも表裏があるものと考えられてきた。石板は記念碑のように高くそびえ立ち、片面ないし両面に文字が刻まれた。学生たちが使った書字板《タブレット》は、書記学校で字の書き方を習うためのもので、表には教師のお手本が書かれており、生徒たちはそのお手本をまねて、裏面で練習した。この勉強法では、生徒が文字どおり先生のお手本を心に刻んでから、初めて書字板の裏面に書くことができるのだった。

この裏表という考え方は、紀元前六世紀ごろに巻子本《スクロール》がつくられるようになってから、ほとんど完全にすたれた。ほとんどの巻子本は、植物の繊維が横に走るほうの片面にしか文字が書かれなかったが、なかには表と裏の両方に書かれたものもある——そのような巻子本は両面書き写本《オピストグラフ》と呼ばれたが、かなり珍しいものである。巻子本になると、枠組みおよび表裏という二つの概念は失われた。ほとんどの巻物の材料として使われたパピルスは、一枚がおよそ縦三十七センチ、横二十三センチのシートで、文章は分断されず、一枚ずつばらばらになった現在のページに似ている。巻子本には余白があり、縦の段《コラム》に分かれていたが、字間は詰まっていて、巻子本の大きさによって文章の量が決められた（ギリシャでは六メートルから九メートルの長さがふつうだった）。標準的な巻物一本にトゥキュディデスの本一巻か、『イリアス』の一巻から三巻程度が収まった。

巻子本によって、作者も読者もある程度の自由を得た。段にまとめることは別として、文章を縮める必要がなくなった。巻物を広げ、また巻き戻す手間をのぞけば、読み進むにつれて板を積み重ねることもなくなった。読みたい分だけ広げることができるので、文章の余分な箇所まで読まずにすむようになった。こうした自由の矛盾した性質を示そうとして、何世紀ものちに、スペインの作家フアン・ベネーはタイプライターにひと巻きの紙をセットし、その上に『ある瞑想』（一九六九年）という小説を書いた。こうすることで、後戻りができなくなる――つまり、書いていくものがそのまま最終的な草稿になり、ページという目安や分割なしに連続していくのだった。

冊子本《コデックス》の出現で、ページの概念に新たな意味が与えられた。冊子本が考案されたのは、文章の容れ物として、持ち運びの楽なものが求められたからだといわれている。明らかに、折りたたんだ紙は巻いたものよりも運びやすい。粘土板はかさばり、パピルスはもろい。そこで、羊皮紙《パーチメント》や牛や子羊などの皮からつくられた上質皮紙《ベラム》がヨーロッパの冊子作りの素材として好まれるようになり、やがて十二世紀のイタリアで初めて製紙工房が誕生した。世界の他の場所でも、さまざまな素材が用いられた。朝鮮とエジプトでは扇のような木製の本があり、中国では紙に木版で刷った本がつくられ、アジアの他の地域では布製の本もあった。ベラム、パーチメント、布、紙、木など、素材がなんであれ、それらのページは文章にたいして、無言のまま限界を押しつけていた。

しかし、読者と作者がこのような制限を加えるページの特質に気づくと、この特徴そのものが分裂を呼ぶことになった。その形態、内部空間、余白、順番の入れ替えなど、ページの特徴はたえず変化しつづけた。テクストの優位性をめぐる戦いで、作者と読者はなんとしてでも支配力を手にしたがった。

ページの最初の形は、おそらく人間の手の大きさから決められた。シュメールの粘土板は子供（書記の見習い）の手、あるいは大人（私たちに書くことの技を与えてくれたはるか昔の会計係）の手にぴったり納まる大きさだった。社会の気まぐれな欲求や政治的なプロパガンダのために、手になじむ粘土板から巨大な石碑まで、さまざまなサイズのものがつくられた。たとえば、紀元前十二世紀のアッシュールの法を刻んだ石碑は〇・六平方メートル以上の大きさがある。しかし、ページのサイズは周期的に本来のものに戻った。ユリウス・カエサルがつくったとされる冊子本は巻子本を折りたたんだものとされ、自分の軍隊への急使に持たせるためのものだった。個人の奉納物だった中世の時禱書。アルドゥス・マヌティウスが考案した古典の小型本。一五二七年にフランソワ一世によって定められた本の標準規格。二十世紀のペーパーバック。現代では、フランスの出版人ユベール・ニッサンがやや縦長のフォーマットをこしらえた。アクト・スュド社から出ているこの本は、縦が中手骨から人差し指の先端までの長さ、横が親指の付け根から手のひらの幅に等しい。

こうしたポケットサイズのページはすべて、手のなかに収まるという幻想を与える。だがその幻想は長くはつづかない。ページの表面におかれた言葉の糸は余白というスペースで断ち切られ、次のページの表面にふたたび現われるまで追いかけなければならない。このため、読者はたえず文章の意味を中途半端なままで我慢させられる。最後の文節が次のページの冒頭に送られるのは見た目にもよくないので、活字工は書き手に（とりわけ新聞雑誌の場合）文章を直してはどうかと助言する。つまり、ページの都合に合わせて、文章そのものに変更が加えられるのだ。

ひとつにはこうした特殊な要求に屈したくないという反抗心から、作者や読者は奇妙な形の本をつくる。円形の本、横に細長い「イタリア風」の本、ハート形の本、折りたたみ式の本、アコーディオンのような形の本。だが、これらの本にもそれぞれの限界があることにいずれ気がつく。現代では折にふれて、いわゆる「アートブック」が、機会を見つけては従来の書籍のあいだに割りこもうとする。活字を大きくしてのどの余白を無視したり、活字を小さくして一ページにむりやり詰めこんだり、あるいはページの形を圧倒するような体裁にしたりする。ページはそんな暴虐に悲鳴をあげているように見える。

大きさや形を変えないとしても、作者はページの上の活字の並べ方を変えることができる。こうして反抗心は内に向かう。一七六〇年代に『トリストラム・シャンディ』を書いたロレンス・スターンは、空白のページ、楕円で満たされたページ、真っ黒に塗りつぶしたページなどをとりいれた。ルイス・キャロルは、スナーク狩りの無限の地図を真っ白なページで表現した。ギヨーム・アポリネールは『カリグラム』という作品で、詩をその主題の形に並べた。ブラジルのアロルド・ジ・カンポスのような具体詩人はページの上に奇抜な形で詩を配置したので、読者の目は、従来のまっすぐな余白とは異なる斬新なレイアウトに惹きつけられた。

こうした内側からの再構成は、いうまでもなく長い歴史をもつ。折句の遊びやクロスワードパズル風の格子をしばしばとりいれたのは中世の写本であり、ページの使い方を多様化することも多かった。制限をゆるめられるとわかったあとは、文章に独自の注釈がつくようになった。ページの上の文字は同心円の形で配置されるようになった。たとえば、細長い中央パネルという「ページ」に聖書の言葉が書かれたとする。そのまわりを慎重に取り囲んで、注釈が書きこまれる。さらに、その外側にもまた別の注が加えられる。それから、さらに余白には読者の意見が書きこまれる。これらのスペースははっきりと区別されてはいない。たとえば、三層目に書かれるコメントは中央の聖書の記述そのものについて書かれることもあれば、すぐ前の注釈にたいする意見のこともある。余白に書かれた読者の意見は、二種類の注釈と中心の記述の両方を対象にしている。例はいくつもあるが、そのひとつを見てみよう。現在、大英図書館が所蔵する（MS Royal 12 G. ii）十三世紀後半に出たアリストテレスの『自然学小論集』である。文章そのものはページの右上を占めている。その周囲にイブン・ルシュドによる注釈、そしてケントのヘンリー・ド・レナムのものと思われる書きこみがある。さらに、行間にはアリストテレスとイブン・ルシュドにたいする注記がある。今日の校正者による直しのように小さな文字で、注釈のあいだに残ったわずかな余白に書きこまれている。ダンテが提唱した読書の四段階——逐語的、寓意的、類推的、神秘的——が、ヘンリー・ド・レナムのページに具体的に見られる。聖書の言葉、注釈、聖書の言葉にたいするコメント、そして読者の意見が、そのページに割りふられた四層のスペースに収まっているのだ。

ページの支配を一層だけでくつがえそうとする場合もある。それはいわば、驚くほど親しみのある、きわめて私的なやり方である。モンテーニュは、あらゆることに注釈を加え、それがひとつの会話につながった。そして読書に戻るときも自分との対話をつづけ、それを本に書きこみ、その状況を思いだせるように、読み終えた日付も記した。モンテーニュの読んだ本はさまざまな言語で書かれていたが、余白に書きこむ注釈はつねにフランス語だった（「私の本がどの言語で語りかけてこようと、私は自分の言葉で語りかける」と彼はいう）。そして、フランス語で批評的なコメントを加えることで、その本の内容と注釈をさらに豊かなものにするのだった。モンテーニュにとって、この読書法は彼のいう「真理の探求」のために必要なものだった。ページという制限のなかにおかれた言葉によって与えられる物語ではなく、その物語についての思案、読者であるモンテーニュがそのスペースを使って思いめぐらし、語りなおしたものこそが「真理の探求」なのだ。ページの余白は、そのために用意された空間なのである。

こうした余白、すなわち作者が征服しようとしたあとに残ったもの、またはステファヌ・マラルメのいう「ページの恐るべき白さ」こそ、読者の力が発揮される空間である。ロラン・バルトにとって、それらの空白はエロティックな刺激の最たるものだった。このテクストの行間（ページの上の物理的な行間も含めて）について、バルトは「服が裂けるところ」と表現している。紙の端とインクの端のあいだの空間で、読者（このイメージはできるだけ拡大解釈することにしよう）は静かな革命を起こし、新しい社会をつくることができる。そこでは創造的な緊張が、もはやページとテクストのあいだではなく、テクストと読者のあいだに生じる。

中世のユダヤ学者はトーラーについて同じような区別をした。ミドラーシュ〔古代ユダヤの旧約聖書注釈〕によれば、シナイ山頂でモーセが神から授かったトーラーは文字で書かれた文章と口伝えの注釈の両方があったという。明るい昼のうち、モーセは神の書いた文章を読む。そして夜、暗くなってからは、神から語られた注釈を研究した。読むという行為においては、読者がページの権威にしたがう。しかし、口伝えのほうはページが存在せず、読者をしたがわせるページの支配力もおよばない。

十八世紀のハシディズムの偉大なラビであるベルディチェフのレヴィ・イツハク師は、バビロニア・タルムードにかんする論文のどれも一ページめが欠けていて、二ページめから読むようになっていることについて説明した。「研究熱心な者がどれほど多くのページを読破しようと、最初のページにすらまだたどり着いていないことを心に銘記させるためである」。つまり、神の言葉についての論評は、紙に書かれた論文であれ、読者の心のなかであれ、予測可能な始まりなど存在しない。最初のページの欠落によって、神の言葉を説明し尽くすのは不可能だということが示されているのだった。

テクストはページによって、その始まりと、中間と、終わりが決められるから、最初のページを削除することは服従拒否の意思表示ともとれる。十九世紀のモラリスト、ジョゼフ・ジュベールはさらに先へ行った。シャトーブリアンによれば、ジュベールの書斎にはジュベールが本当に好んだテクストしかなかったという。シャトーブリアンはこういっている。「読み終わると、彼は本を破いて、気に入らない部分を捨てた。こうして、書斎には彼の好みに合うものだけが残り、表紙のあいだにすかすかのページが残るだけになった」

ジュベールは、実際にはページを破りはしなかった。ただ、沈黙によって無用のページを飛ばしただけである。現代においては、レーモン・クノーがノンブル付きのページに押しつけられる秩序を壊そうとする試みをした。各ページをいくつかの部分に分け、それぞれに文章を配置したのである。これによって、読者は自分だけのページを組み立てることができ、そこから生まれる新しい文章は（子供向けのゲームブックのように）ほとんど無限のバリエーションをもつ。クノーはこの本に『100兆の詩篇』という題をつけた。もっとよく知られた例として、フリオ・コルタサルの小説『石蹴り遊び』がある。見た目は普通のノンブル付きのページがつづいているが、目次の章立てとはちがった順番で読むという指示によって、見せかけの秩序は崩れる。読者は目次どおりに読むか、別の順番で読むか、好きなほうを選ぶことができる。本を読むときの空間と時間にかんして、読者が優位に立てるのだ。

フローベールは『ボヴァリー夫人』の執筆中、作品の一部を友人のルイ・ブイエに読んできかせた。だが、本人の言によれば、ある部分（一三九ページから二五一ページまでの一一三ページ分）を読みあげたとき、それは意図的に選んだのではなく、ページをぱらぱらとめくって偶然に開いた箇所だったという。「今日の午後は原稿の直しをあきらめた」と彼はルイーズ・コレに宛てて書いている。「もう何もわからなくなった。小説に没頭しすぎて、へとへとになってしまった。たったいま間違いだと思えたことが、五分後にはそう思えなくなる。直しに次ぐ直し、そしてさらに直し、それが際限なくつづく」。それ以前に、彼はこうも書いている。「長い本ではいつも真ん中あたりのページでうんざりしてしまう」

電子化時代に生きる私たちの運命はだいぶ違うだろうか？　電子機器での読書は、たしかに状況を変えた。画面で読むときは紙に書かれたものを読むのとちがって、（いまのところ）ページごとに時間が区切られるということがない。（ローマやギリシャの巻子本のように）画面をスクロールして読むときは、ページや余白の寸法に影響を受けない。それどころか、画面の上では、ページがたえず姿を変えてゆく。全体の大きさは変わらないのに中身はどんどん変化してゆく。スクロールするにつれて、冒頭の一行も最後の一行も動いてゆく。ただし、それはつねに、画面という固定された枠組みのなかにある。画面で長い文章を読むのはじつに不便なものだが（それは生理学的な問題であり、人間が進化するにつれて変わってゆくだろう）、その一方で私たちを自由にしてくれる。分厚い本を片手で持ち、もう一方の手で読み終えたページをめくっていくという苦行から解放されるのだ。

実際、ボルヘスが思い描いた架空の書物は、無限のページをもつ電子書籍の姿としてほとんど具現化されている。電子書籍のページは、ボルヘスの書物がもつ悪夢のような特質を凌駕しているといってもいい。なぜなら、電子書籍のページには表裏がないからである。テクストの「量」はいくらでも増やせるので、電子書籍には「中間」といえるようなページがない。電子書籍のページの枠組みは読者によって規定されるが、それこそボルヘスが思い描く無限のテクストの特質である。その他多くの文学的な創作物と同じく、電子書籍もボルヘスの図書館ですでに予言されていた。

一般読者にとって、ページの概念はリーフ（紙葉）やフォリオ（二つ折り判）の概念と混同しやすい。辞書の定義によれば、「ページ」とは「本の一ページ」と「その片面」を意味する。この意味で、イチョウの二つに分かれた葉をうたったゲーテの短い詩は、ページの二重性をよくあらわしているように思える。イチョウの木は大昔に絶滅した種の仲間としては唯一、現代まで生きのびたものであり、本のページと同じように、野生には存在しない。表面に皺の寄った葉は、一本の茎から二股に分かれている。その両義性を、ゲーテは次のような詩に書いた。

この小さな葉は東から旅をしてきた
そしていま、わが家の庭に落ちている
イチョウの落葉には豊かな意味が秘められている。
それは賢者にとっての叡智である。

その緑色の葉は
ふたつに分かれながらも、同時に完全な一体なのだろうか？
それともふたつの葉が結ばれて
ひとつの魂になるのだろうか？

この問いへの答えは
誰にでもわかる。
私の詩から
私もまたふたつでありひとつでもあるといえなくはないだろうか？

「私」という声

「おたがいに、だって！」しっぽの先までふるわせながら、ネズミは叫んだ。「私がその話をもちだしたみたいに！」

『不思議の国のアリス』第二章

八歳か九歳で、スティーヴンソンの『宝島』を読んでいたときだった。不意に、本当の私は何者かという疑問にぶつかった。私が読んでいた版には、「この本はいかにして書かれたか」と題した「はしがき」がついていた。ある雨の日、スティーヴンソンは義理の息子に、島の地図を描きながら語りはじめたという。口絵にはその地図まで忠実に再現されていた。

『宝島』は打ち明け話から始まる。「いまペンをとっているのはキリスト紀元一七——年だが、話は、父が『ベンボー提督亭』という宿屋をやっていたころにさかのぼる……」。その宿屋に現われた老水夫が「一本脚の船乗り」を怖がっているという冒頭だけで、私はぞくぞくするようなスリルを感じた。やがて二十ページほど読んだところで、突然、この語り手が「ジム」と呼ばれていることに気づいた。「ジム」

――私は「はしがき」のページまで戻った。まちがいない。著者の名前ははっきりと目にした。ファーストネームは「ロバート・ルイス」だった。それなのに、ページの上には活字でたしかに「ジム」と書かれていた。どうしてそんなことになるのか、さっぱりわからなかった。この語り手は、表紙に名前のある人物ではないのか？　最初の段落に「ペンをとっている……」と書かれているのだから、まちがいのはずがない。したがって、この物語を私に語りはじめた「私」は、この本の著者であるはずの「ロバート・ルイス」ではなく、「ジム」と称する誰かなのだ。そして、この人物はどこからともなく現われ、この本のなかで、不思議なことに、ロバート・ルイスの場所を奪ってしまった。それでは、この話は事実ではないのか？　著者は嘘を語っているのか？

　八歳の私にとって、「私」と称して語ることは、それが本当の話だという前提だった。現実の語り手が読者である私に向かって、別の世紀の海で遭遇した事件について真相を教えてくれることにほかならなかった。「ロバート・ルイス」から「ジム」への転換によって、私がそれまで抱いていた物語にたいする信頼は突然揺らいだ。「私」が、作者の「私」ではなく、作者がなりすました別の誰かであり、ページの上で演技をする詐欺師、他人の声としぐさをまねするペテン師だということに気づいたのだ。そして、もしそうだとしたら（それを言葉にするには私は幼すぎたので、この考えは漠然としたものだった）、その「私」が呼びかける「きみ」、それが「私」のことだとわけもなく思いこんでいた「きみ」も嘘なのだろうか。その瞬間から、私はそれまで無視していた法則にしたがうことを受け入れ、物語における自分の役割を引き受けることになった。その役割について発見するのは、さらにのちのことだった。その慄然たる午後、読書は信頼できる作者に導かれる冒険の航海ではなくなり、作者が作者という役割を演じ、読者が読者という役割を演じるひとつのゲームになった。のちに、すべての読者がたどるべき道をたどって、私は自分の演じる役割がゲームを動かすのだと知った。物語の存在そのものが、私の意志と創造的な解釈にもとづくのだ。だが、何年も前に初めて経験したその本質的な啓示の瞬間、私は架空の「私」の出現を喪失と受け止め、裏切りだと感じた。

だが、なぜ?

語り手の「ジム」や本の後半に出てくるリヴシー先生など、『宝島』の「私」は明らかに、つくりあげられた登場人物としての「私」である。私のような八歳の子供も含めて、すべての読者は、そうした工夫をすばやく受け入れ、それが虚構の現実であることを自分に信じこませる。私たち読者は、この「私」がイシュメール、マルセル、ロビンソンと名乗る誰かだという事実を受け入れる。これらの「私」が、いくつもの海と何世紀もの時代を超え、親しげな言葉と真心をもって私たちに話しかけることを受け入れるのである。読者の信頼は山をも動かすばかりか、山にある石くれにさえ語らせることができる。

それでも、ときとして、そのような信頼が不要に思えてくることがある。なかには、語り手の「私」がまちがいなく執筆者の「私」と同一人物であることがゲームのルールとして当たり前になっている場合もある。そんな状況で、読者たる私たちは、著者と同じ名前をもつ「私」にどう応えたらいいのだろう。著者はつくられた登場人物のふりをしているのではなく、自分自身としてあらわれる。著者自身の顔をした仮面をかぶって物語をかたるのだ。自分のイメージどおりに言葉でつくりあげた人物に真実味をもたせるために、著者としての真実を捨て、恥ずかしげもなく自分の創造物になりきっている作家のせりふをどう解釈したらいいのだろう。

スティーヴンソンよりだいぶ年長の作家が、その答えを導きだす助けになってくれるかもしれない。

ダンテの『神曲』では、全篇を通してアイデンティティの問題がテーマになっており、暗黙のうちにたえず「あなたは何者か」という問いかけが反響する。この作品の冒頭、たびたび引用される有名な一節は、ほっそりした姿の詩人／作者が一人称単数で語っている。人生の半ば、ふと気がつくと、私は暗い森のなかをさまよっていたという、この「私」とは誰だろう。この人物の額に記された罪の印は、煉獄の険しい山を登ってゆくにつれて拭い去られる。畏れ多い神の顔に向かって、猛スピードで円形の天を飛翔するこの人物は？　私たち読者は本を開いたとき、高嶺の花であるベアトリーチェについて、あいまいな祖先について、そして彼が愛しかつ憎悪するフィレンツェについてくどくどと話しながら、自分の人生のいくつかの断片を私たちに語って聞かせるこの怯えた男を誰だと思えばいいのだろう？　集合としての「われわれ」の「人生」のただなかに、「私」と称して立つこの人物は、いったい誰に「語りかける」というのだろう？　満天にきらめく星のもとで山頂に達したあと、芽吹く植物のように新たに生まれ変わり、「戻ってきた」という彼はいったい何者なのか？　旅路の果てに愛に向かう「欲求と意思」を抱いたのは誰なのだろう？

地獄めぐりの途中、ダンテは自然に叛《そむ》いた男たちに会う。神学的な観点での意味づけは不明ながら現世を経験した人びとには十分納得のゆく理由で、ここでは芸術家と政治家は混じりあわない。ここでダンテが出会ったのは、フィレンツェの有力者だった三人のゲルフ党員である。彼らはダンテの見事な「あいさつ」をほめたたえ、地獄に落ちた他の人びとと同様、生者の世界に戻ったら自分たちのことを語ってくれと頼む。亡者となったあとでさえ、現世の名声へのあこがれは消せないのだった。

「それならば是非ともこの暗黒界を無事に脱して
美しい星々を仰げるところへ帰ってくれ。きみが

『私は［地獄に］いた』と喜んでいえる折があったら、
そのとき、私らのことも皆に話してもらいたい」

［『地獄篇』第十六歌八十二—八十五］

「私はいた（I was）」とは、ダンテの旅を要約した言葉であり、彼が別の世界で過ごした時間を意味する。一人称単数での行為は、ダンテが証人であり、また主人公であることの証である。リチャード・ハワーズの英訳では「私はそこにいた（I was there）」となっており、想像のおよばない無窮の場所をよろめきつつ歩いていたという感じだが、原文はむしろ行動を起こすために「私が存在した」というニュアンスであり、それはのちにハムレットが心に抱いた有名な自問に通じる。死後まで記憶される僥倖を彼らに与えてくれるかもしれないその声、ダンテの声は、たんに場所の経験というだけでなく、時間の経験でもある。そして、生きた肉体と不滅の魂を備えた者として、最も深遠な、最も本質的な意味での経験を享受する。詩人は後世の人びとに語りかける。真実とはたんなる象徴ではなく、また彼を信じるかどうかという読者の意思だけによるものでもない、と。彼は確信をもって、「私はいた」といえたのだろう。そして、事実としての生い立ち、個性をもった心、実際の肉体があることを認めざるをえなかった。作者不詳の文学は読者を落ち着かない気持ちにさせる。私たちが聖書と呼ぶ雑多な書物の寄せ集めでさえ、私たちは作者の姿を思い描き、神々しい長い顎髭が生えていたと想像する。匿名という居心地の悪さを払拭するために、昔の読者は『イリアス』と『オデュッセイア』を書いた人として、航海と戦争にくわしいホメロスという名の盲目の詩人をつくりあげ、キオス島で自分の詩を朗読したという物語を創造した。もっと慎ましかったダンテは後世の人びとをあてにせず、自分の作中人物には自分と同じ特徴を備わらせた。煉獄や地獄をめぐるあいだも、ダンテは大勢の知り合いと出会ったときのようすを読者に語っている（社会的な名士がぞろぞろ登場するので、ラマルティーヌは『神曲』のことをフィレンツェの「紳士録」だといった）。当然の結果として、彼らのほうもダンテを知っていたということになる。ダンテに会って喜んだ人もいれば、呪いの言葉を吐いた人もいただろう。読者にとって、ここにも信用できる証人がいる。彼らはこの物語に登場するダンテのことを認識できる。したがって、このダンテは本物にちがいない。しだいに読者の目には、ダンテ（作者としてのダンテではなく、この作品の主人公である詩人のダンテ）の存在が信じられるものとなってゆく。だが、なんのために？

ダンテの師である聖トマス・アクィナスは、大著『神学大全』のなかで、「作者の意図（quem auctor intendit）」という文学的な概念について初めて述べた。以来、それは文学というタペストリーを織りあげるのに欠かせない一本の糸になり、あらゆる作品において、プロットや主人公と同じくらい重要なものとなった。読者が暗黙のうちに抱く「なぜ、あなたは私にこの話を聞かせるのか」という問いにたいして、ダンテも暗黙のうちにこう答える。「なぜなら、私がどのように道に迷い、どのようにして愛によって救われたかをあなたに知ってもらいたいからだ。私の幻想的な経験から学んでほしいからだ。国家と教会には別々の務めがあるという自分の社会観を弁護したいからだ」。ダンテのこうした三つの意図は（私たちに読みとれるかぎりで）、政治的なもの、倫理的なもの、私的なものと解釈できる。第一は、教会に現世の権力を与えた伝説的な「コンスタンティヌスの寄進状」にたいして異議を唱え、マタイによる福音書二十二章二十一節にある「皇帝のものは皇帝に、神のものは神に返しなさい」というキリストの言葉にしたがうべきだということ。第二は、教育法がいうところの「手本に学ぶ」ことで、彼の詩的な世界観を見習ってほしいということ。第三は、ベアトリーチェと出会ったときの約束を果たし、二人の出会いを意義あるものにすることである。何よりも重要なのは（とはいえ、読者としての私たちがダンテの意図がこうあってほしいと望むことかもしれないが）、第三の意図、つまり愛の理由づけである。恋に落ちることは理屈では説明できず、言葉にできないものである。だが、ダンテは恋に論理を与え、言葉で表現しようとした。ダンテのあとを追ってこの三つの道筋をたどるとき、途中で物語を見失うまいとしたら、私たちはこの男の存在を信じなければならない。その声はまるで自分の声のように、私たちの耳に響く。物語のなかに入りこみ、その現実のなかの役を演じるためには、私たちの心のなかで「私」が「あなた」にならなければいけない。

作者が読者とともに構築する対話は、一種の策略であり、詐欺である。本当のことをいえば、作者はもっともらしい巧みなやり方でたくさんの嘘をつかなければならない。そのための道具が言語である——それはあてにならず、ごまかしやすく、簡単に操作されやすい。表向きは辞書に書かれている意味を伝えるものとされているが、実際には主観と状況によって左右される。物語をかたる声はつねに虚構《フィクション》である。だが、読者はそれを真実だと思いこむ（または、そう思うことを期待される）。読者にとって、作者すなわち主要な登場人物は、どこからともなく現われたように見え、肉と血を備えた生き物とはほとんど思えない。それは自分自身の言葉によって存在する。まるでベケットを思わせる声、または燃える藪のなかからモーセに語りかけた声——「私はあってある者」——のようだ。これは究極の、まさしく神のごとき自己定義であり、完結した自己である。すべての作者は自分自身に一人称単数で語る権利を与える。その存在にたいして、読者はこう問いかける。「ときには何キロもの距離と何世紀にもおよぶ時間を越えて、ページの上で『私』という声を聴くことができるとしたら、その『私』はたしかに存在し、そして『私たち』はそれを信じるしかないのだろうか？」

「私」として語るのは、語り手の存在について明白に思える証拠を読者の前に提出することである。その語り手の言葉が真実か虚偽かは定かでないが、その声が確たる証拠となって、存在そのものは疑う余地がない。「私」として語るのは、円を描くことである。その円のなかで作者と読者は共通の場をもつ。それはページの余白であり、そこでは現実と非現実が隣りあわせになっている。そこでは、言葉と言葉によって名づけられたものが浸食しあっている。そうだとしたら、そして暗い森から最高天に至るダンテの長い旅の途中で出会う登場人物たちが夢のような性質をもっているとしたら、それとは別に、私たち――不変の読者――が直観的にその実在を信じたくなるような登場人物がいるのはどういうことだろうか。

「私はあなたがたにひとつの物語をかたろう」とダンテはいう。そして、その前置きの言葉によって、彼と彼の話を聞く人びとは最後の言葉が発せられるまで――そして、その先まで――ともに囚われる。「あなたがた読者は」とダンテはいう。「私の本の証人となり、受け入れるために存在する。したがって、あなたがたが私の言葉を読み、耳にし、私を信じるがゆえに、私も存在する。さらにまた、あなたと私がそうであるように、同じ言語の領域を占めることから、あなたがたは私の物語の創造物、作品の登場人物を信じる。少なくとも、私たちが共存する領域、言葉によって縛られた場所において、私たちは信じあわなければならず、たがいの誠実さをあてにする。私たちをつなぐ嘘のなかに真実があることを知っているからだ。この領域のなかにあるかぎり、読者たるあなたは私の存在を完全に信じる。だが、ミノタウロスならどうか？　ベアトリーチェ、聖ベルナルドゥス、ウェルギリウス、ジャンニ・スキッキは歴史の上でも実在したとわかっているが、赦免の道程を守る天使は信仰のなかにしか存在せず、渡し守のカロンは昔話に出てくるものでしかないのだろうか？」あらゆる詩人の例にもれず、ダンテは鏡の国でユニコーンがアリスに向かっていった言葉をくりかえす。「おまえがおれの存在を信じるなら、おれもおまえの存在を信じよう。取引成立だな?」七世紀におよぶ読者は、このメフィストフェレス的な取引を進んで受け入れてきた。

だが、文学への信頼は完全ではない。それは想像力の喜びを禁じる懐疑主義と、この世界の明白な現実を否定する狂気のあいだにある。歴史上の存在であるダンテ、おそらくジョットの描いた有名な肖像画に似ている実在のダンテ、人が誰しも味わうはずの人間的な苦楽を経験したダンテは、もう一人のダンテと分かちがたく絡みあっている。天国で「私」というダンテ、地獄の炎に近づきすぎたために髭が焦げたといわれるダンテである。このダンテ、私たちが知ることになるダンテにとって、『神曲』は虚構ではない。それは真実の言葉で語られる行動であり、現世の苦しみから救済される過程である。何にもまして、それはある旅路の記録であり、異国への旅について書かれた紀行文である。地理的な描写、そこに住む人びととの対話、その土地の歴史や政治についての覚え書、ちょっとした失敗、熱心な目録作り。いつか同じような旅をたどるかもしれない読者へのガイドブックなのだ。

カン・グランデ・デッラ・スカラにあてた有名な書簡で、ダンテは読書について語っているが、そこでは『神曲』の解釈のされ方が窮屈すぎるといっている。ここでは、読書の分類、または段階的な読書(逐語的、寓意的、類推的、神秘的)についての議論がなされるが、ダンテがはっきり承知していたとおり、現実にはそんな秩序立った読み方をする人はいない。これらの区別をする前に、まず読むという行為がある。「私」というとき、または「私」をほのめかすとき、文章の冒頭におかれるこの言葉からしてすでに読者はあいまいな場所へと導かれる。確実なものは何もなく、夢とも現実ともつかぬ領域である。そこで語られることはすべて、文字どおりの意味かと思えば、別の意味にもとれ、たんなる単語の羅列になることもある。『煉獄篇』の最後にある地上楽園では、ダンテの額に刻まれた罪の印である七つの文字がついに拭い去られる。そこはわれわれわれが純真さを失った楽園でもある。また、プロセルピナが誘拐された木立であり、天国へ向かうわれわれの旅の出発点であり、ダンテの旅の最初に登場する暗い森とは対照的な輝かしい場所であり、「葉はさらさらと鳴って歌声に和した」（『煉獄篇』第二十八歌十七―十八）という音楽的な言葉でもある。だが、この地上楽園は同時に、ダンテが『煉獄篇』の最終歌を書いたラヴェンナ近郊キアッシの現実の松林でもある。当時の海岸線は、いまは内陸になってしまったわずかな木立とともに、サンタポリナーレ教会すれすれまで迫っていた。

読者にこうした役割分担のゲームを信じさせ、進んで参加させるために、作者はみずからの弱点についての告白（excusatio propia infirmitatio）をする。中世の文学にはよく見られる手法である。ダンテは読者に向かって、言葉では十分にいいあらわせないと何度もくりかえす。記憶をもとにして経験を言葉にすることはできない、言葉にならない経験はときとして記憶にすら留められない、ある種の経験にまつわる知識は神の恩寵によってのみ許される、「そうした経験にいつかあずかれるような人びとにはこの例で足りるだろう」。

人間の条件の上に出るということは言葉では
言い尽くせない。しかし、恩寵によって
そうした経験にいつかあずかれるような人びとにはこの例で足りるだろう。

［『天国篇』第一歌七十―七十二］

それは「人間の条件の上」にかぎらず、また人間の領域を超えた場所にかぎったことではない。他者と理解しあおうとする試みのすべて、作者と読者の対話によって生まれる文学作品のすべて、言葉でつくられる芸術のすべては、このような本質的な欠如に悩まされる。経験を伝えるのに言葉では足りないといいつつ、ダンテは言葉の欠点を共有する読者にたいして、著者の宣言の誠実さを認めさせようとするだけでなく、言外に、作者が言葉にできないといっていることの中身が真実だと思わせる。言葉の不正確さを伝え、強調するためにはどんな手段も認められるのだ。

私がいったこの言葉を心にとめ
現世の生者に伝えなさい。

〔『煉獄篇』第三十三歌五十二―五十三〕

ベアトリーチェはダンテにこう語る。だが、やがてダンテの心が石のように固いことを知ると、次のように譲歩する。

おまえの心に銘記せずとも、少なくとも輪郭はつかんで
持ち帰ってください。

〔『煉獄篇』第三十三歌七十六―七十七〕

イメージは、言葉よりも低く見られる道具ではあるが、ときには言葉以上の能力を発揮する。聖なるベアトリーチェさえ、ときにはイメージに頼らざるをえない。ひとつの例で十分だろう。『天国篇』の冒

頭、神の光が天体に等しく分配されることをダンテに説明するため、ベアトリーチェは三つの鏡と一つの光源の例をだす。三つの鏡のうち二つを、見る者から等しい距離に置き、三つめの鏡をさらに遠くに置く。三つめの鏡のなかの光は小さいが、鏡に映った明かりの質はすべて同じである。このように、言葉で表現できないものの隠喩として、現実の経験がもちだされる。見たものや感じたことは言葉にできないとしても、ときとしてその不備な言葉が、言葉にできないものを読者に見せ、感じさせるのに役立つこともある。

ダンテがくりかえし読者に語るように、真理（真実の体験）は人間の表現と理解から後退し、言語や記憶を飛び越えて一気に本質的な深みにまで達する。そこではものごとがあるがままに受け入れられる。混じりけのない本質が理解される。言葉から言葉への翻訳という行為に邪魔されないからである。

ダンテが読者に求めるのは、物語の「私」、つまり三つの異界をさまよう旅人を彼自身だと信じることである。だが、読者はダンテの経験が完全にページの上の「私」のものではないこと、また作者がそこにおいた「私」のものでもないことを知っている。それはまた別の「私」のものである。読者はページのあいだから、その「私」を救いだす。「私」と称してはいるが、その言葉が誰かほかの人に向けて語られていることを承知している存在である。読者は、「私」というその声がそれ自身を示すだけでなく、ほかの何人かをも含んでいることを知っている。なぜなら、作者は自分の創作したものを鏡に映しながら作品を生みだすからである。この鏡のゲームに参加するため、読者は言葉の現実を知り、自分ではない「私」を演じる覚悟をもって一歩を踏みださなければならない。読者の善意があればこそ、ダンテは「地獄」と「煉獄」と「天国」を訪ねることができる。そうして初めて、読者は「私もそこにいた」といえるのだ。

文学がでっちあげであり、言葉によってつくられた人びとの住む世界が現実の官僚主義的な世界とは別物だと初めて知ったときのショックは、半世紀以上たったいまでも完全に消え去ってはいない。義理の息子を喜ばせるために冒険談を語る人物を創作した作家が、その語り手と同じ人物ではない（あるいは一部しか同じではない）、そして三つの異界をめぐる旅人を創作した詩人がその旅人と同じ人間ではない（まったくの別人）だと思うと、いまでも釈然としない。だとすれば、勤勉な読者たるこの私は、その少年ではないし、ページのこちら側にいる人間でもない。少なくともまったく同じではなく、少なくとも重なるのはほんの一部だけだ。この結論にかんして、喜ぶべきだろうか、それとも失望すべきだろうか。

ダンテの時代から五百年以上をへた一八七一年五月十五日、地獄をめぐったもう一人の旅人は次のように書いている。

「老いぼれた愚か者たちが『私』の偽りの意味を暴いていなかったら、このおびただしい残骸を一掃することはとうてい無理だったはずだ。時は永遠だから、それらの残骸は偏った知性のせいで山をなしてきた。あの著者と称する輩の！」これは二年後に『地獄の季節』を出すことになる十七歳のアルチュール・ランボーが友人のポール・ドムニー宛てに書いた手紙の一節である。この手紙の冒頭には明らかな結論が記されている。「『私』とは他者なのだから」

これこそ、読者がつねに心においておくべき真実である。

最終的な答え

片膝をつき、へりくだった口調で2はいった。「つつしんで女王陛下に申したてまつります。わたくしどもといたしましては――」

『不思議の国のアリス』第八章

シモーヌ・ヴォーティィエの思い出に

一六一六年四月十九日、塗油の儀式を終えた翌日、ミゲル・デ・セルバンテス・サアベドラはペンを手にして、最後の著作『ペルシーレスとシヒスムンダの苦難』に、レモス伯ドン・ペドロ・フェルナンデス・デ・カストロへの献辞を書きこんだ。本人によれば、この小説は「ヘリオドロスにも比肩しうる」ものだった。ギリシャの作家ヘリオドロスは、いまでは忘れられているが、かつては名が知られ、セルバンテスは彼の『エチオピア物語』をたいへん称賛していた。その三日または四日後（歴史家たちもまだ決めかねている）、セルバンテスは世を去り、『ペルシーレス』の出版は残された妻の手に託された。『ドン・

キホーテ』は、前篇の冒頭におかれた控えめな否定の言葉を信じるとすれば、セルバンテスにとって嘆かわしいほど不出来な作品だった。彼は読者に向かって、「教養のないわたしの乏しい才知をもってしては……痩せて干からびた、気ままな息子、いまだかつて誰一人思いついたことのないような雑多な妄想にとりつかれた息子の物語以外、いったい何を生みだすことができたであろうか?」と問いかけている。死の床で生涯の仕事についてじっくりと考えたセルバンテスは、この『ペルシーレス』か、または詩情にあふれた未完の長編小説『ラ・ガラテア』こそ、自分の文学的な遺産だと結論した。しかし、読者はそうは考えなかった。今日まで残っているのは『ドン・キホーテ』であり、他のセルバンテス作品はもっぱら学者の研究素材でしかない。『ドン・キホーテ』は、いまやセルバンテスの全作品のなかでもひときわ抜きんでており、おそらく作者自身さえも凌駕している。

セルバンテスと同じように、私たちは自分の運命をほとんど見きわめることができない。意識に縛られた私たちは、生きることが旅に似ていると理解している。すべての旅がそうであるように、人生には始まりがあり、いつかまちがいなく終わりが来る。だが、いつ最初の一歩が始まり、その歩みがいつまでつづくのか、この旅でどこへ向かうのか、その理由は何か、どんな結果が待っているのか、これらの問いかけには、非情にもけっして答えが得られない。ドン・キホーテその人と同じように、私たちは自分を慰めることができる。自分の善意と高貴な苦しみがいつかきっと不可思議なめぐりあわせで自分の人生を正当化してくれるにちがいない、課せられた役割を果たすことで自分はひそかにこの宇宙を支えているのだと信じることによって。だが、それは慰めにはなっても、確実な保証は与えてくれない。

ユダヤ文化には、正義の人ラメド・ヴォヴニクの伝承がある。三十六人からなる彼らは神の前でこの世界の正しさを証し立てる。誰も自分がラメド・ヴォヴニクだとは知らず、ほかの三十五人のことも知らない。だが、神のみぞ知るなんらかの理由によって、彼らの存在がこの世の崩壊を防いでいるのだ。とても些細で、陳腐なものかもしれないが、同じような目的でなされる行為は他に例を見ない。私たちの個々の存在（さらにいうなら昆虫や木々や雲の存在）は、文章のなかのひとつの文字のようなものではないだろうか。その文章の意味は、次から次へと現われては消える文字の連なりによって決まる。ひとつの物語のなかで、私たちは始まりを意識せず、結末はといえば読めずに終わる定めである。この段落のなかのある文字が意識をもっていたら、同じような疑問を抱くにちがいない。そして、書かれたページを追うことができず、やはり答えは見つからないままだろう。

何をめざしているかがわからないまま、やり終えたときにはきっとわかるはずだと感じている。こうした矛盾は最初から芸術家につきまとってきた。芸術家はつねに、自分が従事する（あるいは召された）仕事の最終的な結果は見られないのだと覚悟してきた。ときには、何をどうやったのか自分でもわからないまま、何かを成し遂げることがある。結果が見えないにせよ、何かができあがりそうだと感じることもある。または、達成不可能な仕事を課せられたと感じることもある。未完に終わった無数の記念碑、絵画、交響曲、小説は、芸術家たちの無謀さの証である。ごく少数の人びとは大胆にも、達成が（ごくまれにせよ）人間の視野のなかにあるという。

プルーストの『失われた時を求めて』の第五篇「囚われの女」で、マルセルは作家のベルゴットがフェルメールの《デルフト眺望》を見るために出かけた美術館で死んだことを知る。ある批評家によれば、この絵の「黄色の小さな壁」はあまりにも完璧に描かれているので、それ自身が独立して存在し、「自足した美しさ」をもっているという。この絵のことは知り尽くしていると思うベルゴットは、医師に安静を命じられていたにもかかわらず、その小さな壁を目に焼きつけるためにわざわざ美術館まで出かける。「こんなふうに書くべきだった」と彼は嘆息したあと、その場に倒れてしまう。ベルゴットはフェルメールの絵のなかの小さな部分に、自分にはついに達成できなかったものを見た。そして、この残酷な自覚とともに彼は死ぬのだった。プルーストが描いたこのシーンは戒めである。芸術家にとって、傑作を目にし、それ自体で充足できるような作品について考えることは、それを基準として自分の作品を評価し、自分の運命について——もちろん完全な意味での運命ではないが——知ることである。だが、状況によっては、他の作品から影響を受けることもある。それを見た芸術家は、自分がどれくらい完璧に近づいたか(またはほど遠いか)を知り、つづけるべきか、そこでやめるかを決められるのだ。

その意味で、中断はかならずしも失敗を意味しない。カフカは物語が結末を迎える前に『城』の執筆をあきらめた。ガウディはサグラダ・ファミリア教会が完成する前に死んだ。マーラーの交響曲十番は冒頭の部分をざっと走り書きしただけだった。ミケランジェロはフィレンツェの《ピエタ》を荒削りのまま放置した。しかし、作品が未完成かどうかを決めるのは芸術家ではなく、受け手である私たちなのだ。作者にとって、できたものは下書きにすぎず、満足のいかないものかもしれない。だが、鑑賞者の目にそれは不足がなく、フェルメールの黄色い小さな壁のようにきわだって見える。

ランボーは十九歳で詩作をやめた。J・D・サリンジャーは一九六三年以降、小説を書かなかった。アルゼンチンの詩人エンリケ・バンチは一九一一年に最後の本を出したあと、一冊の詩集も出さないままその後の五十七年間を生きた。彼らが何を思っていたのかはわからない。ある瞬間、達成しようと思っていたことをすでに成し遂げたという啓示を得て、これ以上やることはないと悟ったから引退を決意したのだろうか。読者として距離をおいて見れば、彼らの作品は自信にあふれ、成熟し、完全に思える。だが、芸術家自身もそう思っていたのだろうか? 自分の天分について語るとき、たいていの芸術家はユーモアを交えて誇張するか、さもなければ謙遜しすぎることが多い。その例はダンテに見られる。彼は自分の書く詩が偉大だと知っていて、読者にもそのとおり伝えた。だが、大多数の芸術家にとって、技術の修練にはけっして終わりがなく、完全に満足できる作品はなかなかできない。こんな告白を見てほしい。

「己、六歳より物の形状を写すの癖ありて、半百の頃より数々画図を顕すといえども、七十年描く所は実に取るに足るものなし、七十三にして稍、禽獣虫魚の骨格草木の、出生を悟り得たり、故に、八十にして益々進み、九十にして猶その奥義を極め、一百歳にしては一点一格にして生きるが如くならん。願わくば長寿の君子、予言の妄ならざるを見たまふべし。画狂老人卍述」

創造的な活動を途中で打ち切るか、最後の息を引き取るまで追求するか、芸術家が自分の作品は作者の失望を越えて後世まで残ると思うかどうか、あるいは、「伝道の書」がいうように、その作品が「むなしく、風を追うようなもの」だと信じるかどうか——そういったことに関係なく、作品のなかに価値を探求しつづけるのは鑑賞者である。私たちは目の前に秩序を見ようとする。美的な、倫理的な、あるいは哲学的な序列を求める。自分たちのほうが価値をよく知っていると思っているのだ。

とはいえ、そんな傲慢さのなかにも、もしかしてこれは筋が通らないのではないかという不安がある。コローの絵、シェイクスピアの戯曲、ヴェルディのオペラのなかには、とりわけ抜きんでた作品がある。他のすべてが習作か下書きに見えてしまうほどの大傑作である。ヘンリー・ジェイムズは短編のなかで、一人の芸術家のすべての作品に反復してあらわれるテーマ、主題、署名があるといっている。それはじゅうたんの模様にかくれた下絵のようなものだ。その芸術家の総括であり、遺産でもある「代表作」とは、ジェイムズのいう「じゅうたんの下絵」からじゅうたんを取り除いたものにほかならない。

ガートルード・スタインは死の直前、こうつぶやいたという。「答えはなに？」そして、誰も答えないと、彼女は笑ってこういった。「そもそも、質問はなに？」そのあと彼女は息を引き取った。私たちはこの世界について断片的にしか知らない、だから世界が断片的なものとしか思えないのだということをスタインはわかっていた。私たちは、自分が出会い、集める（経験、喜び、悲しみ、啓示などの）断片や部分は、星雲のなかにただよう微塵のようにそれぞれが光り輝き、孤立しているものだと考える。全体を包みこむ星雲の存在を忘れ、最初に星が存在したことさえ忘れる。『ドン・キホーテ』と『ハムレット』はセルバンテスとシェイクスピアの代表作かもしれない。ピカソは『ゲルニカ』のあとで、レンブラントは『夜警』のあとで筆を折ってもよかった。モーツァルトは『魔笛』を、ヴェルディは『ファルスタッフ』を完成させたことに満足して死ねたかもしれない。だが、私たちは何かを失うことになっただろう。それは、似たような作品、実験的なバージョン、バリエーション、楽調や視点の変化、遠回りのプロセス、回避、手探りの習作など、創造的な宇宙を構成する脇役たちである。失敗作、未完の作品、削除された断片、刈りこまれたもの、乗り気になれなかったものなどを失うことになる。人の寿命は限られているのだから、いくつかの見本だけで満足しなければならない。だから、後世に残る作品を選ぼうとするのも当然だ。ただし華やかな表向きの下に、広大な暗い森があることを忘れてはいけない。枝から落ち、かさかさと音をたてる朽ちた枯葉が山のように積もった豊かな森を。

セイレーンの歌

「なぞなぞは解けたか?」帽子屋はアリスのほうに向きなおっていった。
「いいえ、降参」とアリスはいった。「答えはなに?」

『不思議の国のアリス』第七章

『オデュッセイア』は、始まりも終わりも人を惑わせる。冒頭で、作者はムーサに懇願する。「かの男の話をしてください。トロイアの聖なる城を屠ったのち、ここかしこと流浪の旅に明け暮れた、かの機略縦横なる男の物語を」と。だが、読者にはこれらの詩句が始まりではなく、むしろ物語の結末のように思える。ムーサはすでに自分の仕事を終え、すべてが語られたあとのように感じられるのだ。

本の前半を締めくくるのは、冒険の船旅をめぐる物語である。オデュッセウスはかなり前にトロイアを出発し、さまざまな苦難に満ちた旅をつづけ、妻も息子も彼の行方を知らない。後半の初めには、その先の物語へと跳んでおり、アテナイが中断させた闘いのさなかで読者は宙ぶらりんのまま放置される。しかし、読者の先見の明にゆだねられているのは、この作品の冒頭と結末にかぎったことではない。オデュッセウスの冒険はすべて結果が想定でき、始まりも終わりも同じことである。『オデュッセイア』に出てくる新しいエピソードは変化に富んでいるが、失敗に終わるという点ではどれも同じだ。魅力的なカリュプソに気に入られて奴隷として暮らす、王女ナウシカアとの道ならぬ恋に落ちる、ロトパゴス族に混じって現世のことをすっかり忘れる、人喰いのキュクロプスになすすべもなくむさぼり食われる、怒り狂う風の神アイオロスに翻弄される、スキュラとカリュブディスのあいだで危険な運命に遭う、妻の求婚者たちの刃にかかって死にかける。次から次へとやってくる結末は魅力にあふれ、オデュッセウスの帰還は永遠に終わりが来ないかのようだ。

冥界に降りたオデュッセウスは予言者テイレシアスの亡霊から航海の行方をあらかじめ聞いている。長い旅が終わって故郷のイタケに帰還したあと、オデュッセウスは「ふたたび出かけ」、やがて「海のことを何も知らない人びと」と出会い、見知らぬ人びとのあいだで本当の最期を迎えるのである。ホメロスを読んでいなかったダンテは不思議な直観でこれを予感し、それを詩的な真実としてつくりあげた。嘘つきや詐欺師が罰されている地獄で、オデュッセウス（ローマ時代にはウリッセスと呼ばれた）はダンテに向かってこう語る。また海へ出ようと年老いた仲間たちを励ましてふたたび大海原へ乗りだしたのだ、と。

この有名な航海は、テニソンの同じく有名な詩にうたわれている。

たしかに多くが奪われはしたが
残されたものも多い
昔日、大地と天を動かしたあの力強さはすでにない
だが依然としてわれわれはわれわれだ

われらの英雄的な心はひとつなのだ
時の流れと運命によって疲弊はすれど
意志はいまも強固だ
努力を惜しまず、探し求め、見つけだし、けっして挫けぬ意志は

ダンテのオデュッセウスはなじみ深い乗組員とともに船出し、西に向かって水平線を越えてゆくと、やがて海から山が立ちあがるのを目にして歓喜するが、たちまち絶望に突き落とされる。嵐が船に襲いかかり、行く手に大きな竜巻が出現したのだ。「神の御意のままに」船は未知の深みへと沈んでゆく。これがダンテ版『オデュッセイア』の結末である。暗黙の戒めをのぞいて、オデュッセウスが語ることは真実とはかぎらない。なぜなら、彼は嘘つきが落ちる地獄にいるからである。ダンテはこの年老いた王がなんのために「苦闘し、何を求め、何を見つけようとした」のか、その目的や意思についてはいっさい語らない。

ダンテがこの物語の結末を書くきっかけとなったホメロスは（ダンテがその本を読んでいれば）、この問いかけの答えを示唆している。『オデュッセイア』の第十二歌で、オデュッセウスとその一行はセイレーンの誘惑に遭う。魔女キルケーは神々に命じられてオデュッセウスにかけた魔法を解いたあと、その先の航海（それも再度語られる物語だが）で待ち受ける危険について彼に警告を与える。それらの危険のなかに、歌声で人を誘いこむセイレーンの話があった。ホメロス版では、セイレーンは二人だけである。緑の草地のただなかに積み上げられた人骨と腐った肉でできた山の上に坐り、通りかかる船を待っている。キルケーがオデュッセウスに語ったところによると、その歌を聞いた者は二度と故郷に戻れず、妻に抱か

れることも子供の笑顔を見ることもなく、死んで忘却の淵に落とされる運命だという。その誘惑から逃れるには、乗組員の耳に蜜蠟を詰め、彼自身は帆柱に体をしっかり縛りつけておくことだとキルケーは助言する。そうすれば、セイレーンに引き寄せられずに、その謎めいた歌を聞くことができる。

「アカイア勢の大いなる誇り、広く世に称えられるオデュッセウスよ、さあ、ここへ来て船を停め、わたしらの声をお聞き。これまで黒塗りの船でこの地を訪れた者で、わたしらの口許から流れる、蜜のごとく甘い声を聞かずして、行き過ぎた者はないのだよ。聞いた者は心楽しく知識も増して帰ってゆく。わたしらは、アルゴス、トロイエの両軍が、神の御旨のままに、トロイエの広き野で嘗《な》めた苦難の数々を残らず知っている。また、ものみなを養う大地の上で起こることごとも、みな知っている」

その歌を聞いたオデュッセウスの心に、彼女たちのもとへ駆けつけたいという強烈な衝動が生まれ、仲間に縄を解くよう身振りで命じたが、彼らは最初の命令を守って、いっそうきつく彼の体を帆柱に縛りつけた。ついに船は危険な海域を通りすぎ、セイレーンは水平線の彼方に消えた。オデュッセウスとその一行はここでも死を乗り越えた。オデュッセウスはいまや、この地上でセイレーンの歌を聞きながら生き延びた唯一の人間になった。

セイレーンとは何者だろうか。ホメロスはその外見を描写していない。この詩よりも時代が下る古代ギリシャの装飾品には、大きな翼をもった女性、または女性の顔をした鳥として描かれている。紀元前三世紀、ロドスのアポロニオスはホメロスからヒントを得て、英雄イアソンとその船団アルゴナウタイの物語にセイレーンを登場させた。そこに描かれたセイレーンは翼をもち、半身が鳥、半身が女性であり、川の神と九人のムーサの一人のあいだに生まれた姉妹だという。アポロニオスによれば、かつてペルセポネに仕える乙女だったセイレーンは歌で女主人を楽しませていたという。のちに付け加えられた伝説では、娘のペルセポネが冥界の王にかどわかされたあと、母のデメテルは娘を守れなかった罰としてセイレーンに翼を生やし、こう命じた。「さあ、世界中を飛びまわってわが子を取り戻してきなさい!」と。別の伝説によれば、セイレーンが人間とも神とも交わることを拒否し、処女を守ろうとしたため、アフロディーテに罰されたのだという。さらに、翼があってもセイレーンは飛ぶことができないという話もある。九人のムーサ(セイレーンの母とその姉妹)が歌くらべで彼女たちを負かしたあと、羽根をむしって彼女たちを花飾りにしたからだという。セイレーンの死については少なくとも二つのバージョンがある。ひとつはヘラクレスに殺されたというものである。ヘラクレスの第六の難業では、ステュムパロス湖畔に住み、青銅のくちばしと羽根と爪で人肉を食らう怪鳥を退治したとされている。もうひとつは、オデュッセウスに無視されたあと、みずから海に飛びこんで溺れ死んだというものだ。このように水死したといういわれがあるせいで、ラテン語では羽根のある生き物と魚のような生き物が混同され、同じ名前で呼ばれているのだろう。一方、英語では Siren と Mermaid、ドイツ語では Sirene と Nixe としてはっきり区別されている。

ハルピュイアのように恐ろしいにせよ、ニンフのように美しいにせよ、セイレーンはその歌で有名である。プラトンの『国家』の最終巻に登場する八人のセイレーンは、それぞれが異なった音階でうたい、それがひとつになってピュタゴラスのいう天球の調和をあらわす音楽を奏でる。ガリレオ以前の古代の天文学者にとって、天球の調和という考えはなじみ深いものだった。プラトンにとって、セイレーンの歌は死に至る危険な誘惑という意味合いは少なく、むしろ天体が正しく運行するのに必要な道具だった。セイレーンの歌によって、宇宙そのもののバランスが保たれているのだ。

しかし、その歌はいったいどんなものだったのだろう。スエトニウスによれば、皇帝ティベリウスは古代ギリシャ文学の教師たちに会うときはつねに、答えに窮するような質問を三つして喜んだという。その三つめの問いが「セイレーンがうたった歌とは何か?」だった。その十五世紀のち、サー・トマス・ブラウンは困惑しながらも、その問いは「まったく憶測不能というものではない」と述べた。まさにそのとおりだ。

その歌について、いくつかの特徴はわかっている。第一に、それは危険である。その歌に惹きつけられた人間は現実を顧みなくなり、この世界での責任を忘れてしまうからだ。第二に、その歌は啓示という性質をもつ。この世に起こっていること、将来起こるはずのこと、われわれがすでに知っていること、人間には理解しがたいことを語っているのだ。そして最後に、その歌は話す言葉や生まれた場所にかかわりなく、どんな人でも理解できる。海を旅する人間は世界中ほとんどすべての国籍にわたり、その誰もが恐ろしいセイレーンと遭遇する恐れがあるのだ。

こうした特徴から、さらなる問いかけが生じる。第一に、セイレーンの歌の危険とは、厳密にいって、どこにあるのか。メロディか、それとも歌詞か。つまり、その音か、それともその意味か。第二に、その歌がすべてを明かすとしたら、セイレーンは自分たちの哀れな運命を知っているのだろうか? それとも、カッサンドラのように、自分たちの運命だけは予知できないのだろうか? そして、第三の疑問——世界共通と思われるその言語は何か?

プラトンがいうように、その歌には詞がなく、音階だけでできていると考えてみよう。つまり、聞く人にはっきりと意味が伝わるような音である。セイレーンの声には、聞いた人を発情期の動物のようにそわそわさせる何か(純粋なリズムや知性に収まらない何か)があり、それ自体の響きでしか伝えられない音を発するのだ。中世の教会はセイレーンを、信仰の道にある人間にとって悩みのたねである誘惑の寓意と捉えた。そして、その声には人を神から遠ざける汚らわしい響きがあると考えた。しかし、まさにその理由で、神の御旨がはかり知れないのとは異なり、セイレーンの歌の意味は「まったく憶測不能というものではない」のだった。私が思うに、問題は言語にとって本質的な難題ともいうべき、ある側面に関係しているのではないだろうか。

ホメロスの時代およびホメロス以前の世界で、移動と征服の影響のもと、商業および芸術的なコミュニケーションを目的として発達した話し言葉は「翻訳された」言葉だった。つまり、戦争や通商などのためにギリシャと「蛮族」――文明人と称する人びととそれ以外の「片言」をしゃべる人びと――のあいだで交渉を成り立たせるための道具だったのだ。ある言葉を別の言葉に移す経緯、同じ意味をもった別の言葉へと（物理的に）移し替える作業は、知的な活動のなかでも、とりわけ謎めいた性質のものである。話し言葉であれ書き言葉であれ、また口語であれ文語であれ、言葉によるコミュニケーションとは、用いられた言葉を土台にして成り立ち、その文章を律する規則によって規定される。だとしたら、そんな言葉をまったく別の言葉、まったく異なる法則に移し替えたとき、いったいどれほどのものが残るだろう？音、構造、文化的偏見、言語の伝統を、根本から異なるものに変えたとき、何が残るだろう？ひとつの言語から別の言語へと通訳するとき、何が伝わるのだろう？その土地に固有の意味や音ではなく、その両方が変わってしまったあとでも依然として残る何かだろう。それは、よけいなものをすべてはぎとったあとに残る何かである。その本質をどう定義すればいいのか、私にはわからない。だが、私たちはそれをセイレーンの歌の寓意として受け取るべきなのかもしれない。

その特徴のなかで、最も強力なのは予見的であるという点だ。偉大な文学（傑作と呼ばれる文学作品のすべて）はどれも、多かれ少なかれ、痛みを耐えて生き延びてきた。つくりなおされ、翻訳され、読まれ、再読され、ある種の知識や啓示によって移し替えられるという過程をへて、読者の内面に新しい洞察をふくらませ、経験を浮かびあがらせる。こうした創造的な特質ゆえに私たち読者は、甲羅のひび割れや茶殻を読むシャーマンのように、小説や詩を読むことを通じて、謎にあふれた自分自身について何かを発見する。読書という作業は、共有された言語について理解するだけでなく、文学的構造のなかで、新しく創造された意味を知るチャンスにもなる。そのような場合、テクストを組み立てなおし、解読するのは（作者ではなく）読者である。そのとき、読者はまさにページの内と外に同時に存在する。

セイレーンが登場する『国家』の同じ巻で、プラトンはすでに世を去った古代の英雄たちに、生まれ変われるとしたらどんな一生を送りたいかを語らせている。オデュッセウスの魂は、前世で野心のためにどれほど苦労したかを思い起こし、他の魂が軽視して捨て去った、ごく平凡な市民として生涯を送りたいという。オデュッセウスはためらいもなくトロイアの栄光を放棄し、発明家および戦術家としての名声、海についての知識、いまは亡き愛する者たちとの対話、王女や魔女の愛、怪物を退治した英雄の栄冠、誇り高き復讐者、忠実な夫という評判、それらすべてを捨て去った。それと引き換えに欲したのは、無名人としての静かな暮らしだった。私たちは、冒険こそ自分の運命だと信じていたはずの男のこんな言葉に驚き、そんな洞察を得たのは、彼が帆柱に縛りつけられてセイレーンの歌を聞いたときだったのだろうかと自問する。

テイレシアスの予言によれば、最後の神秘的な航海を終えたあとに訪れるのは「安らかな死」である。「そなたは恵まれた老年を送り、老衰して果てることになる。そしてそなたを囲む民もまた栄えるであろう」。ダンテはオデュッセウスにそのような結末を許さなかったし、セイレーンの歌を独自のやり方で翻訳した後世の詩人たちも同じだった。ホメロスからジョイス、デレク・ウォルコットにいたるまで、誰もがオデュッセウス／ユリシーズに冒険者であることを求めた。セイレーンの歌を聞いて自分を発見したあとのオデュッセウスが人生を変えることを許したのは、プラトンを含めたごく少数だけだった。紀元四世紀、背教者ユリアヌスの友人だった修辞学者リバニウスは著作『ソクラテスの弁明』のなかで、ホメロスが『オデュッセイア』を書いたのは、自分自身を知りたいと願う人間――ソクラテスのような――を称えるためだったと述べている。

ダンテも、セイレーンの歌のあいまいさに気づいていた。その歌は聞く者によって、異なるものになった。『煉獄篇』第十九歌で、ダンテの夢のなかにこんな女が姿をあらわした。

吃《ども》りで、やぶにらみで、足は曲がり
両手はともにもがれて無く、顔色は蒼《あお》ざめていた。

ダンテが見つめるうちに、女は美しい姿へと変貌した。女は歌をうたいはじめ、その歌がダンテを惹きつけた。

「私は」と女がうたった。「歌《うた》い女《め》のセイレーン、
大海原の真っただなかで船乗りたちを迷わせてしまうほど
美しい歌声に恵まれておりました。

この声でオデュッセウスを正道《せいどう》から
誘《おび》きだしたのでございます。私のはたにいる者はみな
恍惚《うっとり》として、めったに立ち去る者もおりません」

そのとき不意に、「聖《きよ》らかな女性」がかたわらに現われ、ウェルギリウスに向かって、ダンテにその女の正体を見せてやりなさいと高らかにいった。ウェルギリウスが女をとらえ、服を裂くと、悪臭を発する腹が露わになり、その臭気にダンテは目を覚ました。

このセイレーン（とダンテが呼ぶ女）は彼のエロティックな夢から生まれたものだった。欲望によって女の姿は変化し、人の心を奪うが、それは偽りの美でしかない。ウェルギリウスがダンテに正体を暴いてみせたこのセイレーンは、本物の恋の幻影ではなく、ダンテ自身の歪んだ欲望を映しだしたものだった。それは彼のなかにある暗い一面、言葉にならない幻だった。ダンテの夢がつくりだした秘密のテクストであり、彼の意識はその意味を読み解こうとする。これはセイレーンにたいするダンテなりのひとつの解釈である。だが、変幻自在なセイレーンの姿には、もっと多様な解釈ができるはずだ。

何世紀ものちにカフカは、オデュッセウスの期待を見てとったセイレーンは、沈黙によって彼の期待を挫くため、さもなければセイレーンのほうが英雄の強い視線に魅入られてしまったためにじつは歌っていなかったという仮説を立てた。さらに、カフカの作品に登場する狡猾なオデュッセウスは、彼を無視したセイレーンの魔性の歌を（聞こえないのに）聞くふりをしただけなのだ、と。この場合、オデュッセウスが理解したのは音でも詞でもなく、白紙のページだったといえるかもしれない。それは、書くことと読むことの狭間で、心のなかに生まれたばかりの完璧な詩である。

さらに後年、ホルヘ・ルイス・ボルヘスは自分の詩論を定義しようとして、こう書いた。

彼らがいわく、驚異に飽き足りたユリシーズは
いま一度だけ、慎ましく美しい故郷のイタケを
見たいという思いで泣いた。永遠に若々しいイタケは
いわば芸術であり、たんなる驚異ではない。

私たちもまた、煉獄を通過するダンテのように、愛への欲求、セイレーンとその歌を通じて変貌するオデュッセウスを想像してもよいのではないだろうか？「驚異に飽き足りた」彼を想像し、その出現を解読し、その声と沈黙をきわめて個人的なものとして解釈することができる。セイレーンの万国共通の言語を彼が使い慣れた唯一の言語へ翻訳するところを思い描く。その言語を用いて、彼は過去・現在・未来のすべてを内包した自伝をつくりあげる。鏡のように映しだされた詩のなかに、オデュッセウスは自分の真の姿を探し、それを発見する。

おそらく、すべての文学作品はそれと同じ働きをする。

V　理想の読者

アリスの頭にはやっとよい考えがひらめいた。
「そうだわ。これは鏡の国の本なのよ！　だから、
鏡に映せば、言葉はちゃんとした向きに戻るはず」

『鏡の国のアリス』第一章

理想の読者とは

「じゃあ、聞かせてもらおう」とハンプティ・ダンプティはいった。「おれさまは、これまでにつくられた詩は残らず——それに、まだつくられていない詩だって——大方は説明できるぞ」

『鏡の国のアリス』第六章

理想の読者とは、ページの上に言葉をまとめあげる直前の作家である。

理想の読者は創造の瞬間の一歩手前にいる。

理想の読者は物語を再構築しない——再生する。

理想の読者は物語を追わない——そこに参加する。

BBCが放送する子供向けの有名な読み聞かせ番組はいつも司会者のこんな言葉で始まる。「みんな、ゆっくり坐れたかい？　では始めよう」。理想の読者は坐っていることがなにより得意である。

聖書を翻訳する聖ヒエロニムスのさまざまな肖像画を見ると、彼は神の言葉に耳を傾けている。理想の読者は聞くことを学ばなければいけない。

理想の読者は翻訳者である。テクストを切り刻み、皮をはぎ、骨の髄まで削りとり、あらゆる動脈および静脈をとことん追跡し、そのあとで、まったく新たな存在としてしっかりと立たせる。理想の読者は剝製師ではない。

理想の読者にとっては、どんな仕掛けもなじみ深いものである。

理想の読者にとっては、どんなジョークも初めて耳にしたものである。

「よき読者は発明家でなければいけない」——ラルフ・ウォルド・エマソン

理想の読者はすべてを忘れられる度量がなければいけない。ジキル博士とハイド氏が同一人物であること、ジュリアン・ソレルが斬首されること、ロジャー・アクロイドを殺した犯人の名前、その他もろもろの知識を記憶から抹消できなければいけない。

理想の読者はブレット・イーストン・エリスが書いたものに興味をもたない。

理想の読者はその作家だけが直観したことを理解する。

理想の読者はテクストをくつがえす。理想の読者は作者の言葉を額面どおりには受け取らない。

理想の読者は読んだものを累積する。本を読むたびに、物語に新たな記憶の層が重ねられてゆく。

理想の読者は連携する読者である。そしてすべての本を、あたかも年齢をもたない多作な一人の作家が書いたものであるかのように読む。

理想の読者は自分の知識を言葉にすることができない。

本を読み終えたとき、理想の読者は、その本を読まないでいたら世界はもっと貧しかったにちがいないと思う。

理想の読者はひねくれたユーモア感覚をもつ。

理想の読者は自分の蔵書をけっして数えない。

理想の読者は気前がよく、その一方で貪欲である。

理想の読者はすべての文学作品を匿名作家の本のつもりで読む。

理想の読者は辞書を引くのが大好きだ。

理想の読者は本の良し悪しをカバーで判断する。

何世紀も前に書かれた作品を読むとき、理想の読者は永遠を感じる。

パオロとフランチェスカは理想の読者ではない。初めてのキスを交わしたあと本を読まなくなったとダンテに打ち明けているからである。理想の読者はキスをしたあとも読みつづける。ひとつの愛が別の愛を押しのけることはない。

理想の読者は、本の終わりに近づくまで、自分が理想の読者であることに気づかない。

理想の読者はドン・キホーテの正義観、ボヴァリー夫人の焦燥、バースの女房の好色、オデュッセウスの冒険精神、ホールデン・コールフィールドの気概に心から共感する。少なくとも、物語のなかにいるあいだは。

理想の読者は踏みなれた道を行く。「よき読者、立派な読者、活発で創造的な読者は、何度も読みなおす人である」――ウラジーミル・ナボコフ
理想の読者は多神教である。

理想の読者は一冊の本が復活することを信じる。

ロビンソン・クルーソーは理想の読者ではない。彼は答えを得るために聖書を読んだ。理想の読者が本

を読んでそこに見出すのは問いである。

良書であれ悪書であれ、どんな本にも理想の読者がいる。

理想の読者にとって、すべての本はある程度まで自伝として読める。

理想の読者は明確な国籍をもたない。

ときとして、作家は理想の読者を見つけるまでに何世紀も待たなければならない。ブレイクは百五十年待ってやっとノースロップ・フライを見つけた。

スタンダールにとっての理想の読者――「私が書くのはほんの百人ばかりの読者のためだ。不幸だが、気立てがよく、魅力的な人びと。けっして品行方正ではないが、偽善者でもないそんな人びとを喜ばせたい。私はそんな人を一人か二人しか知らない」

理想の読者は不幸せがどんなものか知っている。

理想の読者は年齢とともに変化する。十四歳でパブロ・ネルーダの『二十の愛の詩』を読んだ理想の読者が三十歳になったときもその本の理想の読者でいられるとはかぎらない。経験によって色あせる読書もある。

市民の反抗精神をそそのかすという理由で『ドン・キホーテ』を禁書にしたピノチェトは、この本にとって理想の読者である。

理想の読者はその本の地理学に飽きることがない。

理想の読者は、不信感を棚上げにするだけではなく、新しい信仰を嬉々として受け入れなければいけない。

理想の読者はけっして「もし……だったら」とは考えない。

余白にメモを書きとめるのは、理想の読者への第一歩である。

理想の読者は変節する。

理想の読者は破廉恥なほど気まぐれである。

理想の読者は本の登場人物の一人に惚れこむことができる。

理想の読者は、時代錯誤、記録としての真実、歴史上の事実、地形の正確さなどを気にかけない。理想の読者は考古学者ではない。

理想の読者は、その本がみずからのためにつくりあげた法律や規則を断固として遵守する。

「読者には三種類ある。第一は評価なしでただ楽しむ読者、第三は楽しまずに評価だけする読者。そしてこの二つの中間に、楽しみながら評価し、評価しながら楽しむ読者がいる。このような読者こそが、真の意味で芸術作品を新たに再生させるのだ。その数は多くはない」。ゲーテの言葉、ヨハン・フリードリヒ・ロホリッツへの手紙。

『若きウェルテルの悩み』を読んだあとで自殺した読者は理想の読者ではなく、ただのセンチメンタルな読者である。

理想の読者はめったにセンチメンタルにならない。

理想の読者は早く読み終わりたいと思う一方で、永遠に終わりが来ないでほしいと願う。

理想の読者はけっして焦らない。

理想の読者はジャンルにこだわらない。

理想の読者は著者よりも知的である（またはそう見える）。理想の読者はだからといって著者をないがしろにしない。

すべての読者が自分は理想の読者だと思うときが来る。

善意だけでは、理想の読者はつくれない。

マルキ・ド・サドはいった。「私は私を理解できる人びとのためにだけ書く。そんな人たちなら私の本を読んでも危険はないだろう」

サドはまちがっている。理想の読者はつねに危険のなかにいる。

理想の読者は小説の主要登場人物の一人である。

ポール・ヴァレリーはいった。「文学のひとつの理想。ページを『読者』で満たすことはできないとようやく知ること」

理想の読者とは、作家がワインのグラスとともに一晩をともに過ごすのをいとわない人間である。

理想の読者を虚構の読者と混同してはいけない。

作家は自分自身にとっての理想の読者にはけっしてなれない。

文学は、理想の読者ではなく、十分な数の平均的な読者の上に成り立つ。

ピノッキオはいかにして読み方を学んだか

「わたしもだよ」と白の女王はささやいた。「ひとつ秘密を教えてやろう――わたしは一文字だけの単語が読めるのだよ。すごいだろう？　でも、がっかりすることはない。そなたもいつかできるようになる」

『鏡の国のアリス』第九章

初めてカルロ・コッローディの『ピノッキオの冒険』を読んだのは、もうはるか昔、ブエノスアイレスでのことで、私は八歳か九歳だった。スペイン語の大ざっぱな翻訳で、エンリコ・マッツァンティの白黒の挿絵はオリジナル版と同じだった。それから少しあとでディズニーの映画を見たとき、いくつも違いがあるのに気づいてまごついた。ゼペットじいさんを呑みこむ喘息もちの鮫はモンストロという鯨になっていた。気まぐれに現われるだけだったコオロギはジミニー・クリケットという名前を与えられ、ピノッキオに助言を与える。むっつりしたゼペットは、金魚のクレオと猫のフィガロをペットにしている好々爺だ。しかも、印象的なエピソードがいくつもカットされていた。たとえば、ディズニーが描くピノッキオは自分が死にかけるところを見ない（コッローディの原作にあったその場面は、私にはほとんど悪夢に思えた）。薬を拒否したあと、彼を小さな黒い棺に入れて運びだすために「炭のように真っ黒な」四匹の兎が現われる。オリジナル版で、木の人形から血と肉を備えた生身の人間へとピノッキオがたどる道筋は、不思議の国に向かうアリス、愛するイタケをめざすオデュッセウスの旅と同じように、私をわくわくさせた。ただし、結末は別だ。最後のページで、ピノッキオが「栗色の髪に青い目のかわいい少年」になったとき、私はやったと思う半面、なんとなく不満を抱いた。

当時はわからなかったが、『ピノッキオの冒険』が気に入ったのは、冒険を通じて学ぶ物語だからだと思う。この人形の武勇譚は市民を教育するための物語であり、人が社会に溶けこもうとしながら、同時に、本当の自分とは何者かを探り、自分が他人の目にどう映るかではなく自分の目にどう映るかを知ろうとする、古くからの矛盾に満ちた物語である。ピノッキオは「本物の男の子」になりたいが、どんな少年でもいいわけではない。理想的な市民の小型版である従順な少年にはなりたくないのだ。ピノッキオは、色を塗られた木でできている体の内にある本物の自分になりたい。残念ながら（コッローディはその啓示を得る前に、ピノッキオの教育を打ち切ってしまったので）、それはかなわなかった。ピノッキオは文字の読み方を学んで、気立てのよい少年になったが、ついに真の読者になることはなかった。

最初から、コッローディは反逆者としてのピノッキオと、彼が一員になりたいと願う社会との軋轢を準備している。ピノッキオはあやつり人形になる前、まだ木のかけらだったときから、すでに反抗的だった。「子供は黙って坐っていればよし」（十九世紀の子供に与えられたモットー）という言葉にしたがわず、ゼペットと近所の人たちのあいだに諍いを引き起こす（これもディズニー映画では省略されていた）。食べるものが梨しかないと知れば癇癪を起こすし、火のそばで眠って両足の先が焦げてしまうと、ゼペット（社会の代表）に新しい足をつくってくれとせがむ。腹をすかせ、足を失っても、反逆者たるピノッキオは、食事と身のまわりの世話を社会に依存する立場に甘んじようとはしなかった。むしろ、ピノッキオは社会から与えられたものは返さなければいけないと自覚している。そこで、食べ物と新しい足をもらった彼は、ゼペットにいう。「お礼に、ぼく、すぐに学校に行きたいな」

コッローディの社会において、学校は責任ある人間になるための出発点である。学校は、社会の意識的な配慮に「恩返し」ができる人間になるための訓練の場である。ピノッキオはそれをこう要約する。「学校に行ったら、今日は読み方を習うんだ。明日は書き方、あさっては算数だな。そうしたら、精いっぱいはたらいて、お金をかせぐ。最初にポケットに入ったお金でお父さんに上等なウールの上着をつくってあげる。いや、ウールどころか、金銀でできた服に、ダイヤのボタンのほうがずっといい。気の毒なお父さんにはそれくらいしてあげなくちゃ。だって、ぼくに教育を授けるために本を買ってくれて、それでシャツ一枚になっちゃったんだから……真冬だというのに！」ピノッキオに綴り方の本（入学するのに必要なもの）を買ってやるために、ゼペットは一枚しかない上着を売ったのだった。ゼペットは貧しい。だが、コッローディの社会において、教育には犠牲が必要だった。

さて、市民となるための第一段階は読み方を習うことである。だが、「読み方を習う」とはどういう意味だろう。いくつか考えられる。

・その一、社会の記憶をコード化した文字列の読みとり方を学ぶ機械的なプロセス。
・その二、それらのコードの法則を理解すること。
・その三、自分自身とまわりの世界を、想像力豊かな、そして実践的な方法でより深く理解するために、それらのコードをどのように用いるかを学ぶこと。

最もむずかしく、最も危険で、最も力をもつのは、この三つめである。そして、ピノッキオがついに学ぶことができなかったものである。あらゆる類の圧力——彼の気をそらさせる周囲のさまざまな誘惑、級友たちのからかいや嫉妬、人をうんざりさせるお説教——に邪魔されて、結局、ピノッキオは読み方を身につけることができなかったのだ。

読書はつねに、政府当局者から条件付きの熱意で推奨される活動である。十八世紀および十九世紀に、奴隷に読み方を教えるのを——聖書さえも——禁じる法律が通ったのも偶然ではなかった。聖書が読めるなら、奴隷制反対の小冊子も読めるからである（たしかにそのとおりだ）。奴隷たちが努力と計略を用いて読み方を身につけようとしたことこそ、市民としての自由と読者のもつ力が結びついていることの証拠であり、またすべての支配者にとって、そのような自由と力が脅威になることの証拠でもあった。

だが、いわゆる民主的な社会では、読み方を学ぶことの可能性をいう前にまず社会の習わしとして基本的な欲求を満たさなければならない。食料、住まい、医療などである。社会と教育について論じた刺激的なエッセイで、コッローディはイタリアに義務教育の導入を実現した共和制の方針について触れている。「私の見るところ、われわれは今日まで、貧困に苦しむ低所得層の胃袋よりも頭脳を重んじてきたようだ。これからはもう少し胃袋を大事にしようではないか」。飢えに苦しんだことがあるピノッキオは、もちろんこの基本的な欲求に気づいていた。十万枚の硬貨を手に入れて大金持ちになったら、何をしたいとピノッキオはいっただろう？　立派なお屋敷に住み、図書室には「砂糖漬けの果物、パイ、パネットーネ、アーモンドケーキ、ホイップクリームをはさんだウエファースをぎっしり」詰めておくのだ。本が腹の足しにならないことをピノッキオはよく知っていた。悪ガキたちが海に向かって本を放り投げると、魚たちが水面に群れ集まってきて、水を吸ったページをかじりはじめるが、すぐに口から吐きだす。「こんなの、食べ物じゃない。おれたちは、いつだって、もっといいものを食ってるんだ」。市民の基本的な欲求が満たされていない社会では、本はたいした栄養にはならない。用い方を誤ると、致命的にさえなる。悪ガキの一人が分厚い算数の教科書をピノッキオに投げつけると、それは別の少年の頭に命中して、その子は死んでしまう。正しく用いられず、読まれもしない本は危険な武器になる。

基本的な欲求を満たすような制度をつくりあげ、義務教育制度を定めているにもかかわらず、社会はピノッキオの前に道を外させるような誘惑をさしだす。分別や努力なしで得られる娯楽は山ほどある。最初の誘惑は狐と猫の姿であらわれる。二人は勉強したいなどという願いをもったばかりに、足を引きずるようになり、目が見えなくなったのだという。それから『おもちゃの国』。「ランプの芯」というあだ名の友人はこんな魅力的な言葉でピノッキオを誘う。「学校も、先公も、本もないんだ……こんないい国はほかには絶対ありっこないんだ！　真の文明国ってのは、こうでなくちゃ」。「ランプの芯」にとって、本はまちがいなく難解なものであり、むずかしさは（私たちのこの世界と同じく、ピノッキオの世界でも）否定的なものとしてとらえられる。じつは、かならずしもそうではないのだが。ラテン語の per ardua ad astra という格言は「困難を通じて星へ」という意味だが、ピノッキオにとっては（そして、私たちにとっても）理解しがたいものだ。なぜなら、なんでも、なるべく苦労をせずに手に入れたいと思っているからだ。

だが社会も、こうした困難への挑戦、経験を積もうとする意欲をそぐ。ピノッキオは最初の失敗のあと、学校に通ってよい生徒になろうとするが、同級生たちは「ガリ勉野郎」と呼び、先生のいうことを聞くといって笑い者にする。「まるで、教科書に書いてあるようなことをいう」とからかう。ときとして、言葉は、その話者を思考の表面だけに留まらせることがある。白か黒かの硬直したスローガンや陳腐な決まり文句をけたたましく並べたて、意味よりもむしろメッセージを伝えようとし、聞き手に認識論的なプレッシャーを与えがちである（つまり、「いわんとすることはわかるだろう？」と）。一方で、言葉は経験を再生し、アイデアに形を与え、ひとつの啓示の意味についてその上っ面だけでなく深く探ることができる。ほかの子供たちにはこの違いがわからない。彼らにとって、ピノッキオが「教科書に書いてあるようなことをいう」だけで、よそ者、裏切り者、象牙の塔にこもる隠遁者のレッテルを貼るのに十分なのだ。

そのうえで、社会はピノッキオの行く手に、道徳的な導き手となる人物を大勢送りこむ。地獄めぐりを先導するウェルギリウスのようなものだ。まずコオロギ。物語の初めのほうでピノッキオに叩き潰されて死んでしまうが、後半では奇跡的に生き返ってピノッキオに助言を与える。仙女は最初、悪夢のような一連の出会いでは青い髪をした少女の姿であらわれる。禁欲的な哲学者のマグロは、鮫の腹のなかでピノッキオに、「状況を受け入れ、鮫がわれわれ二人を消化するまで待つんだ」と語る。だが、これらの「導き手」はみな、苦しむピノッキオをそのまま見捨て、失意の暗闇のなかにあるときも助けてはくれない。彼らのだれも、自分の状況について真剣に考えることを教えてくれず、「人間の男の子になる」という望みが自分にとってどんな意味があるのかを理解するよう励ましてくれるわけでもない。個人的な解釈なしに、ただ教科書に書いてあることを反復する教師と同じで、これらの尊大な助言者たちはただ従来どおりの教育的指導をするだけだ。そこでは、与えられた役割――教師または生徒――をうまくこなせば、それで「教育」は十分だと見なされる。教師として、彼らは役に立たない。なぜなら、彼らは社会にたいしてのみ責任を感じており、生徒のことはどうでもいいからである。

こうした障害物——誘惑、嘲笑、放棄——にもめげず、ピノッキオは社会における教育の梯子のいちばん下から二段目までなんとか登りきる。アルファベットを習得し、文章の表面上の意味が理解できるようになったのだ。だが、そこまでだった。せっかく身につけた文字というコードを使って本が読めるようになっても、そこから導きだすのは伝統的な道徳観でしかない。ピノッキオにとって、学校はプロパガンダを読めるようになるための場所でしかなかった。

ピノッキオは深い意味を読みとく方法を教わらなかった。本のなかに入りこみ、探索し、ときには手の届かないほどの深みに達するやり方を習得しなかった。そのため、自分の冒険には深い文学的ルーツがあるという事実に気づくことはない。ピノッキオの人生は（当人は思いもよらなかっただろうが）まさしく文学的な生涯である。それは古代のさまざまな物語でできていて、ピノッキオもいつか（本当に読むことを学んだら）自分の人生とそれらとの共通点に気づくかもしれない。かなりの読書家であれば、すぐにわかるだろう。『ピノッキオの冒険』には、いくつもの文学作品が反響している。これは息子を求める父、父を求める息子の物語である（『オデュッセイア』の脇筋であり、後年ジョイスはそこに着目した）。本当の自分を探す物語でもあり、アプレイウスの『黄金のろば』に見る肉体的変容、また『ヘンリー四世』におけるハル王子の心理的変化にも通じる。自己犠牲と罪の贖いにかんしては、聖母マリアの伝承やアリオストの物語詩の教訓に似ている。典型的な通過儀礼という点では、ペローのおとぎ話（コッローディは翻訳を手がけている）や低俗なコンメディア・デッラルテを連想させる。未知の世界への旅は、十六世紀の探検家の手記やダンテに共通する。ピノッキオは本を啓示の源とは思っていないので、その経験が本を通じて輝きだすこともない。ウラジーミル・ナボコフは生徒たちにカフカの読み方を教えながら、グレゴール・ザムザが変身した虫はじつは外骨格の下に羽（翅）のある甲虫だと指摘した。グレゴールがそれに気づきさえすれば、彼は自由になることができたのだ。そして、ナボコフはこう付け加える。「ごくふつうの子供たちもグレゴールのように育つ。自分に翅があり、飛べるということに気づかないまま」

ピノッキオの場合も同じだ。たとえ「変容」が起こっても、気づかないままでいる。読み方を習ったあとでさえ、ピノッキオにできるのは、教科書をオウム返しに読みあげることだけだ。本に書かれた文字を呑みこみはするが、それを消化することができない。その本を本当の意味で自分のものにすることはできない。なぜなら、彼はあいかわらず、冒険が終わっても、本の内容を自分自身の経験や世界にあてはめることができないからである。読み書きを学んだあと、最終章ではついに人間の少年に生まれかわり、かつての自分だったあやつり人形を奇妙な満足感とともに眺める。だが、コッローディはこの物語で、ピノッキオがそのあと、記憶、相関性、直観、模倣を通じて本から学ぶ想像力豊かな言葉とともに社会に立ち向かわなければならないことは描かなかった。最後のページに至ってやっと、ピノッキオは読み方を学ぶ準備ができたのだ。

ピノッキオの表面的な読書体験は、冒険の旅に出たもう一人のヒーロー（またはヒロイン）の経験とは正反対である。アリスがさまよいこんだ国では、言葉はその本質ともいうべき豊かな多義性を取り戻し、どの単語も（ハンプティ・ダンプティにいわせれば）話し手がいわんとすることを伝えるために、いくらでもつくりあげることができる。アリスはそのような勝手なやり方を拒否するが（「でも、『栄誉』には『こてんぱんにやっつける議論』だなんて意味はないわ」）、このなんでもありの認識論こそ、アリスの世界の標準である。ピノッキオの世界では、印刷された物語の意味にあいまいさはない。ところが、アリスの世界では、たとえば「ジャバウォッキー」の意味は読者の意思にゆだねられる（ここで以下のことを思いだしておくのは有益かもしれない。コッローディが執筆したのは、イタリア各地のさまざまな方言から選ばれて、イタリア語が初めて公用語として成立した時期にあたるが、一方、キャロルの英語はだいぶ前から「定着」していたので、分解したり疑問を呈したりすることがわりあい安全だった）。

ここで「読み方を学ぶ」というとき（先に述べたとおり、本当の意味でいえば）、これら二つのスタイル、ないし二つの哲学の中間にあるものを指している。ピノッキオの受ける教育は、十六世紀までヨーロッパの公式の教授法とされていた厳格なスコラ哲学にもとづいている。その教室では、生徒は伝統的な教えのとおりに読み、その道の権威による不動の注釈を従順に学ぶ。一方、ハンプティ・ダンプティの方法は、人文主義的な解釈を大げさにしたものである。それはひとつの革命的な視点であり、それによれば読者は誰もが自分なりのやり方でテクストを解釈すべきだという。ウンベルト・エーコは、「解釈の限界は常識の限界に一致する」としてこのような行きすぎた自由を戒めた。もちろん、これにたいしてハンプティ・ダンプティは、自分にとっての常識はエーコにとっての常識ではないと応じるかもしれない。だが、大多数の読者にとっては、ある程度の共通点をもつ「常識」で十分なはずである。だとすると、「読み方を学ぶ」とは、（ハンプティ・ダンプティのように）テクストを理解する方法を身につけること、そして同時に、（ピノッキオの教師が示唆したように）理解した内容をほかの人びとと共有することでもある。所有と認識のあいだ、他者から押しつけられたアイデンティティとみずから発見したアイデンティティのはざまのこのあいまいな領域にこそ、読書という行為はあるのだと私は信じている。

どんな学校制度であれ、その中心には大きな矛盾がある。社会はその構成員である市民の積極的な活動を期待して、その社会の共通コードを理解するよう求める。しかし、そのコードにかんする知識が政治的なスローガンや広告や基本的な説明書を理解する以上に深まると、同じ市民がその社会に疑問を抱くようになり、後ろ暗いところを暴きたて、変革しようとしはじめる。社会を機能させるために必要なシステムそのものの内部に、社会を——良かれ悪しかれ——転覆させる力があるのだ。したがって、社会の共通言語の秘密を新参メンバーに教えるために任命された教師は、実際のところ、その同じ社会にとって危険な存在にもなりうる。若者を堕落させるソクラテスになりかねないのだ。市民としてただおとなしく従うだけではなく、ものごとを批判的に見るための技術を教える一方で、教師の地位を与えてくれた社会の決まりを守ることも教えなければいけない。しかし、たとえばソクラテスの場合のように、自滅につながることもある。教師とは永遠にこのような二重の拘束から逃れられないものなのだ。生徒に自分の頭で考えることを教えながら、その一方で、考え方に歯止めをかけるよう強制する社会の構造にしたがって教えること。私たちの世界と同じくピノッキオの世界においても、学校とはより豊かな、よりよい子供になるための訓練の場ではなく、大人の世界に加わるための関門なのだ。大人の世界は、杓子定規な規則と暗黙の了解と序列でできている。学校はアナキズムとは無縁の場所だが、にもかかわらず、ある意味で、すべての教師はアナキズムを教えなければならない。生徒たちに、規則や法規は疑わねばならないと教え、教義にたいして根拠を探し、偏見に縛られずに権威と対峙し、権力に屈することなく、自分の意見を述べられる場所を見つけるようにと説く。たとえそれが反抗と見なされ、結局のところ、教師自身に背くことになろうとも。

たとえば、世界各地に多数ある先住民社会のように、知的な行為そのものに権威が与えられている社会では、教師（長老、シャーマン、指導者、部族の記憶の伝承者）は自分たちの務めを果たすのが楽である。なぜなら、そのような社会では、教えるという行為がほかのすべての活動よりも優先されるからである。だが、大半の社会では、知的な活動にまったく権威がない。教育予算は真っ先に削減され、指導者の多くはほとんど文盲に等しく、国家が重んじるのはなによりも経済である。読解力には形ばかりの敬意が払われ、公式見解として読書が奨励されてはいるが、じつは現代社会の中等教育や大学は労働力を生みだすための訓練所でしかなく、好奇心や思考を育てる場ではなくなっている。「少なく考え、たくさん働け」というのが、二〇〇七年七月二十一日、当時ニコラ・サルコジ政権の財務担当相だったクリスティーヌ・ラガルドが発したメッセージだった。「われわれの書斎にはこの先何世紀も話題にするだけのものがすでに十分ある」とラガルドはいった。「だからこそ、私はこういいたい。考えるのはもうやめ。いまは腕まくりをすべきときだ」。フランスでも例にもれず、世間のモットーは、ノートパソコンの宣伝文句と同じく、「考えるより速く」である。ピノッキオの学校は喜んでこの標語を掲げるだろう。対比は明らかだ。思考には時間と深みが必要だからである。この二つは読書に欠かせない要素でもある。

教育には時間がかかり、困難がつきまとう。この二つの要素は、現代においては褒められる点ではなく、失敗と見なされる。今日、大多数の人に向かって、時間がかかり努力を要することの利点を納得させるのはまず不可能だろう。それでも、じっくり時間をかけなければ、ピノッキオはけっして学ぶことができない。そして、時間をかけて学ぶことを通して初めて、本当の個人になれる。教科書を丸暗記するだけだったコッローディの時代、指先の動きひとつでほとんど無限に思える潤沢な情報が入手できる現代、そのどちらにおいても、表面的な読み方を身につけることは比較的簡単だ。テレビの連続ドラマを楽しみ、広告のジョークに笑い、政治的なスローガンを読み、コンピューターを使えるようにはなるだろう。だが、その先、もっと深いところまで踏みこんで、自分の恐れと疑いと隠された秘密を直視する勇気をもち、自分自身と世界について考えたうえで社会のあり方に疑問を呈し、本当に考えることを学ぼうとするなら、たんに文字の表面上の意味を読みとるだけではなく、まったく別の読み方を習得する必要がある。ピノッキオはさまざまな冒険の果てに人間の男の子に生まれ変わったかもしれない。しかし、そうなっても、彼の考え方はあやつり人形のときと同じだ。

周囲にあるほとんどすべてのものが、考えるなと私たちに語りかける。ありふれた常識で満足し、黒か白か、善か悪か、仲間かよそ者かで世界を二分する、型にはまった考え方に安住していろと誘いかける。そのような過激思想は昨今も世界のあちこちで芽生えていて、完全に消えてはいないことを思いださせる。パラドックスや未解決の難問、矛盾や混沌とした秩序について深く考えることの困難に直面した私たちは、ローマ元老院の大カトーの叫び、「カルタゴは滅ぼされるべきである!」を思い起こさずにいられない。すなわち、他の文明は受け入れがたく、話し合いなど拒否して当然、追放と滅亡によって法律を順守させるべきである、というのだ。現代の政治指導者も同じようなことをいっている。これは相互理解のふりをした言い方だが、その見せかけの裏にあるのは問答無用の脅しである。それが期待するのは屈服の沈黙だけだ。最後に仙女はピノッキオに向かって、「分別のあるよい子」になりなさいという。「そうすれば幸せになれるわ」。政治的スローガンのほとんどは、この中身のない助言に要約できる。

「分別があり、よい」ものだと社会に容認される制限付きの言葉から、より広く、豊かで、なによりも、もっとあいまいな言葉へと踏みだすのは恐ろしいことだ。なぜなら、このもうひとつの領域は境界がなく、思考や感情や直観と同等のものだからだ。焦らずに時間をかけ、探索するための努力を費やせば、この無限の言葉は私たちの目の前に開かれる。何世紀ものあいだ、こうして経験のなかから形づくられた言葉は、経験について思いめぐらすために私たちのもとに戻され、それによって私たちは世界と自分自身について理解できるようになる。それは甘いお菓子であふれたピノッキオの理想の図書室よりはるかに大きく、また長つづきする。なぜなら、ピノッキオが飢え、殴られ、食い物にされ、子供でいることを拒否され、従順を強いられ、そんな従順のなかで幸福を感じるような社会——そうした社会を変革する方法を想像することができ、結果として、ピノッキオの図書室は比喩的にそこに含まれ、具体的にその変革を実現できるからである。想像することは障壁を壊すことであり、限界をものともせず押しつけられた世界観をくつがえすことである。あやつり人形のピノッキオはこのような自己発見の最終段階に行きつくことはなかったが、それでも作者のコッローディは想像力に大きな可能性があることを直観で知っていたはずだ。そして、言葉よりパンのほうが大事だと力説しながらも、社会のあらゆる危機はつねに想像力の危機であるということを重々承知していたはずである。

サンスーシ庭園のカンディード

「わたしはただ、お庭がどんなふうだか見てみたかっただけなんです」

『鏡の国のアリス』第二章

人が最初に抱く強い感情は、自分の周囲にあるものを解読したいという欲求だ。あたかも森羅万象に意味があるかのように。意味を伝えるための記号体系——アルファベット、象形文字、絵文字、社交のための身振り——だけでなく、人は身のまわりにあるもの、人びとの顔、鏡に映った自分の姿、目に入る風景、雲や樹木の形、天候の変化、鳥の飛翔、昆虫の足跡にさえ意味を見出そうとする。世界でもとくに古い書記法である楔形文字は、五千年前にユーフラテス川の泥についた雀の足跡を模してつくられたという伝説がある。私たちの遠い祖先は、それを偶然ついた痕跡とは思わず、神意を伝える謎めいた文字だと考えたのだ。人は、季節に気分を託し、地形から意味を読みとり、動物に象徴的な価値を与える。猟師や詩人、あるいはシャーマンとして、人は直観的に自然を終わりのない本と見なし、その意味を読み解こうとする。その本には、万物と同様、私たちについての記述もある。だが、それをなんとか読みとろうとするのもまた私たちなのである。

自然が一冊の本だとすれば、それは無限の書物である。少なくとも、宇宙そのものと同じくらい広大である。したがって、庭園はその宇宙を縮小したものだといえる。無限のテクストを理解可能な模型にし、人間の限られた理解力の範囲内で注解を加えたものが庭園なのである。ミドラーシュ〔古代ユダヤの旧約聖書注釈〕によれば、神は人間をエデンの園におき、「それを飾り、手入れする」ように命じた。だが、「その唯一の方法は、トーラーを学び、神の戒律を守ること」だった。楽園からの追放は、故意に読みまちがえたことへの罰ともとれる。

園芸と読書は昔から関連づけられてきた。一二五〇年、アミアン大聖堂の尚書係リシャール・ド・フルニヴァルは、園芸を手本にした書物分類法を考えだした。彼は自分の図書室を、市民たちが集って「知識の実」を摘む果樹園になぞらえた。三つに分かれた花壇＝区画は、書物における三つの重要な主題——哲学、いわゆる応用科学、神学——に対応している。それぞれの区画は、さらに小さな部分（小室《アレオラエ》）に分けられ、本の主題についての要約がある。フルニヴァルは、庭園と図書室はどちらも「育てる」ことが大事だといった。

フランス語の動詞 cultiver に、庭園を育てることと教養を身につけることの二つの意味があるのも驚くにはあたらない。庭の手入れをすることと、蔵書に気を配ることはともに cultiver という言葉であらわされる。どちらも情熱を傾け、忍耐づよく、一貫性を保ち、秩序立てて取り組まなければいけない。cultiver とは、表面上は混沌として見える自然や図書館に隠された法則を探りだし、その本質を目に見えるようにすることだ。さらに、どちらの場合も、観察の対象は真理である。庭師も読書家も、外部および内部の天候によって融通をきかせ、目的を変更しなければならない。新しい発見から生まれる結果を求め、並べなおし、分類しなおし、考えなおし、定義しなおし、有無をいわさぬ完璧な思想ではなく、むしろごく内輪の日常的な経験をもとに判断をくだす。

フランス革命とは、ある意味で、絶対への信頼が失われた結果といえるかもしれない。普遍的かつ形而上学的なものが人間の生活を支配する、または経験よりも思索が優位に立つ、あるいは神聖な存在が個人を支配する権利をもつ——こうした状況にたいして、フランスの啓蒙主義者は、イマヌエル・カントがのちに「定言命法」と呼んだ思想——人間の意志の格律が、いつでも同時に普遍的立法の原理として妥当するように行為せよ——のほうを好んだ。たとえ未完に終わったとしても、すばらしい業績は褒められるべきである。一世紀のちにロバート・ルイス・スティーヴンソンはこう書いている。「人生におけるわれわれの務めは成功することではなく、最善の精神をもって失敗しつづけることである」

ヴォルテールは賛同したはずだ。根っからの啓蒙主義者だったヴォルテールは、神の思し召しではなく、自分のしたことの結果に責任をもって行動すべきだと述べた。彼にとって、人間の行動はひとつとして独立したものではなかった。「すべての出来事はこの最善なる可能世界において関連している」といったのは、『カンディード』の登場人物である。波乱に富んだ冒険の末に、かつての教師で哲学者のパングロスは、カンディードに向かってこういう。「エルドラードであの羊をすべて失うことがなかったら、きみはいまこうしてピスタチオと砂糖漬けのレモンを食べることもなかっただろう」。それにたいして、カンディードは賢明にもこう答える。「お説ごもっとも。しかし、ぼくたちの庭は耕さなければなりません」

庭園は、私たちの大事な使命を果たす場所となり、自然は私たちが与えられた務めをまっとうするための舞台へと変貌する。冒険の終わりにカンディードが教えを乞うトルコの賢い修道僧《ダルウィーシュ》は、世界で起こっていることを何も知らず、気にもかけていない（たとえば、二人の大臣《ワジール》と一人の法学者《ムフティー》がコンスタンティノープルで絞殺されたことも知らない）し、さらに人間がなぜ存在するかというような深遠な問いかけや、善悪といった問題にはまったく関心がない。「では、われわれは何をすべきなのでしょう？」とパングロスは不安そうに訊ねる。「沈黙することだ」と修道僧は答える。黙って行動せよ。「人は行動するために生まれる。炎が上に燃えあがり、石が下に落ちるように。人間にとって、何もせずにいることは存在しないことに等しい」と、ヴォルテールはパスカルに異論を唱え、さらにこうつづけた。「心を慰めるには、蜘蛛と土星の環のあいだにどんな関係があるのかなど知らないほうがよい。自分の手の届く範囲のことだけを追求すべきである」

そこで、自然を探求しようとする私たちは、自然を接近可能な形で表現する。自分の感覚でとらえられる形を与え、均整のとれたものにする。庭園に概念的な秩序を与えることで、人は自然が解読できるふりをし、あるいは解読できると思いこむ。花壇や区画に意味を与え、その配置から教訓を学び、草花の並び方を見て物語を紡ぎあげる。

その意味で、庭園はすべてパリンプセスト〔もとの字や絵がすけて見える重ね書き〕である。書いたものの上にさらに重ねて書き、季節から季節へとめぐる。ひとつの例として、ヴォルテールがプロイセンに招かれて過ごした三年間に逍遙したサンスーシ宮殿の庭園について考えてみよう。そもそも、サンスーシ宮殿は一七一五年、フリードリヒ・ヴィルヘルム一世の命で、プロイセン郊外の丘の上に家庭菜園としてつくられた。そこは贅を凝らしたルイ十四世のマルリー庭園になぞらえ、皮肉をこめてマルリーガルテンと呼ばれた。一七四四年、息子のフリードリヒ二世が葡萄園をつけたし、放物線状の弧を描いた六段のテラスをつくって、プラムとイチジク、それに葡萄の木を植えた。それらのテラスは二十八枚のガラス窓とピラミッド型に剪定された十六本のイチイの木で区切られていた。一年後、このテラスは南側に拡張され、八つの花壇がつくられ、アクセントとして、女神テティスとその従者をかたどった金色の彫刻で飾られた噴水が設置された。十年後、フランツ・ゲオルク・エーベンヘッヒ作の二体のスフィンクスが農作物の畑につながる濠ぎわに加わった。さらにのちには、テラスのオランダ風庭園と噴水を中心にした円形交差点とを隔てる大理石の欄干が築かれ、その上には十二体の子供の彫像が置かれた。この区域の先に、国王はネプチューンの洞窟とオベリスクのある門を築いた。それぞれに小さな花壇がついていた。一方、一七五四年から五七年にかけて、その西側にはヨハン・ゴットフリート・ビューリンクの設計による、わざと古めかしい造りにした中国茶館が建設された。

花壇、小道、それらを装飾的に配した庭、噴水、彫刻群、生垣の遊歩道などが組み合わさって、風景をめぐる複雑な物語をつくりあげる。しかし、当初のころのサンスーシ庭園は、楽しみと実益を兼ねた、ごく単純な場所でしかなかった。「涼しい風の吹くところ」(と『創世記』はいう)神がそぞろ歩いた庭園である。そこはとても心休まる場所だったので、フリードリヒ二世は(いくつかの遺書で)ここに埋葬してほしいと言い残した。このような庭園の形は古代から存在した。とりわけ古いメソポタミアの文書では、「果樹園」と「庭園」のあいだにはっきりした区別はなかった。美的な機能は、かならずしも実益と相反するものではなかったのだ。

しかし、サンスーシでは菜園につづいて住まいが建てられた。果樹園ができて一年後、ここの風景の美しさに惹かれた国王は、すばらしい景観が楽しめるこの地に夏の離宮を建造した。エデンの園を模しただけの庭園に、新たな建築という要素が上書きされ、従者たちという脇筋も加わって、計画と展望はますます複雑さと多重性を増すことになった。つづく年月、さらに建物が増え(庭師の住居や温室、それらはのちに客用寝室に変えられた）、サンスーシ宮殿の北には、バロック様式の暗喩にしたがって、廃墟を模した岩の塊が築かれた。そこは給水タンクを隠す目的があり、そこから庭園の噴水に水が送られた。この岩にこめられた暗喩には、重要な意味合いも隠されていた。噴水のダンスを国王が楽しんだのはたった一度きりで、あまりにも複雑な装置だったため、次の世紀になって噴水用の蒸気エンジンが取り付けられるまで、その噴水が完全に復活することはなかったのである。だが、国王が世を去るころ、複雑に構築された庭園はもはや流行おくれになっていた。三代後の国王、フリードリヒ・ヴィルヘルム四世は、サンスーシを今日に残るイタリア式の風景庭園につくりかえた。それでも、古いテクストは新たにつくられた花壇や木立や小道の下にすけて見える。パリンプセストの例にもれず、もとのテクストが完全に消滅することはない。

サンスーシに果樹園をつくったとき、フリードリヒ二世は三十二歳だった。その八年前の夏、二十四歳の若者だった彼はヴォルテールに手紙を送り、師として導いてほしいと頼んだ。「この全宇宙のなかで、あなたほど師にふさわしい人はほかにいません」と、フリードリヒは感情をほとばしらせている。王より二十歳年上だったヴォルテールは、当時のヨーロッパで最も声望の高い哲学者だった。それにたいし、フリードリヒはヨーロッパでも二流と見なされていた国の継承者でしかなかった。フリードリヒはヴォルテールの思想、散文、詩、戯曲に心酔していたが、なによりフランス人であることが大きかった。のちの一七八〇年、フリードリヒは『ドイツ文学論』と題した小冊子を出版した（彼の広範囲にわたる著作は全三十一巻におよんだが、そのすべてと同様、これもフランス語で書かれた）が、そのなかで母国語を「半ば野蛮な言語」と呼んでいる。フリードリヒにとって、「文化《クルトゥール》」とは、とりもなおさずフランスのことだった。

若いころのフリードリヒは、控えめにいっても反抗的だった。父王は、百戦錬磨の戦士にして政治家たる「軍人王」こそ理想の君主だと考え、王太子をその型にはめようとした。その教育に失敗すると、王太子に継承権を放棄させようとした。度重なる屈辱的な扱いに耐えかねて、フリードリヒはついに親友のフォン・カッテ少尉とともにパリへの逃亡をはかった。二人の若者は捕えられ、フリードリヒは自室に幽閉され、カッテ少尉は王太子の目の前で斬首された。それ以後、フリードリヒは本心をさらけだすまいと思うようになった。父王に従順なふりをして平穏を取り戻し、軍務に励むかたわらオーストリアの女帝マリア・テレジアの姪を妻に迎えたが、妻のもとを訪ねるのは一年に一度、彼女の誕生日だけだった。即位前の数年間、彼は再建したばかりのラインスベルク宮殿に住み、読書、執筆、作曲、フルート演奏、そしてヴォルテールとの文通に没頭した。彼が自分の生活を文学の登場人物になぞらえるなら、シェイクスピアのハル王子になったことだろう。ヴォルテールは彼にとってのファルスタッフだった。そして、ハル王子とファルスタッフのように、国王としての務めを本当の意味で受け入れることを決意したとき、フリードリヒは師との別れを決意した。二人の別れは一七五三年、七年戦争が始まる三年前だった。この戦争によって、フリードリヒは「大王」の称号を得ることになった。

だが、一七五〇年から五三年まで、ヴォルテールはフリードリヒを指導した。フリードリヒのほうはヴォルテールに、哲人王という神話が実現できるにちがいないという幻想を託したのだった。金と称賛を約束して、フリードリヒはヴォルテールをサンスーシに招いた。ヴォルテールはその地で、招待主と同じく、規則正しい静かな隠遁生活を送った。それはまさにミドラーシュの説くエデンの園の暮らしそのものだった。「ここ、サンスーシで何をしているのですか？」と訊かれたことがあった。「『退屈する』という動詞を活用させているのです」というのがその答えだった。ヴォルテールはもっぱら執筆に専念し、また病気のふりをすることに熱心だった。彼は六十歳になろうとしていた。

実際には意識しないまま、ヴォルテールはフリードリヒに、自分が何者かという哲学的な正当性を与えていた。たった十二室しかない小さな宮殿には、書斎と美術品展示室と音楽室があり、なによりも注意深く区分けされ見事に管理された庭園があった。これらの環境のおかげでフリードリヒは、謎に満ちた無限の宇宙を探索するよりもむしろ、なじみのないものをなじみ深いものにすること、つまり解釈し、単純化し、簡潔にまとめ、説明を加え、注釈を付すことへと向かうことになった。宮殿と庭園のなめらかな連続性を保つために、フリードリヒは建築家ゲオルグ・ヴェンツェスラウス・フォン・クノーベルスドルフの反対を押し切って、宮殿を平屋建てにした。これによって、外部と内部を区別する意識が消え、内と外とが混じりあうようになった。建物の内部は野生のままの自然の一部となり、外部は屋内とつながることによって飼いならされた。

人間がそこに存在することによってのみ場所を人工的なものにできる、ということをフリードリヒは直観で知っていた。(散策者や住人としての)人間が存在するからこそ、風景は人間的なものになる。そして、きれいに刈りこまれた装飾庭園や芝生、区画分けされた花壇やテラスがあったとしても、その中身は本来、異質なものであり、手なずけられない野生である。それらの人工物はただ、かつてエデンの園にあったヒエラルキーを裏付けているにすぎない。アダムは神によって、すべての花とすべての樹木の主とされた。ただひとつの例外を除いて。耕された土地は人の手の存在を感じさせる――だからこそ、サンスーシ庭園を訪れた人のなかには、あまりにも金と大理石が多すぎて樹木が目に入らないと不平をこぼす声もあったのだ。一方、野生とは、神がヨブにいったように、「人が誰もいない」場所に雨が降るところなのだ。それは、私たち人間の存在という点でまったく対極にある。野生のままの自然とは、いわば閉ざされたままの本である。ページを開いて読みはじめなければ、中身は存在しない。

同じころ、別の場所で、庭園について同じような考え方をもつ人があらわれた。ホレース・ウォルポールは、画家ウィリアム・ケントの風景画についてこう書いた。「彼は柵を跳び越え、すべての自然がひとつの庭だということを知った」。ケントがしたことは、何世紀ものちに別の状況でマルセル・デュシャンがしたことと同じ、いうなれば自然というレディメイドのまわりに額縁を置いたのだった。彼が野生の自然を庭と呼んだのは、たんに彼がそこに存在して、自然を眺めたからである。彼はただ、自分が見たものをより効果的に見せて再分配しただけだった。アレクサンダー・ポープにいわせると、それこそが「風景画」だった。岩は動かされ、水の流れは変えられたが、庭園の全体的な見た目はあくまでも「野生」のままだった。そのすぐれた手腕が発揮されたのは一七三五年のことである。キャロライン王妃の庇護のもと、ケントはリッチモンド公園に一本の枯れ木を植えたのだ。その行為は十八世紀の小説、たとえばロレンス・スターンの作品などにやたらと用いられる出典なしの引用とまさしく同等のものだといえる。

イングランドでケントが野生の「回復」をはかったのとは対照的に、フリードリヒのサンスーシ庭園は人工的なフランス庭園の典型であり、人間の理性の産物だった。ある意味で、ケントの野生は、フランスの幾何学式庭園にたいしてイングランドのピューリタンたちが抱いた嫌悪感を反映したものだった。彼らにいわせると、あまりにも論理的な構造物は、信仰の狭い道を見つけようとする人間の妨げになるのだった。ところが、サンスーシは反宗教改革とともに生じたバロック的な衝動にしたがい、真理は隠れているときに最もよくあらわれるという直観にもとづいていた。複雑な渦巻きや螺旋は隠されることによって、存在を概念化してあらわした。宮殿に向かって立つと、目に入るのは慎重に配置されたテラス式の庭園のラインである。とりわけ冬にはつる棚があらわになり、そのようすはまるで夢の図書館に並んでいる書架のようだ。人は一瞬、劇場の弧を描いた座席をめぐる通路を連想するだろう。中央の噴水のまわりの渦巻き模様を楽しみ、彫像たちによって演じられる古代の神々の物語に思いをはせるかもしれない。ヴォルテールはサンスーシ滞在中に書いたエッセイ『諸国民の風俗と精神について』で、「知らないことを追求しようとする性向は人間の本性にはない」と書いている。だからこそ、「獣の状態から脱するまでに長大な時間を要するばかりか、適切な環境をも必要とする」のだ。サンスーシを訪れた人びとは、どうすれば自然を理性的なものにできるかを理解する。閉ざされた本の内容が、記号化された花壇と意図的に配された景観のなかで解き明かされ、詩情あふれる韻文や楽譜になぞらえられ、バロックの象徴と技巧を通じて意味を理解することができる。それによって自然の本質を知りたいという熱烈な欲求がかきたてられる。少なくとも、それがねらいだった。

しかし、フリードリヒはやがてヴォルテールの教えに、または人間としてのヴォルテールに失望を感じはじめた。あるいは、自分自身の立場に飽き足らなくなったのかもしれない。若いフリードリヒは、権力と業績にまさる叡智が芸術にはあると信じており、それは帝国軍の力をもってしても打ち破れないと思っていたからだ。彼は自分を父親とは対極の場におくことで虚栄心を満足させようとした。野蛮で野心家の父王にくらべて、その跡継ぎは見るからに洗練され、文化的にも教養が高かった。ハル王子と同じように、フリードリヒ王太子は不意に悟った。「私の血は傲り高ぶって浮ついた横道へ流れていた／だが今日からは流れを変えてもとの本道に復し／洋々たる国家の大河に合流して、威風堂々／王者にふさわしい威厳をもって流れることだろう」。そのような王権にあって、ヴォルテールは自分が無用の存在だと感じ、『回想録』にこんな思いを記している。「私は彼に惹かれずにはいられなかった。なぜなら、彼は機知に富み、優美だったからだ。しかも、彼は国王だった。人間の弱点からして、それはつねに魅惑的なものである」

ノヴァーリスによれば、エデンの園からアダムが追放されたとき、残った楽園は粉々に砕けて地上にまき散らされたという。楽園を見つけるのがむずかしいのはそのためなのだ。ノヴァーリスは、それらの断片がいつかひとつに集まって、その骨組みの中身が満たされることを期待する。ヴォルテールを師と仰ぎ、哲学と芸術こそ至上であるという信念、そして実践においては経験主義によって世界と人間の状況を知るべきだと教えられた若きフリードリヒは同じような期待を抱いたかもしれない。だが、政治家として経験を積んだフリードリヒはそのような洗練された考え方にほとんど信をおかなくなった。修行中の王太子にとって、庭園は本と同じように、楽園の断片に秩序を与えたものだった。私たちの世界観を反映するものであり、人工的な創造物だった。それは生きていて、果実をつけるにもかかわらず、秩序ある空間であり、私たちの想像力がさまよい、夢が根づく場所だった。想像力と夢という手段を通じて、この世の美術や工芸は天地創造の物語を表現できる。聖書がいうように、肉なるものはみな草に等しいとしたら、そこには警告と同時に歓喜も読みとれるにちがいない。人が草と同じなら、夏が来るたび、墓所の土饅頭の上に生い茂って死を凌駕し、無数の木の葉――それは宇宙という図書館に収められた無数の本のページに似ている――に象徴される数の多さ、豊かさ、秩序正しさであらわされるだろう。中年になった国王フリードリヒ二世にとっては、政治的な秩序だけが重要だった。

とはいえ、ヴォルテールの教えのいくつかは、いつのまにか彼の内面に植えこまれていたようだ。「大王」の異名を得るきっかけになったロスバッハの戦いにおける勝利の四年後、三十九歳の国王は若いころの文学的な野心を思いだし、「バイオリンの物語」という詩的な寓話を書いた。一七五一年の大晦日に、サンスーシの静けさと美しさとはかけ離れたブレスラウで書かれたこの物語では、才能あるバイオリン弾きがまず三本の弦で、それから二本の弦、次いで一本、そして最後には弦なしで弾いてみろといわれる。結果はいうまでもない。寓話はこう締めくくられる。

この物語を楽しんでもらえたとしたら、
あなたがたはきっとここから教訓を得たことだろう。
どんなに腕がよくても
手段がなければその技は無駄である。

天国の門

「さあ、おもしろくなってきたわ！」とアリスは思った。

『不思議の国のアリス』第七章

紀元二世紀頃、アプレイウスがラテン語で語った「美女と野獣」の最も古いバージョンでは、一人の王女がドラゴンに嫁げという神託を受ける。家族にも見捨てられた王女は死を覚悟して喪服に身を包み、山の頂上で翼のある夫を待っていた。だが、怪物はやってこなかった。そのかわり、そよ風が王女をさらっていき、静かな谷にそっとおろした。そこには金銀でできた家が建っていた。どこからか声が聞こえてきて、王女を歓迎し、食べ物と飲み物が供され、歌も流れてきた。夜になったが灯はともされず、暗闇のなかで王女は誰かが寄り添うのを感じた。「私はあなたの恋人、そして伴侶です」と声がいった。なぜか、王女はもう少しも怖くなかった。王女は姿の見えない配偶者と何日か暮らした。

ある日の夕方、その声は、姉たちが王女を捜して家に近づいてくるといった。姉たちに会いたいと強く願った王女は、ここで起こったすばらしい出来事を話したいと思った。声は行かないほうがよいと警告したが、王女の気持ちは抑えられなかった。姉たちの名前を呼びながら、王女は駆けだしていった。最初、姉たちは大喜びした。しかし、王女の話を聞くと姉たちは泣きだし、暗闇のなかに隠れて姿を見せない夫の言葉を真に受けているなんて大ばか者だといった。「あくまでも自分の姿を見せないとしたら、いったいどんな怪物か知れたものではない」と姉たちはいい、王女を憐れんだ。

その夜、正体を暴こうと決意して心を鬼にした王女は、ランプを手にして、夫の寝室にそっと忍びこんだ。そこで目にしたのはドラゴンではなく、枕に顔を埋めて静かに寝息をたてている驚くほど美しい若者だった。喜びに震えてランプの灯を消そうとしたとき、熱い油が一滴、眠る若者の左肩に落ちた。若者は目を覚まし、灯を見ると、ひとこともいわずに逃げ去った。

プシュケが正体を知ろうとすれば、エロスは消える。

ある暑い日の午後、ブエノスアイレスのわが家でエロスとプシュケの物語を読んでいた思春期の私は、この話の教訓を受け入れなかった。ほとんど使われていない父の書斎で数多くの秘密の楽しみを見つけてきた私は、自分の夢のなかにこっそり忍びこみ、校庭でのからかいの的になるような驚くべきもの、言葉にできないものが魔術的な偶然によって見つかるにちがいないと信じていた。その期待は裏切られなかった。私はエロスの姿を『永遠のアンバー』の西洋だんすの陰から覗き見し、ぼろぼろになった『ペイトンプレイス物語』の翻訳本、フェデリコ・ガルシア・ロルカの詩、十三歳のときにとぎれとぎれに読んだアルベルト・モラヴィアの『孤独な青年』の寝台車の章、ロジェ・ペルフィットの『寄宿舎――悲しみの天使』のなかに見出した。

それでも、エロスは消えなかった。

二年後、初めて恋人の体を撫でまわしたとき、その興奮を読書から得た経験とくらべて、文学が現実に劣ることを認めずにいられなかった。それでも、禁じられたページがもたらすスリルに変わりはなかった。刺激的な形容詞や恥知らずの動詞は、私の混乱した感情を表現するのに十分ではなかったはずだが、それらは、時と場合に応じて、私に大胆さと意外性とユニークさを与えてくれた。

このユニークさこそ、人間にとってかけがえのない経験すべての特質だと、やがて私は知るようになった。「人はともに生き、ともに活動し、ともに反応しあう」とオルダス・ハクスリーは『知覚の扉』に書いている。「だが、いかなる状況にあっても、つねに孤独である。殉教者は手に手をとって刑場に歩み入るが、十字架にかけられるときは一人である。抱きあう恋人たちはそれぞれの恍惚を溶けあわせ、自己を超越したひとつの存在に昇華しようとするが、それはむなしい試みだ。そもそも、人間の形をとった魂はすべて、苦しみも喜びも孤独のうちに味わうものである」。エロティックな行為は、最大限に親密な瞬間でさえ、孤独な営みである。

いつの時代も、作家たちはこうした孤独を共有の経験にしようと試みてきた。重苦しい階級制を論じ（男女別のエチケット指南、中世の求愛にかんする文章）、技術を解説し（性交の手引、人類学研究）、具体的な例をあげ（寓話、小説、詩）ながら、すべての文化はエロティックな経験を理解しようとする。おそらく、その経験を言葉で忠実にあらわすことができれば、読む者がそれを追体験でき、それについて学べると期待したのだろう。いわば、思い出の品によって記憶をとどめたり、記念碑によって死者に生命を与えたりするようなものだ。

この願望に満ちたエロティック文学を集めた図書館の宇宙をつくったら、いったいどんなものになるだろうと考えるのは楽しい。私が思うに、そこには以下のような作品が含まれる。ソクラテスが愛の種類と長所について論じたプラトンの対話。オウィディウスの『恋愛指南《アルス・アマトリア》』――ローマ帝国ではエロスがテーブルマナーと同じような社交術と見なされた。ソロモン王と黒い肌のシバの女王の愛は周囲の世界を反映しているとうたう旧約聖書の「雅歌」。快楽は道徳のひとつの要素だというヒンドゥーの「カーマスートラ」と「カリャーナ・マッラ」。教訓物語の姿を借りて肉欲の愛の強さを描いた十四世紀スペインの〈イタの首席司祭〉ことファン・ルイスの『よき愛の書』。イスラーム法に則ってエロティックな行為を分類した十五世紀のムハンマド・アルナフザウィによる『匂える園』。政治と同じく、愛にも特有のレトリックがあるという中世の解剖書、ドイツの『ミンネレーデン』。そして、フランスの『薔薇物語』やイギリスの『妖精の女王』のような詩的な寓話では、「愛」という抽象的な言葉がエロスと同様、ふたたび人間の顔、または神の顔を取り戻す。

ほかにも、この理想の図書館には奇妙な作品が入るだろう。エロティックな行為にともなう報いと危険を図示した「恋愛地図」が収められたマドモワゼル・ド・スキュデリの『クレリー』十巻（一六五四―六〇年）。集団を相手にした性行為のバリエーションを目録のように長々と数えあげるマルキ・ド・サドの文章。そのサドとほぼ同時代に生きた社会思想家シャルル・フーリエは、市民たちの性の営みをもとにして成り立つユートピア社会を夢想した。ジャコモ・カサノヴァ、井原西鶴、ベンヴェヌート・チェッリーニ、フランク・ハリス、アナイス・ニン、ヘンリー・ミラー、ジョン・レチーの赤裸々な日記はすべて、自伝的な回想を通じてエロスを捉えなおそうとする試みだった。

父の書斎、そしてその後の記憶に残るさまざまな家の安楽椅子に身をあずけて、私はあらゆるたぐいの予期せぬ場所でエロスが出現することに気づいた。たんなる自然現象のひとつであれ、また自分だけの内緒のページに書かれたものであれ、それらの物語は私の心に響き、欲情を刺激し、私の耳に秘密をささやいた。

経験は共有できないかもしれない。だが、シンボルは共有できる。別の領域に移り、主題を逸脱することによって、エロティックな文章は、本来ならきわめて個人的な行為、つまりエロティックな欲望の恍惚と苦悩から、神秘的な出会いを意味する豊かな隠喩表現へと昇華できる場合もある。性的な結合をうたった十字架の聖ヨハネの文章を初めて読んだときの興奮は忘れられない。

ああ、わが導き手たる夜よ！
ああ、誇らしげな朝にまさる暗闇への親しみ、
ああ、夜は恋人を
愛しい花嫁へと変貌させ
二人はおたがいを相手と同化させる。

我を失ったまま
私は横たわる恋人の上に顔を伏せる。
あらゆる奮闘がやんだあと
悩みはすべて吹き飛ばされ
百合の花のなかで、不安は消え去る。

そして、ジョン・ダンにとって性行為は神秘そのものであり、また地理的な探検でもあった。

道を探るわが手に許しを与え、自由に行かせてくれ
前、後ろ、あいだ、上、下。
おお、わがアメリカ！　新たに見出した土地よ！

シェイクスピアの時代、エロティックな表現に地理学の用語を借用するのは珍しいことではなく、パロディにもよく使われた。『間違いの喜劇』に登場する奴隷、シラクサのドローミオは主人に向かって、自分を追いかけまわす女中のいかがわしい魅力について説明する。「まんまるなところは地球そっくり、からだじゅうに世界の国々があるんです」。そして、彼女のお尻にアイルランド、不毛の手のひらにスコットランド、鼻の上にアメリカを発見する。「ルビー、柘榴石、サファイアといったもので飾り立てられたそれらが、熱い息のスペインをじらすものだから……」

十七世紀の経歴不詳の作家ウィリアム・カートライトは『王の奴隷』（チャールズ一世とベン・ジョンソンの両者から称賛されたことのある芝居）の作者として知られているが、むしろ、魂の愛に重きをおいた次のような文章で記憶されるべきである。

かつての私はなんと愚か者だったことか
こんな薄っぺらな愛にふけって。
私は性交から魂へ、魂から思考へと昇った
だが、そこでまた考える
こんどは思考から魂へまっさかさまに落ちてゆき

魂からふたたび性交へと降りる。

気まぐれな読書のなかで、折にふれ、たったひとつのイメージだけで記憶に刻まれる文章と出会うこともあった。これは紀元前一七〇〇年頃のシュメールの詩人が書いたものである。

若い夫のもとへ向かうとき――
私は林檎になる
枝にぶらさがり
私の甘い果肉で
枝を包む

ときには、よけいな説明などいっさいなしで、失われた詩の断片からエロティックな力が伝わることもある。イギリスの無名詩人は中世後期の四行詩のなかで最も有名なこの一節を書いた。

西の風よ、汝はいつ吹くのだろう
そして小さな雨を降らせるのだろう
愛しき人がこの腕のなかにあって、
ふたたび寝床にいられたらいいのに。

とはいえ、小説はまた別の話である。

思うに、あらゆるエロティック文学のジャンルで、小説は最も困難な時期にある。性にまつわる話、主題が言葉と時間の埒外にある物語を伝えようとすることは、むなしいだけでなく、ほとんど不可能に思える。どんな主題であれ、その複雑さ、または単純さを完全な形で表現するのは無理なことであり、一脚の椅子、雲、子供時代の記憶は、愛の行為や夢や音楽と同じように言葉にできず、文字にならないという人もいる。

だが、そうでもない。

世界中の多くの言語には変化に富んだ豊かな語彙があり、熟練した者の手にかかれば、社会が容認する行為やものごと、政治屋たちの日々のたわごとについて、かなり多くの内容が伝えられる。だが、社会が恐れること、理解の範疇を超えたこと、父の書斎でドアに用心しなければならなかったこと、禁じられたこと、公共の場で口にできないことなどは、それを表現するのにふさわしい言葉がない。「夢を文字にすること、それは筋の通らない、奇妙な、あてどない夢を現実にたどることに似ている」と、ナサニエル・ホーソーンは『アメリカン・ノートブックス』でぼやいている。「この年をへた世界においてさえ、そのようなものはついに書かれていない」。性愛の行為についても同じことがいえる。

とりわけ英語にはエロティックな語彙が足りないために、さらに厄介なことになる。性器や性行為を意味する言葉は生物学から借りてくるか、さもなければ罵倒語である。本来なら驚きとともに称揚すべき肉体美への賛美や熱狂的な快楽が、医学用語や粗野な言葉によって咎められ、無菌化され、嘲笑の的になる。スペイン語、ドイツ語、イタリア語、ポルトガル語も同じ弱点をもつ。フランス語はやや好運のようだ。性交を意味するbaiserは「キス」という言葉からきている。ペニスを意味するvergeは「枝」を指すときにも使われ、木との関連から「果樹園」verger という言葉もある。「小さな死」という意味の petite mort はオーガズムに達したあとの恍惚状態を指し、死の永遠性にたいして小さな《プティ》というかわいい形容詞を付け加えることで、この世をちょっとだけ忘れるときの満足を伝え、fuck や prick や come にはない、仲間うちの冗談や共感の気持ちを含ませる。ところが、ヴァギナは（驚くまいか）フランス語でも英語と同じように、ほとんど敬意を払われず、フランス語の con は英語の cunt 以上のものではない。エロティックな小説を英語で書く、あるいは英語に翻訳するときは、前例のない巧妙な言葉遣いを考えだす必要がある。それによって初めて、読者は英語のもつ制約を超え、また異なる言語が喚起するまったく別の想像力を通して、社会が言語化を禁じていたひとつの経験に触れることができる。「われわれはセックスを沈黙の領域においてきた」と賢明なるモンテーニュはいった。

だが、この寓話で、エロスがプシュケに姿を見せないことになっているのはなぜか？

ユダヤ・キリスト教世界において、エロスの排除は教会の規範となった聖アウグスティヌスの声のなかに見出せる。その声は中世の時代を通じて響きつづけ、今日でさえ検閲委員会の席上に歪んだ形で鳴り響いている。若いころ、女遊びとどんちゃん騒ぎ（お上品にいえば）に明け暮れたアウグスティヌスは、気楽な毎日を追い求めた半生を顧みてこう結論した。究極の幸福、すなわちエウダイモニアは、肉体を神の魂である精神にしたがわせて初めて得られるものである、と。肉体的な愛（エロス）は忌まわしいものであり、ただ精神的な愛（アモール）だけが神の喜び（アガペー）につながる。アガペー、すなわち愛餐は、人間の肉体と魂の両方を超越する。アウグスティヌスより二世紀後、コンスタンティノポリスの聖マクシモスはそれをこんな言葉であらわした。「愛は魂の善き性質であり、ひたすら神への知識を得ようとして存在するものである。だが、世俗の事物に少しでも心惹かれる人間はそのような愛の段階に達することができない」。聖マクシモスはこうしめくくる。「愛は性的な情熱の欠乏から生じる」。これは、プラトンの同時代人とは大違いである。彼らは（まさに具体的な感覚として）エロスを結合する力と見なし、それが宇宙をひとつにすると考えていた。

　性的な情熱や肉体そのものを貶めるがゆえに、多くの家父長制社会では、女を誘惑者と決めつけ、アダムを日々罪に落とす「マザー・イブ」として糾弾する。女は罪深い存在であるから、男は生得の権利として、女を支配下におき、この法則から外れる者は、男女を問わずすべて裏切り者の罪人として罰されるべきである。あらゆる検閲組織は、男によって定義されたヘテロセクシュアルのステレオタイプを守るために構築されたものであり、結果として、女性嫌悪《ミソジニー》とホモ恐怖症《ホモフォビア》はどちらも正当化され、奨励され、女性と同性愛者には限られた低い役割しか与えられない（そして子供たちはどうか。私たちの社会では子供のセクシュアリティは排除され、その一方で、映画やファッション雑誌では一見無害なふりをして登場すると、グレアム・グリーンはシャーリー・テンプルの映画を評している）。

　ポルノグラフィーにはこうした二重基準が必須である。ポルノグラフィーにとって性的な要素はかならずしも不可欠ではない。性的な関係においては男女も同性愛者も異性愛者も、自分自身と他者にたいしてより深い理解を求める。ポルノグラフィックであるためには、性的な要素を文脈から切り離し、厭うべきものである性行為に厳密かつ客観的な定義を与えなければいけない。ポルノグラフィーは公の規範を忠実に受け入れなければならず、即物的な欲情以外の目的でその規範から逸脱すべきではない。ポルノグラフィー、または「猥褻物」と呼ばれてきたものは、こうした公的な規範なしには存在できない。「性的に不道徳」であることを意味する licentious（猥褻）という単語は license（認可）から派生したもので、逸脱への許可（規則から外れてもかまわないこと）に由来する。だからこそ、私たちの社会は、特定の状況における「ノーマルな」または「上品な」ふるまいへの公式見解を示したポルノグラフィーを容認する。ところが、権力の座にある当局者は、芸術的な性的表現を暗黙のうちに否定し、激しく迫害する。袋とじの「エロ」雑誌は買えるのに、『ユリシーズ』は猥褻文書として告発される。ハードコアのポルノ映画が繁華街の映画館で上映される一方で、『キリストの最後の誘惑』や『間違いだらけの恋愛講座』には抗議デモが押しかける。

エロティック文学は危険分子だが、ポルノグラフィーに毒はない。それどころか、ポルノグラフィーは変化を嫌い、保守的でさえある。ウラジーミル・ナボコフは『ロリータ』のあとがきにこう書いている。「ポルノ小説に描かれるのはクリシェの性交に限られる。文体、構造、比喩表現によって、読者の心を気の抜けた欲情からそらすようなことは許されない」。ポルノグラフィーは、宗教のお題目、政治的な大言壮語、商業主義の宣伝コピーといった教条的な文学の伝統につらなる。エロティック文学の傑作があるとしたら、新たな伝統をうちたて、社会がいやがるような新しい意味を言葉にもたせ、本来的に親密さを感じさせる知識を読者に伝えるものであるべきだ。中心にある真に私的な場所から発して世界に向かう探検こそが、エロティック文学に恐るべき力を与えるのだ。

神秘論者にとって、宇宙はひとつのエロティックなオブジェであり、人体（心と魂も含めて）はエロティックな快楽の対象である。ペニスやクリトリスだけでなく、手、肛門、口、髪、足の裏までが快楽の場所であることを発見する個々の人間にも同じことがいえる。心身ともに私たちの感覚を刺激し、ウィリアム・ブレイクが「天国の門」と呼ぶものに向かって私たちの前に開かれるものは、つねに神秘的な何かである。そして、私たち全員がいずれ知ることになるその形は、私たちには知る由もない法則によって定められたものなのだ。私たちは、一人の女、一人の男、一人の子供を愛することが許されている。だとしたら、それがガゼルや石や靴や夜空であってもかまわないだろう。

D・H・ロレンスの『恋する女たち』の登場人物ルパート・バーキンの欲望の対象は植物である。「べとべとした、ひんやりした若いヒヤシンスのあいだに横たわり、体を丸め、腹這いになり、背中一面にしっとりした細かい草を感じる。それは、息遣いのようにやわらかく、どんな女性よりもしなやかで繊細で美しい。それから、腿をちくちくと刺すモミの木の黒くて粗い棘のような枝。肩先を鞭のようにしなやかに打ち、突き刺すハシバミの枝、そして胸に当たってぽきっと折れる銀色の樺の木、そのなめらかさ、その硬さ、生命力あふれる瘤と畝——とてもよい、このすべてがとてもよい。すごく満足だ」

ジョン・コリアの『モンキー・ワイフ——或いはチンパンジーとの結婚』にエロスとして登場するのはエミリーという名のチンパンジーである。イギリス人の教師ファティゲイ氏はこのエミリーに夢中だ。彼はいう。「『エミリー！　わが天使！　わがもの！　わが愛！』この最後の呼びかけにエミリーは目をあげ、彼のほうに腕を伸ばす。まばらな長い体毛をすかして紫色の肌が見える。つややかな真っ黒な瞳の奥深くに、彼の魂は音もなく吸いこまれる。エミリーはすばやく、彼女の言葉でなにごとかつぶやく。その手がベッドの傍らのろうそくをつかむと、ビロードのひだのような暗闇が二人を包み、やがて満ち足りた吐息がもれる」

シンシア・オジックの『異教徒ラビ』では、エロスは一本の木である。「その樺の木のごつごつした樹皮に指を走らせる。それから、額を木につける。太さをはかるように、両手で幹を抱く。反対側で両手を握りあわせる。ほっそりした若い木だ。どの属なのかは知らない。いちばん下の枝に手を伸ばし、一枚の葉をちぎって舌にのせ、思いにふけりつつ、その輪郭を探ろうとする。オークだ。それはやや粘りがあり、驚くほど苦い。そして、私は片手を（もう一方の手は木の、いわば腰のあたりにまわしたまま）優美でしっかりした胴体といちばん下の枝がかたちづくる二股の部分におく（股とはいやな言葉だ）。そして、その驚くべき継ぎ目を愛撫するうち、ある種のけだるさはしだいに熱っぽいものへと転じてゆく」

マリアン・エンゲルの『熊』には、女と獣の愛の交歓が描かれる。

彼は、なめまわし、まさぐった。どこかにいる蚤を捜しているのかもしれない。彼は乳首をなめて硬くし、へそを掃除した。忍び笑いをもらしながら、相手の姿勢を変えさせた。

腰をずらし、彼がやりやすいようにした。

「熊、熊」と女は相手の耳をもてあそびながら、耳元でささやいた。舌は太くてたくましいが、同時にウナギのように長く伸ばすこともでき、女の秘密の場所を探り尽くした。人間であることを忘れたかのように、彼女は快楽がこれほど長続きするのを初めて知った。ついに達したとき、女はすすり泣き、熊はその涙をなめて拭い去った。

イギリスの作家J・R・アッカーリーは飼い犬チューリップへの愛情をこう書いている。「わびしい一日の終わり、早めに床に就くと彼女はすぐさまそばに来て、枕元にちんまりと坐る。そして、仰向けになり、転がり、なめまわし、あえぎ、転がり、私の顔をのぞきこむ。私の腕を引っぱる。かわいいやつ。おまえに何をしてやろうか？　闇のなかに手を伸ばし、小さな乳首をなでる……なでられているあいだ、おまえはあえぎながら脱力して寝そべり、耳を寝かせ、頭を下げ、うつろな目で窓の外の夜を見つめる。しだいに力がぬけ、おとなしくなる。そして、私の手のなかで、いつのまにか眠りにつく」

恋人の切り落とされた首でさえ、エロティックな欲望の対象となる。スタンダールの『赤と黒』に登場するマチルドはジュリアンの遺体を探しだす。「マチルドが部屋のなかをせかせかと歩きまわる音が聞こえた。彼女はおびただしい数のろうそくをともした。フーケが勇気をふりしぼって覗いてみると、彼女は目の前の小さな大理石のテーブルの上にジュリアンの頭をおき、その額に口づけしていた」

途方に暮れるほど変化にとんだ対象物と主題、いくつもの行動とそのバリエーション、さまざまな感情や恐怖から芸術をつくりだそうとする苦労。他の用途のために特別につくられた語彙がもたらす限界。ポルノグラフィーと感傷、生物学とお涙ちょうだい、見せかけの純情さと露悪。それらの境界線上ぎりぎりを行く危険。警察、教育、宗教といった検閲の力を駆使して、あくまでも体制側の特権を守ろうとする社会の圧力。これらすべての障害に直面しながら、エロティック文学がこれほど長きにわたって生き延びたばかりか、無限に近いほど多種多様な欲望の対象を、より大胆に、より明快に、より大きな自信をもって追求してきたことはひとつの奇跡である。

付記――エロティックな行為と同じように、読書という行為は究極において匿名であるべきだと私は信じている。本またはベッドのなかへ入るとき、人は鏡の国の森に歩み入るアリスのようであるべきだ。過去についての先入観を捨て去り、性交の瞬間には社会的な束縛から逃れる。本を読むときも、愛の行為にふけるときも、人は自分を捨てて他者と一体化する。そのなかで――聖ヨハネのイメージを借りれば――人は変身する。読者は作者に、作者は読者に、恋人たちはおたがいになりかわる。フランス語の Jouir de la lecture は「読む楽しみ」という意味である。フランス人にとって、オーガズムに達することと楽しむことは同じひとつの言葉であらわされる。

時間と憂い顔の騎士

「私みたいに時間のことをよく知っていたら」と帽子屋がいった。「潰すだなんて、とてもいえないだろうよ」

『不思議の国のアリス』第七章

ドン・キホーテの物語が終わりに近づいたあたりで、彼の狂気を治せると思いこんでいる尊大なインテリのサンソン・カラスコは《銀月の騎士》と名乗り、自分の思い姫のほうがドゥルシネアよりずっと美しいといって、老いた騎士に決闘を申しこむ。ドン・キホーテは敵に向かって突撃したが、地面に叩きつけられて大けがを負い、立ち上がることもできなかった。カラスコはまる一年、または彼が「その時機を決める」までドン・キホーテが故郷の家で隠棲しているなら、ドゥルシネアのほうが魅力的であることを認めようといった。負けたドン・キホーテは受け入れた。続くページでは、そのあとも幻覚や恍惚の状態が何度か訪れるとはいえ、ドン・キホーテはやがてサンチョとともに村へ帰り、ベッドで静かにしていなければならなくなった。こうして一週間後、ふたたびアロンソ・キハーノに戻ったあと、(正気を失った作者のシデ・ハメーテ・ベネンヘーリによれば）「みずからの魂を神に捧げた。つまり死んだのである」。

サンソン・カラスコがドン・キホーテに約束させた一年間の休止は、われらが英雄にとって耐えがたい時間だった。一年間どころか、一瞬といえどもドン・キホーテであることをやめるのは、終わりを宣告されるも同然だった。ドン・キホーテにとって、自分自身であることをやめたままで生きてゆくのは不可能だったのだ。ドン・キホーテは騎士道物語を読みすぎたあげくに生まれた存在であり、野蛮と暴力が現実のものとなったその世界は、読者としての行為――本を読むこと――を通してのみ知りえたものだった。ドン・キホーテにとって、本で読んだことがないものはこの世に存在しないも同然だった。あるいは、彼の本のなかに始まりと終わりのないものは存在しないというべきだろうか。結果として、ドン・キホーテは本で読んだことをみずから実践せずにはいられない。自分の人生で物語をつづけ、甲冑に身を固めた騎士としてふるまう。なぜなら、アロンソ・キハーノが夢の本を読むのをやめたとたん、ドン・キホーテは死んでしまうからだ。ドン・キホーテの時間は、アロンソ・キハーノが彼に与えた瞬間の積み重ねによってできている。

ドン・キホーテは（アロンソ・キハーノも知っているように）シデ・ハメーテの本のなかに存在する。読者にとっては、それが唯一、真実の物語であり、共存する別の物語はありえない。だからこそ、後篇の最終章で登場人物が、大成功を収めたセルバンテスの『ドン・キホーテ』前篇のあとに出版されたアベリャネーダの『ドン・キホーテ・デ・ラ・マンチャ　続篇』をでたらめだといってこきおろすのは偶然ではなかった。年老いた騎士への報われない愛のために死んだふりをする女中のアルティシドーラは、自分が見てきた地獄の情景を話して聞かせる。そこでは悪魔たちが本をボール代わりにして遊んでいて、アベリャネーダのその本はめちゃくちゃに破られたという。「ひどいのなんのって」と悪魔のひとりはいう。

「これよりひどい本を書こうとしたところで、とうてい無理なしろものさね」。また、死の床にあったアロンソ・キハーノが遺言執行人に最後の言葉を書き取らせたとき、「途方もないでたらめ」を書こうという気にさせてしまったことを贋作者に謝りたいといったのも偶然ではなかった。この謝罪のなかに言外に含まれるのは、アベリャネーダの本はくだらないが、いま読者が手にしているのはまっとうな作品だということである。偽作の小説（時間の浪費、偽り、不毛な嘘）と本物の小説（現実の時間軸に沿って、事物の本質が描かれている）は共存できず、共存すべきでもない。そして、表向きは魔術や魔法を信じているように見えるドン・キホーテは、現実と偽りをけっして混同しない。ドン・キホーテの時間は現実世界の時間であり、私たちにもそれがわかる。なぜなら、物語のなかの時間をたどれるからである。

サンソン・カラスコがドン・キホーテに強いた無為の一年は偽りの時間であり、不在の時間である。これは現実を疎んじる者によって記述された時間であり、文学的な地獄、非人間的な時間、永遠に終わりのない時間であり、そこでは苦痛以外の何も存在できず、そのなかで苦しむ人びとは自分が自分であることの根拠となるすべての属性を失う。それは鏡のない時間、あるいは空白しか映しださない偽の鏡の時間、人を愚かにし道を逸らさせるコマーシャルと政治的なプロパガンダの時間であり、消費者は本当の自己を忘れて別の人間になるよう訓練される。自分の欲望を、ただ表面的で、無益で、不毛でしかないものと同化させるようになる。まさしく、欲得ずくの世界の魔術に人が意のままにあやつられる時間である。ドン・キホーテにとって、それは魔術によって消された書斎と同じだった（その書斎は、じつは口やかましい司祭と床屋によって壁に塗りこめられたのである）。「彼のもちまえの妖術と知識により、いずれ時が来たら、わしが彼の庇護するある騎士と一騎打ちの勝負をして、その結果、勝利を収めることになる」

この偽りの時間にたいして、ドン・キホーテの時間はセルバンテスが読者のために創造した二巻本のページのなかにたえず流れてゆく。この時間——真実で、豊かで、驚異にあふれている——のなかには、私たち、すなわち彼の読者にとって、ひとつの瞬間がある。それは他の多くのものにくらべて、さほど神秘的ではないかもしれないが、少なくとも、より困惑させ、心を乱すものである。その瞬間、読者は著者のミゲル・デ・セルバンテスを忘れ、ドン・キホーテの現実だけを信じているのだ。

誰もが（セルバンテスの本を読んだことがない人でさえ）ドン・キホーテを知っている。その隣に立つセルバンテスはほとんど幽霊のようで、小説のなかでもほんの端役でしかない。ときおり、さまざまな出来事についての注釈や意見を口出しする余計者であり、またある日、トレドの市場で紙の束を見つけ、それを翻訳した気の長い読者でしかない。その結果、われわれはこの忘れがたい騎士の冒険物語を読むことができるのだ。セルバンテスの身体的な特徴さえ、年月がたつうち、彼の創造したものと一致するようになった。十九世紀にはそんなイメージが勝手に広く流布したため、挿絵画家は作者と小説の主人公を同じ姿で描くようになった。初期の銅版画に描かれていた髭のない騎士は姿を消し、そのかわりにセルバンテスそっくりの顔立ちの紳士があらわれた。「鋭い目つき……鷲鼻……白くなった髭……歯は大きくも小さくもない、なぜならたった六本しか残っていないからで、しかも手入れが悪く、ひどい状態のまま放置されている……体つきは中肉中背で、大きすぎず、小さすぎもしない……猫背気味で、足はけっして速くない」。これは、セルバンテスによる自画像描写だが、ドン・キホーテのキャラクターに合わせて成長したかのように、やがてこう書くようになる。「五十歳に近づくにつれ……肌は乾いて茶渋色になり、物憂げな表情をたたえた、しわだらけの瘦せた顔」になった。文学上の創作物は本の時間のなかで命を吹きこまれ、その一方で、作者としての彼自身は文学史のなかでしだいに姿を消してゆき、学問という藪のなかの幽霊となる。

セルバンテスはこれが自分の運命だと考えていたのだろう。前篇の第六章で、司祭と床屋がドン・キホーテの書斎を壁に塗りこめる前にその中身を検分したとき、ロペス・マルドナードの『歌謡集』の隣にミゲル・デ・セルバンテスの未完の『ラ・ガラテア』を見つける。これは、堂々巡りのトリックが初めて登場した例である。セルバンテスが存在するのはドン・キホーテがそれを読み、その本を自分の書棚においたからである。そして、司祭がこの著者とは年来の親友だといったために、『ラ・ガラテア』は焚書を免れる。こうして読者は初めて、深遠を前にして、そのふちに立っていることに気づく。読んでいる本が虚構だとしたら、その本の著者とされる人物はいまやその虚構の一部に組みこまれ、物語の目撃者（物語の一端を担うために召喚された読者）となる。それはもはや日常的な時間に属するものではなく、想像上の時間に属する存在だ。その時間は信頼という行為のもとでのみ流れる。その小説に描かれた現実への信頼である。

セルバンテス（私たちがセルバンテスと呼ぶ想像上の人物）は、この虚構の時間のなかで何度も案内に立ち、かと思うと道を逸らさせる。わずか八章を過ぎたところ、冒険の半ばあたりで、セルバンテスがドン・キホーテの物語をどうつづけたらいいのかわからないと打ち明けたとき、奇跡が起こる。セルバンテスはこう語っている。トレドにいたある日のこと、アラビア語で書かれた紙の束がぎっしり詰まった紙ばさみを見つけたが、文字が読めなかったので、スペイン語に通じたモーロ人を探して翻訳してもらった。すると、その草稿こそ、シデ・ハメーテ・ベネンヘーリなる人物が書いたドン・キホーテの物語だということがわかった。つまり、こういうことである。そもそも、モーロ人に物語を翻訳してもらったセルバンテス――それ以前の章の登場人物でもある――の物語の語り手たるシデ・ハメーテ・ベネンヘーリも、またドン・キホーテの書斎にあった本の著者として物語に登場するセルバンテスも、アラブ人の著者によるアルハミヤー文学（ロマンス語をアラビア文字で表わしたもの）として書かれた騎士の最初の冒険談、すなわちこの本の前篇を翻訳で読んだということになる。本のどのページを開いても、そこでは従来の時間が消え去り、物語を「よりリアル」にするための虚構の時間があらわれる、とドン・キホーテ自身が説明している。

そんなわけで、セルバンテスの小説がめざすのは、現実を吸収して、「よりリアル」に表現することであり、そのあげく、ついには小説そのものが小説の世界に呑みこまれる。後篇の第二章で、サンソン・カラスコはサンチョに向かって、彼の冒険が『機知に富んだ郷士ドン・キホーテ・ラ・マンチャ』というタイトルで本になっていると教える（カラスコはその本を難解な学術書で有名な街サラマンカで読んだという）。それを聞いたサンチョはびっくり仰天し、十字を切る。読者のなかにはそれと同じ反応を示す人も多い。この本の前篇を後篇の登場人物が読んでいるとしたら、血と肉を備えたその人間もまた仕掛けの一部であり、それはたくらみだらけの想像の世界の住人、幽霊のなかの幽霊、自分の意志でなく他人の夢によって動かされる召使、塵芥ではない人間、かつてミゲル・デ・セルバンテスと呼ばれた男だった。

セルバンテスは、自分が読者の前に鏡を掲げていることをはっきりと意識していた。前篇の終わり近く、学識ある参事会員がドン・キホーテに向かって、教訓のない本が楽しいものとなるには、そこに美がなければいけないという。その参事会員にとって、「人の心に生まれる喜びとは、目で見たり、想像したりする事物から感じられる美と調和から得られるのであって、醜さや混乱を秘めているものはなんであれ、われわれに満足や喜びをもたらすことはない」のだった。この参事会員が称賛するのは、完全な無菌状態であり、無意味な美しさ、空っぽの創作物である。それは、何もかもが殺菌処理された現代のファッションモデルや連続ドラマの登場人物と同じだ。時間さえも永遠に終わりが来ないかのような状態で、そこには責任も心痛もない。深みと限界がないこの時間のなかで、社会には現実的な時間潰しが蔓延する。それにたいして、ドン・キホーテが提示するのは倫理的な行動のともなう時間、善であれ悪であれ、正義であれ不正であれ、あらゆる行為に結果がともなう時間である。人が無意識のうちに生きている無個性の広大なマグマのかわりに、ドン・キホーテがさしだすのは、人びとがはつらつとして創造性を発揮できる時間である。人びとの意識は自分自身のイメージをより豊かに表現することへ向けられ、参事会員の時間のなかでは知りえないもの――それがなんであれ――になろうとする。このような真にリアルな時間のなかで人間は生きるべきだとドン・キホーテはいう。「世の中のあらゆる種類の不正を取り除き、またすすんで窮地に身を置き、危険にも身をさらしてそれを克服し、かくして永久《とこしえ》に語りつがれるような手柄をたてて名声を得る」。これこそ、物語の時間だ、とセルバンテスはいう。物語は、私たちの存在を肯定するために語られる。

聖アウグスティヌスのコンピューター

「しかし、とてもいいことがひとつだけある。記憶が前にもうしろにも働くことだ」

『鏡の国のアリス』第五章

十六世紀に入って最初の年、ヴェネチアのサン・ジョルジョ・デッリ・スキアヴォーニ信徒会の長老たちは画家ヴィットーレ・カルパッチョに、博学な読書家として知られる十四世紀の学者、聖ヒエロニムスの生涯を描いた一連の壁画を注文した。信徒会の薄暗い小さな建物に入ってすぐ右側の壁の上にある最後の情景には聖ヒエロニムスの姿はなく、聖ヒエロニムスの同時代人であるヒッポの聖アウグスティヌスが描かれている。中世の時代から語り継がれてきた話によれば、聖アウグスティヌスは机に向かい、永遠の幸福についてどう思うかと問いかける手紙を聖ヒエロニムスに宛てて書いていたという。そのとき、部屋に光が満ちあふれ、アウグスティヌスはヒエロニムスの魂が天国に召されたと告げる声を聞いたのだった。

アウグスティヌスの部屋としてカルパッチョが描いたのは、その時代のヴェネチアの書斎で、『告白』の著者にふさわしいと同時に、ラテン語訳聖書の編纂者であり、翻訳者の守護聖人とされる聖ヒエロニムスの精神にもふさわしかった。高い棚の上には薄い本が何冊も表紙を表に向けて並んでいて、その下にはこまごました収集品が飾られ、真鍮の鋲を打った革の椅子と小さな書き物机は、洪水への備えとして床から一段高くなった壇の上に置かれている。左端のドアの奥には、テーブルの上に載った回転式書見台が見える。アウグスティヌスの作業スペースには開いたままの本が散乱し、長年のあいだに作家の机に集まってくるのと同じ愛蔵品の数々がある――貝殻、ベル、銀の箱。中央の壁龕には、キリストの立像が置かれ、その視線はアウグスティヌスの収集品のなかにあるウェヌスの小像に向けられている。どちらも明らかに異なる領域に属しながら、同じ人間界にある――アウグスティヌスが耽溺するあまり、どうか解放してくださいと願った(「ただし、いますぐではなく」)肉欲の世界と、この世界の始まりであり、またある午後の庭で、アウグスティヌスの耳にこだましたロゴス、すなわち神の言《ことば》が共存しているのだ。やや距離をおいたところには、長毛の白い小さな犬が坐り、期待をこめて見上げている。

この場所の描写には、一人の読者の昔と今が混在している。カルパッチョにとって、時代錯誤はまったく気にならなかった。時代考証とは近代になって生まれた概念であり、おそらく十九世紀になって、ジョン・ラスキンのラファエル前派が「完全かつ断固たる真実……極細部にいたるまで」をモットーとして掲げたころ以来のものと思われるからである。アウグスティヌスの書斎とアウグスティヌスの本は、四世紀の実態がどうだったにせよ、カルパッチョとその同時代人にとって、本質的には自分たちの使っているものとなんら違いはなかった。巻子本《スクロール》であれ、羊皮紙のページを束ねた冊子本《コデックス》であれ、あるいはカルパッチョが信徒会の仕事にとりかかる数年前にアルドゥス・マヌティウスが印刷を始めた優美な小型本であれ、すべては本の一形態にすぎない——本は形を変えてきたし、これからも変わりつづけるだろうが、とどのつまり、それらは同じものなのだ。カルパッチョの視点を借りれば、アウグスティヌスの書斎は私自身の、つまりごくふつうの読者がいる場所と同じだともいえる。並んだ本、こまごました記念品、資料だらけの机、中断したままの仕事、目の前の本のページから生じた疑問に答えてくれる声——自分自身の？　作者の？　それとも聖霊の？——を待つ読者。

愛書家の仲間意識は強い。と、一般にはいわれている。だから、カルパッチョが描いた尊い読者の隣に、いっときだけ私が並んでみてもいいだろう。アウグスティヌスは彼の机に、私は私のデスクに向かって坐る。私たち——アウグスティヌスとカルパッチョと私——の読書は、過去何世紀ものあいだに変わっただろうか？　変わったとしたら、どのように？

本のページや画面上のテクストを読むとき、私は声を出さない。私の脳の一部を形成する特別なニューロンの集積が働き、信じがたいほど複雑なプロセスをへて、目が捉えた文字の連なりが解読され、意味のあるものとなる。耳に聞かせるために、声に出して読む必要はない。このような黙読は、私たちが思うほど古くからあるものではない。

聖アウグスティヌスにとって、そのような黙読は理解不能とはいわないまでも、少なくとも驚くべきものではあった。『告白』の有名な一節によれば、アウグスティヌスはミラノの聖アンブロシウスのもとを訪ねたとき、声に出さずに読んでいるのを見て好奇心をかきたてられたという。アウグスティヌスはこう回想する。「彼が書を読んでいたとき、その目はページを追い、心は意味を探っていたが、声もたてず、舌も動かさなかった」。四世紀の人間であるアウグスティヌスはふだん、古代ギリシャ語やラテン語を読むとき、声に出して読みあげた。ピリオドも大文字もなく、ずらずらと連なる文字から意味を読みとるためである。経験を積んだ読者や、急いでいる場合は、声に出さずに文章を読み解くこともあっただろう——アウグスティヌス自身、黙読ができた。改心に至った恐ろしい瞬間についての記述で、そのとき彼はパウロの使徒書簡を手にとり、「甲冑のごとくキリストを身にまとえ」という予言めいた文章を「沈黙のうちに」読んだと書いている。だが、声に出して読むことは当たり前と思われていただけでなく、文章をよく理解するのに必要なことだとも考えられていた。読書には実体化が必要だとアウグスティヌスは信じていた。ページのなかに留まっている書かれた言葉《スクリプタ》を実在するものへと転換するには、話された言葉《ヴェルバ》にしなければならなかった。アウグスティヌスにとって、読者とは文字どおりテクストに息を吹きこむもの、創造された空間を生きた言語で満たす存在だった。

九世紀になると句読点ができ、書物が普及した結果、黙読が当たり前になり、新たな要素——プライバシー——が読書に欠かせない特徴となった。黙読によって、テクストと読者のあいだに親密な一体感が生じ、本と読者の周囲に目に見えない壁が築かれ、読書という行為が隔離されることになった。その七世紀後のカルパッチョは、黙読を学者の研究に不可欠なものと見なしていたので、彼の描いたアウグスティヌスも必然的に、邪魔の入らない静かな場所におかれた。

さらに、およそ五世紀が過ぎた現在、黙読は当たり前のことになっている。人はたえず目新しさを欲するものだから、画面上の文章をどこの誰ともわからない人の声で読みあげることさえできるようになった。コンピューターはいまやアウグスティヌス以後の読者の魔術的な特権を奪っている。コンピューターは私がページをスクロールするあいだ聖人のように沈黙していることもできれば、テクストを声に出して読みあげ、図像的な情報を呼びだし、死者を甦らせることもできる。それは（アウグスティヌスが提案したような）記憶の働きではなく、機械を通してのことだ。こうして大量生産されるゴーレムは見た目を完成に近づけようとして、たえず変貌しつづける。違いはといえば、コンピューターの声が私たち自身の声ではないということだ。したがって、声の調子、抑揚、強弱など、文章をわかりやすくするためのさまざまな道具は、ユーザーの理解が届かないところで準備される。命のないスクリプタを歩かせるためにヴェルバをはばたかせる翼が私たちにはない。

コンピューターの記憶装置《メモリー》は、私たちの記憶と同じではない。アウグスティヌスによれば、聖書の正しい読者とは、テクストを記憶に留め、何世代にもわたって読者から読者へと不滅の内容を伝えていく人びとだった。彼らは「つねに読んでいる」と彼は『告白』に書いている。「そして、彼らが読んだものはけっして過ぎ去ることがない」。アウグスティヌスはそのような読者を褒め称える。テクストを自分の内部にとりこみ、蠟の板に書いた文字と同じように心に刻みこむことで、人は本そのものになる。

カルパッチョの時代、議論や比較に欠かせない文章を記憶することは依然として重要な習慣だった。だが、印刷術が発明され、個人が書斎をもつようになると、必要なときにはすぐに本を参照することがたやすくなり、やがて十六世紀になると、読者は自分の記憶よりも本の記憶に頼ることのほうが多くなった。カルパッチョがアウグスティヌスの書斎に描いた回転式の書見台や、その他さまざまな工夫を凝らした装置によって、読者の記憶容量はさらに広がった。たとえば、一五八八年にイタリアの機械技師アゴスティーノ・ラメッリが発明した「回転式読書机」は十冊の本がほぼ同時に読める驚くべき装置で、それぞれの本の必要なページが開かれ、必要な章や節がすぐ目に入るようになっていた。

わがコンピューターも膨大なメモリーのおかげで同じようなことができる。ある意味で、ルネサンス期の発明品よりずっとすぐれている。その一例。古代ギリシャ・ローマ時代には本の数がとても少なかった。今日古典と呼ばれている作品さえ、アウグスティヌスは知らなかったはずだ。カルパッチョの同時代人は熱心に探しまわり、努力して書物を収集した。ところが、現在ではそれらの作品のすべてが自由に利用できる。アレクサンドロス大王の時代までの現存するギリシャ文学の三分の二、しめて三百四十万ワードと二万四千点の画像が、イェール大学出版局から出た四枚のディスクに収められているのだ（さらに、それらのテクストの多くはいくつかのデジタルライブラリーで見ることができる）。そんなわけで、いまではマウスをクリックするだけで、たとえばアリストパネスが「男」という単語を何回用いたかがわかり、「女」という単語の二倍も多く使われたことが判明する。そのような正確な統計データに拮抗するためには、アウグスティヌスは記憶容量をとことんまで拡張しなければならないだろう。ギリシャ・ローマ時代からたゆみなく開発されてきた記憶術は、アウグスティヌスの時代にほぼ完成の域まで達していたとはいえ。

そうはいっても、わがコンピューターにできないこともある。実行と直観が混じりあったなかから、選択し、結びつけ、注解を加え、関連づけることである。たとえば、確かな統計データは別として、私がアリストパネスの作品について考えるとき、オンラインでだけでなく、学生時代にガルニエ社古典叢書で読まされたそれらの作品に登場する女性たち——『女の議会』のプラクサゴラ、『女だけの祭』に出てくる市場のゴシップ屋、あの気性の激しいリュシストラテ——が私の脳裏に浮かぶことは、コンピューターにはわからない。わがコンピューターの貪欲なメモリーは、アウグスティヌスの場合とはちがって、活発な記憶ではなく、たんなる貯蔵庫にすぎない。アウグスティヌスの書斎と同じで、ただはるかに大きく、利用しやすいというだけだ。コンピューターのおかげで、記憶はできる——だが思いだすことはできない。

アウグスティヌスと彼の古い冊子本《コデックス》から学ばなければならないのは、その技術である。

アウグスティヌスの時代、紙を束ねて製本した冊子本は、ほぼ完全に巻物にとって代わっていた。というのも、冊子本には巻物とくらべて明らかな利点があったからだ。巻物を広げるとき、一度に見ることができるのは、テクストの一部だけである。ページをめくることもできず、別のページに指を挟んでおいて別の章を開いて読むこともできない。したがって、読書の順番には厳密な制限がある。テクストはあらかじめ並べられたとおりにあらわれ、一度に一か所しか読めない。果てしない循環を思わせる『フィネガンズ・ウェイク』のようなテクストは、巻物の時代には考えられなかっただろう。しかも、巻物に収められる文章の量は、冊子本よりはるかに少なかった。『オデュッセイア』が何巻にも分かれているのは作者の意向ではなく、巻物という形式上の縛りだったと思われる。

今日、わが電子機器の画面は本と共通する部分がある。テクストは「スクロール」して読むが、同時に別のウィンドウを開いて、他の箇所を拾い読みすることもできる。だが、どちらの場合も、本の特徴を完全に受け継いでいるとはいえない。スクロール画面を見ても、そのテクストの全体像を知ることはできない。さらに、いくら別ウィンドウを開いても、冊子本のように、うまくページを飛ばし、読みたいページを読むことはできない。一方で、わがコンピューターには利点も多い。何かを探して見つけてくる能力は、パーチメントや紙のページの隅を折るしかなかった先祖にくらべると、途方もなく優秀だ。

アウグスティヌスが知っていた（そして、私たちはめったに思い出さない）のは、本を読むとき、どんな人でも想像上の場所をつくりあげるということだった。その空間は読者と書かれた言葉の世界でできている——キーツにいわせれば、それは「甘美な罪の　紫色に彩った宮殿」だった。この読書空間は、文字を示し収める媒体（本やインターネット）として存在することもあれば、テクストという虚構として——時間を追って保存される言葉として——読者の心のなかに存在することもある。ひとつの文明において書かれた言葉が最初に来るか最後に来るか、また言葉を（ギリシャ人のように）創造活動の結果と見るか、それとも(ヘブライ人のように)起源と見るかによって、書かれた言葉はその文明の原動力になる。

私がいわんとするのはこういうことである。ギリシャ人は、哲学論文、戯曲、詩、手紙、演説、商取引の記録をたえまなく書き残したが、彼らにとって書かれた言葉はたんに記憶を補うものであり、書物は文明生活の添え物でしかなく、その中核となることはけっしてなかった。それゆえに、ギリシャ文明を象徴する素材は、空間のなかに存在するもの、すなわち古代ギリシャ都市における石だった。一方、ヘブライ人の場合、日常の取引は口約束ですませ、文学はおもに記憶に頼って伝えられた。彼らにとっては、唯一の本《ザ・ブック》——神の言葉を明かした聖書——こそが文明の中核であり、空間ではなく、移動する民の時間の堆積のなかで生き延びた。アウグスティヌスの聖書注釈の一篇には、ヘブライの伝統をじかに受け継いだかのように、こんなことが書かれている。言葉は音楽に似た性質をもっていて、それは時間のなかに存在し、特定の地理的位置づけを必要としない。

わがコンピューターはアウグスティヌスのような、書物を中心とするヘブライの伝統には属していないようだ。むしろ、書物をもたないギリシャの伝統に属し、そこでは石のモニュメントが必要とされる。画面上のウェブサイトは見たところボーダーレスな空間のようだが、私が呼びだす言葉は、コンピューターという見慣れた神殿なしには存在しない。目の前にはポルチコを思わせるディスプレイがそびえ、その手前には丸石を敷き詰めた前庭《エスプラネード》のようなキーボードがある。ギリシャ人にとって大理石がそうだったように、これらのプラスチック製の石は語りかける(オーディオ機能のおかげで、コンピューターは実際に話しかけてくる)。そして、サイバースペースへアクセスするための儀式は、ある意味で、神殿や宮殿に入るときの儀式に似ている。象徴的な場所に足を踏み入れるときには、あらかじめ準備をし、規則を知っておかなければいけない。その規則を決めたのは一見して万能に思える、姿の見えないコンピューター技師である。

それでも、書斎の机を中心にして執り行なわれるアウグスティヌスの読書の儀式は取り替えのきかないものではない。少なくとも、たえず変化する。手に持った本を読みながら歩きまわる、本を抱えてベッドに横たわる、部屋から出て庭で読む（回心のきっかけとなった言葉を聞いたときがそうだった）、あるいは荒野でひとり読むといった方法が選べる。アウグスティヌスの本、つまりテクストを収める器としての本は、もともと変わりうるものである。カルパッチョの時代に生きた人文主義者にとって、この多様性はきわめて重要だった。その結果として、マヌティウスの携帯可能な小型本が生まれた。そして、何世紀ものあいだに、本はしだいに携帯しやすく、多種多様に、そして取り替えのきくものになっていった――いつでも、どこでも、どんな姿勢でも読めるようになったのだ。

コンピューターに向かうときの私の儀式は、転換可能とはいえ、多くの場合は、素人の知識を超えた複雑なテクノロジーに頼らざるをえない。ノートパソコンやブラックベリーのおかげで、グランドキャニオンの崖の上で読書ができるかもしれない（広告にうたわれているように）が、テクスト自体の存在は、それを創造し維持する科学技術に頼らなければならず、そのためには機械という物理的な「モニュメント」にゆだねるしかない。

だからこそ、アウグスティヌスにとって、ページの上の言葉とは――それらの器である朽ちやすい巻物や代替可能な冊子本ではなく――物理的な堅牢さをもった、燃えるような、目に見える存在なのだ。私にとって、そのような堅牢性は電子機器という構築物にこそあれ、はかない言葉にはない。ものいわぬ、亡霊のようなテクストが画面上にぼんやりとあらわれ、指先のタッチひとつで消えるとき、それは羊皮紙の上に慎重に書き写され、あるいはページの上に刻印された、揺るぎない権威に満ちた真っ黒な文字とはまったく別物である。電子文書と私のあいだは画面で隔てられている。だから、アウグスティヌスが愛読書にしたかもしれないように、言葉にじかに口づけすることはできないし、カルパッチョの同時代人がしたように、革とインクの匂いを吸いこむこともできない。そのため、読書という行為について語るときに用いる語彙も、アウグスティヌスと私では異なる。アウグスティヌスは文章を「むさぼる」とか「味わう」という——ご馳走をイメージさせるこのような表現はエゼキエル書の一節から借りたものだが、そこでは天使が預言者に巻物を食べよと命じ、ヨハネの黙示録でもそのイメージが反復される。私はといえば、ウェブ上を「サーフィン」したり、テクストを「スキャン」したりする。アウグスティヌスにとって、文章は物質として存在し、体内にとりこまれるべきものである。電子文書の読者にとって、テクストは表面にしか存在せず、サイバー空間のあちらからこちらへと情報の「波に乗って」移動するあいだにすくう上澄みでしかない。

こうしたすべてからして、現代の読書技術は衰退し、最も貴重な特質を失い、劣化し、あるいは貧しくなっているのだろうか？　それとも、アウグスティヌスの優柔不断な時代よりも、むしろ向上し、進化し、完全なものになっているのだろうか？　それとも、この問いそのものが無意味なのだろうか？

書物の終焉と電子メディアの勝利が予言されてから長い年月が過ぎた。それはまるで、二人の騎士が同じひとつの知的な戦場で、一人の美しい読者をめぐって競いあうようなものだ。最初は映画、次にテレビ、やがてビデオゲームとDVDとバーチャル図書館が書物の破壊者という役割を与えられ、作家のなかには——たとえば、『グーテンベルクへの挽歌』のスヴェン・バーカーツ——救済を求めて声をあげ、反キリストへの呪詛に満ちた終末論的な言説をくりひろげる人もいる。すべての読者は内心、ラダイト運動を起こして本の敵を打ちこわしたいと思っているかもしれない。だが、私にいわせれば、そこまでするのは行きすぎである。テクノロジーはけっして退却しない。書物の落日を予言する本は枚挙にいとまがないとはいえ、毎年出版される書籍の点数の多さを見ると、衰退の兆しなどまるで感じない。

それでも変化はつづくだろう。科学技術の分野で大きな転換点を迎える直前には、過去のテクノロジーが最後のひと花を咲かせ、いっときだけ隆盛を見るというのは真実だ。印刷機が発明された直後には、ヨーロッパでつくられる写本の数が急激に増え、写真が発明されると油彩画が雨後の竹の子のようにたくさん描かれた。こう考えたほうが妥当だろう。出版される書籍の点数はこれまで以上に多いとはいえ、ある種のジャンルでは、これまでおもに冊子としてつくられていたものが、より目的に合った別のフォーマットにとって代わられている。たとえば百科事典は電子文書のほうが使いやすい。テクノロジーが進歩して、より知的な相互参照《クロスレファレンス》システムが可能になり、見当違いな検索結果を機械的な忠実さで一律に拾うようなことがなくなればなおさらだ。

だが、それらは予測される変化である。本質的に貴重なものは失わずにすむはずだ。本がいつまでも同じ形であってほしい、人文主義の読者の抱くイメージから外れないでほしいというノスタルジックな願いは、電子メディアの巧みな工夫によって叶えられるかもしれない。すでに、手書き文字でメモがとれる電子ペーパーができているし、電子書籍は片手に収まるほどに小さくなっている。地下鉄のなかで一人の女性がペーパーバックの小説を読み、隣の男性はｉＰｏｄで低音が響く音楽を聞いている。女子学生は教科書の余白に書きこみをし、その隣では子供がニンテンドーのゲーム機で遊んでいる。これらすべてがひとつになった道具（いまや、ある種の携帯電話がそうなっている）が携帯できるようになれば、テクストのもつ可能性は広がるだろう。テクストを画面に呼びだし、読みあげ、注釈をつけ、楽しく調べ物をすることが、たったひとつの携帯可能な小型ディスプレイの上で、あるいはこれから発明される別の装置できるようになれば——その装置は、ワーグナーのいう「総合芸術」、すなわち一種のミニ・オペラをつくりだすだろう。テクストを再生し、さらに高めるために、あらゆる感覚を働かせるのだ。

だとすれば、なぜ人は変化を恐れるのだろう？

電子革命によって読書がすたれるとは思えない。読書のもつ貴族的な特質が失われることはないだろう。かつて子供時代には、読書が権威的な考え方を保つために押しつけられた義務（メソポタミアや中世ヨーロッパの写字生のように）か、さもなければ歴史上のさまざまな時期において有閑階級だけに許された活動、またはその手段をもたない人びとによる不正利用のように感じられた。現代社会の多くは（すべてではないが）書物を中心にして成り立っている。それらの社会では、図書館は権力を示す究極のシンボルとなる。象徴的にいえば、古代世界はアレクサンドリア図書館の崩壊によって終わった。象徴的にいえば、二十世紀はサラエヴォ図書館の再建によって終わった。

しかし、真に民主的な読書という考えは幻想である。アンドリュー・カーネギーが寄贈した十九世紀の図書館は富裕階級にとっての神殿だった。一般読者がそこに足を踏み入れるときは、彼らの地位に気を配り、既成の権威に敬意を払わなければならなかった。マシュー・アーノルドが信じていたように、読書は社会になんらかの変化をもたらすかもしれない。だが、それと同時に、読書は時間潰し、死への恐怖をまぎらすもの、単純作業の退屈さから逃れる手段にもなる。英語で doing time とは刑務所で過ごすことを意味するが、無学な人びとにとっての搾取工場、炭鉱、農業、工場での労働なども同じことである。そのような労働の上に、私たちの社会は築かれている。

まちがいなく変わるであろうことは、書物が財産になるという考えである。本の内容、その歴史や装飾ゆえに、本には物体としての「純粋価値」（モーリス・ブランショの言葉）があるとする考え方は、巻物の時代から存在した。しかし、十四世紀になって（少なくともヨーロッパでは）、消費者としての中産階級が台頭すると、貴族や聖職者の領域を超えて、市場が生まれた。そこでは、蔵書が社会的地位のしるしになり、ほかの商売と同じように本作りも利益を得るためのビジネスになった。近代産業のすべてはこの商業的必要性を満たすことを目標にしており、そのためドリス・レッシングは困惑する同業者にこう訓戒した。「機会があるかぎり、このことを何度くりかえしても害はないはずだ。『私がいなければ出版業界は成り立たない――出版社、エージェント、サブ・エージェント、サブ・サブ・エージェント、会計士、名誉棄損を扱う弁護士、文学部、大学教授、論文、批評、書評家、本のページ――これらすべての膨大にしてさらに増殖中の大組織は、さんざん食い物にされ、こきおろされ、ろくな報酬ももらえない、このちっぽけな人間がいればこそ、なのだ』」

だが、新たなテクノロジーの時代、この業界（けっして消えはしないだろう）は生き残るために別の手段をとらざるをえない。インターネット上で読めるエッセイ、ブログに載る詩、電子書籍などの出現で、編集者や書籍販売業者が不要になりつつある。対話型小説の場合は、作者という概念さえ疑わしい。サラマンカでスキャンされ、メールに添付されたものをレシフェで受けとり、メルボルンで修正が加えられ、エクアドルで加筆され、サンフランシスコのキーボードで保存された文章は、いったい誰に印税を支払えばいいのだろう？　そんなふうに大勢の手でこねあげられたテクストの作者とはいったい誰なのか？　中世の大聖堂建設やハリウッド映画の製作に大勢の人が寄与したのと同じように、新しい出版産業はまちがいなく誰か――教会か多国籍企業か――のために利益を確保する道を見つけるはずだ。そして、ドリス・レッシングのいう、ろくな報酬ももらえないちっぽけな人間はますます小さくなり、ますます安く働かされることになるのかもしれない。

とはいえ、こうした不安のなか、テクストそのものについて忘れていることがある。ブランショには悪いが、本には「純粋価値」などというものはない。どんなテクストもすべて、本質的にはインタラクティブな文章であり、特定の読者、特定の時間、特定の場所によって変化する。本を読むたびに、読者はフランスの歴史家ジャン＝マリー・パイエのいう「解釈の螺旋」に入りこむ。どんな読書もそれを免れることはできず、読書のたびにひとつの螺旋をめぐり、めまいのする上昇を経験する。「純粋な執筆」や「純粋な読書」などというものは存在しない。ディドロを読むとき、読む行為は会話のようなものになる。ダニエル・スティールだったら、むずむずするようなものになる。デフォーならルポルタージュになる。ほかにも、導き、ゴシップ、辞書編集、目録作成、ヒステリーなどと結びつく。どんな本にもプラトンのいう原型のようなものがないのと同じように、読書という行為にもプラトンのいう原型はないらしい。テクストが「受け身」のものだという考え方は抽象論でしかない。ごく初期の巻物からバウハウス風ポスターのタイポグラフィーまで、楔形文字の粘土板から今日のグラフィック・ノヴェルまで、読者を想定したすべてのテクスト、あらゆる形式の本には、暗黙にせよ明白にせよ、かならず美的な意図がこめられている。アレクサンドリア図書館の目録作成に苦労した担当者がいうように、二つの写本はけっして同じものにはならず、「決定版」を選ばなければならなかった。選ばれたほうは、図書館に保管され、さらに読書をめぐる認識論的な法則が適用される――新しい版が出るたび、古いものと入れ換えられる。なぜなら、新版には旧版が含まれるからだ。そして、グーテンベルクの印刷機がパンと魚の奇跡を再現し、まったく同一の文章をおびただしい回数で送りだすようになると、読者はそれぞれ、自分の本に書きこみをし、しみをつけ、さまざまな痕跡を残して、自分だけの一冊をつくりだす。そうなると、一度でも読まれた本は、もはやけっして他と同じものにはならない。だが、無数のバリエーションが生まれ、それぞれの刻印をもった本が大量に存在するにもかかわらず、私たちは「正真正銘の」シェイクスピアについて語るのと同じように、「私だけの」『ハムレット』や『リア王』について語ることができるのだ。電子書籍は普及や定義の新たなやり方を見つけるだろう。そして、新世代の批評家はこうした変化の可能性を表現するのにふさわしい言葉を見出すにちがいない。

テクノロジーへの見当違いな恐れから、かつては巻物《スクロール》にたいする冊子本への反感が生まれ、現在では冊子本にたいするスクロールへの反感が生まれている。人文主義者がページをめくって読んでいた本とくらべて、画面上でテクストを読むことが嫌われているのだ。だが、すべてのテクノロジーには——異端の禍城《まがき》であれ、呪われたチェルノブイリであれ——人間が介在する。最も非人間的な装置でさえ、そこから人間的な要素を完全に排除することはできない。たとえ、(赤の女王がいうように)「もろ手をあげて」そのことを否定したとしても、テクノロジーの機器はとどのつまり、人間の創造物である。その人間的な要素を認識することは、先史時代の洞窟の壁に刻印された手のひらの意味を現代人が正確に理解できないのと同じく、いまの私たちの能力を超えているのかもしれない。したがって、私たちが欲するのは、人文主義としての新しい読書法ではなく、もっと効果的な読みである。いま先端技術にとりこまれて立ち往生しているテクストに予見的な能力を与えて、その多義性を取り戻すような読書法である。私たちに必要なのは、バーチャルリアリティのすごさに驚くことではなく、その現実的かつ有用な欠点を理解すること、そしてまだ創造されていない空間に入りこむための隙間を見つけることではないだろうか。肝心なのは、断定的な態度を強めるのではなく、断定の度合いをもっと弱めること。より多くの疑問を投げかけることだ。未来の人文主義者が手に取るであろう本が現在と同じ姿を保っているかどうかは、考えようによっては意味のない問いかけである。私の推測によれば(あくまで推測だが)、全般的に見て、本の形はそれほど大きくは変わらないだろう。というのも、本は私たちの要求にぴったりかなった形をしているからだ――とはいえ、実際には変わるかもしれないが……

そのかわり、私はこう自問する。これらの先端技術がつくりだす空間のなかで、本と共存する（また、ある場合にはとって代わる）であろうこれらの人工的な機器を用いて読書するときも、人はまだ、新しいものを考えだし、記憶し、学び、記録し、拒否し、驚き、歓喜し、くつがえし、祝う存在でいられるだろうか？　受身の見物人ではなく、創造的な読者でありつづけるにはどうしたらいいのだろうか？

何年も前、ジョージ・スタイナーはこんなことをいった。読書離れが進めば、読書はそもそもの始まりまでさかのぼり、昔の修道院の書斎に似た読書の館がつくられるだろう。時代遅れの本を読みたがるわれわれのような変わり者はそこへ行って席につき、沈黙のなかで読書することになる、と。シカゴのサウスサイドにある聖十字教会修道院では、それと同じことが毎日行なわれている。だが、それはスタイナーが想像したのとは少し異なる。修道士たちは朝の祈禱がすむと、コンピューターのスイッチを入れ、千年前の先人たちがやったのと同じように文書室で熱心に働く。未来の世代のために、文章をコピーし、注釈をつけ、保存するのである。熱心に読書するときのプライバシーでさえ、見たところ個人のものではない。むしろ普遍的なものだ。旧約聖書の読者には、エルサレムの「嘆きの壁」サイトを通じて、新約聖書の読者にはヴァチカンの教皇のサイトを通じて、神自身との交流までが可能になるかのようだ。

読書をめぐるこれらの展望に、あと三つ付け加えたい。さほど遠くない過去に、ＳＦ作家のレイ・ブラッドベリは、私たちのさほど遠くない未来を描きだした。

・『火星年代記』に収められた一篇「優しく雨ぞ降りしきる」では、完全にオートメーション化された家が夕べの楽しみとして家族のために詩を朗読する。返答がないと、家は自分で詩を選び、読みあげる。だが、核戦争で家族全員がすでに死に絶えていることを家は知らない。ここに描かれた未来は、読者のいない読書である。

・もう一篇の『第二のアッシャー邸』は、小説が想像力の源泉ではなく、危険なほど現実的なものと見なされる時代に、ポーの熱烈なファンがたどった運命を描いている。ポーの作品が禁書になったあと、熱心な読者は、崇敬する作家に捧げる神殿として、薄気味悪い危険な家を建てる。復讐のために、彼は敵と本の両方をいっぺんに滅ぼすのだ。ここに描かれた未来は、読書をしない読者である。

・三つめは、最も有名な作品、『華氏四五一度』である。本が焼かれる時代に、文学を愛する人びとのグループが好きな本を記憶し、移動図書館のように、本を頭のなかに収めて持ち歩く。この未来では、読者と読書が生き延びるため、アウグスティヌスの教えにしたがって、その模範にならう。

読者を必要としないオートメーションの読書。怪物としてではなく、対話の場所としての本を信じる時代遅れの変わり者に残された読書という行為。心が崩れ、精神が壊れるまで、つねに持ち歩けるよう、脳のなかに記憶として保管される本……これらのシナリオはこの新しい世紀にふさわしい。書物の終焉は時代の終焉とともに語られる。たとえば、二千年紀の終わりである。起源一世紀の終わり、世界の終焉を予感したアダム派の信徒たちは仲間たちと合流する前に蔵書を焼き払った。約束された天国には知識など無用のものだからである。

人が抱く恐れは、自分たちの生きている時代に根ざした特有のものである。そこから思いがけない未来が生まれることはない。いまこの場所で明らかになっている答えしか出ないのだ。「愚かさとは、結論を求める気持ちのなかにある」とフローベールは書いた。そのとおりだ。すべての読者が知っているとおり、本を読むという行為の要点、すなわちその本質はいまも、そしていつまでも、予測可能な結末がないこと、結論がないということだ。読書のたびに、それは別の読書へとつながる。何千年も前のある日の午後に始まった読書、それについて私たちは何も知らない。読むという行為は、かならず次のページに影を落とし、その内容とコンテクストに影響をおよぼす。そんななかで物語は育ち、社会の外皮が層を重ねて歴史ができあがる――読書という行為はその歴史を保存する。カルパッチョの絵のなかで、アウグスティヌスは愛犬と同じように神経をとぎすませて坐っている。ペンを手にし、ディスプレイのように輝く本のかたわらで、光のほうをまっすぐに見つめ、耳をすませている。この部屋も道具もたえず変化し、棚の本はカバーを脱ぎ捨て、文章はまだ生まれていない声で物語をかたる。

VI　本をめぐるビジネス

「卵をひとつください」アリスはおずおずといった。「おいくらですか？」

「ひとつ五ペンスと一ファージング――ふたつだと二ペンス」

「ひとつよりふたつのほうが安いの？」財布をとりだそうとしていたアリスは驚いた声でそういった。

「ただし、ふたつ買ったら、ふたつとも食べなきゃいけない」

『鏡の国のアリス』第五章

白を黒という

「そなたは外国語ができるか？　フィドル・ディー・ディーはフランス語ではなんという？」

「フィドル・ディー・ディーは英語じゃありません」アリスはまじめな顔で答えた。

「だれが英語だなんていった？」と赤の女王はいった。

『鏡の国のアリス』第九章

クリスティーヌ・ルブーフに〔英仏の翻訳家。オースター、ハストヴェットなどの翻訳を手掛ける。マンゲルの作品の仏訳も彼女によるもの〕

一九九二年から九三年にかけて、私はマルグリット・ユルスナールの短編三作の翻訳にとりくんだ。フランス語のタイトル *Conte bleu* を、英語では *A Blue Tale* とした〔邦題は『青の物語』〕。後年名文家と称されることになるユルスナールの初期作品集である。当然ながら、若さゆえの活気と生意気さがあふれんばかりで、物語はあちらからこちらへと時間を跳びこえ、地味な青からどぎつい紫へと移り変わった。作家や創造主たる神とはちがい、翻訳者は過去の間違いを正すことができる。私には、ユルスナールの若書きの文章がもつきらめきや螺旋をそのまま残そうとすることはあまりにも融通がきかない態度に思えた。文学好きの読者のためというより、過去の作品を掘り返す文学的考古学者を喜ばせるだけではないか。しかも、フランス語にくらべて、英語はあふれるばかりの感情を表現するのに不向きだ。そこでところどころ——これわが過ちなり、わが最大の過ちなり——そっと形容詞を削除し、比喩を刈りこんだ。

『エヴゲニー・オネーギン』を「欠点も含めてすべて」翻訳したことを友人のエドマンド・ウィルソンに批判されたとき、ウラジーミル・ナボコフはこう反論した。翻訳者の仕事は、オリジナルの作品を改良したり、論評したりすることではなく、その言語を知らない読者のために、文章をそっくりそのまま同等の形で再構成することだ、と。ナボコフの主張によれば（偉大な職人たるナボコフがこれを信じていたとは考えにくいが）、異なる言語が意味も音もまったく「同等」で、ひとつの言語から連想するイメージが別の言語で連想するイメージに等しいということになる——そこには新たな創作活動の余地はない。ところが実際には（翻訳者なら誰でも最初の一ページから気づくように）、あるひとつの言語で不死鳥を想起させるものが、別の言語では裏庭の鶏になってしまうことが珍しくない。灰のなかからよみがえる唯一無二の存在である不死鳥が、別の言語では、動物寓話に描かれた奇妙な生き物の姿を借りてこなければならず、まったく別物になってしまうのだ。たとえば、英語の phoenix には、いまだに想像力を刺激する突飛なイメージがある。一方、スペイン語の ave fénix は十七世紀から連綿とつづく大げさな美辞麗句のひとつである。

中世の初め、移行を意味する translation（ラテン語の transferre から派生した）という単語は、聖遺物をある場所から別の場所に移すことを意味した。ときには、そのような移動は遺法行為でもあった。ある都市から遺物をこっそり盗みだし、別の都市のお守りに変えるということがあり、聖マルコの遺物がコンスタンティノープルからヴェネチアに移されたのもその一例だが、その聖遺物は荷車に積んだ豚肉の下に隠されて運びだされた。コンスタンティノープルの門を守るトルコ人の護衛兵はイスラーム教徒にとってタブーである豚肉に触ろうとしなかったのだ。いかなる手段をとっても、貴重な宝を運びだし、自分のものにすること。文学作品の翻訳の定義としては、ナボコフのいう定義より、このほうがふさわしい。

無邪気な翻訳などない。翻訳にはかならず解釈がともなう。主題および解釈の選択、文章の拒否ないし削除、翻訳者の使う言葉による再定義――この場合、翻訳者は不当にも著者の立場を簒奪することになる。偏りのない読書が存在しないのと同じように、公正な翻訳はまずありえない。だからこそ、翻訳という行為には責任がつきまとう。その責任は翻訳されたページの境界を越えて広がる。言語から言語への転換だけでなく、往々にして、同じ言語のなかで、ジャンルからジャンルへ、文学の棚から別の棚へ移されることもあるからだ。しかし、すべての「翻訳」がそうだというわけではない。チャールズ・ラムとメアリー・ラムがシェイクスピアの戯曲を子供向けに書きなおしたもの、あるいはヴァージニア・ウルフが親切にも拾い集めて「イギリス文学の範疇」に入れたコンスタンス・ガーネット訳のツルゲーネフなど、テクストを子供部屋または大英図書館へ移動させたものは、先に述べた語源からしても、「トランスレーション」とはいいがたい。ラムであれ、ウルフであれ、翻訳者は本来のテクストに魅力的な、あるいは名誉を汚すような、別の意味をまとわせる。

翻訳が言葉の置き換えという単純な行為なら、複写する以上に歪曲や検閲（または改良や教化）の余地はなかっただろうし、せいぜい写字室の筆写で生じる写しまちがい程度ですんだはずだ。だが、そうはいかない。翻訳とはテクストを別の言語、別の空間、別の時間に移し替える行為であり、良きにつけ悪しきにつけテクストを変えることだと、私たちは知っている。同時に、すべての翻訳――置き換え、書きなおし、ラベルの貼りかえ――が本来のテクストに既成の解釈を上乗せし、無言のうちに論評を加えることも知っている。そこに検閲の手が入りこむ。

翻訳がテクストを隠し、歪め、服従させ、削除することさえあるという事実に、読者はなんとなく気づいている。だから、翻訳をオリジナルのひとつの「バージョン」として受け入れる。このプロセスについて、ジョアシャン・デュ・ベレーは一五四九年、『フランス語の擁護と顕揚』でこう書いている。「それらの、翻訳者《トランスレーター》というよりむしろ売国奴《トレイター》と呼ぶほうがふさわしい者たちについて、なんといったものか。彼らは読者を裏切り、栄光を泥まみれにし、白を黒といって無知な人びとをだます」

中世の同性愛について論じたジョン・ボズウェルの独創的な作品『キリスト教と同性愛』の索引を見ると、「翻訳」の項目には「誤訳の項目を見よ」と書かれている――あるいは、ボズウェルにいわせると、それは「歴史的事実の意図的な歪曲」である。ギリシャ・ローマの古典における翻訳の無菌化を示す実例は、登場人物の性的指向をわざと隠すために代名詞を変えることから、文章まるごとの削除まで、枚挙にいとまがない。偽ルキアノスの『恋する者たち』がそのよい例で、この著者の作品集を英訳したトマス・フランクリンは一七八一年にこの作品を削除した。その理由は、エロティックな欲望をそそるのは女性かそれとも少年かを男たちのグループが論じるあからさまなせりふが含まれていたからだった。「だが、この論点は少なくともわが国においては女性のほうが上だという結論が出て久しく、これ以上議論するまでもなく決着がついている」と、やかまし屋のフランクリンは書いている。

「われわれが禁じられるのは、名前をつけられるものだけだ」とジョージ・スタイナーは『バベルの後に』で述べている。十九世紀を通じて、ギリシャ・ローマの古典を道徳教育の教科書として女性にすすめるときは、翻訳によって清めておかなければならなかった。J・W・バーゴン師は一八八四年にオックスフォード大学ニューカレッジの説教壇からこのことを明言した。大学では原典によって学ぶ必要があるという理由で、女性の大学進学に反対したのである。「『栄誉』をめぐって、女性が男性と首尾よく競いあうことになったら」（と、心配性の牧師は書いている）「古典作家の露骨な表現そのままの本を女性の手に渡さなければならなくなる――つまり、ギリシャ・ローマ文学の猥褻さを女性の目の前にさらすということだ。本当に、そんなことがしたいのか？　愛すべき心を古代文明の卑猥さで汚すことになる。花に囲まれた乙女に忌まわしいことを教えることになる。年齢を問わず、女性であれば（そして、できるならば男性でも）そのようなことを知らないでいるほうがずっとよいのではないか？」

翻訳による検閲の目は、単語や文章だけでなく、文化全体におよぶことさえある。征服された民族は何世紀ものあいだに何度も検閲を受けてきた。たとえば十六世紀末、反宗教改革の先鋒として、スペイン国王フェリペ二世のお墨付きを得たイエズス会士は、フランシスコ会にならって、現在のパラグアイにあるジャングルに入植した。一六〇九年以後、その植民地から追放される一七六七年まで、イエズス会士は先住民であるグアラニー族のための集落を築いた。壁に囲まれたこの集落は「レドゥクシオン」と呼ばれた。そこに住む男女と子供たちをキリスト教文明の教えに「降伏させた《レドゥシール》」からである。とはいえ、征服者と被征服者のあいだの溝はなかなか埋められなかった。「あなたの目には私が異教徒に見えるのでしょうが」とグアラニー族のシャーマンは宣教師の一人にいった。「私の目にはあなたがキリスト教徒には見えないのです」。イエズス会は、先住民を改宗させるには相互理解が必要だということを知っていた。そして、この「異教徒」を、キリスト教の神秘主義思想でいう「見えない虜囚」にしておくためには、他者を理解することが重要だということもわかっていた。他者を理解するための第一歩は、相手の言葉を学び、翻訳することだった。

ある文化は、その社会が何をどう名づけるかによって定義される。検閲という目的のために、征服者の側の文化は、征服された社会に属する事物を呼ぶ語彙を手に入れなければならない。したがって、征服した側の言葉に翻訳するという行為にはつねに、同化または絶滅の危険がともなう。被征服者の側の言葉へ翻訳するときには、抑圧ないし侵食の危険がともなう。翻訳につきまとうこうした状況は拡大されて、多種多様な政治的不均衡をもたらす。グアラニー語（形はだいぶ変わったとはいえ、いまでもパラグアイでは百万人以上がこの言葉を話している）は、イエズス会士が来るまでは文字をもたない言語だった。やがて、すぐれた言語能力のせいで先住民から「神の魔術師」と呼ばれたフランシスコ会士ルイス・デ・ボラニョスが最初のグアラニー語辞典をまとめた。その仕事はイエズス会士のアントニオ・ルイス・デ・モントーヤに引き継がれ、モントーヤは数年間の苦労の末に、『グアラニー語類語辞典』として完成させた。南米におけるイエズス会の伝道の歴史に付した序文で、パラグアイの小説家アウグスト・ロア＝バストスはこう書いている。先住民にキリストへの信仰を植えつけるために宣教師たちがまず必要としたのは、祖先から受け継いだ死生観を一時棚上げにさせるか、または改変させることだった。グアラニー族の言葉を用いて、またキリスト教とグアラニー族の信仰にたまたま一致する部分があったことを利用して、イエズス会士はグアラニー族の神話を書き換え、それらがキリストの真理を予言または暗示していたように見せかけた。原初の霧から自分の体を創造したといわれるグアラニー神話の父祖ナマンドゥは、創世記に描かれたキリスト教の神になった。最初の親であるトゥパは、グアラニーの神々のなかでは位の低い神だったが、最初の人間アダムになぞらえられた。グアラニー族の宇宙神話では地上の王国を支えるものである十字に組み合わせた棒は、キリスト教の十字架に等しいものとなった。しかも、好都合なことに、ナマンドゥが次に行なうのは言葉を創造することだった。イエズス会士は聖書をグアラニー語に翻訳することで、先住民にも納得しやすい宗教的な権威を築くことができた。

グアラニー語をスペイン語へ翻訳するにあたって、イエズス会士は、グアラニー族のあいだでは容認され、ときには高く褒められることさえあった社会的な態度を、カトリック教会やスペイン宮廷の常識をあてはめて解釈した。グアラニー族の考える個人の誇り、贈り物をもらったときに沈黙で感謝をあらわすこと、一般的な知識に対抗するものとして特殊性を重んじること、季節や年齢の移り変わりに敬意を表すことなどが、自分たちに都合のよい解釈でばっさりと、「傲慢」「恩知らず」「無知」「気まぐれ」と訳された。そのため、イエズス会士が追放された十六年後に、ウィーンから来た旅行者マルティン・ドブリッホッファーは『アビポン族の歴史』でグアラニー族の堕落ぶりをこんなふうに回想することになった。「良識ある人びとには多くの美徳がたしかに備わっていて、文化と教育は可能だが、彼ら自身のあり方としてはきわめて不均衡な形で目につく。彼らはまるで、傲慢さ、忘恩、無知、気まぐれといった要素でできた自動人形のようだ。こうしたおおもとから流れ出るのは、怠惰、飲酒、横柄さ、不信といった悪徳であり、加えて、彼らの道徳性を台無しにするその他多くの無秩序がある」

イエズス会の主張にもかかわらず、新しい信仰は先住民に幸せをもたらさなかった。一七六九年、フランスの探検家ルイ・アントワーヌ・ド・ブーガンヴィルはグアラニー族について簡潔な言葉で記述した。「これらのインディオたちは哀れな連中だ。頭の固い厳格な主人の杖のもとでつねに震えていて、財産は何ひとつもたず、苦しいだけの生活を強いられ、その毎日のあまりの単調さに、退屈で死にかけている。実際に死の瞬間がやってきても、そんな人生から逃れられることが喜ばしいほどである」

パラグアイからイエズス会士が追放されるころには、スペインの年代記作者フェルナンデス・デ・オビエドが「文明化された」グアラニー族をブリトン人の指導者カルガクスになぞらえた。カルガクスはブリタンニアがローマ軍に征服されたあと、こういった。「こうした行為を末代に残した男たちは、自分たちが『平和のうちに』征服したという。私が思うに、それは平和どころではない――まさしく破壊だ」

歴史を通じて、翻訳における検閲はより巧妙な見せかけのもとでなされてきた。いまの時代、ある国々では、翻訳が「危険な」作者を屈服させ粛清するための手段のひとつになっている（キューバにおけるブラジル人作家ネリダ・ピニョン、ロシアにおけるデカダン作家オスカー・ワイルド、アメリカ合衆国とカナダにおけるアメリカ先住民の年代記作者、フランコ政権下のスペインにおけるフランスの恐るべき子供《アンファン・テリブル》ジョルジュ・バタイユ――これらの作品はすべて抄訳で出された。私の場合も、そんな意図はなかったにせよ、ユルスナールの翻訳に検閲を加えていたのだろうか？）。ときには、政治的に不穏当だと思われる著者の本は翻訳されずにあっさりと片づけられ、むずかしい文体の作家は敬遠されて、もっと楽に翻訳できる作家が好まれ、たとえ翻訳されても原作とは似ても似つかぬぎこちない文章になってしまう。

とはいえ、すべての翻訳が改悪だったり、偽りだったりするわけではない。翻訳によって文化が救われることもたまにはある。そんなとき、翻訳者は自分たちが手間ひまかけた、つまらない労苦があながち無駄ではなかったと胸を張る。一九七六年一月、アメリカの辞書編集者ロバート・ラフリンはメキシコ南部の村シナカンタンの首長の前に膝を折り、十四年を費やして編纂した本を謹呈した。それはソチル語の大辞典で、チアパス州に住むマヤ語系の先住民――「蝙蝠の人」と呼ばれる――十二万人が用いる言語を英語との対訳にしたものだった。辞書をソチル族の長老にさしだしながら、ラフリンは非常な苦労を重ねて記録してきたその言葉でこう述べた。「外国人がここへ来て、あなたがたを愚かで無能なインディオだといったなら、この本を見せてください。あなたがたの叡知、あなたがたの理性が詰まったこの三万語を見せておやりなさい」

　それで十分であり、まさにそうするべきなのだ。

秘密を分けあう者

「それでだじゃれがいえるよ」その小さな声が耳元でささやいた。「できるなら、ここで着るわ」
「うるさいわね」アリスは声の出どころを探してあたりをきょろきょろ見回した。「そんなにいいたいなら、自分でいえばいいでしょう?」

『鏡の国のアリス』第三章

一九六九年、ティモシー・フィンドリーはニューヨークを訪れた。アメリカの編集者とともに、二作目の小説『蝶の災い』の校正刷りに手を入れるためだった。カナダの出版社は、俳優から作家に転身したフィンドリーの新作にいまだ乗り気ではなかったが、アメリカの大手出版社ヴァイキング社はこの新進作家に興味を示した。フィンドリーの本の担当になった編集者は「コーク」の愛称で知られるコーリーズ・M・スミスで、彼はジェイムズ・ジョイス書簡集の担当者でもあった。スミスはナチ政権下のドイツを背景に、没落するハリウッドのある一族の年代記を描いた『蝶の災い』を読んだ。とても気に入ったが、一点だけ満足できないところがあった。物語に登場する「蝶」の意味をもっと明確にしたほうがよいと感じ、フィンドリーにそこを書きなおすよう強く勧めた。フィンドリーは若く、経験もなく、この本をぜひ出版したかったので、版元の機嫌を損ねたくなかった。そこで、スミスの助言を受け入れた。原稿を書きなおして蝶の意味について説明を加え、ようやくこの作品はヴァイキング社の商標のもとで出版にこぎつけた。

この話で驚くべきは、アメリカの読者がこれをまったく驚かずに受け入れるところだ。駆け出しの小説家でも、本を出版しようとするなら、プロの手に原稿をゆだねなければいけないということを知っている。「編集者」と呼ばれる彼らは出版社に雇われていて、本として出版できるかどうかを考えながら原稿を読み、ふさわしいと思う形での修正を提案する（いまあなたが読んでいるこの文章も私が書いたもとのままではないだろう。編集者の厳しいチェックを通らなければいけないからだ。実際、『サタデー・ナイト』誌に掲載された最初のバージョンでは、この部分がばっさりカットされた）。

自分の技術にかんして警戒心が強いことで知られる作家たちは、このような手助けについては口をつぐみ、語るとしたら一般論ですませるか、さもなければオフレコにとどめる。現代文学には違法行為や損害補償の例は山ほどあるが、このような編集者の介入にかんするかぎり、作家たちは秘密にしておきたがる――その態度は正しい。できあがった小説は作家のものであり、そう見なすべきである。作家は（そして編集者も）共同作業の縫い目や継ぎあてを世間に見せるべきではない。作家こそが、唯一の作者であるべきだ。

とはいえ、この遠慮がちな態度には矛盾が含まれている。自分がテクストの唯一の作者だと自覚している作家は、そのような干渉の存在そのものを不思議に思い、その内容の神秘性にさらにとまどう。それと同時に、書いたものを出版する前にはプロの目から疑問を出してもらい、そしてその問いに答えを出すか、あるいは助言を受け入れなければいけないことも知っている。こうして作家は自分だけが完全な著者になることを、少なくとも一部はあきらめざるをえない。世界へ乗りだす前に、アメリカ（とイギリス連邦の多く）の作家はみな、うるさく注文をつける相棒を後部座席に乗せて出発することになるのだ。

編集者が職業として認識されるようになったのは、英米圏の人びとが思っているよりずっと最近のことであり、それまでは世間にもさほど知られていなかった。英米以外の世界では、編集者の存在はほとんどないも同然だった。イングランドでさえ、編集者が登場したのは印刷機の発明から二世紀半ほど過ぎてからのことだった。『オックスフォード英語大辞典』では、一七一二年に初めて「スペクテイター」誌のジョゼフ・アディソンが用いた例として「エディター」という言葉が収録され、「他者が書いた文学作品の準備をととのえる者」という定義が与えられた。このときはまだ、作家が仕上げた原稿または未完成の素材に手を加える人という意味に限定されていた。原稿に責任を負うのは作家だけだといわんとして、ウィリアム・ヘイズリットが「編集者に、おまえは何者でもないとわからせるのはまさに不可能だ」といったときに頭にあったのはこの意味だったと思われる。「作家と協力して小説をこしらえる人」という意味での編集者が歴史に登場するのはもっとあとで、二十世紀に入って最初の十年のころだった。それ以前、編集上の手助けはごくささやかなものだった。『ユートピア』執筆中のトマス・モアに助言を与えたエラスムスや、雑誌『ハウスホールド・ワーズ』の編集人としてウィルキー・コリンズのプロット作りに協力したディケンズなどがその例である。

今日使われているのと同じ意味での本格的な編集者が登場するのは一九二〇年代になってからである。いまや伝説となった一人の編集者がニューヨークに出現した。マクスウェル・パーキンズは、F・スコット・フィッツジェラルド、アーネスト・ヘミングウェイ、アースキン・コールドウェル、トマス・ウルフなどの担当編集者だった。誰に聞いても、パーキンズは高潔な編集者で、著者の意図と思われるものを最大限に尊重した――そんな善意にもかかわらず、パーキンズが出版できるような形に切り詰める前のトマス・ウルフの原稿がどんなものだったかがわかっている。パーキンズの存在によって、編集者は尊敬をかちえ、守護聖人を得た（編集者の守護聖人はギリシャの強盗プロクルステスではないかという意見もある。プロクルステスは迷いこんできた旅人を鉄の寝床に寝かせ、ちょうどいい長さになるまで、足りないときは体を引きのばし、余ったときは切り落としたという）。

一般読者にとって、編集者が実際にどんな仕事をしているのかは謎に包まれている。数名の書き手による薄い小冊子『著者と編集者――仕事の手引』（一九八三年）で、カナダのフリーランス編集者として有名なリック・アーチボルドはこう説明している。「編集者にはいくつかの機能がある。その機能は、出版社の規模と構造によって異なる。以下のようなものが編集者の仕事になることもある。出版企画の権利を取得すること。副次的な権利を売ること。販促とマーケティングのプランを立てること。本のカバーに入れるコピーの文面を考えること……制作を監督すること。そして校正刷りを読むこと。それに加えて、いうまでもなく編集作業がある」。これではあまり助けにならない。教科書、雑誌、技術系ノンフィクションのような特殊なジャンルの出版は別として、彼らのいう編集作業とは、いったい何をさしているのだろう？

少なくとも編集者の仕事のひとつとして、「原稿整理」というものがある。事実関係、字の綴り、文法が正しいかどうかを調べ、句読点の使い方を出版社の方針に合わせて統一する、等々、常識的な疑問をただす。たとえば、二十一ページでは十五歳だった登場人物が三十四ページでは十八歳になっているが、これでいいのか？　編集者の給料は——その額がいかほどかにかかわらず——このような確認作業や相互チェックのために支払われているわけではないはずだ。

このような編集の実務的な側面は一見必要なものと思えるが、じつは潜在的な危険をともなう。編集者が原稿をチェックするだろうと思うと、作家はこまかい部分をいいかげんにしておくかもしれない。どうせ、プロの編集者が気に入るように直すのだから、と思ってしまうのだ。パーキンズの編集を受け入れていたトマス・ウルフは書きあげたそばから原稿を読み返しもせず、床に放り投げたという。タイピストがその原稿を拾い集めてタイプし、パーキンズがそれを切ったり貼ったりして仕上げた。しだいに、作家は自分がどこへ向かっているのかわからなくなって行き詰まる（終わらせるのではなく、ヴァレリーの勇敢な言葉によれば、作品を「投げうって」しまう）。こうして作家は、教室の入り口からおずおずと文章をさしだして、教師に綴りや文法の採点をしてもらう生徒のようになる。

たしかに原稿整理は編集者の業務の一部である。だが、歴史のある時点で、おそらくマクスウェル・パーキンズより前の時代でさえ、編集者は綴りの間違いを正すことと、文学的感覚について正すことのあいだにあった深い溝に橋をかけ、やがて蝶の意味について疑問を投げかけるにいたった。いつのまにか、小説の内容までが編集者の責任になったのである。

『編集者の語る編集——編集の仕事の内幕』（ジェラルド・グロス編）で、編集者兼書籍販売者であり、作家でもあるウィリアム・トラグは、編集者を編集者たらしめている要素についてこう書いている。「有能かつ優秀な書籍編集者はまず読まなければいけない。子供のころから本を読んできた人間であらねばならない。その読書は途絶えてはいけない。活字への渇望は生まれつき備わった本能的なもので、知的活動にとって必須のものだ。その衝動は遺伝子のなかになければいけない」。つまるところ、編集者とは読者そのものでなければならない。

まさしくそのとおりだ。編集者はこの機能を備えていなければならない。それがなければ、やめたほうがいい。しかし、個人的な好みを超えた読書とは、はたして可能だろうか？　著者の原稿に介入することを正当化するとしたら、編集者はハッピーエンドしか認めない能天気屋でも、悲しい結末にしたがるセンチメンタリストでもいけない。編集者とは、いわばプラトンのイデア論で解釈した読者である。編集者は「読書」を体現した存在でなければいけない。それは大文字で始まる読者（Reader）だ。

とはいえ、たとえ理想の読者だったとしても、著者を助けることができるのだろうか？　本を読む人なら誰でも知っているとおり、文学とは責任を分けあう行為である。それを承知したうえでも、その共同作業によって読者が著者のめざした到達点——その到達点はたいていの場合、著者自身にさえわかっていない——を理解できるというのは、あまりにも単純で、またいささか傲慢である。別の言い方をすれば、一冊の本はそれ以上でも以下でもない。作家が自分の意図を表現できていたかどうか、そもそも自分の意図がわかっていたかどうか、あるいは意図すべきものがあったかどうか、そういったことすべてに関係なく、その本が何をあらわしているかは謎であり、著者自身も含めて、誰も本当の答えを知らない。ありあまる豊かさと多様性ゆえにこのような問いを無効にしてしまうこと、それが文学の真の功績ではないかと私は思う。作品のなかの形而上学的なテーマについて、ある批評家が指摘したとき、イタリアの小説家チェーザレ・パヴェーゼはこう答えた。「私の本にそういうものがないとはいいません。ただ、意図したわけではないといっているのです」

編集者が著者の「意図」を推測するとき（「意図」とは、十三世紀に聖トマス・アクィナスが修辞学の概念として考案したものである）、またはある文章の意味や出来事の理由について著者に訊くとき、彼らは文学作品がいくつかの法則にまとめられたり、要約で説明できたりするものだと思いこんでいる。厚かましくも著者を縛りつけるような働きかけは脅威というしかない。作家は（フィンドリーのように）、作品の均衡を保つために細心の注意を払い、崩壊を免れようと必死で耐えているからである。年を重ね、経験を積み、出版社と袂を分かつことがさほど怖くなくなったフィンドリーはついに叛旗をひるがえした。一九八六年、彼は『蝶の災い』に加筆した説明的な文章を削除し、この（改良か改悪かはともかく、オリジナルに戻った）改訂版をヴァイキング・ペンギン社から出版した。

ただし、この脅威は全世界に共通するものではない。「著者の意図を探る」という意味での編集者がいるのは、ほとんど英米圏だけであり、そのなかでもイギリスとくらべてアメリカのほうがずっと多い。その他の地域では多かれ少なかれ、編集とはたんなる原稿整理や出版のための機能のひとつでしかない。しかも、きわめて控え目になされる。シカゴやトロントの編集者だったら、もっとやりがいのある仕事を求めて転職したくなるだろう。私はこれまで、アルゼンチン、スペイン、フランス、イタリア、タヒチの出版社で働いてきた。訪問だけなら、ブラジル、ウルグアイ、日本、ドイツ、スウェーデンの出版社へ行ったことがある。どこの国でも、アメリカの編集者のように干渉過多な仕事ぶりは見られなかった。私の知るかぎり、これらの国々では文学が豊かに保たれているようだ。

なぜアメリカはそうした編集者の温床なのだろうか？　思うに、アメリカ社会が利益追求を重んじるからではないだろうか。本は売れる商品でなければならず、その商品が最大限の利益をあげるように専門家が雇われる。こうした均一化の動きが最悪の方向に働いて生まれたのが大量消費のロマンス小説であり、最もうまくいったものが読める形に切り詰められたトマス・ウルフの作品である。ラテンアメリカでは、本が金儲けにつながることがめったにないので、作家は放っておかれ、小説は編集者のふるうはさみを恐れずに、いくらでも長く書くことができる。

　不幸なことに、アメリカの影響が広まりつつある。たとえば、ドイツ、スペイン、フランスでは、これまで出版したい本を選ぶだけだった編纂者がいまや作家と並んで坐り、執筆中の作品について話しあっている。ときとして、作家が頑として譲らず、協力を拒否することがある。だが、グレアム・グリーンのように勇敢で、文学界に影響をふるえる人物はそれほど多くない。アメリカの出版社が小説『叔母との旅』の題名を変えたいといったとき、グリーンは簡潔な文面の電報を送った。「題名を変えるより、版元を変えるほうが簡単だ」

　場合によっては、作家自身がプロの助言を求め、編集者に腕をふるってほしいと頼むこともある。その結果は奇妙な共作である。近代詩の分野で最も有名なのは、エズラ・パウンドがT・S・エリオットの『荒地』に手を加えた例である。それについてボルヘスはこう述べている。「二人の名前を表紙に載せるべきである。自分の文章に他人が手を入れることを許すなら、彼はもはや著者ではない――共著者の一人だ。彼らの共同作業は世間にも知らしめるべきだ」

　パウンドが抹消した多くの文章（エリオットはその削除を受け入れた）のなかには、いまでは読めないこんな一節もあった。

われわれが知るものは暁にちがいない――
ちがう暗さが雲の上を流れ、
はるか彼方をわれわれは見た。空と海が出会うところ、
一本の線、白い線、長い白い線、

ひとつの壁、障壁、そこへ向かってわれわれは進む。

パウンドが編集したあとで出版された『荒地』は「英語で書かれた最もすぐれた詩」と呼ばれた。それでも、私はカットされた詩篇をもったいないと思い、パウンドの介入がなかったら、エリオットは果たしてこれらを削除しただろうかと考える。

もちろん、英米圏であろうがなかろうが、世界中のどこでも、作家は出版前の原稿を誰かに見せる（ナボコフにいわせると、それは自分の唾液のサンプルを見せるようなものだった）。プロではない読者――著者の母親、隣人、友人、夫または妻――が最初に目を通すのは儀式のようなものであり、いくつかの疑いや称賛のこもった感想を述べるが、著者はそれを受け入れることもあれば、あっさり無視することもある。賛否両論の声にこれといった権威はなく、書きなおしを命じる肩書もない。ジョン・スタインベックは一章を書きあげるたびに妻に読ませたが、感想は「なんてすばらしい！」のひとことという条件をつけていた。

一方、プロの編集者の場合、どんなに思いやり深く、理解のある人でも（幸いにも私はその種のごくまれな編集者に恵まれてきた）、編集者という地位ゆえに、いくらかの権威をもって著者に影響をおよぼす。その仕事で給料を得ている編集者と、身近な親しい人びととの違いは、ロボトミー手術をしたがる医者と濃いお茶を勧めてくれる愛情豊かな叔母のようなものだ。

よく例に出される話がある。阿片に陶酔する「クブラ・カーン」の夢を見たコールリッジが、目覚めたあとで机に向かい、そのことを書こうとすると、きまって「ポーロックから来た商売人」に邪魔されて、そのすばらしい詩はいつまでも書きあがらない。ポーロックから来た人とは、英米圏の出版社に雇われた編集者だ。彼らが賢明なら、疑問を投げかけることで執筆が促される。調子が狂うこともある。著者のはかない自信が吹き飛ばされることもある。ときには、途中で完全に頓挫することもある。すべてはよけいな干渉である。私がどうかと思うのは、人の文章にむりやり修繕の手を入れることだ。

編集者がいなければ、文章はとりとめなく、支離滅裂になり、くりかえしの多い、不愉快なものにさえなるだろう。登場人物の目の色は、ある日は緑かと思うと翌日は黒になる（ボヴァリー夫人のように）。断固たるコルテスが太平洋を発見したように、歴史的事実をまちがえる（キーツのソネットのように）。つながりの悪いエピソードだらけになる（『ドン・キホーテ』のように）。とってつけたような結末（『ハムレット』のように）や書きだし（『骨董屋』のように）になる。だが、編集者がいると――現在では編集者は欠くべからざる身近な存在となり、その「承認」がなければ本が出せない――途方もなく新しい何かを見逃すかもしれない。不死鳥のようにまばゆく、二つとないもの。まだ生まれてきていないがゆえに、言葉にできない何か。それを生みだそうとするとき、秘密を分けあう者の居場所はない。

イノック・ソームズを称える

ようやくドードー鳥がいった。「みんなが勝った。だから、全員が賞品をもらうべきだ」

『不思議の国のアリス』第三章

一九九七年六月三日、文学愛好家の一団が詩人イノック・ソームズを歓迎しようとロンドンの大英図書館の閲覧室に集まった。予想されたとおり、彼はあらわれなかった。この集まりの発端はこうだった。百年前、ソームズは自分の詩集『真菌状腫』が三部しか売れなかったことに落胆するあまり悪魔と契約を交わした。自分の野心的な魂と引き換えに、百年後の図書館にタイムスリップして自分が後世の人びとにどう評価されているかを見たいと要求したのである。残念なことに、後世の人びとは彼をまったく評価しなかった。完全に無視されていたのだ。図書館の膨大な目録にも彼の作品は載っておらず、同時代の文学史でも彼の名前に触れているのは、イギリスのユーモア作家マックス・ビアボームの小説の登場人物という但し書きだけだった。未来の読者には、彼の亡霊でさえ見えないのだった。野心のなれの果てはそんなものである。

文学的な野心はさまざまな偽装に身をやつすが、そのひとつは書店員から「心配性の著者《アンクシャス・オーサー》」と呼ばれて嫌われる不審人物である。心配性の著者は、ふつうの客を装って自分の本を探しながら書店のなかをうろつく。在庫を切らしているといって店員を叱りつけ、もっと目立つところに置けと文句をいう。ときには、自分の本を一冊か二冊、買うこともある。それが呼び水となって他の客が買ってくれるかもしれないと思うからだ。そんなげんかつぎからか、一九九九年、ピュリッツァー賞を受賞したジャーナリストのデイヴィッド・A・ヴァイスは新刊の『アメリカを売ったFBI捜査官』を二万部近く買った。いくら心配性の著者でもやりすぎのように思われるかもしれないが、ヴァイスはただ自分の楽しみのために本を買ったわけではない。気前がよすぎる彼は、自分の作品を大勢の人に読んでもらいたくて、自分のウェブサイトでサイン本を分けることにしたのだった。ヴァイスの行動（バーンズ＆ノーブルのオンライン書店の大幅ディスカウントと無料配送、それに新刊本と出足好調なタイトルのための特別価格でかなりの売上が見込めるはずだという入り組んだ販売戦略のおかげで、ますます複雑なことになる）は、考えてみるだけの価値はあった。

ヴァイスが大量購入にふみきる数日前から、その本は『ニューヨーク・タイムズ』のベストセラー・リストに登場していたが、二万部の売り上げはまちがいなく効果があって、他のベストセラー・リストにも載った。その行動について訊かれたヴァイスは、「私の望みは『アメリカを売ったFBI捜査官』に世間の注目を集めることだった」と答えた。

自分の本を読んでもらおうとして戦略を練ったのはデイヴィッド・A・ヴァイスが最初ではなかった。「ベストセラー」という言葉は一八八九年にカンザスシティの新聞がつくりだしたものらしいが、その概念は何千年も前からまちがいなく人びとの意識のなかにしっかりと根づいていた。紀元一世紀、詩人のマルティアリスはローマじゅうが自分の本に夢中だと自慢しているが、どのような戦略のおかげで、(当人の言葉によれば)「読者はその一節をうたうように口にし、本を手に入れようと奔走する」ようになったのかは不明である。もっと近いところでは、ウォルト・ホイットマンが『草の葉』の売れ行きをよくするために、その本を絶賛する書評を自分で書いた。ジョルジュ・シムノンは新刊の探偵小説を宣伝するため、デパートのショーウィンドウのなかでタイプライターを叩いてみせた。フェイ・ウェルドンはかなりの部数の買い取りと引き換えに、ブルガリの商標を最新刊の小説に入れると約束した。若き日のホルヘ・ルイス・ボルヘスは新聞社の待合室にかけてある記者たちのコートのポケットに自分の処女作をこっそり忍びこませた。一九一三年、D・H・ロレンスはエドワード・ガーネットへの手紙にこう書いた。「『ハムレット』と『オデュッセイア』がいま出版されても、大々的な宣伝がなければ百部も売れないだろう」

それでも、ヴァイスが展開した大戦略にくらべて、それらの初期の売りこみ作戦はささやかな小競り合いでしかなく、罪のないお遊びで、実効より笑いを狙ったもののように思える。出版人がもはや本作りに情熱を抱かず、むしろ会社内での説明責任こそが自分の務めだと思うようになり、同じ屋根の下での地位と利潤を求めて競争するようになったいま、そして作家がもはや(ピンチョン風の例外はあるにせよ)詩神からのひらめきを待ってひっそりと隠棲する文士ではなく、午後のトークショーのために国中をめぐり歩き、店先で人目にさらされるしゃべるマネキンと化したいま、さらにあまりにも多くの本が(カフカが望んだように)「われわれのなかの凍った海を割る斧」ではなくなり、大衆の変わりやすい欲望に狙いを定めてエージェントのオフィスで作られた急速冷凍の既製品(『アメリカを売ったFBI捜査官』のように)となったいま——そんな時代に、(ヴァイスのいう)「クリエイティブ・マーケティング戦略」が本に適用されたとしても驚くことではない。

昔の作家は、机に歯をむきだしたしゃれこうべを置いて、人の労苦への報いは墓だけだということを忘れまいとした。一方、現代の作家にとってのメメント・モリはしゃれこうべではなく、薄ぼんやりと光るコンピューターの画面である。そこにはベストセラー・リストがあり、哀れなソームズと同じ運命をたどった作家は、いくら画面をスクロールしても、選ばれた人のリストに自分の名前を見つけることができないのだ。

とはいえ、この普遍的な定めにも例外はある。二〇〇〇年、ユーモアどころかまさに慈善の心から、アマゾン・ドットコムの取締役会長ジェフ・ベゾスは、いたましくも無視されてきた作家たちに救いの手をさしのべることにした。真に民主的な手段としかいえないこの親切によって、アマゾン・ドットコムのベストセラー・リストはいまやトップ二十というけちくさいものではなく、売上順に三百万の本が並ぶことになったのだ。アマゾン・ドットコムの膨大な記憶量からしたら、ささやかな数字といわざるをえない。

この新たなテクノロジーのおかげで、作家のメメント・モリは虚栄心を映す鏡になった。人が本を出したとする。アマゾン・ドットコムの売上のトップ三百万位までには入るだろうと思う。そこで、本の書名をタイプしてみる。なんと驚いた！　自分の本が他の本に混じって、正確なランキングが一瞬にして出る。ベストセラー・ランキング三百万位になった本の著者は（タイタニック号の最後の救命ボートに乗りこんだ最後の乗客のように）、三百万と一番目になってリストに入れなかった哀れな無名のソームズの仲間たちを上から見て、冷たい笑みを浮かべるだろう。

著者の誰がリストに入り、誰がもれるかを決めるのは、偶然以上に奇妙な法則である。『ザ・ブックマン』に最初のベストセラー・リストが載った一八九五年以来、どんな本がベストセラーになるのか、その理由は悪魔でさえ推し量れない。もちろん、自分の名前に光を当てることだけが望みなら、そのささやかな満足を得るための手段はある。たとえば、友人たちに頼んで、同じ日の同じ時間に本を買ってもらう。そうすれば、その幸せな時間だけは、アマゾン・ドットコムのランキングに自分の名前を見ることができるだろう。だが、そんなやり方をしたくない人は、二年前のベストセラー・リストをざっと眺めてみたらいい。いくつかの例外を除いて、そのうち何人が残っているだろう？　砂漠に埋もれた古代エジプトのファラオ、オジマンディアスは忘却の彼方だ。同じように、何万部もの本を売り上げたはずの著者の名前がいまやすっかり忘れられている。ベストセラー・リスト入りという栄誉を受けた人びとが、いまや跡かたもなく消えてしまった。

しかし、矛盾を抱えた存在は、派手なパフォーマンスで目立つヴァイスやベゾスではなく、私たち読者である。サム・ゴールドウィンがジョージ・バーナード・ショーの代表作の戯曲の映画化権を得ようとして交渉したとき、提示された金額の大きさに映画界の大立者は驚きを隠せなかった。ショーはこう答えた。「ミスター・ゴールドウィン、問題は、あなたが芸術に興味をもっているのに私のほうは金に興味があることです」。ゴールドウィンと同じように、私たちはどんな働きにも報酬があって当然だと考える。ところが、知的活動にはそのような物質的な関心事が不似合いだと感じてしまう。他の製品と同じように、本も売り買いされ、税金がかけられることはわかっているが、それでも、散文や詩を売るために商売上のけしからぬ駆け引きが使われるのはいやだと思う。私たちは最新のベストセラー・リストを尊重し、「本の賞味期限」を話題にするが、ほとんどの本の寿命が卵より短いと知って落胆する。ベゾスの努力にもかかわらず、ヴァイスの武勇伝は教訓物語となる。その教訓は何年も前に作家のヒレア・ベロックによって記されていた。「私が死んだら、こういわれたい。『彼の罪は疎まれた。だが、彼の本は読まれた』」

順位づけにそもそも意味があるのかと訊くのは野暮かもしれない。ランキングはそれだけで楽しいものだし、詩の本質ともいえる（W・H・オーデンはかつてそういった）。それに、『真菌状腫』の作者がディナーパーティーの席上でこんなふうに自己紹介する機会を奪うのは意地悪というものだろう。「こんにちは、私はベストセラー・ランキング二九九万九九九九位の本の著者です。私の本は七部売れました！」

だが、作家としての努力には少しばかりの虚栄心が欠かせないのかもしれない。十九世紀初頭のトマス・ラブ・ピーコックによる小説『悪夢の修道院』の主人公はしみじみと思いめぐらす。「七冊売れた。七は神秘的な数字だ。縁起がいい。私の七冊を買った七人を見つけよう。彼らはきっと七本の黄金の蠟燭になる。その蠟燭で私はこの世を照らそう」。貪欲さが美徳と見なされる今日、この慎ましい野心に文句をつけられる人がいるだろうか？

ヨナと鯨

「鏡の国のケーキの扱い方も知らないのか」とユニコーンがいった。「まずみんなに配って、そのあとで切るんだ」

『鏡の国のアリス』第七章

旧約聖書には、大声でわめいたり苦言を呈したりする預言者がやたらと登場するが、そのなかでも、ヨナほど奇妙な預言者はいないのではないか。私はヨナが好きだ。後年、不運をもたらす人間の代名詞となってしまうヨナだが、私は気に入っている。ヨナの存在には周囲の人をいらだたせる何かがあり、それがヨナの個性だということに私は気づいていたのだと思う。たぶんヨナには、十九世紀の言葉でいう芸術家気質があるのではないだろうか。私にいわせれば、ヨナはアーティストだ。

私が最初にヨナの物語を聞いたのは、大叔父からだった。大叔父には、話をしながらハンケチに唾を吐くという悪い癖があった。ユダヤ教の学識が高いと自慢していたが、たいしたことはなく、バルミツバー用にいくつかの詩篇を教えてくれる程度の知識だったと思う。しかし、ときたま大叔父はすばらしい話を聞かせてくれた。口の角に溜まる唾の泡に近づきすぎることさえなければ、それはとても楽しい経験だった。ヨナの物語を聞かされたのは、私がとても強情になって、何かをやりなさいと何度もいわれたにもかかわらず、頑として拒んだときだった。「ヨナと同じだな」といいながら、大叔父はハンケチを口にあてて盛大に唾を吐くと、そのハンケチをまたポケットに突っ込んだ。「いつだって、やだ、やだ、やだ。いったいおまえは何になるつもりだ？　アナキストか？」ユダヤ人大虐殺《ポグロム》という罪業にもかかわらず、なぜかロシア皇帝に心酔していた大叔父にとって、アナキストほど凶悪なものは他になかった。あるとすれば、おそらくジャーナリストくらいのものだろう。大叔父によると、ジャーナリストはすべて覗き屋かおせっかい屋だった。世界で何が起きているのかを知りたかったら、カフェへ行って友達から情報を仕入れればよいのだという。大叔父はそれを実践していた。明けても暮れてもカフェに入り浸っていたが、もちろん安息日は別だった。

　ヨナの物語が書かれたのは、おそらく紀元前四世紀か五世紀だったと思われる。ヨナ書は聖書のなかでもとくに短い――そして、内容も奇妙だ。ニネヴェの都の悪徳が天にまで聞こえてきたため、神は預言者ヨナにその都へ行って警告を与えよと命じた。だが、ヨナはそれを拒否した。自分の言葉によってニネヴェの都が悔い改めたら、神は彼らを赦し、罰することをやめるだろうが、そうなったら、受けて当然の罰を免れることになると思ったからである。神の命令を逃れるため、ヨナは目の前の船に飛び乗ってタルシシュへと出帆した。海に出ると激しい嵐が起こり、船乗りたちは絶望の呻き声をあげた。この天候の急変が自分のせいだとなぜか知っていたヨナは、自分を海に投げこめば波はおさまるといった。船乗りたちがそのとおりにすると、嵐はやみ、ヨナは神自身によって差し向けられた巨大な魚に呑みこまれた。魚の腹のなかで、ヨナは三日三晩を過ごした。四日目に神はその巨大な魚に命じてヨナを陸地に吐きださせた。そしてもう一度ニネヴェへ行って人びとに語りかけるよう命じた。神の意志には逆らえないと知ったヨナはそのとおりにした。ニネヴェの王はヨナの警告に耳を傾け、すぐに悔い改めたので、都は滅ぼされずにすんだ。だが、神に怒りを覚えたヨナは、ニネヴェの東の砂漠へ行って粗末な小屋を建て、そこに坐って、悔い改めたニネヴェの都がどうなるかを見守った。それを見た神は小屋のまわりにとうごまの木を這わせ、ヨナを日差しから守った。ヨナは神の思いやりに感謝したが、翌朝起きてみると、神はその木を枯らしていた。日差しに焼かれ、風に吹きさらされたヨナはあまりの暑さに気を失いそうになった。そして、神に向かって、死んだほうがましだと訴えた。すると神はヨナに向かってこういった。「私がとうごまの木を枯らしたといっておまえは怒る。それなのに、ニネヴェの住民すべてを滅ぼせとおまえはいう。この一本の木さえ惜しむとしたら、右も左もわきまえぬ人びとと多くの家畜をどうして惜しまずにいられようか?」この答えのない問いかけとともに、ヨナ書は終わっている。

　私の心を強くとらえたのは、ヨナがニネヴェへ神の言葉を伝えに行くことを拒否した理由だった。聞き手が罪を悔い改め、その結果として、彼らが赦されるとわかっているから、神の命令にしたがわない——そんなヨナの理屈を筋の通ったものだと思うのはアーティストだけだ。ヨナはニネヴェの都が芸術家にたいして、二通りの態度のうちのひとつをとっていることを知っていた。その二つはいずれも、芸術家の作品を社会への告発と捉えていて、一方では社会を非難する存在として芸術家を排斥し、また一方では、彼らの作品をむりやり社会に順応させようとする。金銭的な価値のある、飼いならされたものであれば、芸術は心地よい装飾品になるからだ。そんな状況では芸術家が生きていけないことをヨナは知っていた。

　非難を浴びるか装飾品に堕すかの選択を迫られたとき、ヨナはおそらく非難されるほうをとったはずである。多くの芸術家と同様、ヨナが本当に望んだのは、聴衆の無関心を刺激すること、彼らの心に触れること、彼らのなかでぼんやりと意識されてはいるがまだ謎に包まれたままの何かを目覚めさせること、夜は安らかな夢を妨害し起きている時間はつねにつきまとうことだった。いかなる状況においてもけっして望まないのは、悔い改めである。聞き手があっさりと「すべては許され、忘れられた。過去は埋めてしまおう。もう何もいうまい。さまざまな不正や適切な賞罰への要求、教育や健康保険の予算削減、不公平な税制や失業、何百万もの人びとを破産に追いこんだ財政政策。搾取する者と搾取される人びとに握手をさせ、次の輝かしい金儲けの時代に踏みだそう」――否、これこそヨナがけっして望まなかったことである。ヨナは知る由もないが、ナディン・ゴーディマーがいうには、物書きにとって忌避すべき運命は、腐敗した社会でちっとも嫌われないことである。ヨナはそんな破滅的な運命に陥りたくなかった。

なにより、ヨナはニネヴェで政治家と芸術家の戦いが続行中であることを知っていた。それを見るにつけ、ヨナは芸術家の努力（技能に必要な努力以上のもの）など、結局のところ、むなしいものだと思わずにいられなかった。どんな努力も、政治の領域に引きずりこまれてしまうからだ。（自分なりの芸術をたゆまず追いかけてきた）ニネヴェの芸術家は官僚や銀行家との小競り合いにたちまち疲れはててしまった。腐敗した事務官、王族の取り巻き、投資銀行家などとの戦いをあきらめなかった少数の英雄たちは、時間とエネルギーを無駄にしたあげく、自分たちの芸術を犠牲にし、心の健康を損なうはめになった。委員会や公聴会に呼ばれた一日のあとでは、アトリエにこもったり、粘土板に向かったりするのはむずかしかった。ニネヴェの役人たちはもちろんこれを利用した。彼らの最も有効な戦術は引き伸ばしだった。合意を遅らせ、助成金の行方をなかなか決めず、契約を渋り、面会の約束を先送りにし、言を左右にして明確な返事を出さなかった。彼らにいわせれば、長く待たせれば芸術家の怒りなど、そのうち消えてなくなる。さもなければ、どういうわけか、その怒りは創造的なエネルギーに変わる。芸術家は陳情の場から去って、詩を書いたり、美術作品をつくったり、ダンスを創作したりする。もちろん、それらの作品は銀行家や私企業にとって少しばかり危険なものでもある。ところが実際には、財界の人びとがよく知っているとおり、たいていの場合、芸術的な怒りは市場で売れる商品になる。ニネヴェの人びとはこういった。「考えてもみよ。生前、絵具はおろか、食べ物さえ満足に買えなかった画家の作品をいまいくらで買っているか。救貧院で死んだミュージシャンのつくったプロテスト・ソングは、いま国民の祝祭日にうたわれている」。そして、わけ知り顔でこう付け加える。「芸術家には死後の名声だけで十分なのだ」

しかし、ニネヴェの政治家にとって大きな勝利は、芸術家にみずからを否定するような作品をつくらせたことだった。ニネヴェでは、富むことが都全体の目標だという考えが深くしみこんでいたため、富と直接結びつかない芸術は追求するに足るものとは見なされず、芸術家自身が世間の風潮に合わせようとしはじめた。こうして、費用効率の高いものをめざし、失敗作や注目されないものには眉をひそめるようになった。なにより、裕福で地位の高い人びとの意にかなうようなものをつくりはじめた。画家たちは目に快いものを求められ、作曲家は口ずさみやすい曲をつくり、作家は深刻すぎる内容を書かないようになった。

長い時間が経過するうちに、あるとき、役人たちが油断していたほんの一時期、心のやわらかい、あるいは頭のやわらかいニネヴェの王たちによって、芸術関連の活動に多額の資金が与えられた。それ以来、より実直な役人が見過ごされていた予算上の過払いを修正し、多額の助成金が削減された。もちろん、芸術支援にかんする政府の態度の変化に気づく役人は多くはなかっただろう。こうして、ニネヴェの財務担当の事務官は芸術に与えられる予算を事実上ほとんどゼロまで減らすことができた。同時に、公式記録のなかでそのような予算の増額を喧伝することは忘れなかった。これはニネヴェの詩人たちのやり方を踏襲したものだった（政治家は詩人たちのやり方を喜んで拝借したが、それを考えだした詩人たちのことは見下していた）。たとえば、詩人たちが何かをあらわすのに別のものをもってくる換喩の技術（たとえば、王冠で国王をあらわす）は、助成を受けた芸術家の素材購入費の予算を削減するために用いられた。いまや、すべての画家は、何が必要かにかかわらず、都から一律にネズミの毛の四号筆を支給されることになった。というのも、配布係の役人の解釈によって、「筆」が「画家の用具一式」に置き換えられたからである。詩作で最もよく使われる隠喩は、これら財政の魔術師たちの手にかかって絶大な効果を発揮した。有名な例では、金貨一万ディナールという予算が高齢の芸術家の住居用にとっておかれた。公共輸送に使われたラクダを「仮の住居」と解釈することによって、財政担当の事務官はラクダの飼育費（ニネヴェの都が責任を負っていた）を芸術家の住居用予算の一部にくりこむことができた。実際、高齢の芸術家たちは場所を移動するとき、助成金を受けたラクダを用いていたのである。

ニネヴェの人びとはこういった。「真の芸術家は不平などもたないはずだ。本当にすぐれた才能の持ち主なら、社会の状況がどうであれ、金を稼げる。それ以外の、いわゆる実験芸術家や自分を甘やかす輩、先駆者と称する人びとはわずかな金さえ稼げず、そんな自分を棚に上げて泣き言をもらすのだ。利益を得る方法を知らない銀行家は同じように負け犬となる。物事をてきぱきと処理できない役人は職を失う。これは生存競争という法則だ。ニネヴェは未来に目を向ける社会である」

そのとおり。ニネヴェでは、ほんのひと握りの芸術家（と、多くの偽芸術家）が豊かな生活を送っていた。ニネヴェの社会は自分たちが消費できる商品をつくる少数の人間には報酬を与えた。彼らが認めようとしなかったのは、いうまでもなく大多数の芸術家だった。彼らの試み、そのきらめきと挫折があればこそ、少数の成功者が生まれるというのに。ニネヴェの社会は、自分たちがすぐに好きになれる、あるいは楽に理解できるもの以外は何も支援したくなかった。それでも、これら大多数の芸術家は歩みを止めず、何があろうと作品をつくりつづけた。というのも、そうせざるをえなかったからだ。主なる神、あるいは聖霊が昼も夜も彼らを創作に向かわせた。彼らは可能なかぎりの手段を使って、書き、描き、作曲し、踊った。「社会の他の労働者と同じように」とニネヴェの人びとはいった。

伝承によれば、ヨナはこのようなニネヴェの考え方を初めて知ったとき、預言者としての勇気を奮いおこし、ニネヴェの広場に立って群集に話しかけたという。ヨナはこのように語った。「芸術家は社会の他の労働者とはちがう。芸術家は現実をあつかう。内面および外面の現実を意味のあるシンボルへと変える。金をあつかう人びとがシンボルをあつかっても、その裏には何もない。こう考えればよい。ニネヴェにいる何千人もの株式仲買人にとって現実、つまりこの現実世界は気まぐれに乱高下する数字でしかなく、その数字が彼らの想像力のなかで富に変わるだけだ――富は彼らの想像のうちにしかない。ファンタジー作家であれ、バーチャルリアリティ・アーティストであれ、株式仲買人のあいだに蔓延しているような完全な虚構への信頼を受け手の心に植えつけることができるとはとうてい考えられない。シンボルとしての一角獣でさえ一瞬たりとも現実として受け入れようとしない成人男女が、税金でラクダを養うことにはなんら疑問を抱かず、そのラクダが自分たちの幸福と安全を守ってくれると信じている」。ヨナがここまで語ったとき、聴衆はすでに去って、ニネヴェの広場は閑散としていた。

こうしたことのすべてが理由となって、ヨナはニネヴェと神から逃れようと心に決め、タルシシュ行きの船に飛び乗った。ヨナを乗せた船の乗組員はみなヤッファ出身だった。ヤッファはニネヴェに近い港町で、アッシリア帝国の辺境にある前哨地だった。周知のとおり、ニネヴェは欲望にとりつかれた社会だった。芸術家なら誰もがもっている創造行為のひらめきになる野心はないが、ただ金儲けのための金儲けという不毛な衝動に駆られていた。一方のヤッファは、何十年も昔から、預言者に大きな自由を許してきた町だった。ヤッファの人びとは毎年、ぼろをまとった髭面の男たちや、着衣を乱し、気のふれたような目つきをした女たちが流れこむのを、かなりの同情心をもって大目に見てきた。というのも、彼らの存在はヤッファをただで宣伝する機会になったからだ。よその都市へ旅する預言者たちは、ヤッファのことを好意的に話してくれるはずだった。さらに、預言者がどっと流入する季節には、ヤッファにも風変りで面白い訪問客がやってきた。宿屋や隊商宿の主人は、宿と食事を求める大勢の客に文句をいわなかった。

だが、いざニネヴェが不況に陥り、その影響が小さなヤッファの町にまで波及すると、商売は停滞し、ヤッファの金持ちは豪華な六頭立ての馬車を手放し、高台にあった二つの工場も閉鎖せざるをえなくなった。そうなると、ヤッファの町に集まってくる芸術家気質の預言者たちも歓迎されなくなった。ヤッファの人びとにとって、豊かだったころには寛容と気まぐれな親切だと思えたものが、いまとなっては罰当りな浪費でしかなくなった。ヤッファの住民の多くは、一風変わったささやかな安息の地を求めてやってくる芸術家たちの要求を不当なものと感じ、与えられたものがなんであれ、もっと感謝すべきだと思うようになった。宿がどんなに粗末でも泊まれるだけで感謝、創作のために十分な道具が与えられなくても感謝、新しい計画に自分で資金繰りをすることになっても感謝すべきだった。バビロニアから来た客を泊まらせるために部屋を追いだされても、臭い山羊の皮にくるまって星空のもとで寝るのは芸術家にとって名誉なことだといわれた。大洪水以前の偉大な預言者や詩人はみなそうしていたのだからと。

それでも、そんな苦難の時代でさえ、ヤッファの住民は、子供のころからそばにいる見慣れたペットと同じような感覚で、預言者に親愛の念を抱きつづけた。そして、不況のさなかでも、なんとかして彼らの面倒をみようとし、冷淡すぎる態度で彼らの芸術的な感受性を傷つけないようにした。そんなわけで、不意に嵐が起こり、ヤッファからの船が大波に揺さぶられたとき、ヤッファの船乗りたちは不安を感じたものの、船の客である芸術家のヨナを責める前にしばらく迷ったのだった。極端な方法を取りたくなかったので、彼らはまず、空と海を総べるといわれていた自分たちの神々に祈った――だが、目に見える変化はなかった。それどころか、嵐はますます激しくなった。ヤッファの神々はあたかも他に考えることがあり、船乗りたちの泣き言をわずらわしく思っているかのようだった。そこで船乗りたちはヨナに相談することにした(ヨナは船倉にいて、嵐のさなかに眠りこけていた。芸術家のやりそうなことである)。ヨナを起こし、どうしたらよいかと聞いた。ヨナが芸術家らしい矜持とともに、この嵐は自分のせいだといっても、船乗りたちは彼を海に放りこむことに躊躇した。本当にこの貧相な芸術家がこんな大嵐を引き起こしたのだろうか? たったひとりの無力な預言者が、濃いワイン色をした深い海をこれほど怒らせることができるのか? だが、嵐がさらに荒れ狂い、帆柱のあいだを過ぎる風が吠え声をあげ、甲板がきしみ、大波を受けた側板が悲鳴を上げるようになって、ついに船乗りたちも、ヤッファにいたころに祖母の膝の上で聞かされたニネヴェの古い言い伝えを思いだした。芸術家などという者は往々にして、たかり屋である。ヨナやその仲間は一日中詩作にふけってさんざん愚痴や恨みごとを並べるかと思うと、罪のないささやかな悪癖にたいして脅迫的なことをいう。欲望が原動力となっている社会が、なぜ富の蓄積に直接寄与しない連中を支えなければならないのか? こうして、船乗りのひとりが仲間たちにいった。これは船をあやつる自分たちの腕が悪いのではない。ヨナが自分のせいだといっているのだから、その言葉を信じて、災厄のもとであるこの男を海に放りこもう。ヨナは抵抗しなかった。それどころか、最初からそうしろといっていたのだった。

ここで、ヨナが考えなおし、船または船になぞらえられる国家がいくつかの賢明な預言を船の底荷《バラスト》として受け入れれば安定を保つことができると論じたとしても、これまでずっとニネヴェの政治家たちになじんできた船乗りたちは芸術家の警告などに耳を貸さなかっただろう。自由な、そして実入りの多い通商ができる土地を求めて、世界中の海を乗り越えてきた船乗りたちは、芸術家が何をいおうと、また何をしようと、そんなたわごとよりも金の重みのほうがずっと確実なバラストになることを知っていた。

ヨナを船から放りだすと、海はふたたび穏やかになり、船乗りたちはひざまずいてヨナの神に感謝をささげた。大揺れする船に乗っているのは不愉快なものだし、ヨナを海中に投じたとたん揺れがおさまったので、船乗りたちはこの嵐がヨナのせいだったと納得し、自分たちのしたことはまちがっていなかったと思って安心した。もちろん船乗りたちには古典の教養などなく、深い洞察力もなかった。それに、芸術家がいったんは社会から排除されながら、何世紀かのちには尊敬をかちえることになるという事実など知るよしもなかった。彼らが知っていたのは古代からの衝動、人間が築くどんな社会の基盤にもある欲求だった。社会の安定を揺るがし、社会の土台をくつがえそうとする目障りな存在を排除したいと思う衝動である。プラトンにとって、そもそも真の芸術家とは政治家だった。正義と美という神聖なモデルにそって国家を築く人びとである。一方で、作家や画家というふつうの芸術家は、そのような価値のある現実について思いめぐらすことをせず、たんに幻想を紡ぎだすだけであり、それは若者の教育にはそぐわなかった。芸術は国家に奉仕するときだけ有用だとするこうした考え方は、何代にもわたるさまざまな政府に支持されてきた。皇帝アウグストゥスが詩人のオウィディウスを追放したのは、この詩人の書くものに潜む危険を察知したからである。教会が芸術家を忌み嫌うのは、そのせいで信徒の気持ちが教義から逸らされるからだ。ルネサンスの時代、芸術家は高級娼婦のように売り買いされた。そして十八世紀になると、芸術家は（少なくとも大衆の想像力のなかでは）屋根裏で貧乏暮らしをして、憂鬱と疲弊のなかで死んでいく哀れな存在となった。フローベールの『紋切型辞典』を見ると、芸術家にたいする十九世紀ブルジョワの考え方がわかる。「芸術家――すべてが道化師。無私無欲な態度が称賛される。ふつうの人と同じような服装をしていることが意外に思われる。たとえ金をたくさん稼いでも、残らず使いはたす。ときたま上流家庭に招待される。女性芸術家は例外なく身持ちが悪い」。現代でも、ヤッファの船乗りの末裔がサルマン・ラシュディにファトワーを宣告し、ナイジェリアのケン・サロ＝ウィワを絞首刑に処す。芸術家にたいする彼らの態度をあらわす言葉は、第二次世界大戦中にユダヤ人移民の受け入れに対処したカナダ移民局の役人が口にした言葉「ゼロでも多すぎる」と同じだ。

さて、海中に投じられたヨナは巨大な魚に呑みこまれた。暗くやわらかな魚の腹のなかで過ごすのは、それほど悪いものではない。その三日三晩、消化しきれていないプランクトンやエビがたてる物音に慰められながら、ヨナには考える時間がたっぷりあった。芸術家にはめったに得られない贅沢な時間である。魚の腹のなかには締切もなく、食料品店の請求書もなく、洗わなければならないおしめもなく、食事の支度もしなくてすみ、ソナタを完成させる正しい音を見つけたとたんに邪魔してくるうるさい家族もいない。頭を下げなければならない銀行員もいないし、かみついてくる批評家もいない。そんなわけで、その三日三晩、ヨナはひたすら考え、祈り、眠り、夢を見た。そして目覚めたとき、魚に吐きだされて陸地にいることに気づいた。またしても神の声がしつこくせきたてた。「さあ、ニネヴェの都へ行って、務めを果たすのだ。彼らがどう反応するかは問題ではない。芸術家には聴衆が必要だ。結果はおまえの作品次第だ」

今度はヨナも主のいいつけを守った。魚の腹のなかで、自分の技能の重要さに多少の自信をもったヨナは、ニネヴェでそれを示そうという気持ちになった。だが、ヨナが説教を始めたとたん、まだほんの数語しか語っていないというのに、ニネヴェの王はひざまずいて悔悛の念をあらわした。ニネヴェの住民はデザイナーズブランドのシャツを引き裂き、悔い改めた。ニネヴェの家畜さえもいっせいに鳴き声をあげ、同じく悔悛の態度を示した。こうして、ニネヴェの王と住民と家畜はそろって粗布の服を着て灰を顔に塗りつけ、たがいに過去のことは過去のことだといいあい、声をそろえてニネヴェ版の「蛍の光」をうたい、天にいる神にむかって悔悛の覚悟を叫んだ。そのような恥も外聞もない悔い改めの訴えを聞いて、神はニネヴェの住民と家畜を滅ぼすという脅しをひっこめた。当然ながら、ヨナは激怒した。大叔父のいう「アナキスト」の魂がヨナの心に呼び起こされ、彼は不満を胸に抱えたまま、赦免されたニネヴェの都から少し離れた砂漠に出かけた。

先にも述べたとおり、神は不毛の土地に植物を生やして、ヨナを熱気から守った。神のこの慈愛深い行ないにヨナは感謝したが、そのあと神はその植物を枯らして塵に返らせ、ヨナはふたたび焼けつくような日差しにさらされた。この植物の一件——まずヨナに日陰を与えるために植物を生やし、それから枯らす——が、ヨナに神の善意を知らしめるためのものだったのか確信はもてない。ヨナにとっては、ニネヴェのアーツ・カウンシルが最初は基金を与えたものの、その後取り消したことの寓意に思えたかもしれない。その結果、ヨナは日よけも何もなしで、真昼の日差しに焼かれることになった。おそらくヨナは、苦難の時代——貧乏人はさらに貧しくなり、金持ちは百万ドルの税率でなんとか現状維持をはかる——にあっては、神も芸術のことなど考えるひまがないということを理解したのだろう。みずからも創造者である神がヨナの苦境になんらかの共感をもっていたことはたしかだ。たとえば、食べることへの心配なしに、自分の考えに没頭したい。『ニネヴェ・タイムズ』のベストセラー・リストに自分の説教が載ってほしいが、ただし安っぽい駄作やお涙ちょうだいの本の著者といっしょにされたくはない。鋭い言葉で聴衆の心に刺激を与えたい。それも、服従ではなく、革命へと駆り立てたい。ニネヴェの都がみずからの魂を深く顧みて、その強さと叡智を理解するようになってほしい。銀行家のデスクにピラミッドの墓のように毎日積みあげられる硬貨の山ではなく、画家の作品、詩人の言葉、預言者の先見的な怒りのなかに生命を感じてほしい。預言者の務めは船を揺らしつづけ、市民たちの目を覚まさせることなのだ。こうしたすべてを神は理解した。同様に、神はヨナの怒りも理解した。なぜなら、神自身が芸術家から何かを学ぶことがないとは、けっしていえないからである。

神は石から水を湧きださせ、ニネヴェの住民を悔い改めさせることはできたが、結局、人びとは考えることを身につけなかった。考えることができない家畜は憐れんでやればいい。だが、神が同じ創造者として、また芸術家同士としてヨナに語りかけるとき、神聖な皮肉をこめて「右も左もわきまえぬ」と呼ぶ人びとにたいして、神はどう対処すべきだろう?

おそらく、このときヨナはうなずいて沈黙を守ったはずである。

ドードー鳥の伝説

「いや、説明なんかより、とにかくやってみればいいのだ」とドードー鳥がいった。

『不思議の国のアリス』第三章

二〇〇七年三月二十三日付の『ル・モンド』に、商業出版社アルバン・ミシェルの社長フランシス・エスメナールがパリ書籍見本市で語ったこんな談話が載っていた。「小規模出版社が多すぎて、われわれの書店の棚がふさがっている」。この発言に呼応して、みずからの名前を冠した老舗出版社の社長アントワーヌ・ガリマールは、小出版社こそ「市場における出版物過剰の責任を負うべき」だと述べた。こうした興味深い意見を読んで思いだされるのは、モーリタニアに古くから伝わる言い伝えである。

むかし、食欲旺盛な飛べない鳥ドードーは、シジュウカラが住みついて巣をつくっていた島に巨大なカボチャがなっていることを知った。腹いっぱい食べられると喜び勇んだドードーたちは小さな筏を組み、その島と陸地とを隔てる狭い海峡を渡った。到着すると、何日もカボチャを食べつづけ(カボチャはたしかに巨大で、とても腹持ちがよく、味もよかった）、彼らの大きなくちばしには繊細すぎる小さなベリーや穀粒には目もくれずに、それらを踏みにじった。小鳥たちは、粉々になった餌を辛抱強く拾いあつめ、もう一度、地面に蒔きなおしたり、あるいは巣に持ち帰って雛たちに食べさせたりした。ほんの数週間でカボチャを食い尽くしたドードー鳥たちは帰ることにした。満腹のあまり歩くこともできず、太った腹を引きずって筏に乗りこみ、海へと乗りだした。しばらくして、大量の海水が筏に浸水しはじめた。「カボチャを食べすぎたんだ」と、若いドードー鳥が甲高い声でいった。「沈んでしまうぞ」。年上のドードー鳥が翼の先でマストの先を指し示した。そこには赤いベリーをくちばしにくわえた小鳥がとまっていた。「あいつのせいだ」とドードー鳥は叫んだ。「あいつのせいで筏に余分な重量がかかっているんだ。全員を乗せる余裕などない。いますぐ、あいつをどこかへ追い払え！」こうして、ドードー鳥たちは小鳥を追い払おうとして、飛んだり跳ねたりしはじめた。その物音に驚いた小鳥は、島に向かって飛び去った。そして、筏は鮫が群がる海に沈んだ。

こうしてドードー鳥は絶滅した。

VII 罪と罰

「たとえば王の使者がいる。いまは牢獄につながれ、罰を受けている。裁判が始まるのは次の水曜日。もちろん、罪を犯すのはいちばん最後だ」

「その人が罪を犯さなかったら?」とアリスはきいた。

「ならそれにこしたことはない」と女王がいった。

『鏡の国のアリス』第五章

イン・メモリアム

「古典の先生のもとへ通ったがね。カニみたいに頑固なじいさんだったっけ」

「私は教わらなかったが」と、ウミガメモドキは溜息まじりにいった。「その先生は笑い《ラフィング》（ラテン語）と悲しみ《グリーフ》（ギリシャ語）を教えるんだってね」

「そうだった、そうだった」と、こんどはグリフォンが溜息をついた。そして、二匹はそろって前足で顔をおおった。

『不思議の国のアリス』第九章

どこから始めるべきか？

一九六三年から六七年まで、私はほぼ毎週、日曜日の昼食を両親と住んでいた家でとらず、小説家のマルタ・リンチの家でとった。彼女の息子のエンリケは私の同級生で、ブエノスアイレス郊外の住宅地にある広壮な別荘に住んでいた。その家は赤いタイルの屋根と花壇があった。私が作家になりたがっていることを知ったエンリケは、短編を母親に見てもらったらどうかと提案した。私は同意した。一週間後、エンリケから一通の手紙を手渡された。青い紙に頼りなくタイプされた文章に、大きくて不格好な署名が入っていたが、なによりも印象深かったのはその内容の途方もない寛大さと、最後に記された助言だった。「わが息子よ、あなたにおめでとうといわせて。それから、同情もします。あなたにはわからないでしょうけれど」。学校のスペイン語の教師を除けば、彼女は私に文学の大切さを語ってくれた唯一の人だった。その手紙とともに、次の日曜の昼食に招待された。私は十五歳だった。

マルタの第一作目の小説は読んでいなかった。半ば自伝的な作品で、ペロン失脚後に就任した文民大統領のひとりとの政治的なかかわりおよび恋愛関係を描いたものだった。その作品が重要な文学賞をとったために、彼女は一種の名士となり、ジャーナリストが電話をかけてきては、ヴェトナム戦争から夏のスカートの長さまで、さまざまな話題について意見を求められた。感情をあらわしやすい大きな顔は、いつも半分閉じているように見える大きな目のせいで、夢見がちな雰囲気をたたえていた。その顔は雑誌や新聞でたびたび見かけた。

こうして、毎週日曜、昼食の前にマルタと私は花で飾られた大きなカウチに坐り、彼女は喘息もちならではのしゃがれ声で、興奮のあまり息継ぎもなしに本の話をした。昼食のあと、エンリケと私とあと二、三人——リッキー、エステラ、トゥリオ——は屋根裏部屋のテーブルをかこんで坐り、BGMのローリング・ストーンズが満足できないと歌いつづけるなか、政治論を交わした。リッキーは私の親友だった。当時、エンリケはエステラという決まったガールフレンドがいたので、みんなに嫉妬されていた。エステラは十二歳か十三歳だった。二人はのちに結婚した。

思春期の私たちにとって、政治は日常の一部だった。一九五五年、私の父はペロンを追放した軍事政権によって逮捕された。クーデターにつづいて政府の巻き返しがあり、通学途中の街路に戦車が走るのも見慣れた光景となった。大統領は次々と交代し、政党の意向にしたがって、学校の教育方針もくるくると変わった。高校へ進学するころには、そんな政治変動のせいで、「市民教育」という科目——民主主義制度のもとでは必修科目だった——は滑稽な絵物語になっていた。

エンリケと私はブエノスアイレス国立大学付属高校に進んだ。私たちが入学した一九六一年、教育省の誰かが突飛なことを思いつき、この学校に試験的なプログラムを導入することに決めた。普通の高校教師のかわりに、大学教授に教鞭をとらせることにしたのである。そこには、大勢の作家、科学者、詩人、批評家、歴史家などがいた。彼らは専門の特殊な分野を教えてよいといわれた（それどころか、奨励された）。つまり、たとえばスペイン文学についての概論を教わると同時に、まる一年かけて一冊の本をじっくり読みこむこともありうるのだった。なんという幸運か。私たちは貴重な情報を与えられ、個別の問題をどう考えたらいいかを学び、その方法をのちにもっと広い世界、とくに苦悩する故国を考えるさいに応用することを教わった。政治にかんする議論は必須だった。教科書を学ぶだけで勉強がおしまいになると思う者は一人もいなかった。

マルタ・リンチの励ましより前に、もう一人、文学とは真剣にとりくむべきものだと教えてくれた人がいたことはすでに述べた。私の両親は、芸術の追求などまっとうな職業とはいえないという意見だった。スポーツは健康によく、少々の読書は生活に輝きを与える艶出しのようなものだ。しかし、真の学問といえるのは、数学、物理、化学、それに少しばかりの歴史と地理だった。スペイン人は音楽と視覚芸術をひとまとめにしていた。私は本が大好きだった（本を貪欲に集めていた）ので、妙なものを愛する変わり者のような後ろめたい罪悪感を抱いていた。リッキーは私の奇癖を真の友の寛大さで受け入れ、誕生日にはいつも本をプレゼントしてくれた。ある年、学期の最初の日に新しい教師が教室に入ってきた。

彼の名を仮にリバダビアとする。彼は私が高校時代に接した他の教授たち、たとえば『ドン・キホーテ』を教えてくれたスペイン・ルネサンスの専門家などとは、まるで違っていた。なかに入ってくると挨拶もそこそこに、これからどんな勉強をするか、生徒に何を期待するかといったことにはまるでふれず、一冊の本を開くと声に出して読みはじめた。こんな文章だった。「掟の門前に門番が立っていた。そこへ田舎から一人の男がやってきて、入れてくれ、といった。いまはだめだと門番はいった。……」私たちはカフカの名を聞いたことがなく、寓話について何も知らなかったが、その午後、私たちの前で文学の水門が開かれたのだった。中学校で勉強させられた退屈な古典の断片とは似ても似つかないものだった。それは謎めいていて、豊かで、心のなかのひそやかな部分にふれた。文学が個人としての私たちにこれほど深い関係があるものだとは、それまで考えたこともなかった。リバダビアは私たちに、カフカ、コルタサル、ランボー、ケベード、芥川の作品を読んで聞かせ、最新の批評を紹介し、ヴァルター・ベンヤミンとモーリス・メルロ゠ポンティとモーリス・ブランショから引用した。R指定だったにもかかわらず、映画『トム・ジョーンズの華麗な冒険』を見るよう勧めた。ブエノスアイレスに来たロルカによる自作の詩の朗読会に出かけたときのことを語り、「ザクロの実の声」だったといった。だが、何にもまして、彼は読むことを私たちに教えた。生徒たち全員がそれを学んだかどうかはわからないし、たぶんちがっただろうが、リバダビアは私たちの導き手となってテクストを読み解き、言葉と記憶、着想と実験の関連性を理解させ、生涯にわたる印刷物への耽溺に私を誘いこみ、私はそこからついに抜け出すことがなかった。私の考え方、私の感じ方、世界および他者にたいする私という人間のあり方、私が一人きりになったときに出現するより暗い自分――それらの大部分は、リバダビアが初めて教室で本を読みあげたあの午後に生まれた。

一九六六年六月二十八日、フアン・カルロス・オンガニア将軍率いる軍部が民主政府を転覆させた。軍隊と戦車が、私たちの高校からほんの数ブロックのところにある大統領官邸を包囲し、高齢で病弱だったアルトゥーロ・イリア大統領（風刺漫画では亀の姿で描かれた）は執務室から通りに追いだされた。エンリケは抗議行動を組織すべきだと主張した。私たち数十人は学校の前の階段に立ってスローガンをくりかえし唱え、授業をボイコットした。何人かの教師たちもこのストライキに参加した。乱闘もあった。軍事政権支持派のグループと渡りあった友人の一人は鼻の骨を折った。

その間も、エンリケの家での集まりはつづいた。たまにエステラの弟が加わることもあり、ときにはエンリケとリッキーだけのこともあった。私の興味はしだいに薄れていった。昼食のあと、ぎこちないいわけを口にして辞去したことも何度かあった。マルタ・リンチはその後も数冊の小説を発表した。そのころにはアルゼンチンでもとくに本がよく売れる作家の一人になっていたが、彼女はアメリカやフランスなど、海外での成功を求めた。その望みは叶わなかった。

高校を卒業したあと、私はブエノスアイレス大学文学部に進んで二、三か月を過ごしたが、のろのろした進み具合と想像力に乏しい講義があまりにも退屈でうんざりした。リバダビアと彼が紹介してくれた批評家のせいで、従来の学び方を楽しむことができなくなっていたのだろう。ボルヘスの短編「不死の人」から、時代を超えて生きたホメロスが語るオデュッセウスの冒険を読みあげるリバダビアの雷鳴のような声を聞いてきたあとで、『オデュッセイア』の初期の写本に見られるテクストの問題についてもごもごとつぶやく冗長な授業を聞くのはつらかった。一九六九年の初め、私はイタリア船に乗ってヨーロッパへ向かった。

その後の十四年間、アルゼンチンは生きながら皮を剝がれるような経験を味わった。その年月、アルゼンチンで暮らした人びとは二つの選択肢を迫られた。軍事独裁に抵抗するか、あるいはその繁栄を受け入れるか。私の場合は臆病者の道を選んだ。帰らないと決めたのだ。その根拠は（根拠になどなるはずもないが）銃の扱いが苦手だということだった。ヨーロッパを巡り歩いていたあいだも、あとに残してきた友人たちの消息は当然、耳に入ってきた。

私の通った高校は政治活動が盛んなことで知られており、私のいた同じ教室からアルゼンチン歴代の有名な政治家が大勢卒業していた。いまや、政府はこの学校だけでなく、級友たちを弾圧の目標に定めたようだった。友人たちの消息が口伝えで少しずつもれてきた。友人の二人（一人はオーボエの吹き方を独学で身につけ、クラスの前で即興演奏をした。もう一人はそんな演奏にたいして「自分の妹とダンスをするみたいに退屈だ」と評した）はブエノスアイレス郊外のガソリンスタンドで射殺された。存在とともに名前もいまや消えてしまったように見えるもう一人の友人、とても小さくて最後に私が見たときは十六歳だったのに十二歳にしか見えなかった彼女は軍事刑務所で銃殺された。エステラの弟はまだ十五歳だったのに、ある日の午後、映画へ行くといって出かけたまま消息を絶った。やがて両親の家の玄関先に郵便袋に入った遺体が届いたが、損傷が激しくて見分けもつかないほどだった。エンリケは脱出してスペインへ渡った。リッキーはブラジルに逃げた。マルタ・リンチは自殺をはかった。ラジオ局のインタビューのために迎えに来たタクシーを外で待たせているあいだにキッチンで自分に銃を向けたのだ。残されたメモにはただ「もう耐えられない」とだけ書かれていた。

いまから数年前、私は飛行機の乗り継ぎでブラジルにいた。ブエノスアイレスでは、私の兄弟の一人がリッキーの母親と偶然出会い、リオにいるリッキーの連絡先をもらって、それを私に転送してくれていた。私は電話をかけてみた。リッキーは妻も子供もいて、大学で経済学を教えていた。私は彼のどこが変わったのか理解しようとした。老いたようには見えなかったが、ただ前とは違って見えたのだ。わかったのは、彼の行動のすべて――しゃべり方、しぐさ、身のこなし――がとてもゆっくりしていることだった。彼はある種の倦怠に覆われていた。けっして興奮することはなさそうだった。

彼はブラジルで家庭を築いていた――妻と子供たちはブラジル人だった――が、いまだにそこは異国だった。彼によると、亡命生活――彼はそう呼んだ――を送る難民の多くが「メモリーグループ」を築いてきたという。彼の説明によれば、メモリーグループとは政治犯罪を記憶に留め、忘れないようにするための集まりだという。そこには拷問者、スパイ、密通者のリストがあった。一九八三年、アルフォンシン大統領が設立したアルゼンチン行方不明者国家捜索委員会は、軍事独裁時代に消息不明になった何千人もの運命について調査し、のちに生き残った犠牲者の証言を記録した。メモリーグループは、いつか正義がもたらされるという希望をもって犠牲者の名前を記録してきた。リッキーの落胆のいくらかは、アルフォンシンが約束した裁判の結果がわかりきっているからではないかと思った。いくつかの判決、いくつかの譴責、それから一九九一年に新しい大統領カルロス・メネムによって大赦が宣言された。

私の友人や母校が異常なほど軍事政権の目の仇にされたことはすでに述べた。リッキーがいうには、軍事政権は密告に頼っていたという。学校内部に密告者がいて、生徒の活動、名前、住所、性格などのくわしい情報を拷問者にもらしていた。軍事政権を公に支持する人びとがいたことはたしかだが、軍事政権支持の旗を振ることと、実際に拷問者に協力することのあいだには大きな距離があるはずだと私はいった。

リッキーは笑って、密告がどんなふうになされるのか、きみにはまるでわかっていないといった。軍事政権は、「祖国、家族、教会」というようなスローガンをがなりたてる反動的な若者集団など相手にしなかった。彼らが必要としたのは、知的で頭のよい人びとである。たとえばリバダビアのような。リバダビア教授が数年間にわたり、生徒たち——彼の教え子——のくわしい情報を軍事政権に流していたことの確かな証拠をつかんだとリッキーはいった。名前だけでなく、生徒たちの好悪の傾向、家庭環境、学内の活動まで。彼は私たち生徒のことをよく知っていた。

この話をリッキーから聞いたのは数年前のことだ。それ以来、私はずっと考えつづけた。リッキーがまちがっているとは思えない。私は頭のなかで三つの選択肢を考えた。

・私の人生においてきわめて重要だった人、ある意味で現在の私をつくってくれた人、有能で刺激的な根っからの教師だった人が、じつは怪物だったのだと受け入れる。彼が私に教えてくれたこと、好きな道を追求できるよう私を励ましてくれたこと、そのすべてが汚された。

・彼の弁明しがたい行為を正当化し、友人たちを拷問と死に追いやったという事実を無視する。

・よき教師にして拷問者の協力者というリバダビアの両面を受け入れ、水と火のような両者を併せもった人間として赦す。

三つの解釈のうちどれが正しいのか、私にはわからない。

リッキーに別れを告げる前に、私はリバダビアがその後どうなったかを知っているかと聞いた。リッキーはうなずいて、リバダビアは高校を辞め、ブエノスアイレスの小出版社に入り、アルゼンチンの大手新聞のひとつに書評を書いているといった。

私の知るかぎり、彼はいまもそこにいる。

神のスパイ

「連中は自分の名前を書いているのさ」とグリフォンは小声で答えた。「裁判が終わるまでに忘れるといけないから」

『不思議の国のアリス』第十一章

読書から学べるとおり、人間の歴史は不正のはびこる長い夜の物語である。ヒトラーのドイツ、スターリンのロシア、アパルトヘイトの南アフリカ、チャウシェスクのルーマニア、天安門広場の中国、マッカーシー議員のアメリカ、カストロのキューバ、ピノチェトのチリ、ストロエスネルのパラグアイ、その他、数えきれない例が、私たちの現代地図を形成している。人はこの横暴な社会のなかで、あるいはその一歩手前で生きているように見える。ささやかな民主主義のなかにあっても、私たちの安全はけっして保証されない。清廉なフランス市民がユダヤ人の子供たちをトラックへと駆り集める軍用車の列を笑って見送るようになるまで、あるいは高い教育を受けたカナダ人が聖地にゴルフ場を建設する計画に抗議するオカ居留地の先住民の女性や老人に石を投げつけるまではほんの一歩だった。それを思えば、いまの私たちが自分は安全だなどと思えるわけがない。

　人は社会構造を確実に維持するためのさまざまな装置を自分たちの社会に備えている。だが同時にそれらは柔軟なものでなければならない。社会が排除するもの、不法と見なすもの、糾弾するものは、同時に目に見えるものでなければならず、つねに私たちの目の前になければいけない。それがあれば、私たちは社会的な契約を破らないという決断を下しながら毎日を生きてゆける。独裁政権の恐怖は、非人間的な恐怖ではない。それはきわめて人間的なものだ――そこにこそ独裁政権の力がある。「人間の性質には暴君にたいする治療法がある」とサミュエル・ジョンソンは楽観的に書いた。「だから、どんな形態の政府のもとであれ、私たちは安全を保てる」。それでも、専制的な法律、強要、拷問、奴隷制などにもとづく政治体制は、いわゆる民主政治から、すぐ手の届くところにある。

　チリの国章には、「理性によって、または力によって」という奇妙な言葉が書かれている。これは少なくとも二通りの解釈ができる。後半に重きをおけば、力ずくの脅しである。でなければ、どんな社会体制にも内包されうる危うさを率直に認めたものともとれる。（メキシコの詩人アマード・ネルボがいうように）「力と理性の海に翻弄されて」ただようのだ。西洋社会の大半では、人びとは力よりも理性を選んだと信じている。そして、時がたつにつれて、その信念に頼るようになる。だが、力への誘惑から完全に逃れたわけではない。私たちの社会は、人道と正義というささやかな共通認識を維持することで生き延びるのがせいぜいだ。カナダ国章に記された「海から海へ」の言葉のごとく、象徴的な二つの海のあいだを行く私たちの航海は危険に満ちている。

「詩はなにごとも引き起こさない」とオーデンはいった。私はそうは思わない（おそらくオーデン自身もそう思ってはいなかったはずだ）。すべての本が啓示にはならないだろう。だが、きらめくページや灯台としての詩が人生という航海の水先案内になることは多い。私たちの危うい旅路に詩人や物語の語り手がどんな役割を果たすのか、すぐには明らかにならないかもしれない。だが、ある特定の独裁政治を経験したあと、独裁者に支配された血まみれの時代を身近に追った人になら、なんらかの答えが見つかるかもしれない。

名前は思いだせないが（記憶の約束はかくも不実だ）、彼女はブエノスアイレス国立大学付属高校で私の一学年下だった。彼女に会ったのは、私が高校二年のとき、熱心なクラス委員が計画した遠足でのことだった。その遠足で、私たちはテントの張り方を覚え、キャンプファイアーをかこんで読書する喜びを知り、政治の謎を学んだ。正確にいえば、政治について何を知ったわけでもない。ただ当時は、自由と平等という漠然たる考えを、政治論として大げさに開陳していただけだった。やがて私たちは、経済、社会学、歴史といった無味乾燥な本を読むようになった（あるいは読もうとした）が、私たちの大部分にとって「政治」とは、仲間意識を固め、権威をこきおろすための重宝な言葉にすぎなかった。権威のなかには、高校の保守的な校長も含まれた。それに、パタゴニアの広大な土地の不在地主たち（パタゴニアはアンデスの麓にあり、別の章で書いたとおり、私たちはそこへキャンプに出かけ、想像を絶する僻地で悲惨な暮らしを送る農民の一家を見た）。そして軍隊。一九六六年六月二十八日、戦車が重い音を響かせてブエノスアイレスの通りを走っていくのを見たが、五月広場の大統領官邸をめざす戦車の隊列はその後、何度も見ることになった。その年、彼女は十六歳だった。私は一九六九年にブエノスアイレスを離れ、二度と彼女には会わなかった。私の記憶にある彼女は小柄で、黒い巻き毛で、その髪をとても短くカットしていた。声は淡々として、やわらかで、はっきりしていた。電話ではひとこと聞いただけですぐに彼女だとわかった。絵を描いていたが、確信をもって描いていたわけではなかった。数学が得意だった。一九八二年、マルビナス戦争〔フォークランド紛争〕の直前、独裁政権が終わりに近づいたころ、私は短期滞在の予定でブエノスアイレスに帰った。昔の友人たちの消息を尋ねるうちに、その恐怖政治の時代には多くの死者と行方不明者がでたこと、その行方不明者のなかに彼女もいたことを知らされた。学生自治委員会のメンバーだった彼女は大学から帰る途中で誘拐された。公式の拘留記録はなかったが、軍事強制収容所のひとつ、エル・カンピートで彼女らしき囚人を見たという人がいた。診察を受けるときに頭巾を外した一瞬のことだった。拷問者の顔を覚えさせないよう、軍は収監者に頭巾をかぶせておくことにしていたのだ。

一九九五年四月二十五日、エル・カンピートの看守だったアルゼンチン軍の曹長ビクトル・アルマンド・イバニェスがブエノスアイレスの新聞『ラ・プレンサ』のインタビューを受けた。イバニェスによると、彼が勤務していた一九七六年から七八年までの二年間、エル・カンピートでは、高齢者や思春期の若者まで含めた男女二千人から二千三百人が軍によって「処刑」されたという。新聞に載ったイバニェスの談話によれば、処刑の時間になると、「囚人たちはパナノバルという強力な薬を注射され、数秒間で息絶えた。その薬は心臓発作のような症状を起こした。〔注射で絶命しないこともあったが、意識はなくなった。〕それから、彼らは海に投げこまれた。飛行機は高度を下げて飛んだ。それは隠密飛行で、記録には残されなかった。ときたま、鮫のような巨大な魚影が飛行機のあとを追ってくるのが見えた。奴らは人肉で肥えているとパイロットがいった。あとは想像におまかせします」とイバニェスはいった。「最悪の想像を」

イバニェスの談話は、「公式の」告白としては二つめだった。そのひと月前、元海軍少佐アドルフォ・フランシスコ・シリンゴは（やはり『ラ・プレンサ』に）、同じようなやり方で「囚人を処分」したことを認めていた。その告白にたいして、アルゼンチンのカルロス・メネム大統領はシリンゴを「犯罪者」と呼び、この将校がいかがわしい自動車取引に関与していたことを報道陣の前で指摘して、盗人の言葉がどれほど信用できるかと反問した。同時に、大統領は海軍に命じてシリンゴの階級を剝奪させた。

一九八九年の大統領就任以来、メネムはいわゆる「汚い戦争」の時代の軍事政権による悪行の問題をすべて棚上げしようと努めてきた。一九七三年から八二年までのその時代にアルゼンチンは恐ろしく荒廃し、三万人以上が殺されたのだ。（前任者のラウル・アルフォンシンが一九八八年二月二十二日と決めていた）軍にたいする告発の提出期限に満足しなかったメネムは、一九八九年十月六日、人権侵害に関与した軍人の大多数に恩赦を与えた。その一年後、クリスマスの三日後に、メネムは九年間にわたってアルゼンチンに血を流させた出来事に関与した全員に大赦令を出した。その結果、ホルヘ・ビデラ中将（のちに再逮捕された）とロベルト・ビオラ将軍は刑務所から釈放された。二人とも軍事政権時代の大統領で、ビデラは一九七六年から八一年まで、ビオラは一九八一年の十か月間、政権の座にあった。法律上の解釈によれば、恩赦は釈放や無罪を意味するものではなく、ただ刑を軽減するものである。一方、大赦は（一九八二年に軍事政権が出したものがその極端な例だったが、アルフォンシンによって撤回された）、事実上、また趣旨としても、無実を認め、罪の告発を完全に取り消すものである。シリンゴとイバニェスの告白のあと、メネム大統領は一九九〇年の大赦を取り消すといって軍を脅した。

一九九五年の告白まで、アルゼンチン軍部の重鎮たちは、彼らのいわゆるテロとの戦いにおいて、なんらかの過ちがあったことを認めようとしなかった。彼らによれば、ゲリラ戦の非道さには非道さをもって対処しなければならなかったという。この言葉はよく考えられたものだった。一九七七年、アムネスティ・インターナショナルとアメリカ国務省人権局が共同で提出した人権報告書のなかで、何百人もの行方不明者を出した責任はアルゼンチンの治安部隊にあると非難されたのを受けて、軍事政権は反論のためにアメリカのＰＲ会社バーソン・マーステラを雇った。バーソン・マーステラが提出した三十五ページの報告書によれば、軍は「プロによる最高の伝達技術を用いてアルゼンチンでの出来事を伝え、国民全体に等しく正義をもたらしつつ、テロ問題に確実かつ正当な手段がとられたことを示そうとした」。バーソン・マーステラに課されたのはむずかしい注文だったが、この広告の時代において不可能なことではない。使い古された標語「ペンは剣よりも強し」に動かされたかのように、バーソン・マーステラは軍にたいして、「保守的な、あるいは穏健派の」作家たちに「世代を超えた前向きな論評」を求めるよう助言した。そんな組織的運動の結果、ロナルド・レーガンは一九七八年十月二十日の『マイアミ・ニュース』に、「地球上で七番目に大きい国アルゼンチンはわが国のよき友であるべきなのに、国務省人権局がその関係に水をさした」と語ることになった。

長年のあいだに、他の人びともその求めに応じた。一九九五年、イバニェスとシリンゴの告白の直後、スペインの新聞『エル・パイス』に、マリオ・バルガス＝リョサの署名入りの記事が載った。「火をもてあそぶ」という題で、バルガス＝リョサはこう論じていた。これらの告白は恐ろしいものかもしれないが、それらは誰にとっても目新しいニュースではなく、ただ、「道徳観を半分しかもたない人間にさえも残忍かつ忌まわしい」真実を裏付けただけだ。「このような信じがたい残酷な行為の責任者をすべて法廷に引きだし、罰することができたら、たしかにすばらしいだろう。しかし、それは不可能だ。なぜなら責任は軍隊内部という境界をはるかに超えて、アルゼンチン社会の広い領域に関係しているからだ。今日、ふりかえって過去の暴力を糾弾し、声をあげている人びとでさえ、多かれ少なかれ、この出来事に関与していたのだ」

「たしかにすばらしいだろう」――これは、偽りの悔悛を示す陳腐なレトリックであり、「残忍かつ忌まわしい」事実への共通の憤りを、それが「本当は」何を意味するのかという、もっと冷めた態度へと変えてしまう。厳正な正義という「すばらしい」目標に達することは不可能だと決めつけているのだ。バルガス=リョサの議論は、大昔からいわれてきたことであり、原罪についての考察にまでさかのぼる。誰か一人に責任を負わせることはできない。なぜなら、「多かれ少なかれ」すべての人間が国家の犯罪に責任があるからだ。その犯罪は国民の一人が手を下したものであれ、為政者が手を下したものであれ同罪だという。百年以上前に、ニコライ・ゴーゴリが同じ不条理をもっと優雅な言葉で表現した。「判事を探しだし、犯罪者を探しだせ。それから、両者を糾弾せよ」

自分の国の例を歴史上の教訓として、バルガス=リョサは彼の「心からの願い」をこう締めくくった。「ペルーで起こった一件、そしてペルー国民が民主主義を歪めたことがよい例だ――過激派集団による暴力、そして同時に、ある政治勢力の無知とデマゴーグのせいで、ペルーの民主主義は熟れた果実のように軍の手に落ち、独裁を招いた。一方、アルゼンチンでは、無分別に正義を求める人びとが目を覚まして、一九七〇年代の弾圧をめぐる議論を優先し、復讐を求め、仇敵への報復を誓い、なんらかの手段に訴えて、狂気の戦争を続行しようとしている。それは、そもそも彼らが着手し、やがて負けた戦争だというのに」

バーソン・マーステラにとって、これほど効果的な宣伝材料はなかった。バルガス=リョサの文学的権威を信じていた一般読者は、この熱のこもった論説をどう思っただろう。おそらく、ためらいながらもアルゼンチンとペルーをくらべてみただろう（ペルーでは、作家から政治家への転身をはかったバルガス=リョサが大統領選で大敗を喫した）。あまりにもあからさまな、過剰すぎる反論から、読者ははるかに微妙な議論へと導かれる。これらの「正義を求める人びと」、バルガス=リョサのいう、望ましいが理想論にすぎない正義を訴える人びと——彼らはただの偽善者なのだろうか？　暴虐の罪をともに背負うだけでなく、彼らが始め、やがて敗北した戦争、その責任者として咎められるべきなのだろうか？　突然、責任という秤の針が激しく揺れて犠牲者の側に傾く。正義のためではなく、政府の過ちを認めさせるためでもなく、ただ燃えるような復讐への思いだけ、あるいは、もっと悪ければ完全な遺恨だけが、いわゆる「正義を求める人びと」を動かしているのだろうか？　三万人の行方不明者は悼むべき存在ではなく、すべての原因を作った厄介者だったのだ。そして、生き延びた人たち——五月広場に集まった母親たち、亡命せざるをえなかった何千人もの人びと、行方不明者国家捜索委員会による一九八四年の『行方不明者に関する報告書』のページを埋める、拷問にかけられた何百人もの男女、そしてとうてい言葉ではあらわせない苦しみを記した彼らの重々しい言葉——は、みずからが裁きの場に立たないかぎり、救済など求めるべきではない。そのうえ、一九七〇年代はいまや大昔だ……もう忘れたほうがよいのだろうか？

好運にも、読者はそう単純な人ばかりではなかった。マリオ・バルガス＝リョサの記事は一九九五年五月十八日の『ル・モンド』に転載された。一週間後（五月二十五日）アルゼンチンの作家フアン・ホセ・サエールが同じ新聞に反論を寄せ、バルガス＝リョサの記事に含まれていた数々の重要な事実関係の誤り——イサベル・ペロン大統領の政権を「民主政府」と呼んだこと、一九五五年から八三年までのアルゼンチンでは六年しか自由選挙が実施されなかったという事実を無視したこと——を正したあと、サエールは、バルガス＝リョサの主張が軍事政権幹部の主張と呼応している点をひとつひとつ例をあげてみせた。軍部によれば、殺人と拷問という公式の戦術は自分たちが選んだのではなく、相手の行動によってやむをえず引き起こされたものであり、敵のせいで「極端な方法を」とらざるをえなかったのだという。サエールは、バルガス＝リョサのいう「集団的責任」という考え方は、バルガス＝リョサ自身を微妙な立場に追いやるとも指摘した。なぜなら、アルゼンチンの知識人が拷問され、亡命を強いられていたときに、ペルーの小説家であるバルガス＝リョサはアルゼンチン政府公認の出版社で積極的に作品を発表しつづけていたからだ。

サエールはバルガス＝リョサの果たした役割についても、軍部のスポークスマンでしかないと非難した。そして、数々のまちがった憶測にもとづいたバルガス＝リョサの議論を退け、無視した。それでも、バルガス＝リョサの文才ゆえにその主張は、軍の赦免を支持する人びとが書いた文章のなかでもきわだっている。したがって、もう少し綿密に検証するだけの価値はあるだろう。

・力ずくで政権を掌握し、敵対者との戦いに拷問と殺人という手段をとった軍事政権とその犠牲者――ゲリラの闘士、政敵、政治に無関係の一般市民を含む――が責任を分けあうという考えは筋が通らない。反乱側の勢力と、アルゼンチン軍の力が同等だったら、そうした議論も成り立つだろうが（数だけでいっても、一対千の比率だった）、組織された軍隊にたいして、それに異論を表明した知識人、芸術家、組合のリーダー、学生、聖職者たちの集団が比肩しうるかどうかは一目瞭然だ。政府の行動に異議の声をあげる市民に罪はない。それどころか、民主的な社会であれば、政府の行動を監視することは市民として最も重要な義務であり、すべての市民は、いわば「神のスパイ」になるべきである。リア王はこういっている。「われわれは、神のスパイのように、この世の秘密を引き受けよう。壁に囲まれた牢獄のなかで、月のように満ちては欠ける権力者たちの勢力の消長を眺めるとしよう」

だが、弾圧は抵抗する市民の上にまでおよんだ。小説家エルネスト・サバトを長とする行方不明者国家捜索委員会による一九八四年九月の報告書はこう結論している。「この悪辣な計画を実行した人びとの態度とは裏腹に、われわれははっきりと断言できる。彼らが狩りたてたのは、テロ活動にかかわった政治組織のメンバーだけではなかった。犠牲者のなかにはそうした政治活動とはなんの関係もなかった人たちが大勢いたが、それにもかかわらず、軍事独裁に反対したり、組合活動や学生運動に加わったりしただけで、恐ろしい拷問を受けた。国家のテロ行為に疑問を投げかけた著名な知識人、さらには破壊分子活動家と見なされた者の親戚や友人、また彼らの住所録に名前があるというだけでも標的となった」

・政府が拷問と殺人という手段を用いて法を施行するなら、その統治権も、施行する法律も無効である。国民に平等の権利が与えられている社会において、基本となる原則のひとつは人命の尊重だからである。G・K・チェスタトンはこう書いている。「殺人は罪であるという言葉が不可解かつ奇妙なものだと裁判長が認めるような社会では、どんな人間も身の安全は保証されない」。この真理を理解せず、殺人と拷問にたずさわった者を咎めずに放置するような社会が、みずからの正義を主張できるはずがない。みずからが国家の法律に背くような政府は犯罪者を正しく裁くことはできない。個人的な正義感、復讐心、欲望、ましてや個人の倫理観だけで裁きを下してはいけない。国民一人ひとりの個人的な行為を含め、すべてをその国の憲法の規定に従わせるべきである。法をもって法を施行し、法律の文言から逸脱してはいけない。法の限界を超えたとき、政府はもはや政府とはいえず、権力の簒奪者でしかない。そして、そのような存在として裁かれるべきである。

・その恐怖の年月、法の究極的な力にたいする信頼が、軍事独裁の犠牲者たちの多くを支えた。政府の迫害による痛みと苦悩にもかかわらず、遠からぬ将来、その暴虐が明るみに出され、法のもとで裁かれるにちがいないという信念を抱きつづけたのだ。拷問者に拷問の苦しみを味わわせ、殺人者に死で贖わせたいという気持ちは抑えがたいだろうが、そんな復讐を実行に移したら、苦悩の元凶たる暴虐と同じ土俵に立たされ、さらにおぞましいことには迫害者に勝利をもたらすという思いのほうがずっと強い。だからこそ、犠牲者とその家族は現世において究極の審判が下されることを信じつづけ、過ちを犯した社会が罪ある者たちをその社会の法にしたがって裁くことを期待する。そのような審判が下されたうえで初めて、その国はもう一度やりなおすチャンスを得るのだと彼らは信じる。メネムの大赦は、彼らが長いあいだ抱きつづけた期待を打ち砕いた。

・この「正義の不在」は、軍がとった「失踪」戦術と薄気味悪いほど共通点がある。誘拐され、拷問され、飛行機から突き落とされ、どことも知れない地中に埋められた犠牲者は、公式には死亡が確認されず、たんに「不在」なだけであり、家族は死を悼むこともできず、苦悩のうちに取り残される。一九八一年、フリオ・コルタサルは独裁者のやり方についてこう表現した。「一方では、仮想または現実の敵が鎮圧される。その一方で、こうした状況のもと、犠牲者の家族や友人たちはしばしば沈黙を強いられる。親しい人の死を心のなかではどうしても認めたくないがゆえに、生存への一縷の望みにすがるのだ」。そして、さらにこうつづけた。「あらゆる人間の死が二度と呼び戻せない不在をともなうとしたら、ある種の抽象的な存在として持続するもうひとつの不在、いつか終わりが来るはずのこの不在の執拗な拒否をなんと呼ぶべきか?」その意味で、メネムの大赦は過去の病をけっして癒さなかった――その病を、いまに至るまで引きのばしただけだった。

・メネムの修正主義的な試みは前例のないものではない。過去の汚点を抹消することで現在を完璧なものにしようとした初期の例は紀元前二一三年に見られる。中国の始皇帝は、母の不義の痕跡を消すために（伝承ではそういわれている）、帝国領内にあったすべての本を火に投じるよう命じた。しかし、どれほど大がかりな、またどれほど些細な企てでも、いったんなされた行為をなかったことにはできない――中国の皇帝であれ、アルゼンチンの大統領であれ。それが人生の動かしがたい掟である。過去の不変性は、政府の能弁や復讐への渇望や駆け引きによって左右されない。どんな行為もあとから取り消すことはできないのだ。赦しはありうる。だがその赦しは苦しめられた側の人、その資格があると思う人から与えられるべきだ。大赦が出たあとでも、行為そのものは変わらない――その状況も、重大さも、罪も、傷も。変わるのは拷問者と犠牲者の関係だけだ。そのとき犠牲者は、聖公会祈禱書にあるとおり、「われらの美点ゆえではなく、われらの敵を赦すことによって」みずからの正当性をあらためて主張するのである。赦しを与えられるのは犠牲者だけであり、拷問者の権利ではない――メネム政権とその支持者であるバルガス＝リョサのような人びとはこのことを忘れていたようだ。

・犠牲者からの赦し――限りない慈悲のあらわれである――は、司法の手続きなしには成り立たない。たとえ赦されても行為の本質は変わらず、罪が減ることもない。それは永遠に影を落としつづけ、新たな世代をつねに翳らせる。たとえ赦されても、忘却は与えられない。だが、社会の法律にしたがった裁判は、少なくとも犯罪行為の前後関係を明らかにする。裁判によって、犯罪行為をいわば過去に収めることができ、その結果、ようやく未来を汚さずにすむ。ひとつの記憶、ひとつの警告として、距離をおいて立つものとなる。不思議なことに、社会の法律に照らして裁くことは、文学の行為に通じる。犯罪的な所業をページの上に定着させ、言葉で定義し、前後関係を明らかにすることによって、一瞬だけの純粋な恐怖が社会で共有される記憶へと変わる。記憶の力は、もはや犯罪者の手から離れる。社会そのものが記憶の力を手にして、みずからの不正な過去の年代記を書き、やがて忘却という空虚の上にではなく、自分たちが関与した暴虐について記録した確固たる事実の上に、もう一度社会を築きなおすことが可能になる。それは長く、厳しく、恐ろしく、苦悩に満ちた道のりではあるが、それ以外にたどる道はない。この種の治療はかならずや傷を残すものである。

・公然たる殺人者や拷問者の要求をのんだメネムによる恩赦は、長きにわたるはずの治療をさらに長びかせることになった。軍事政権の拷問者や殺人者が裁きを免れているかぎり、アルゼンチンはいわば権利を剝奪された国のままである——社会の正義を追求する権利が無視され、倫理教育の権利が奪われ、モラルを守る権利が剝奪されている。メネムをはじめとして、つづく大統領はみな、「前進」を呼びかけ、「立場のちがいを超えた和睦」を勧め、「もう一度、経済的繁栄をもたらす」ための努力を訴え、そのためには過去への赦しと忘却が必要だと主張した。バルガス＝リョサのような文学者の声に支えられたメネムは、もう過去の清算はすんだと思っているらしい。私の級友を含む、膨大な数の個人の記憶が、公式の訂正も、贖罪もないまま、薄暗い役所の忘れられた棚の上で黄ばんでいくしかないのだ、と。そして、努力を払うこともなく、公的な修正もなされず、贖罪もないまま過去が回復できるのだ、と。

待ち望んでいた司法の裁きが否定されたいま、アルゼンチン軍事独裁政権の犠牲者たちは、もうひとつの、より古い形の正義に期待をかけている――法の裁きほど明快ではないが、結局のところ、ずっと長続きするものだ。政治家の心の迷路は救済の約束をめったに守らない。だが、才能に恵まれた作家の心は、ほとんどその約束のためだけにできている。オーデンの言葉にもかかわらず、彼らは忘却をけっして許さない。

拷問者とその犠牲者の両方による、いくつかの本（その目録はあまりにも長大で、しかも個人的なものなので、ここには載せない）は、彼らがたった一人ではないこと、見えない存在ではないこと、揺るぎない存在であることを知っている。幸せな結末を願うのは文学上の慣例だが、それ以上に、正義は人類が連帯するために欠かせない要素である。正義を守るために、人はあらゆる手段をとる。イギリスの古い法律にあるとおり、正義はなされるべきであり、また同時に、それがなされるところを見せなければいけないのだ。

作家は世界を変えられるかという問いにたいするオーデンの不信は、どうやら現代人に特有の感覚らしい。ロバート・グレーヴスによると、アイルランド人とウェールズ人は詩人と諷刺作家のちがいを慎重に区別したという。詩人の仕事は創造し、癒しを与えることだが、風刺作家の仕事は破壊し、不快をもたらすことである。そして、どちらも世界の出来事の流れを変える。自然さえ、オルペウスの言葉に頭を垂れたという。シェイクスピアはアイルランドの吟遊詩人の力について「詩でネズミを殺す」と書いた。七世紀、夕食をネズミにかじられたと知った偉大な詩人シェンハーン・トルペイシトがその場で詩を作ると、たちまち十匹のネズミが死んだという。

ネズミの鼻づらは尖っている
だが戦士としてはなまくらだ

相手がネズミであれ、独裁者であれ、作家は神のスパイとして、荒っぽい形の正義をもたらすことができる。紀元前一世紀にホラティウスは書いた。「アガメムノンの時代より前にも勇敢な男たちはいた。だが、彼らはみな悼まれず、無名のまま長い夜に隠された。なぜなら、彼らには詩人がいなかったからだ」。ホラティウスがいうように、私たちは好運である。私たちを救いだす（あるいは、そこになんらかの救済を見出せる）詩と物語がいま書かれている。または、これから書かれる。すでに書かれ、読者を待っているかもしれない。いつの時代にも、それらは訴えつづける。人の心は、人がなす最も悪辣な行為よりも大きいということ。なぜなら人はそんな行為にも名前を与えることができるのだから。そして、最も忌避すべき行為をすぐれた文章で表現すれば、そのおぞましさが明確になり、結果として克服しがたいものではなくなるということ。言葉はもろく気まぐれなものではあるが、霊感を得た作家は言葉にならないものについて語り、想像を絶するものに形を与えることができる。それによって、邪悪な存在から神秘性が拭い去られ、いくつかの言葉として記憶されるだけのものになるということ。

トロイアふたたび

トウィードルダムはあたりを見回してほくそ笑んだ。「これが終わるころにはあたり一面、一本の木も残らないだろうな！」

『鏡の国のアリス』第四章

私の地理学は読書によって形成されている。経験、記憶、欲望などがその一部をいろどり、形づくってはいるが、決め手はやはり本である。オレゴン州はアーシュラ・K・ル＝グウィンのものである。プラハはグスタフ・マイリンク、ヴェネチアはヘンリー・ジェイムズ、アルジェリアはラシッド・ブージェドラと切り離せない。だが、ベイルートを思うとき、私の心には三つの情景が浮かぶ。ひとつは一九五〇年代初めにその都市を訪れたあとで母がいったことだ。母は、パリ、ローマ、ヴェネチアで暮らしたことがあった。そんな母が、ベイルートほど美しく、優美で、人にやさしい街はないという。ブエノスアイレスの暮らしが悪くなると（悪化することはしばしばあった）、母は愚痴をこぼし、頭を振りながら、チェーホフの三人姉妹が「モスクワへ、モスクワへ！」とくりかえすように、溜息をつきながら「ベイルート、ベイルート!」とつぶやく。あの楽園に留まっていたら、人生はまったく別のものになっていた、とでもいうように。実際そうだったかもしれない。なぜなら、ベイルートは母にとって手の届かないものだったからである。手の届かないものは、往々にして完璧に思えてくる。

二つめは、二〇〇四年に私がベイルートを訪問したときに受けた印象だ。人びとの友情、けたはずれの親切、多様な文化的背景から生じる変幻自在の声、内戦のあとで自分たちの街が再建されるのを見守るときの誇りと安堵、傷痕を見せることへのためらいのなさ、誰もが詩と音楽と旨い食べ物と知的な会話が人生で最も大事なものだという共通認識を抱き、心から信じていること。帰国してからも、その社会で経験したことが不意に思いだされ、郷愁の念に駆られることがあった。

三つめは、二〇〇八年の夜のニュースで見た爆撃後のベイルートの姿である。侵略された都市の例にもれず、他人にはうかがい知れない個人の日常的な苦しみに満ちた場所であると同時に、どの戦争でも関係なく、あらゆる都市に共通するイメージでもあった。長い時間をかけて築きあげた壁が瓦礫となって路上に散乱し、兄弟姉妹、友人、両親、子供がその下にいるはずの崩れた屋根の残骸を見つめる人、そのかたわらを通りすぎていく兵士たち。

だが、四つめのベイルートがあるはずだ、と私は思う。再建された石でもなく、破壊された石でもなく、記憶のなかに保たれたベイルートだ。今日、『イリアス』を読む人びとが最も心を動かされるのは、語り手の言葉がギリシャ語にもかかわらず、その悲劇が人類共通のものだと不意に悟ったときである。たとえば、こんなところだ。衝突の原因は誘拐であり(パリスがヘレネーをさらった)、そして連合軍は、最も力のある将軍(アガメムノン)の執拗な主張のもとで包囲戦を続け、自分たちの財産を取り返すまで戦うことに同意する。だが、この叙事詩がはっきりと述べているように、両軍にとって戦争の結末は惨憺たるものとなる。ギリシャのパトロクロスもトロイアのヘクトールも、戦争という暴虐の犠牲者だった。『イリアス』の作者（または作者たち）はこの両者に共感を示している。

ギリシャ人は戦争を英雄的な行為として称揚した。神々は見世物としての戦争を嬉々として眺め、（第七歌によれば）「死肉喰いのハゲタカのように世界を」見るのだった。しかし、どれほど英雄的だとしても（あるいは、そう思おうとしても）、戦争の恐怖と苦悩に目をつぶるわけにはいかなかった。そして、神々の残忍な気まぐれとは対照的に、ギリシャ人たちは人間が情け深い存在である（またはありうる）ことをつねに思いださせようとした。ソポクレスの『アイアス』では、勝利を喜んだアテナが、寵愛を与えたオデュッセウスに向かって、彼の敵はたえず災難が降りかかるよう運命づけられているのだと語る。それを聞いたときのオデュッセウスの返答は人の心を打つものなので、突然、このギリシャの英雄が知恵と栄光の女神よりもずっと高貴な存在に感じられる。「この不運な男が私の敵であってよかった。それにしても、彼が災難にうちひしがれているのを見れば、私は不憫でなりません。これもいつかはわが身のこと。私を含めて、この世に生きるわれわれはすべて、亡霊か実体のない影でしかないでしょうから」。自分が何者かという記憶があればこそ、アイアスの運命とオデュッセウスの運命はどちらも高貴なものとなる。

記憶のおかげで、自分という存在、そして自分が見るものに意味が与えられる。『イリアス』の第二十二歌では、殺意にあふれたアキレウスが、友人のパトロクロスを殺したヘクトールのあとを追う。ともに兵士である二人は、どちらも手を他人の血で染め、どちらも愛する者を殺された過去をもち、どちらも自分の戦いは正義のためだと信じている。一人はギリシャ人で、もう一人はトロイア人だが、このときの二人にとって国への忠誠心はどうでもよくなっている。たがいに殺しあおうとする二人の男がいるだけだ。彼らは城壁を越え、スカマンドロスの水源をなす二つの泉を過ぎた。このとき、ホメロスは（この古代の人物をわれわれはホメロスと呼ぶ）闘いの記述を中断し、ひと息ついて、読者に思いださせる。

泉のすぐ傍らに、石造りの立派な広い洗い場が幾つもあって、まだアカイアの子らが来ておらず平和であったころには、トロイエ人の女房や器量のよい娘たちが、ここで艶やかな着物を洗っていた……

その横を二人の勇士は、一人は逃げ、一人はその後を追って駆け抜けてゆく。

水場を越えて、男たちはいまも走りつづける。

芸術と神聖冒瀆

「そんなこと、するわけないだろう」ネズミはそういって立ちあがると、向こうに行こうとした。「そんなたわごとを並べるなんて、ばかにしてやがる！」
「そんなつもりじゃなかったのよ！」アリスはおろおろした。「だって、あなたすぐ怒るんだから！」

『不思議の国のアリス』第三章

イメージを読むことは危険な企てになりうる。二〇〇五年、世界中の定期刊行物にムハンマドをテーマにした数点の風刺漫画が掲載された（最初はデンマークで冗談として載り、次いでその他の国では一種の果敢な抵抗として取り上げられた）。その結果、さまざまなイスラーム集団から猛烈な抗議の声が上がった。歴史はくりかえす。真の信徒にとって動かしがたい柱だと信じられている信仰が、たんなる芸術作品のせいで衝撃を受け、揺るがされるように見える。ただの筆の痕跡、書き散らしたいくつかの言葉にすぎないのに、信徒たちは神の名のもとで、いまにも神聖なる怒りが爆発するといいつのるのだ。

残酷な、あるいは暴力的な行為が宇宙の創造主（または預言者）を怒らせるというのは理解できる。なぜなら、創造にたずさわる者は（創造するものが世界であれ、ただの芸術であれ）自分の作品が台無しにされたり、破壊されたりして喜ぶわけがないからだ。同朋を殺害し、拷問にかけ、屈辱を味わわせ、虐待することは、神の目の前で、まちがいなく罪である。ノアの大洪水が毎月のように起こらないことが、神の果てしない寛容さのあらわれだと信徒たちがいうのも当然だと思う。アウグスト・ピノチェト、ジョージ・W・ブッシュ、オサマ・ビン・ラディンのような人びとが安穏に生きていられるという事実が、神のほとんど非人間的なまでの忍耐力を示している。

だが、その一方で、諷刺漫画、冗談、言葉遊びなどが、永遠をほんの一日としか思わないはずの神、あるいは全人類のなかから神に選ばれた人を怒らせるというのは、私にいわせれば、それこそ神聖冒瀆に思える。私たちのような弱い人間は、人から嘲笑の的にされたら不愉快に思うだろう。だが、至高にして不滅の存在、全知全能の神がそんな反応を示すはずがない。ボルヘスは、神の文学的な好みについて、われわれには知る由もないと示唆している。この世のすべてを知ろしめす存在であり、アンテロープの詩的な美しさだけでなく、カバのような悪趣味な冗談さえも創造する大らかな美的感覚をもった神が、自分のナイトテーブルから、ドニ・ディドロやマーク・トウェインやサルマン・ラシュディの著作を排除するとはとても考えられない。ムハンマドなら笑いとばすことだろう。「いつでも心は軽くしておきなさい。心がふさぎこむと魂は盲目になるから」

過去の偉大な宗教家たちは知的な人間でもあったので、ユーモア感覚にも富んでいた。キリストは（聖ヒエロニムスのラテン語訳聖書によれば）ペテロを相手にしてたわいない言葉遊びを楽しんだ。「あなたはペテロ（Petrus）。私はこの岩（petrum）の上に私の教会を建てる」。ブッダが砂漠を越えようとしたとき、彼を日差しから守るために天上の神々はいっせいに日傘を投げおろした。どの神の機嫌もそこねたくなかったので、ブッダは礼儀正しく自分の分身をたくさんつくり、神々がみな自分の贈った日傘を使っているブッダの姿を見られるようにした。ミドラーシュによれば、モーセはあるときこんな質問を受けた。林檎の出来事のあと（すべてを知っているはずの）神が、楽園を追放されたアダムを探して「アダム、そなたはどこにいるのか？」と訊いたのはなぜか。モーセはこう答えた。「神はこれによって礼儀正しさを教えたのだ。人の家に入るとき、まず自分から名乗らないのは礼にかなっていないからである」。『アルムスタトラフ』の第一巻にはこんな話がある。ひとりの貧しい男がムハンマドに会いに来て、乗るためのラクダを恵んでくれといった。「若いラクダを授けよう」とムハンマドは答えた。「でも、若いラクダでは私の重さに耐えられません！」と男は不満そうにいった。「おまえはラクダが欲しかったのではないのか」とムハンマドは答えた。「どんなラクダも、別のラクダとくらべれば若いということを知らないのか」

blasphemy（神聖冒瀆）という言葉はギリシャ語から派生したもので、もとは「中傷する」を意味した。ギリシャ神話では、冒瀆かどうかを判断する根拠は、対象となった神の感受性だった。アテナが若いアラクネを蜘蛛に変えたのは、女神より機織りがうまいと自慢したことへの罰だった。中世カトリック教会では、神聖冒瀆が異端と混同されるようになった。ただし、些末なことにこだわる官僚主義のおかげで、ムスリムとユダヤ人は異端の咎めを受けなかった。彼らはそもそも信仰告白をしていなかったからである。とはいえ、神と聖人を侮辱したとして告発されることはあった。しかも、言葉や行為だけでなく、考え方までが（たとえば、人生をつかさどるのは神ではなく運だという考え方）、「心の神聖冒瀆」として咎められた。ユスティニアヌスが五三八年に署名した勅令によれば、神聖冒瀆への罰は死刑だったが、その宣告がなされることはまれだった。ユダヤ・キリスト教世界において、神聖冒瀆についての考え方は今日でさえ見解が大きく分かれる。たとえば、アメリカ合衆国ではさまざまな宗教グループが、彼らの見方で神を侮辱していると思われる本を学校図書館からどんどん排除している。その結果、ロアルド・ダール、J・D・サリンジャー、J・K・ローリングといった多岐にわたる作家が、ジョナサン・スウィフトやウィリアム・フォークナーのような、すでに消された名作の仲間に加わることになった。

コーランの有名な十章（十章百節）には、「神の意志なしでは何人たりとも信仰をもてない」とある。八世紀初頭、すぐれた神学者ハサン・アルバスリーはその言葉をこう解釈した。「私たちが神を求めるのは、神が私たちにそうあれと望むからである」。したがって、信者は自分たちが恩寵によって選ばれた者だと確信して満足しなければならない。そして、献身が足りず、神から選ぶに値しないと見なされた人びとに何をいわれても知ったことではない。笑いたければ笑うがいい。それもまた（この議論を敷衍するなら）神の意志なのだ（神の論理は計り知れない）。信徒たちによれば、神は彼らに犠牲を要求し、またそこから立ちなおる力も求めるという。神が宮廷の道化師の存在を許したことが明らかな証拠だ。その先達であるヴォルテール、エラスムス、ラブレーといった人びとは、ホラティウス（彼もまた神の被造物である）の助言にしたがって笑いを通した教えを擁護した。

きちがい帽子屋のテーブルで

「こっち、の方角には帽子屋が住んでいる」猫は右の前足を大きくぐるりと動かしていった。それから、左の前足を同じように動かしていった。「あっち、には三月兎が住んでいる。好きなほうを訪ねればいい。どっちもきちがいだ」「きちがいのところになんて、行きたくないわ」とアリスはいった。「それはしかたがない」と猫がいった。「ここではみんなきちがいなんだ」

『不思議の国のアリス』第六章

洞察力に富んだ読者ならきっと賛同してもらえるだろうが、人間界の最もきわだった特徴は狂気である。蟻はきちんと列をなし、一点の隙もない正確さで、あちらからこちらへと移動する。種子は成長して木となり、きまった周期で葉を茂らせ、つぼみをつける。鳥は渡り、ライオンは屠り、亀はつがい、ウイルスは変異し、岩は崩れて塵になり、たえず形を変えてゆく雲は幸いにも自分が何をつくり、何を壊しているのかを意識さえしない。私たち人間だけが、生きている自分を意識する。半ば共有された言語という記号《コード》によって、自分たちの行動がどれほど矛盾だらけで不可解なものか、思いめぐらすことができる。人は治療し、助け、自己犠牲をいとわず、配慮と共感を示す。すばらしい技術や奇跡的な装置を生みだし、この世界と自分自身についての理解を深めようとする。その一方で、人は迷信を頼りにして暮らし、ただ欲望にまかせて溜めこみ、他の生き物をわざと苦しめ、生存に必須のものである水や空気を汚染し、ついにはこの地球を破滅の瀬戸際に追いつめようとしている。しかも、自分のしていることをすべて自覚したうえで行動しているのだ。まるで夢のなかを歩いているかのように。その夢のなかでは、すべきでないとわかっていることをして、すべきだとわかっていることをしない。「狂気とは、起きているときの人生と、眠っているあいだの人生のちがいがわからなくなることだと定義してもいいのではないか？」と、ルイス・キャロルは一八五六年二月九日の日記に書いた。

狂気に満ちた不思議の国を旅するアリスが第七章で目にするのは木陰に据えられたテーブルで、そこには何人分ものお茶の支度がされていた。大きなテーブルなのに、三月兎と帽子屋とヤマネは隅にひしめきあってお茶を飲んでおり、居眠りしているヤマネは他の二人がもたれかかるクッション代わりにされている。近づいてくるアリスに向かって、彼らは「席はないよ！　席はないよ！」と叫ぶ。むっとしたアリスは「たくさんあるじゃないの！」といって、テーブルの端に置かれていた大きな肘掛け椅子に坐る。

アリスを歓迎しなかった先客たちのテーブルマナーはたしかに変だ。最初に三月兎がアリスにワインはいかがと勧める。「ワインなんかどこにあるの」といってアリスはあたりを見回す。「ないよ」と三月兎は答える。そして、もっとたくさんお茶をどうぞと勧める。アリスは不満そうにいう。「まだ何もいただいていないのに、もっとなんて変だわ」。「これ以上少なくはいただけませんというべきだな」と帽子屋が口をはさむ。「何もないところから、もっといただくのは簡単だからな」。やがて、帽子屋の気まぐれにまかせて、席をしょっちゅう替えるはめになる。帽子屋が汚れていないカップを欲しがると、みんながひとつずつ席をずらすのだ。この席替えで得をするのは帽子屋ただ一人のようだ。たとえば、アリスの場合は「さっきよりもひどいことに」なった。三月兎がミルク入れをひっくり返したせいでお皿がミルクだらけになっていたのだ。

現実の世界と同じように、不思議の国ではどんなに狂って見えることでも、すべて論理の下支えがあった。規則のシステムそのものが往々にして不条理なのだ。アリスの属する社会の慣習から、アリスはどんな状況でも、年長者や優位にある人びとの行動は筋が通っているものと思わされてきた。したがって、奇妙な夢の世界の法則を理解しようとするアリスは、そこで出会う生き物にも論理的な行動を期待する。ところが、アリスが出会うのは「論理的な」狂気ばかりなのだ。バートランド・ラッセルは九十歳の誕生日にこういった。「生涯を通じて、人間は理性的な生き物だという言葉をさんざん聞かされてきた。この長い年月、それを裏付ける証拠は見たことがない」。アリスの世界はラッセルの主張を映している。

アマチュア人類学者たるアリスは、不思議の国の社会的な慣習を理解すれば、そこの住人の行動論理も理解できるはずだと考える。お茶会のテーブルで起こっていることにもなんらかの理由があるはずだと思い、礼儀正しくしたがおうとする。目の前のばかげた行動に、アリスは論理的な問いかけで対抗する。どんなにばかげた質問にも、筋の通った答えを見つけようとする。しかし、うまくいかない。「ほんと、そんなの考えたこともない――」とアリスがいいかけると、帽子屋はぴしゃりという。「じゃあ、黙ってな」

私たちの世界と同じように、不思議の国の住人の態度は、責任と価値にたいする彼らの考え方を暗黙のうちにあらわしている。究極のエゴイストを象徴する帽子屋は自由な発言を抑えつけ（自分自身の発言を除く）、自分の持ち物でもないものを勝手に動かす（そのテーブルはそもそも三月兎のものである）。自分の快適さと利益のほかはどうでもよい。だから、責任を引き受けまいとして、自分の持ち物なのに自分のものとはいわない（物語の終盤、裁判の場面で、帽子をとれと命じられた帽子屋は自分のものではないと抗弁する。そして、「これは売り物なのです」と釈明する。「自分のものなんてありません、私は帽子屋ですから」）。彼が自分のものに価値を見出すのは、それが売れたときだけである。だから、帽子屋は自分の行動の結果を気にする必要がない。汚れた皿をめぐる裁判であろうと、司法の場で守られる社会の慣習であろうと彼には関係ないのだ。

二冊目の『鏡の国のアリス』では、帽子屋は一度しか登場しない（ある日、彼が犯したかもしれない、または犯していないかもしれない罪で投獄された）が、彼の哲学はアリスの夢の世界で、はるか遠くまで広まっていた。第三章の途中、アリスは突然、列車のなかにいて、不機嫌な車掌から切符を見せろといわれるが、そのとき周囲に響く正体不明の声には帽子屋の価値観がしみついている。

「さあ！　切符を見せなさい、そこの子！」と車掌はいって、アリスをにらみつけた。すると、たくさんの声がいっせいにいった（「まるで合唱みたい」だとアリスは思った）。「待たせるんじゃないよ、そこの子！車掌さんの時間は一分につき千ポンドもするんだから！」

「もっていないんです」とアリスはおびえた声でいった。「どこにも切符売り場なんかなかったので」すると、またたくさんの声がいった。「この子のいたところには切符売り場用の場所もなかった。そこの土地の価格は一インチにつき千ポンド！」

「いいわけはきかないよ」と車掌がいった。「機関士から買えばよかったんだ」そのとたん、合唱がつづけた。「機関車を動かす人。なんと、煙だけでもひと噴き千ポンド！」

アリスは心のなかで考えた。「これじゃ、話してもむだだわ」声に出していわなかったので、声はこんどは聞こえなかったが、驚いたことに、考えが合唱になって響いたのだった（考えが合唱になるのがどういうことか、わかっていただけるといいのだが――じつをいえば、私にもわからないので）。「何もいわないほうがいい。ひとことにつき千ポンド！」

「今夜は千ポンドの夢を見てしまいそう！」とアリスは思った。

無窮の時間のなかであれ、無限の宇宙空間であれ、ひと噴きの煙も、口にするひとつの言葉も、帽子屋の信条をくりかえす見えない合唱にいわせれば、金銭的な価値――ここでは千ポンド――に換算される。金銭的な価値だけを求めるそんな復讐の女神エリニュスにとって、すべてのものは売買の対象となり、何もかもが（帽子屋の帽子のように）商品として取引される。

私たち自身の歴史にも、アリスの本に出てきそうなエピソードがある。一五二〇年の夏、あいつぐ戦闘に疲れはて、これ以上の争いは無駄だと思い、みずからの自由どころか命まで危うくするよりはむしろ話し合いの席についたほうがよいと決断してスペイン軍の捕虜となったアステカ王モクテスマは、先祖のアシャヤカトルが苦労して集めた膨大な財宝をエルナン・コルテスに譲ることを了承し、はるか遠くにある見えない国――コルテスがその力を体現していた――スペインの王に忠誠を誓った。その儀式に立ち会ったスペインの年代記作者フェルナンデス・デ・オビエドは、モクテスマがその間ずっと涙にくれていたといい、自由意思で協定を結ぶことと、鎖につながれて悲しみとともになされる約束との違いを指摘した。

そして、ローマ時代の詩人マルクス・ウァロの言葉を引用した。『力によって与えられるものは、もてなしではなく、盗みである」

アステカ王国の財宝は誰もがすばらしいと賞賛するもので、スペイン人たちの目の前に並べられたとき、黄金色の小山が三つできたほどだった。そのほとんどは、用途のわからない道具だったが、おそらく複雑な社交の儀式に使われるものらしかった。手の込んだ襟飾り、腕輪、杖、色とりどりの羽毛のついた扇、貴石、真珠。それに、凝った細工でつくられた小鳥、昆虫、花々。コルテス自身の言葉によれば、それらは「素材の価値以上にすばらしい。というのも、目新しい工夫と奇抜な創意のために、値段がつけられないほどの出来であり、世界のどんな王族も、これほど立派なものを持っているとは思えない」のだった。

モクテスマはこの財宝を自分の宮廷からスペイン王への貢物にするつもりだった。しかし、コルテスの兵士たちは戦利品をよこせといい、一人ひとりが相応の黄金を分け与えられるべきだと主張した。財宝の五分の一はスペイン国王の取り分である。同じく五分の一はコルテスが取る。残りのうち、かなりの分は、遠征費用としてキューバ総督への弁償にあてる。ベラスケスの駐屯隊とそれを率いた指揮官たちも自分たちの取り分を要求した。さらに、騎兵、火縄銃兵、石弓兵には二倍の俸給を支払わなければならなかった。残りを分けると一兵卒は一人につき百ペソ金貨しか支給されず、期待を大いに下回ることになったため、兵士の多くは不満に思った。

部下たちの言い分に負けて、コルテスはアスカポツァルコの有名な金細工師を呼び、モクテスマの貴重な財宝を溶かして金塊につくりかえ、その表面に王室の紋章を押印した。この作業のために、金細工師はまる三日を要したという。今日、サンタフェ・デ・ボゴタにある黄金博物館の入口の上の石には、アステカの詩人からスペインの征服者にあてた言葉が刻まれている。「あなたがたの無知と愚かさに驚く。あの美しくつくられた貴重な宝を溶かして、ただの塊にしてしまうとは」

価値にまつわる問題は大昔からあった。コルテスにとって、「目新しい工夫と奇抜な創意」でつくられた芸術は「値段がつけられない」ものだったが、その作品のもととなった素材の価値に負けた。その素材には市場価値があったのだ（市場価値とは、きわめて不安定かつ象徴的なものではあるが）。金そのものが西欧社会の商取引の基準になるものだったため、アステカの芸術品を金塊に変えるという彼の行為は正当化された（現代でも、ゴッホの『ひまわり』を買って金庫にしまいこんだ実業家は、まさにそれと同じ価値観の持ち主である）。

もちろん、別の価値も存在する。たとえば、ドイツ語では価値をあらわすいくつかの単語があり、それぞれが異なるニュアンスで使われる。たとえば、Gewalt（具体的な力、暴力）、Wert（一般に認められた価値）、Geltung（当面の妥当性）、Gültigkeit（公的な価値、有用性）といった単語が、倫理、美学、学問、認識論などの分野で用いられる。しかし、コルテスにとって、金銭的な価値は他のすべてに勝っていた。このような拝金主義的な考え方を揶揄して、一八世紀後のモンテスキュー男爵はこういった。社会の価値判断が商取引の額で決まるというなら、「アルジェの奴隷市でいくらで売れるかによって、人の価値がはかれる」。

コルテスのように、経済的な価値がなによりも優先されると考えるなら、すべての創造的な行為についての考えを改めなければならない。金を稼ぐことが最終的な目標なら、私たちの求める完璧さもまったく違うものになる――楽に金と交換できる大量生産品をつくればいいのだ。つまり、金銭的な価値がすべてのものをはかる基準になるような世界では、ただちに経済的な満足を与えてくれず、たいていは制作に長い時間と労力を要し、値札や気の利いたキャッチコピーでは判断できず、美学、倫理、哲学といった複雑な迂回路をたどって、商業的な利益をもたらすかどうか見通しがつかない芸術作品は、完全に見捨てられるか、少なくとも、ほとんど顧みられないはずである。どんな創作活動にも失敗はつきものであり、詩人のシェリーにいわせれば、失敗作は「不死の乳飲み子」だったが、利益第一主義の光のもとでは、失敗は呪詛でしかない。経済の法則によれば、製品はすべて「賞味期限」のある期間限定品でなければならない。そうしないと新しい製品が次々と売れないからだ。作品の芸術性よりも大衆の趣味のほうが優先され、ときには、「エリート」と呼ばれる人の趣味が重んじられる。もちろん金を出せば、大衆もエリートの領域に達することができるといわれる。経済性という価値によって一律に支配される世界では、それ以外の価値はかすんでしまい、あるいは完全に消滅する。

消費への欲求はつくられる。芸術作品から受ける刺激によって知性や感情の冒険という新たな地平が開かれるのではなく、国勢調査や市場調査をもとに展開される巧妙なキャンペーンによって喚起されるのだ。何かを欲しいと思わせ、やがてその欲求に応えるような商品が目の前にさしだされる。本を読む人びとは、キャロルの本を手にし、ページを開いて、その物語がそれまで言葉にできなかった自分自身の経験を語ってくれていると気づくまで、自分が『アリス』の本を「必要」としているかどうかわからない。しかし、前もって用意された偽の神秘主義を世間に広め、現実に存在する集団的な苦悩や恐れをもとにした悲観的な終末論や陰謀論への警告などで書店を満たしておけば、スピリチュアルな「不安」を癒すための本をつくることができる。しかし、キャロルの場合は、私たちにとって最悪の悪夢のように思える経験を書くときも慰めとなる答えをくれず、ただ古代の神託のような豊かな問いかけを与えるだけなのに、代用品の「アリス」の本は、刈りこまれて丸くなった、表面的には満足のいく、こぎれいな答えを垂れ流す。それは、いわば型にはまった教理問答のようなもので、古代の謎が解けたという錯覚を読者に与えるが、そもそも謎は謎のままであるべきなのだ。

この現代社会で、経済的利潤という巨大にして効果的な仕組みをつくりあげ維持するために、私たちは集団として、故意にゆっくり進むよりもスピード第一に考えざるをえない。じっくりと細部まで見て批評的な考察をめぐらすよりも、直観的な反応がよしとされる。結論だけを求めずに、さまざまな可能性を比較してあれこれ考える楽しみを捨て、一瞬にして結論を出すことに満足しなければいけない。利益だけが目標になったら、創造力は失われるだろう。私企業と無関係の科学調査にたいする支援の少なさについて議論していたとき、ある科学者がこんなことをいった。「もっとよいランプをつくろうという試みから、電気が発明されたわけではない」

周知のように、どんな時代にも、その時代の愚かさを証明する特別なジャンルの発明品がある。中世の時代には、いかさま説教師と未来を予言する占い師という二つの大きな流行があった。キャロルの時代には、三巻本の「低俗」小説と教訓的な物語がはやった。現代の愚かさを象徴する典型的なものといえば、すぐに朽ちるはかないもの——商品であれ、政治思想や信仰であれ——への欲求を生みだす宣伝工作である。宣伝は嘘から始まる。Xというブランドが、ほかのブランドより、もっと重要で、より求められ、またはたんによりよいものだと断定し、おとぎ話に出てくる魔法の道具のように、それを持っているだけで、その持ち主が周囲の人びとより賢く、美しく、強くなれると思いこませる。コールリッジは読者に、しばらくのあいだ不信の念を棚上げにしてほしいといったが、宣伝の場合は何かを信じる気持ちがいつのまにかうやむやにさせられる――商品やサービスの宣伝には、いわゆるブランド信仰のような忠誠心または強い不信の念がそれほど必要とされない。ブランド信仰は現実にないものをつくりあげ、カラフルだが無害なイメージ、伝統的だが空疎なシンボル、単純な安心感や高圧的な命令によって、人びとの心に根拠のない憧れを抱かせる。私たちを取り巻くそのようなイメージは、いまや時と場所を選ばず、そこらじゅうにあふれている。現代の「イメージ・カルチャー」について語るとき、私たちは同じような文化が先史時代からずっと存在してきたことを忘れがちだ。ただし、洞窟画、中世の教会、アステカの神殿の壁画は、深遠かつ複雑な意味をもっていたのに、現代のイメージは故意に陳腐で底の浅いものとなっている。広告会社が現代美術の市場を支配しているのは偶然ではない。美術市場では、同じように陳腐で底の浅いものを芸術品と称し、当然のように高値をつけている。

だが、商品であれ美術品であれ、価値は人の世界観によって決まる。生まれ落ちた瞬間からわかっているように、この世界は記号の図書館であり、謎めいたテクストの保管所であり、迫真的なイメージの回廊である。気まぐれや偶然からできたものもあれば、慎重につくられたものもある。人はそれらをなんとかして解読し、理解しようとする。ジョヴァンナ・フランチ教授が「解読願望」と呼ぶ生来の志向によって、私たちはあらゆるものが言語だと信じこむ。絵画にこめられた意味を解くための鍵は失われたか、あるいはそもそも存在しなかったか、または世界という本のページを開くためにもう一度つくりなおさなければならない。植物、動物、雲、人びとの顔と身振り、風景、海流、星座、森のなかの小道などは、すべて絵文字や表意文字と同じである。私たちはこの世界における自分たちの経験を文字と記号のなかに映しだそうとするのだ。アステカの人びとは、彼らの彩色写本を地図と読んだ。世界と人間の関係を明確にあらわすものとして、私たちが中立的に用いるテクストよりもふさわしい言葉である。

しかし、なかには、それをたどっていっても出発点に戻ってしまう偽の地図のようなものがある。帽子屋は、過去二十年から三十年のあいだに大量につくられた偽の地図の祖先である。インチキ地図の作り手である哲学者、社会学者、経済学者は、優美な言葉で議論を組み立て、一種の言論の自由を盾に、貪欲さと儲け主義の美徳を擁護し、権力を濫用して私腹を肥やそうとする人びとに知的な根拠を与えてきた。自分のものをしっかり握りながら、さらに別のものも手に入れようとする帽子屋は、他人に何も与えず、お茶の支度ができたテーブルを指さして、もっとどうぞと勧める。そして、「何もないところから、もっと、もっといただくのは簡単だからな……」という。地球上の何百万もの人びとが知っているとおり、何もないところからもっといただくのはけっして簡単なことではない。しかし、このおかしなお茶会の規則は、私たちがつくった世界の規則そのものである。だから、私たちは何人分もの広い場所を独占することができ、そこにないワインをさしだし、まだ一杯も飲んでいない誰かに「お代わり」を勧め、自分たちがいた場所をめちゃくちゃにしたあとで、新しい場所を手に入れることができる。自分に必要なもの、あるいは楽しむのに十分なもの以上に、むやみやたらと溜めこみ、他の人びとにもその同じ文化に加わるよう促す。その文化は日々、少しずつすり減って、しだいに「何もない」場所が増えていく。最初から資産などない困窮した人びとには、社会から「もっと」分け前を得られるよう自助努力をせよという。森を切りつくし、鉱物を掘りつくし、一か所で魚をとりつくすと別のところへ移り、残り物やかすはそのままに放置する――これが、私たちの地球をおおいつくしている狂気である。同朋たる人類、森林や海、自分たちの住む地球、自分たちが呼吸する空気、相手がなんであれおかまいなしだ。一見すると、好運も不運もたがいに分けあっているようだが、じつは何も分け与えず、何もさしださず、自分のワインは隠しておき、自分のカップはしっかり握って離さず、自分の見たいと思うものだけを見て満足している。

ハロルド・ピンターはノーベル賞受賞記念講演でこう語った。「鏡を覗きこむとき、そこに見えるものは正確だと考える。だが、一ミリでも動くと、そこに映るものは変化する。実際に見ているのは、たえず変化しつづける反射にすぎない。だがときとして、一人の作家が鏡を壊さなければならなくなる——鏡の裏に真実があって、それが私たちをじっと見つめているからだ。大きな障害があることはたしかだが、市民としての、堅実で揺るぎない、熱烈かつ理性的な決意によって目の前の真実を見きわめ、自分の生と自分の属する社会を定義することは、私たち全員に課せられた重い義務だと信じる。それどころか、必要不可欠である。そのような決意が私たちの政治観にはっきり示されないとしたら、いままさに失われつつあるもの——人間としての威厳——を取り戻すことはできないだろう」

今日、きちがい帽子屋のテーブルに坐っているのはアリスが出会った想像上の生き物ではなく、悲しいほどリアルな人びとだ。あらゆる創造物を木切れや石ころにしてしまうコルテスの末裔たち。金銭的な利益だけを価値判断の基準にし、より多くの儲けを得るための確実な方法は大衆の知的レベルを下げることだと信じている商人たち。芸術とは真剣な対話や問いかけではなく、愚問と陳腐な答えの連続でしかないと思っている頭の固い教師たち。手当たり次第になんでも売り物にしてしまう屑物行商人たち。個人的見解とか、正義の抽象論だとかいって権力者に味方し、偽りの正義を容認する哲学者たち。市民の自由を守ると称して、「上にいる人」と「下にいる人」の区別を許す寛容さを美徳だと主張するエゴイストたち。古臭い美徳を広め、偽りの欲求をつくりだす広告屋たち。自分たちこそ神から教会を与えられた者であり、他の宗派には恩寵も顕現も特権的な地位もないと信じる宗教指導者たち。破壊のほかに浄化の方法はないと考える革命家たち。富と権力が正義と道徳的権威の証だと信じる政治家たち。要するに、このすべてが「人間としての威厳」にたいする敵である。

アリスとその不思議の国は、私たちがこの現実の世界で演じている芝居をおぼろげに見せてくれる。そのばかばかしさが悲劇だろうが、笑えるものだろうが、彼ら自身が典型的な愚か者であろうが、また影のような仲間たちの愚行を目にする雄弁な目撃者であろうが、その物語をばかばかしいと思うか、あるいはきちがいじみていると思うか、いずれにせよそれは私たち自身の姿を映している。だからこそ私たちはそれをよく見ることができ、よく理解できるのだ。異なる点といえば、彼らの愚行が、私たちの愚行とはちがって、ページの範囲内に限られていること、いかに不確かとはいえ、作者の想像力のなかに収まっていることだ。現実社会の犯罪や邪悪な行為は根深く、その影響ははるかに遠くまでおよぶので、私たちにはその全体像が理解しがたい。私たちにできるのは、その一瞬を切り取り、司法のファイルに収め、あるいは精神分析のレンズを通して観察することくらいだ。文学作品に出てくる気のふれた生き物たちの行動とはちがって、私たちのすることは世界中のはるか遠くまで波及し、すべてを汚染し、あらゆる場所に、どんな救援もどんな決意もおよばないほどに広がってしまう。

この世界の愚かさは理解しがたい。私たちはそれを経験でき（もちろん、経験する）、心身ともに傷つき、その無慈悲な重さにうちひしがれ、危機へとなだれこむ非情な動きに押しつぶされる。それでも、私たちはときたま目覚めて、そんななかでさえも、驚くほど人間味のある態度がとれる。それはばかばかしいほど賢明で、正気とは思えないほど勇敢な行為である。そのような行動はどんなに言葉を費やしても表現しきれない。とはいえ、最もすぐれた形で言語を用いれば、人間の愚かさを行為そのものとして完結させ、それ自体を反復させ、その残虐さと悲劇（さらに栄光にあふれた偉業さえも）を再現できるかもしれない。だが、今度は明快な観察と安定した感情のもと、言葉という無菌の覆いに守られ、読書灯のもとで開いた本のページの上で起こるのだ。

きちがい帽子屋のテーブルについた現実の人間たち——軍の指導者、拷問者、国際金融業者、テロリスト、搾取者——は、自分の物語を打ち明けるよう強制されることはない。告白も、赦しを請うことも、理性をもつ人間でありながら非道かつ破壊的な行為に意図してたずさわった罪を認めることもしなくてよい。だが、彼らについて語ることはでき、彼らの所業についての本を書くことはできる。それによって、彼らのしたことに一種の理解が得られ、公平な共感さえもてるかもしれない。彼らの所業には合理的な説明もなく、ばかげた論理にもとづく法則があるだけだ。だが、その狂気と恐怖を、すべてを燃やし尽くす明るい炎のなかで、打ち明け話として、あるいは「地図」のなかに閉じこめることができる。そこでは、人間の愚かさ、ある種の賢明な理性が神秘のうちに語られる。それは私たちの態度をはっきりと見せるほどには透明で、一方、定義できないものを受け入れられるほどには不透明である。

VIII 荘厳なる図書館

「なんと、そいつはひどい！」ハンプティ・ダンプティは急におこりだしていった。「立ち聞きしたんだな、ドアの後ろか——木の陰か——煙突のなかか——でなければ、おまえにわかるはずがない！」

「立ち聞きなんてしないわ！」アリスはとてもおだやかにいった。「本で読んだのよ」

『鏡の国のアリス』第六章

理想の図書館とは

するど、まわりの壁はびっしりと食器棚や本棚で埋まっていることがわかった。

『不思議の国のアリス』第一章

理想の図書館とは、ある特定の、一人の読者のためにある。本を愛する人がそれぞれ、自分のためにつくられたと感じられる図書館でなければいけない。

理想の図書館の入口には、ラブレーの金言をもじった「汝の欲するままに読め」という言葉が掲げられている。

理想の図書館はバーチャルな存在でありながら、実体をともなうものである。あらゆるテクノロジー、あらゆる収蔵庫を導入し、あらゆる形式で書かれたテクストを受け入れる。

理想の図書館は近づきやすい。急な階段、滑りやすい前庭、複雑でわかりにくい無数のドア、怖い顔をした守衛の存在などで読者と本を隔ててはいけない。

理想の図書館には、いまはなきフランス旧国立図書館のラブルーストの部屋にあったような、肘掛けとカーブを描く背もたれのついた、しっかりと体を支える坐り心地のよい椅子がある。理想の図書館には、広いデスクがある。できれば表面はなめらかな革が貼られていて、電子機器のためのコンセントがあり（使用中の電子機器は完全に無音でなければいけない）、座席ごとに、ブエノスアイレス国立大学付属高校にあったような緑色のガラスシェードの読書灯が備わっている。

一二五〇年、リシャール・ド・フルニヴァルは理想の図書館を「塀で囲まれた庭園」にたとえた。

理想の図書館は温かみのある煉瓦または木の壁でできていて、涼しげなガラス窓の向こうには穏やかな景色が広がる。理想の図書館は、塀で完全に囲まれた庭園ではない。

理想の図書館の中身はおもに本だが、それだけとはかぎらない。地図、絵画、オブジェ、音楽、音声、映画、写真なども収集する。理想の図書館は、最も広範な意味で、何かを「読む」場所である。

理想の図書館では、どんな人でもすべての書架に近づける。読者は偶然の出会いのチャンスが自由に与えられるべきである。

理想の図書館の書架は、人の腕が届くところにあり、高すぎも低すぎもしない。理想の図書館ではアクロバットは無用である。

理想の図書館では、暑すぎたり寒すぎたりすることはない。

理想の図書館では、本に分類用のラベルを貼らない。

理想の図書館には、はっきりしたジャンル分けがない。

理想の図書館の案内図は蔵書目録である。

理想の図書館では、飲食できる場所やコピー機が手近なところにある。

理想の図書館は隔離されていると同時に公共に開かれ、きわめて私的な場であると同時に社交の場でもあり、瞑想の場であると同時に対話の場であり、物惜しみするかと思うと寛大になり、博識でありながら知りたがり屋、あまりにも多くの蔵書に絶望するかと思うと、まだ読んでいない本がたくさんあることへの希望が湧きあがる。

理想の図書館は、可能なかぎりすべての本を所蔵することを約束する。

理想の図書館に収められた本はたがいに呼応しあう。

理想の図書館は、つねに更新される終わりのないアンソロジーである。

理想の図書館には閉館時間がない。

理想の図書館では、本への書きこみが許される。

理想の図書館は、よく知られていると同時に秘密の存在でもある。誰もが知っている有名な古典作品と、ごく一部の人しか知らない古典作品のすべてを所蔵する。理想の図書館では、ダンテの『神曲』がフィル・クージノーの『デッドライン』の隣にあり、モンテーニュの『エセー』の隣にエドゥアルド・ロレンソの『モンテーニュ』が並び、フローベールの『ボヴァリー夫人』の隣にはエドガルド・コサリンスキーの『オデッサの花嫁』、ドストエフスキーの『カラマーゾフの兄弟』の隣にはラースロー・フェルデーニの『ドストエフスキー、シベリアでヘーゲルを読み号泣する』がある。

理想の図書館では、読者の務めは既成の秩序をくつがえすことである。

理想の図書館にある本の数はさまざまだ。アレクサンドリア図書館には七十万冊の本があったといわれる。ホルヘ・ルイス・ボルヘスの本棚には五百冊ほどしかなかった。ビルケナウ強制収容所の子供用の棟にはたった八冊の貴重な本からなる秘密の図書館があり、毎晩、隠し場所を変えなければならなかった。

たとえ壁や書棚や本がなくても、理想の図書館は心のなかに存在する。理想の図書館は記憶された図書館である。

理想の図書館は、明確な始まりもなければ予想される終わりもない、ひとつづきの途切れないテクストに似ている。

理想の図書館には禁書もなく、推薦図書もない。

理想の図書館は聖ヒエロニムスとノーム・チョムスキーの両方になじみがある。

理想の図書館では、どんな読者であれ場違いだと感じることはない。

理想の図書館で読まれるすべてのページは最初のページであり、最後のページではけっしてない。

ポール・ヴァレリーの脳内の箱に似て、理想の図書館にはこう書かれた場所がある。「学ぶのによりよい機会とは、それについて考えないこと。進歩など求めないこと。内容を吟味しないこと。無駄なことだ。宝物をじっくり味わえるのはあの世へ行ってからだと知ること。緊急。危険。壊れ物。達成不能。断念。棚上げ。こんなことは他人にまかせておけ！　ここが大事。至難なり。等々」

理想の図書館はバベルの呪いを解く。

理想の図書館は、ある社会が価値をおくすべてのものの象徴である。その社会の来歴を知りたければ図書館を見ればよい。図書館は社会の記憶だからである。

理想の図書館は、物理的な空間を要さずに、無限に成長することができる。そして物理的な時間を要さずに、森羅万象についての知識を与えることができる。美しくも不可能なものとして、理想の図書館は時空を超えたところにある。

古代の納骨堂にはこんな文字が刻まれていた。「汝の現在は、われわれの過去である。われわれの現在は、汝の未来である」。理想の図書館の蔵書とその読者にも同じことがいえる。

理想の図書館は納骨堂ではない。

ごく初期の図書館はエジプトの神官によって管理されていた。彼らは本に死者の魂を宿らせ、冥界への旅の案内人とした。理想の図書館は、この魂の導き手という機能を保っている。

理想の図書館は蔵書をたえず更新する一方で、古いものを保存する。理想の図書館は流動的である。本自体が理想の図書館となる場合もある。その例——メルヴィル『白鯨』、ダンテ『神曲』、シャトーブリアン『墓の彼方からの回想』。

理想の図書館に羅針盤はいらない。物理的な外観がすなわち知的な構造である。

理想の図書館を設計する建築家は、何をおいてもまず、理想の読者である。

あらゆる暴君にとってけっして果たせない使命は、理想の図書館を破壊することである。

あらゆる愛書家にとってけっして果たせない使命は、理想の図書館を再建することである。

理想の図書館には、（ほかのすべての図書館と同様）あなたのためだけに書かれた文章が少なくともひとつはある。

さまよえるユダヤ人の図書館

「のろまな国だこと！」と女王がいった。「ここでは、同じ場所にとどまろうと思ったら、いつまでも走りつづけなくてはならぬ。どこかへ行くつもりなら、少なくともその二倍の速さで走らなくては」

『鏡の国のアリス』第二章

私が五歳のとき、家族はひと夏をガルミッシュ＝パルテンキルヒェンで過ごした。絵葉書のように美しいアルプスの村で、バルコニーにはゼラニウムの花があふれ、鎧戸にはハート形の穴がくりぬかれ、オレンジ色の牛が銅製のカウベルを鳴らしながら夕暮れ時の狭い通りをうろついていた。当時の私は、自分の社会的、文化的背景について考えたこともなかった。家族がユダヤ系だということも知らなかった。だから、第二次世界大戦の終結からまだ十年もたっていないときに、ユダヤ系の一家が休暇を過ごす場所としてヒトラーのお気に入りだった村を選ぶことがいかに奇妙であるかにもまったく気づかなかった。周辺の斜面には濃い紺色の木々が立っていて、私たちは木陰の山道を歩いて丘の上でピクニックをしたものだった。そんな山道のひとつに沿って、十字架の道行があった。ゴルゴタの丘までひかれていったキリストの道筋をたどった場面が木彫でつくられ、高い杭の上に据えられていた。全部で十四の場面が、漫画のコマのように、キリストの裁きと刑の宣告から墓に横たえられる姿まで次々にあらわれた。私の乳母(ナチから逃れてきたユダヤ系チェコ人で、想像力に乏しく、ユーモアという点ではさらに欠けていた)はキリストの受難について大まかにしか知らず、そんな彼女の説明では、私はとうてい満足できなかった。しかし、キリストが三度目に倒れた場面については、彼女もよく知っているようだった。十字架の重さに耐えかねてキリストは二度つまずいた。三度目によろめいたのは、アハシュエロスというユダヤ人の靴屋の家の前だった。靴屋は冷淡にキリストを押しのけ、とっとと行けといった。キリストは答えた。「私は行く。しかし、あなたは私が戻るまで待っていなさい!」その日以来、アハシュエロスは地上を永遠にさまよい歩く定めとなり、一か所にはほんのわずかしか留まれなくなった。靴と服は完全に擦り切れることはなく、百年ごとに奇跡的に若返る。髭は足元まで伸び、ポケットには彼が拒否した男の五つの傷に対応する五つの硬貨が入っている。そして、彼は世界中のあらゆる言語がしゃべれる。二千年以上も生きてきたので、歴史上の重要な事件を数えきれないほど目にし、世界中のあらゆる物語を知っている。

罪を犯したか、約束を守らなかったせいで呪われたこの永遠の放浪者にはいくつかの先例があり、ユダヤのみならず、イスラーム、初期キリスト教、さらには仏教説話にさえ見られる。しかし、ここでとりあげた物語が初めて登場したのは十三世紀ごろのことだった。年代が特定できる最も古い例はイタリアのもので、七八一年から一二二八年までを記録したボローニャ年代記に出てくる。それによると、一二二三年、フェッラーラの大修道院に到着した巡礼団が修道院長にこんな話をした。アルメニアを旅していたとき、一人のユダヤ人に会ったが、その男はキリスト受難の現場に居あわせ、家の戸口で倒れたキリストを追い払ったせいでキリスト復活の日まで死ぬことができないのだという。年代記はこう書いている。「このユダヤ人は百年ごとに三十歳まで若返り、主がふたたびこの世に到来するまで死ねないのだった」

このイタリアの年代記から五年後、ロンドンの北西にあるセント・オールバンズ修道院に滞在していたイギリス人、ウェンドーヴァーのロジャーは著書『歴史の花』にこんな記述を残した。ボローニャの年代記をもとにしたらしいウェンドーヴァーの物語にはくわしい描写があり、何世紀ものあいだ信憑性があると見なされていたが、今日に伝わる物語とは主人公の名前や呪いをかけられた状況がやや異なっている。ウェンドーヴァーの記述によれば、一二二八年、セント・オールバンズを訪ねてきたアルメニア司教が修道院長にこんな話を聞かせた。祖国のアルメニアには、ヨセフという名の敬虔な男がいて（ユダヤ人だという記述はない）、しばしば司教と食事をともにした。このヨセフはキリストの裁きの場に居あわせたという。ピラトの裁定が下ったあと、キリストは処刑の場所まで引き立てられていったが、ピラトの部下の一人、カルタフィルスという男は手でキリストの背中を押し、あざわらうように「早く行け、イエス、さっさと行くんだ。のろまめ！」といった。するとイエスは厳めしい顔で彼をじっと見つめ、こう答えた。「私は行く。そして、あなたは私が戻るまで待っていなさい」。キリストが死んだあと、カルタフィルスはアナニヤの手で洗礼を受け（アナニヤは使徒パウロにも洗礼を授けた）、ヨセフと改名した。彼はおもにアルメニアで暮らし、伝道に励み、自分の犯した罪は無知ゆえだという点に救済への望みをかけていた。

ウェンドーヴァーのロジャーの年代記から、さまざまに形を変えた物語が派生した。地中海沿岸諸国では、カルタフィルスはブッタデウス（神を叩いた男または神を突き飛ばした男）となった。フランスではブートディウ。イタリアのボタデオはさらに転じてヴォタデオ（神を熱愛する）となり、それがスペイン語に翻訳されてファアン・エスペラ・エン・ディオス、ポルトガル語ではジョアン・エスペラ・エン・ディオスとなった。そこからふたたびイタリアへ戻って、こんどはジョヴァンニ・セルヴォ・ディ・ディオとなった。こうした多様な名前のもと、さまよえるユダヤ人は西洋を代表する作家たちの作品に登場した。チョーサーからセルバンテスまで、フランシスコ・ロドリゲス・ロボからマーク・トウェインまで、ウジェーヌ・シューからフルッテロとルチェンティーニに至るまで。

さすらいのユダヤ人を同時代のものとして記述した初期のヴァージョンのなかで、最も影響力が大きかったのは、一六〇二年に出たドイツ語の小冊子『アハシュエロスという名のユダヤ人をめぐる短い物語』だろう。一五四二年にハンブルクを訪れた若き日のシュレスヴィヒ司教は、ある日曜日、教会で一人の男に出会った。「とても背が高く、肩まで届く髪で、内陣のそばに裸足で立っていた」。足の裏の皮膚は角のように硬くなっていて、厚さは指二本分ほどもあった。その風変わりな男が、自分の家の前でイエスを追い払ったユダヤ人、アハシュエロスだった。彼は司教にこう話した。キリストの受難のとき、彼は靴屋だったが、呪いを受けたあと、世界中を休むことなくさまよい歩いているのだ。驚く司教に、彼は、「聖なる使徒たちの生涯、苦しみ、死」についてくわしく語って聞かせた。さらに後年の一五七五年、スペインから帰ったシュレスヴィヒの大使はその司教に、マドリードで同じような風体の異邦人に会い、その男は流暢なスペイン語を話したと報告した（のちのバージョンでは、バベルの塔から飛散したさまざまな言葉がしゃべれるという能力が加えられた）。「この男についてどう考えるべきだろうか？」と小冊子は締めくくっている。「その判断は読者諸氏におまかせする。神の御業は驚くべきであり、また不可解である。そして、時がたつにつれて、ますます謎は深まるばかりだ。これまで隠されていたものがいずれ明かされるだろう。とりわけ……世界が終末を迎える審判の日が近づいているいま」

世界をさまよい歩く放浪者の物語は私を魅了した。その運命は呪いには思えなかった。たった一人で、休みなく、いつまでも世界を旅するのは、どんなにすばらしいかと思った。世界中のすべての国を訪ね、あらゆる類の非凡な人びとと出会う。なにより、手に入るすべての本を読むことができるとは。八歳まで、私がしゃべれる言葉は英語とドイツ語だけだった。私はうらやましく眺めたものだった。父のコーヒーテーブルにあった祈禱書《ハガダー》のヘブライ文字、母がカイロから取り寄せたエジプト産デーツの箱に印刷されたアラビア文字、教育熱心な叔母が私に母国語を覚えさせようとしてアルゼンチンから送ってきた童話の本のスペイン語。それらの文字は、シャーロック・ホームズの本に出てくる暗号のようにわけがわからず、謎めいていた。世界中の文字が読めるという、さまよえるユダヤ人の能力がうらやましかった。

普遍性を語る思想の裏には、かならずといっていいほど、すべてを知りたいという欲求がある。常軌を逸したバベルの塔という夢の陰には、無限に近い宇宙というおそろしい悪夢があり、手の届かない限界に達したいという思いがある。同じく常軌を逸したアレクサンドリア図書館の夢は、すべての本をひとつ屋根の下に集めれば宇宙の神秘が解明できるのではないかという思いから生まれた。バベルの塔とアレクサンドリア図書館の混合であるすべての図書館は、どんなに小さなものでも、潜在的に宇宙の図書館である。なぜなら、一冊の本は過去のすべての本の血筋を受けついでいるからだ。そして、どの書架もそれらすべてを収めきれない無力さを認めなければならない。図書館の本質は、謙虚さと壮大さを併せもち、みずからの野心と欠点を同時に認めることである。読者が本の最初のページを開くとき、それは書記法が初めて考案された朝から未来の最後の午後まで連綿とつながる、書架に並んだすべての本を開くことでもある。すべての物語とすべての経験、恐怖と栄光に満ちた秘密のすべてがそこにある。私たちに欠けているのは、洞察力、忍耐、強さ、空間、時間である。さまよえるユダヤ人を除いた、私たちすべて。

さまよえるユダヤ人の運命を呪いではなく祝福だと思うのは、私たちが思うほど奇妙なことではないのかもしれない。この地上に生きる私たちの短い人生を支配する二つの矛盾した衝動がある。ひとつは前進を促す力、遠い地平線への憧れ、そこに待っている未知のものを見つけたいと思う気持ち。もうひとつは一か所に根づき、ひとつの空のもとでしっかりと結びつきたいという気持ち。どちらの衝動も人の本性であり、自意識をもった存在として、またその当然の結果としての言語と同じくらい、人間であることの証である。進もうとする衝動と立ち止まろうとする衝動によって、私たちの場所にたいする感覚が形づくられる。自分が何者かを知りたいという強い思いと知識を求める衝動によって、私たちの時間にたいする感覚が定義される。

国をもたない放浪者と都市居住者、遊牧民と農民、探検家と家庭を守る者（あるいは、文学の登場人物でいえばエンキドゥとギルガメシュ、カインとアベル、オデュッセウスとペネロペ）は、あらゆる時代において、この二つの憧れを体現してきた。片方は外に向かい、もう一方は内に留まろうとする。そして、私が思うに、キリストの受難における二つの瞬間、道行の二つの場面が、その対立する力を象徴しているのではないだろうか。アハシュエロスと出会う九つめの場面では、前進と問いかけがある。そして、六つめの場面では、立ち止まり、自分の顔をじっと見つめる情景がある。ヴェロニカがキリストの苦悩に満ちた顔を布で拭うと、その顔が布の上に刻印されるという奇跡が起こるのだ。

人を駆り立てるこの二つの力は競いあうと同時に補完しあう。自分の故郷と呼ぶ場所から遠く離れることで、人は自分の真のアイデンティティを感じられる。だが同時に、自分の内面を深く見つめることから気を逸らされることも多い。一か所にじっと留まることで、人は神秘とともに、共感のなかでアイデンティティを明らかにできるという利点がある。しかし、その環境、複雑な世界から付与されたものが見えなくなるため、本来の任務が果たせなくなる恐れもある。人は他人と出会い、彼らがさしだすうつろう鏡に向きあわなければいけない。そうすれば、ばらばらになった自分の姿をひとつに戻すことができる。それでも、人にはしっかりと立っていられる確固たる基盤がなければならない。イェイツのいう「この世界が創られる前からあった顔」を見ることによって、「私」という言葉が発せられるのだ。

子供のころの私は、自分のアイデンティティと、本のなかに出てくる人物のアイデンティティのあいだに違いはないと思っていた。つまり、読者である私のために本のなかで動いている登場人物（シンドバッドやロビンソン・クルーソー）と、家庭環境や遺伝子によって形成され自分のものとなった人間性の違いがわかっていなかったのだ。私が夢みる、本のなかの主人公は、私にとって一人称単数だった。本のなかの世界はページからあふれでて、すでにある現実世界に入りこみ、またページのなかに戻っていった。私の空間はシンドバッドの魔法の絨毯が飛んでゆく空間と同じであり、私の時間は救助を待つロビンソン・クルーソーの長い時間と同じだった。やがて、日常生活と夜の物語の違いに気づくと、私にもやっとわかってきた。本のおかげで、言葉が日常生活に意味を与え、夜の物語を理解できるものにし、そして昼と夜の両方にいくらかの慰めを添えてくれているのだ、と。

自己発見という道の過程で私たちが発明してきた道具のなかで、書物は最も役に立ち、最も実用的で、最も具体的なものといえるかもしれない。不可解な経験を言葉にすることで、本は基本となる四つの方角を指すコンパスになる。流動性、安定性、自己省察、そして外に向かおうとする資質である。世界を自分の読んでいる本にたとえ、そしてそのなかで自分自身も読まれていると見なす昔ながらの隠喩は、そのような導き手としての役割、すべてを包含するという性質を示したものにすぎない。一冊の本のなかで、北だけをめざそうとする人はいない。どの方角を選んでも、他の三つが活発な存在としてそこにある。オデュッセウスが故郷に戻り、炉辺に腰を落ちつけたあとでさえ、イタケは海の彼方に人を差し招く誘惑の港でありつづけ、宇宙の図書館に収められた無数の書物の一冊だった。至高の愛のビジョンに近づいたダンテは、「その光の深みには／宇宙に散らばったもろもろのものが／愛によって一巻の書にまとめられているのが見えた」という。そして、「太陽やもろもろの星を動かす」愛によって、自分の意志と欲望が転化させられるのを感じた。同じように、読者はいつか、自分のためだけに書かれたページを見出す。それは、すべての図書館によってつくられた膨大な数の本の一部であり、この世界に意味を与えるものである。

それでも、さまよえるユダヤ人にかんする記述はほとんどどれも、本をもたない人間として描かれており、言葉ではなく、肉や石でできたこの現実の世界で救済を求める存在のように思える。だが、そう思うのはまちがいだ。小説化された作品のなかで最も人気のあった十九世紀のウジェーヌ・シューによる中編小説『さまよえるユダヤ人』の根底にある主題は、邪悪なイエズス会士が世界征服を企むというものだった。時間を超えたさまよえるユダヤ人の知的活動は興味の外である。アハシュエロスの終わりのない旅にかんして、（シューによれば）図書室は貴族の館の集会所でしかなく、本といえば宗教的な小冊子か、イエズス会の告解の手引を装った罪業の目録程度のものだった。

しかし、慈悲深い神が、世界という大きな待合室に読むものもないまま人を追いやるようなことをするとはとうてい思えない。私が想像するに、アハシュエロスは二千年のあいだ放浪しつつ本を読みあさったにちがいない。世界中の立派な図書館や書店を訪ね歩く姿が目に浮かぶ。旅のあいだ、本の袋が空っぽになるたび、続々と世に送りだされる新刊を片っ端から手に入れたはずだ。マルコ・ポーロの『東方見聞録』、セルバンテスの『ドン・キホーテ』、曹雪芹の『紅楼夢』、ヴァージニア・ウルフの『オーランドー』。（読んだ人全員と同じく）彼もこれらの物語に、自分の波乱に富んだ人生の道筋を見るだろう。現代により近づけば、電子書籍のおかげでさまよえるユダヤ人の荷物は軽くなっているはずだ。インターネット・カフェで定期的に補充すればよい。そして、読者としての彼にとって、活字本であれ電子書籍であれ、ページは何層にも重なり、混じりあって、新しい物語が生まれる。記憶された、あるいは半ば記憶された本の内容、次から次へと何千冊にも増殖する蔵書から、新しい物語がつくられるのだ。

だが、大学図書館でさえ、さまよえるユダヤ人にとっては、理想の読者と同じく、けっして満足できるものではない。彼はイタケの周辺に留まっていることに耐えられず、ひとつの冒険、一冊の本では満たされない。彼にとって、どのページの地平もつねに──ありがたいことに──彼の叡智を越えたもの、彼の理解のおよばないものでなければいけない。それでこそ、最後のページが最初のページになる。先に述べたように、どんな本であれ、読み終えたあとは、おとなしく待っている別の本へとつながっていくからだ。そして、読みかえすたびに、本はプロテウスのように新たな生命を与えられる。アハシュエロスの蔵書（すぐれた読者と同じように、そのほとんどは彼の頭のなかにある）は鏡の回廊のようにたがいに響きあい、あらゆるテクストには欄外の注や但し書きがある。すべての図書館は記憶の図書館である。第一に、それは過去の経験を保管するからだ。そして第二に、それは読者一人ひとりの心のなかで生きているからである。

ユダヤ人はこうした習慣になじんでいる。エルサレム神殿が破壊されたあと、石とモルタルでできた空間はもはや存在しなかったが、ユダヤ人たちは散り散りになったさまざまな土地で、導き手としての言葉だけを頼りに、ずっと先祖伝来の儀式を執り行なってきたのだ。それはあらゆる亡命者の特質である。このことからも、記憶の不屈さがわかる。生まれ故郷のアンダルスから追放されたコルドバ、トレド、グラナダのアラブ人は、スペインの風土から霊感を得て生まれた詩を暗唱しつづけた。トルコの大量虐殺を逃れて南米とカナダに移民してきたアルメニア人は故郷アナトリアの破壊された図書館の記憶をもう一度書きなおした。チリとアルゼンチンの軍事独裁を生きのびた人びとは、移り住んだ新しい国で出版社を立ちあげ、血まみれの沈黙のなかでさえも、文学の流れを断ち切るまいとした。パリでは、カストロ政権から逃れてきたキューバ人が異国語であるフランス語を借りて、自分たちの物語を語りなおすのにふさわしい言葉につくりなおそうとした。ロンドンでは、マフムード・ダルウィーシュがパレスチナ風の韻律をもつ詩行に、ボルヘス、ポール・エリュアール、エミリー・ディキンソンの読書から得たものを溶けこませようとした。ウラジーミル・ナボコフはアメリカへ亡命するとき、ロシア語の辞書を携えていった。そこに子供時代の読書の基盤があるからだと彼はいった。悲しいことに、このような実例は無数にある。市壁の外の呪われた人びと、カレー、ランペドゥーザ島、マラガ、その他多くの難民収容所に入れられ、過去のぼろぼろになった図書館を記憶のなかに抱きつづけるアハシュエロスの旅の道連れはあまりにも広範囲にわたり、あまりにも変化に富んでいるので、それにくらべると、私たちが守っている内面の砦など、略奪されたあとのように殺風景に思える。敵をやっつけ、みずからを守りたいという思いが強いあまり、私たちは安全であるとはどういうことかを忘れてしまう。あまりにも大きな不安のなかで、自分たちの権利と自由が歪められ、あるいは切り詰められるのを許してしまう。外にいる他者と対峙するかわりに、私たちは内に閉じこもってしまう。自分たちの図書館が世界に開かれるべきものであり、世界から孤立するふりをしてはいけないということを忘れている。私たちは自分自身の虜囚になっていたのだ。

それが、さまよえるユダヤ人の教えにこめられた深い意味である。そして、当然の帰結がある。なぜなら、一方的な呪いというものは存在しないからだ。無慈悲な行為のせいでさまようことを義務づけられた男の伝説は、さらに無慈悲な行為を招き、そこでは大勢の人びとが呪いを受けて、この世をさまようはめになる。ユダヤ人大虐殺《ポグロム》、追放、民族浄化、民族や宗教の別を問わない大量殺戮は、この伝説を拡大解釈したものである。だが、もうひとつ別の解釈もある。子供のときに初めてこの話を聞いたときに直観的に知ったのがそれだった。

永遠にさまようことは罰なのか、それとも世界を知ろうとする啓蒙的な行為なのか。居心地のいい自分だけの場所は報償なのか、それとも忌むべき沈黙の墓場なのか。「他者」とは名前のない敵なのか、それとも自分自身の投影なのか。私たちは一個の孤立した存在なのか、それとも時間を超え、世界を意識した多くの存在の一部なのか。おそらく、ユダヤ人の靴屋に向かって発されたキリストの言葉は罰のつもりではなく、慈悲の本質を教えるものだったのだろう。なぜなら、聖パウロがいうように、慈悲は「真の喜び」だからである。おそらく、キリストがいおうとしたのは、なぜ敗残者を嘲ってはいけないか、なぜ困っている人を家の戸口から追い払ってはいけないのかということだろう。人は世界に出ていかなければならず、他人のあいだで暮らさなければならない。そこで、人は敗残者になるかもしれず、困窮するかもしれない。私たちが誰であろうと、またどこにいようと、人はつねに市壁の外をさまようのである。

すでに述べたように、図書館はその本質としてつねに、空間を支配したいというバベルの塔の野心と、時間を超えて存続したいというアレクサンドリア図書館の野心を併せもつ。それらは人間の集合的な記憶であり、何世代にもおよぶ無数の記憶と、何世代もの個々の読者とに分けられる。これに付け加えていえば、知識が人の遺伝子に刻まれていたのと同じように、図書館は、その周囲にめぐらされた壁に見えるものがただの足場でしかないこと、その場所が読者の世界に向かって広く開かれていることを知っている。読者は荒野にいて、手にした粘土板にまずは自分の経験と想像を記録した。読書によって私たちに授けられた力――他者の目で見ること、死者の声で語ること――ゆえに、また図書館のもつ啓蒙と目撃と叡智の可能性ゆえに、私たちは恐怖のなかから、読者たる自分のために、象牙の塔や眠れる美女の城のイメージをつくりあげた。その結果、私たちは心地よい言葉のなかに閉じこもり、現実の世界から離れていられる。もちろん、逆もまた真なりである。ドン・キホーテは読書のせいで風車を巨人と見誤り、羊の群れを敵の兵士だと思いこんだ。だが、彼自身が内心ひそかに疑っていたように、それらはただの想像の産物であり、肉体的苦痛をともなう現実をよりよく理解するためのメタファーであり、不正のまかりとおる世の中で正義を守るために不可欠のものなのである。ボヴァリー夫人は本のなかに、現実ではけっして出会えなかった理想的なロマンスを見出す。しかし、その偽りの完全さは生涯にわたってつきまとう不幸と屈従を拒否する強さを彼女に与える。子供たちは赤ずきんが実在しないこと、狼がいつも森で狩りをしているわけではないことを知っている。それでも、この恐ろしい話は、子供時代が危険な場所であり、そこには邪悪なものがうろついていて、確かなものは何もないという暗黙の了解を教える。本の力に促されて、私たちは世界をよく見るようになるのだ。

しかし、さまようことで迷子になるか、自分を見つけるか、また図書館のなかか、それとも路上かを選ぶのは自分自身である。私たちの前と後ろに広がる、敵意に満ちた、あるいは歓迎してくれる都市が決めるわけではない。ページという浅瀬に錨をおろして、じっとしているか、あるいはさまよえるユダヤ人のように、流れに乗ってはるか遠くの広大な水平線めざして漕いでいくかは、自分で選ぶことができる。慈悲の心をもったロバート・ルイス・スティーヴンソンはこう書いている。「私はどこかへ行くために旅をするのではなく、ただ出かける。旅のための旅である。動くこと自体が大きな事件なのだ」

わが家としての図書館

アリスは満足してあたりを見わたした。棚に近寄って順番に……ところが、どうにも奇妙だったのは、そこに何があるのかと見つめたとたん、その棚がからっぽになってしまうことだった。まわりの棚には、ぎっしりと品物が詰まっているというのに。

『鏡の国のアリス』第五章

過去七年のあいだ、私はフランス、ロワール渓谷の南にある、家が十軒ほどしかない村の古い石造りの司祭館に住んでいる。その場所を選んだのは、家の隣に納屋があったからだ。何世紀も前にその一部は崩れていたが、六十年余の遍歴生活で集めた三万冊ばかりの蔵書を収めるだけの広さがあった。本の安住の地が見つかれば、そこが自分の居場所になると、私にはわかっていた。

わが書斎は一頭の獣ではなく、いわば複数の獣を組み合わせた架空の動物である。いくつもの図書館を想起しては捨て、わが人生を通じて何度もつくりなおされた。どんな形にせよ、私は自分の書斎をもたなかった時代が思いだせない。いまの書斎は、いうなれば幾層にも重なった自伝のようなものだ。どの本にも初めて読んだときの記憶がある。余白の書きこみ、扉にメモした日付、いまでは理由も忘れたが、なぜかページのあいだに挟んだ色あせたバスの切符――それらのすべてが、当時の私がどんな人間だったかを思いださせようとする。だが、ほとんど思いだせない。私の記憶には、自分のことより本のほうが強く残っている。本を読んだ若い日の自分よりも、かつて読んだ物語を思いだすほうがずっと簡単だと気づく。

私の最も古い記憶は(二歳か三歳だったと思う)、子供用ベッドの上の棚いっぱいに並んだ本だった。乳母がそこから一冊選んで、寝る前に読んでくれたのだ。これが私の最初の図書館である。一年ほどあと、自分で本が読めるようになると、棚は私の手が届く安全な低い場所に変わっていた。自分で考えだした秘密の法則にしたがって、本を何度も並べ替えたことを覚えている。ゴールデン・ブックスのシリーズはまとめていちばん下の棚に並べる。おとぎ話の分厚い選集はビアトリクス・ポターの小型本と並べてはいけない。ぬいぐるみの動物は、本の棚に坐らせてはいけない。その決まりを破ったら恐ろしいことが起こると自分にいいきかせた。迷信と図書館の運営は密接に絡みあっている。

私の最初の書棚は、父がアルゼンチン大使として赴任したテルアビブの家にあった。二つめの書棚を築きあげたのは、少年時代を過ごしたアルゼンチンだった。アルゼンチンへ帰る前、父は新居の書斎をいっぱいにするだけの本を買っておくよう、秘書に命じた。秘書はいいつけどおり、古書店で荷車いっぱいの本を買いこんだ。ところが、いざ書棚に入れようとすると、ほとんどの本が棚に入らなかった。それにもめげず、秘書はちょうどよいサイズになるまで本の余分なところを切り落とし、濃い緑色の革で装丁しなおした。その色はオーク材の濃い色とあいまって、その部屋に穏やかな森のような雰囲気をかもしだした。私は父の書斎から本を拝借してきて自分の部屋の書棚に加えた。いまや私の部屋の三方の壁は書棚で占められていた。ページごとになんらかの欠損がある、それらの切り詰められた本を読むにはちょっとしたこつが必要だった。それが後年、ウィリアム・バロウズの「カット・アップ」小説を読むときの訓練になったことはたしかだ。

思春期のころに集めた本は、ほとんどすべて、いまの私にとっても大事なものだ。どうしても欠かせない何冊かの本が加わった。親切な教師、熱心な書店員、本を贈ることが特別な親愛の情と信頼の証だった友人たちのおかげで、私の書棚は充実したものになった。ありがたいことに、私の書斎にはいまでも彼らの亡霊が住みついている。彼らにもらった本からはいまも贈り主の声が聞こえる。だからいま、私がイサク・ディネセンの『七つのゴシック物語』やブラス・デ・オテロの初期の詩集を開くとき、私は自分で読むというより、誰かに読んでもらっているような気がする。書斎にいて孤独を感じない理由のひとつがそれである。

一九六九年、軍事独裁政権が発足する少し前にヨーロッパへ旅立ったとき、本は家においていった。そのまま故国に留まっていたら、友人たちの多くと同じように、警察を恐れて蔵書を処分するはめになっていたかもしれない。恐怖政治の日々、疑わしい本をもっているだけで政府転覆の危険分子と見なされかねなかった（知り合いは『赤と黒』をもっていただけで共産主義者と思われて逮捕された）。アルゼンチンの配管業者は、急に仕事の電話が増えてとまどった。大勢の読書家が本を処分しようとして自宅の便器で燃やしたため、陶器にひびが入ったのである。

住み着いた場所のどこでも、私の蔵書はひとりでに増殖していくようだった。パリ、ロンドン、五年という長い年月、出版社で働いた蒸し暑いタヒチ（私のメルヴィルにはまだポリネシアのかびの痕跡がある)、トロント、カルガリーで私は本を収集し、やがて出発のときが来ると、それらを荷造りした。本は、墓場のような倉庫のなかで、いつか復活の日が来るというかすかな希望にすがって待ちつづけた。紙とインクのこの膨大な堆積がいつか、壁を這う蔦のように書斎の棚を満たす日が来るのだろうかと、私は何度も自問した。

いまその書斎が目の前にある。十五世紀の石工による石積みを一部に残す長い壁にはさまれ、風雨にさらされた梁で支えられた天井のもと、過去のあらゆる書斎の名残とともにそこにある。初めての書棚にあった、厳粛なゴチック体の活字で印刷された全二巻の『グリム童話』と、いたずら書きをした『グロースターの仕立て屋』もある。まじめな愛書家にとって価値があると思えるようなものは少ない。十三世紀ドイツの写字室でつくられた彩色写本(小説家イェフダ・エルバーグからの贈り物)、現代画家の本が数冊、サイン入りの初版本が二、三冊。だが、私にはプロの蒐集家になれるほどの資金も知識もない。そして、わが書斎にはしかつめらしい革装の長老に混じって、ぴかぴかの若いペンギンたちも満足げに鎮座している。

公共図書館とちがって、他の利用者にもわかる共通の記号は必要ないので、私はただ自分の欲求と好みにしたがって本を並べてきた。その配置はある奇妙な理論にもとづいている。本はおもにどの言語で書かれているかで分けられている。つまり、ジャンルにはこだわらず、スペイン語、フランス語、英語、またはアラビア語の本がまとめて同じ棚におかれたのだ。ただし、例外はたくさんあった。ある種のテーマ——本の歴史についての本、聖書研究、さまざまなファウスト伝説、ルネサンスの文学と哲学、ゲイ研究、中世の動物寓話集——は特定の場所に分けておかれた。著者にも好き嫌いがあった。探偵小説は山ほどもっていたが、スパイ小説はほとんどなく、アリストテレスよりプラトンのほうが多く、ゾラは全作品がそろっているが、モーパッサンはそれに及ばない。ジョン・ホークスとシンシア・オジックの本はだいたいもっているが、『ニューヨーク・タイムズ』のベストセラー・リストに載った本はほとんどない。ひどいと思う本も十数冊は捨てずにおいてある。私がどんな本をひどいと思っているか、その実例を見せる必要が生じたときのためだ。私が自分の書斎から追放した唯一の本は、ブレット・イーストン・エリスの『アメリカン・サイコ』である。意図的に苦痛を加えるというういやらしい描写が、私の書棚を汚すように思えたからだ。その本はごみ箱行きにした。自分が好きになれない本を人に贈るつもりはないので、人にあげることもしなかった。私は本を人に貸すこともない。誰かに読んでほしい本があれば、もう一冊買ってプレゼントする。本を貸すことは、盗みへの欲求をそそのかすことだと思っている。

あらゆる図書館の例にもれず、ついに私の書斎も与えられたスペースからはみだしつつある。書斎を建ててからわずか七年で、本は母屋を侵食しはじめている。本当は母屋には書棚をおきたくなかったのだ。旅行記、音楽と映画の本、各種アンソロジーなどがいまやいくつかの部屋の壁を占領している。客用寝室のひとつは探偵小説でいっぱいになり、家族のあいだでは「殺人部屋」と呼ばれている。フリオ・コルタサルの短編「占拠された屋敷」では、兄妹の住む広い家を名前のない何かがじりじりと占拠して、部屋から部屋へと逃げていった兄妹はついに通りへと追いだされてしまう。その名前のない侵入者のように、いつか本がゆるやかな征服を完了する日が来るのではないかと思う。そうなったら、私は庭に追いやられるだろう。だが、私は本の性質を知り尽くしている。安全に見えるその場所さえも、わが書斎の飽くことなき野心から逃れることはできないだろう。

読書の終焉

「そんなことをしてもしかたがないわ。だって、ありえないことなんて信じられないもの」とアリスはいった。
「練習が足りないのだ」と女王がいった。「私がそなたと同じくらいの歳には、毎日三十分は練習したものだ。そう、朝食前に、ありえないことを六つばかり信じるようにしたものだ」

『鏡の国のアリス』第五章

「なぜ図書館を本でいっぱいにしなければいけないんです？」と、最近の図書館学会で若い未来学者が笑顔で訊ねた（サイエンスフィクションを読まない人のためにいえば、未来学とは電子工学の一分野で、将来の科学技術と有望な用途を予測するものだ）。「なぜ、貴重な空間を、際限のない印刷物の山を保管するために使うんです？　マイクロチップに保存しておけばいいのに。利用者はわざわざ図書館まで来なければならないし、たとえ欲しい本があったとしてもそれを探しだすのに待たされる。それに、やっと手元に届いたと思っても、期限内に返却しなければならないでしょう？　近所の図書館にない何千冊もの本を見たいと思う利用者にそんな苦労を強いるとは。しかも、酸性紙の腐食、ばらばらになりやすい製本、褪せていくインク、虫食い、ネズミ、紙魚、盗難、火事、水濡れの被害にたえず怯えなくてはならないなんて。場所を選ばずに、指先のクリックひとつでアレクサンドリア図書館のすべてが手に入るというのに。本当のことをいえば、これまでのような読書には、もう普遍的な必要性などなくなっています。図書館にはその高貴な、しかし時代遅れな、私たちが本と呼ぶテクストの貯蔵庫としての役目を放棄していただきたい。そして、今後はすべての本を電子化すべきです。かつて愛用された粘土板と羊皮紙の巻物に冊子本がとって代わったのと同じことです。この必然の流れを受け入れなければいけません。グーテンベルクの時代はもう終わったのです」

残念ながら、あるいは好運にも、ここに要約したような主張は誤解にもとづいている。その誤解とは、各地に分散した図書館が本来の輝きを取り戻せば、利用者の一人ひとりが聖霊の降臨に出会ったごとき至福感を抱き、使徒たちが一身に浴びた天国から降り注ぐ炎のような無数の言語という恩寵をそれぞれの読者が受け取るという考え方である。だが、あるテクストを別の言語にしたときにけっして同じものにはならないように、また電子メモリーと私たちの脳裏に刻まれた記憶が同じではないように、本と電子メモリーは、内容が同じひとつのテクストでもまったく別のものであり、異なる性質をもつ。「聖アウグスティヌスのコンピューター」でも述べたように、それらは特殊な用途をもった別物であり、私たちがこの世界を探求しようとするとき、それぞれの働きにしたがって別々の目的を果たす。したがって、そのどちらかを排除すべきだという論はまちがっているし、それ以上に害をなすものだ。そんな主張は意味をなさない。スタティウスのうろ覚えの文章を一瞬のうちに見つけるとか、プラトンの難解な手紙についての心覚えのメモをすぐに読めるというのは、いまや聖ヒエロニムスの博識さがなくても電子技術のおかげで可能になった、現代人ならではの特権である。だが、ページの隅を折った本を手に、じっくり腰を据えて、なつかしい物語の世界に戻り、かつてページの余白に書きこんだ注釈の上にまた心覚えのメモを書き加え、紙とインクに慰めを得ることは、冊子本が残っているおかげで、いまでもほとんどの人にできることである。技術にはそれぞれの利点がある。だから、電子書籍が活字本を駆逐すべきだというかたくなな見方は捨て、それぞれの利点に応じて両方の技術を活用するほうがずっと有益だ。

従来の図書館は、本来の性質からして、その内容にくらべると収納力に限界がある。それが人間の脳とは異なる点である。脳にしまいこむ情報がどれほど増えても、ニューロンの情報処理能力には限りがなく、したがってヒトの大脳という迷路、秘密の廊下に沿って並んだ無限の棚には、人が生きているあいだに使いきれないほどの余分な空間が残っているという――これを聞いたら、ふだんはおとなしい図書館員も思わず平静さを失い、当然ともいえる羨望で身もだえするにちがいない。生まれてから死ぬまでずっと、私たち人間は言葉とイメージ、感情と感覚、直観とアイデアを収集しつづけ、この世界にまつわる記憶を積み重ね、詰めこまれた経験によって頭のなかはもう満杯だと思うかもしれない。ところが、その貯蔵庫にはつねに余分なスペースがある。それは、古い記述の上に次々と新しい文章を書きこんでいく古代の羊皮紙、パリンプセストを連想させる。一八六九年、シャルル・ボードレールはこんな問いかけをした。「人間の脳髄とは何であろうか、巨大な自然の羊皮紙《パリンプセストス》でないとしたなら?」ボードレールのいう、無限に近いパリンプセストのように、心のなかの図書館にはこれといった限界がない。しかし、石とガラスでできた現実の図書館の場合、社会の記憶の貯蔵庫である空間はつねに不足している。官僚的な規制、合理的な選別、資金不足、意図的な、あるいは偶然による破壊にもかかわらず、本を保管するための場所はいつも足りないままだ。このような制約への対策として、私たちは科学技術の助けを借り、ほとんど無限の空間をもつバーチャル図書館を築きあげた。だが、これらの電子の箱舟でさえ、テクストそのものを確かな形で、後世へ無事に送り届けることはできない。亡霊のようなバーチャル図書館では、テクストを具体的な形で残すことは二の次にされ、言葉は肉体をもたずにただよっている。

バーチャル図書館にはそれなりの利点がある。だからといって、現実の図書館がもはや不要だということにはならない。電子産業界がどんなに口をすっぱくして図書館は不要だと説得しても、グーグルとその同類が自分たちの博愛精神をどれほど強調し、人類の知的財産を侵害するつもりはまったくないと抗弁しようとも、図書館は必要なものだと私は信じる。ワールド・デジタル・ライブラリーはユネスコとアメリカ議会図書館とフランス国立図書館およびその他多くの図書館の共同運営による国際的な図書館であり、大規模かつ重要な企てである。その資金の一部はグーグルから出ているとはいえ、この図書館は（いまのところ）商業的な関与を免れている。このような注目すべきバーチャル図書館の構築が進んでいる一方で、従来の図書館はいまでも絶対に不可欠である。電子文書にはそれなりの価値があるが、同じテクストの活字本にもまた別の価値がある。この両者は役割を交換することができない。活字になった文章が、個人の記憶のなかに刻まれた文章に置き換えられないのと同じである。ある文章のコンテクスト、素材という基盤、物理的な歴史や経験は、そのテクストを成り立たせる構成要素の一部であり、文章の語彙や響きに劣らず大事なものである。文字どおりの意味において、具体的なものを軽んじてはいけない。

従来の図書館が抱える問題——かたよった選書、主観的な分類、階級意識のある文献目録、暗黙のうちの検閲、記録の保管と循環をめぐる義務——は、どんな社会であれ、文学を重んじようとすれば、つねに悩みのたねとなる。心のなかの図書館には、すべての本が読めるわけではないという思いと、だからこそ完全に自分のものだと正当に主張できないという迷いがつきまとう。集合的な記憶の図書館には、すべての本が図書館を管理する人びとによって選ばれたものではないという思いがつきまとう。本は拒否され、捨てられ、制限され、嫌われ、禁じられ、忌避され、無視される。

人の知的生活を支配するこのような振り子運動にしたがって、ひとつの疑問がたえず浮かびあがっては消えていくようだ。それは、時間がないことに絶望する読者と、空間の不足を嘆く読者がつくる社会に共通する問いである。人はなんのために本を読むのか？　より多くのことを知りたがり、知識の探求という地平がつねに遠ざかるのを目にしながら、そこに達したいと手を伸ばすのはなぜなのか？　石造りの図書館や電子メモリーの貯蔵庫に、そのような知的冒険の戦利品をせっせと溜めこむのはなぜなのか？　なんのためにそんなことをするのか？　有能な未来学者が提起した問いかけは、もっと深く掘り下げることができる。ここで提示すべきは、「なぜ読書の終焉がもたらされたか？」（自己達成的な仮定）ではなく、むしろ「読書の終焉とは何か？」という問いかもしれない。

この問いについて考えるのに、個人的な経験が役に立つかもしれない。

二〇〇八年、クリスマスを二週間先に控えたあるとき、私は緊急手術が必要だといわれた。あまりにも急だったので、荷造りする時間さえなかった。清潔だが殺風景な緊急治療室の不安と緊張のなかで寝かされた私が持っていた本といえば、ちょうどその朝読んでいたセース・ノーテボームの楽しい『オランダ山脈で』だけで、数時間後にはそれも読み終えてしまった。つづく二週間の回復期を病院で過ごすあいだ、何も読むものがないのは耐えがたい拷問に思えた。そこで、わがパートナーが家の書斎から何冊か本を持ってこようかといってくれたとき、ありがたくそのチャンスに飛びついた。だが、なんの本にしよう。

伝道の書の作者やピート・シーガーが述べているように、なにごとにもふさわしい時季がある。同じように、時季に応じた本がある、と私はいいたい。だが、経験で学んだように、どんな状況にもふさわしい本というものは、まずない。まちがった場所でまちがった本を手にした人間の不運は同情に値する。たとえば、南極点の発見者であるロアール・アムンゼンは、本を入れた袋が氷の海に沈んでしまったため、凍るような寒さのなかで迎える夜ごと、手元に残った一冊の本、ジョン・ゴードンの難解な『孤独と苦悩に沈む聖なる主の肖像』をくりかえし読むしかなかった。読書好きは知っているにちがいない。愛を交わしたあとに読む本、空港のラウンジで待つあいだに読む本、朝の食卓にふさわしい本、風呂で読む本、家で眠れない夜に読む本、そして病院での眠れない日々にふさわしい本があるということを。誰も、とびきりの愛書家でさえも、ある種の本がなぜある状況にぴったりで、なぜ別の本がふさわしくないのかを完全には説明できない。言葉にできない理由によって、人間と同じように、ある状況とある本がどういうわけかぴったりと息が合い、また別の本になると激しくぶつかりあうのだ。

人生のあるとき、私たちはたくさんの本のなかから、なぜその一冊の本を伴侶として選びだすのだろう？　レディング監獄に入れられたオスカー・ワイルドが送ってほしいと頼んだ本のリストにはスティーヴンソンの『宝島』とフランス語-イタリア語の初級会話集があった。アレクサンドロス大王は遠征にホメロスの『イリアス』を携えていった。ジョン・レノンを暗殺しようとした男は犯行現場にサリンジャーの『ライ麦畑でつかまえて』を持っていくつもりだった。宇宙飛行士は宇宙旅行にレイ・ブラッドベリの『火星年代記』を持っていくだろうか？　それとも、逆にアンドレ・ジッドの『地の糧』のほうを好むだろうか？　刑務所に収監されたバーナード・マドフは、横領発覚の恥辱に耐えかねて借り物の剃刀で喉をかき切ったミスター・マードルの物語を読むために、ディケンズの『リトル・ドリット』をリクエストするだろうか？　教皇ベネディクト十六世はサンタンジェロ城の小書斎にこもって、シャルル・ルイ・フィリップの『愛すれど哀しく』をひもとき、十九世紀のパリでコンドームがなかったためにどれほど梅毒が蔓延したかを知るだろうか？　現実的なＧ・Ｋ・チェスタトンは無人島に流されるとしたら、簡単な船造りの手引書を持っていこうと考えた。同じ状況で、それほど現実的ではないジュール・ルナールは、ヴォルテールの『カンディード』とシラーの『群盗』を選んだ。

そんなわけで、私は病院の個室にどんな本を選ぼうか？

私はバーチャル図書館の利便性を大いに認めるものではあるが、電子書籍の愛用者ではない。アッシリアの粘土板を現代風によみがえらせたタブレットも、リリパット国にふさわしいちっぽけなｉＰｏｄも、もちろん昔なつかしいゲームボーイも私の得意分野ではない。「インターネットは気を散らす最たるもの」というレイ・ブラッドベリの言葉に心から賛同する。私はページの空間、紙とインクの確かな存在になじんでいる。そこで家の寝室に積みあげてある本を心のなかで思い浮かべ、一冊ずつチェックしていった。最近の小説はやめておこう（まだ証明されていないものはリスキーだ）。伝記も排除（入院中の病室ではじゃまになりそうだ。点滴の管につながれて寝ているときに、他人の存在は神経にさわるだけだろう）。科学エッセイや探偵小説も遠慮しておく（頭を使いすぎる）。最近の私はダーウィン理論の復活を大いに楽しみ、古典的な探偵小説を何度も読み返しているとはいえ、利己的な遺伝子や犯罪者の心理についてのくわしい記述がよい薬になるとは思えなかった）。キルケゴールの『死に至る病』で看護士を驚かすという遊び心もなくはなかった。だが、やめておこう。私に必要なのは、心が休まる食べ物のようなものだ。かつて楽しみつつ読んだことがあり、何度でも苦労せずに戻っていける場所。気晴らしのためだけに読めるもので、同時に私の脳を明るくし、ハミングさせるようなもの。結局私が頼んだのは『ドン・キホーテ』の二巻本だった。

ラース・グスタフソンの感動的な小説『ある養蜂家の死』では、語り手であるラース・レナート・ウェスティンが癌の宣告を受けたあと、さまざまな技能を難易度によって順位づけしたリストをつくる。上位に来るのはエロティック・アート、つづいて音楽、詩、演劇、花火製造とつづき、最後に噴水建造、フェンシング、砲術となる。だが、どうしても順位づけができないものがあった——痛みを耐える技術である。「したがって、われわれが直面しているのは、この世に二つとない技術なのだ。難易度が高すぎて、そんな訓練ができる人は一人として存在しない」とウェスティンはいう。彼はたぶん『ドン・キホーテ』を読んだことがないのだろう。『ドン・キホーテ』は、痛みを耐えるのに最高の選択だったことがわかった。突き刺されたり、つねられたり、投薬されたりするのを待つあいだ、私はどこにいてもその本をそばにおいていて、博学なスペインの騎士がなつかしい声で、最後にはきっとうまくいくにきまっていると安心させてくれた。思春期以来、何度も『ドン・キホーテ』を読んできたから、その驚くべき物語がけっして私を失望させないことはわかっていた。それに、『ドン・キホーテ』は独創性を純粋に楽しめる本であり、複雑な謎かけや大げさな脱線を苦労して解きほぐす必要もなく、ひたすらその世界に没頭できる。だから、物語の流れにおとなしく身をまかせ、高潔な騎士と忠実なサンチョのあとを追っていくだけでよい。高校時代にイサイアス・レイネル教授の指導のもと、初めて『ドン・キホーテ』を読んだときから、その後の年月、私はさまざまな場所でさまざまな気分のもとに、何度も別の読みを重ねてきた。ヨーロッパで過ごした青春時代にも『ドン・キホーテ』を読んだ。一九六八年五月の残響のなかで、まだ名前もなく、定義もできない大きな変化が宣言されようとしていた。それは誠実な騎士が求める理想の騎士道の世界に似ていた。南太平洋でも『ドン・キホーテ』を読んだ。雀の涙ほどの資産で家庭を築こうと奮闘し、貴族たちに囲まれた哀れな騎士のようにポリネシアの異文化のただなかで気が変になりそうだと思うこともあった。カナダでも『ドン・キホーテ』を読んだ。多様な文化が入り混じったカナダの社会は、トーンもスタイルも非現実的で、まさにドン・キホーテの世界そのものだった。こうしたさまざまな読書経験にいま、鎮静剤と精神安定剤を兼ねた、薬としての『ドン・キホーテ』が加わるのだ。

もちろん、これらの『ドン・キホーテ』はどんな図書館にもない。褪せつつあるわが記憶のなかに保管されているだけだ。カレル・チャペックはすてきな園芸書のなかで、ガーデニングの秘訣はたったひとつの法則にまとめられると書いている――取るよりも多く加えること。図書館の法則にも同じことがいえる。だが、物質界の図書館は、いかに貪欲でも、現実に存在する本しか集めることができない。どんな本もその内部に、過去、現在、未来のあらゆる読書の可能性を秘めている――そのことを私たちは知っている――が、ピュタゴラス派哲学でいう輪廻のように、やがて現われる読者によって再生されるすばらしい形をもつはずの本は、私たちの書架には見つからないだろう。コレットの友人で、パリの国立図書館に勤務していたポール・マッソンは、職場で蔵書目録を調べているうちに、十五世紀ラテン語およびイタリア語の分野にかなりの不足があることに気づいた。そこで架空の本のタイトルを考えだし、図書目録カードに加えていくことにした。当人にいわせると、「目録」の威信を保つためだった。存在しない本の目録をつくってどうするのかとコレットが素朴な疑問を口にすると、マッソンはむっとして、「すべてを考慮しておく」ことを期待されても困ると答えた。だが、真摯に運営されている図書館の館員にはどうしてもスペースが必要だ。あいにく、その野望はけっして満たされないだろうが。

ところが、心のなかの図書館では、本は物理的な存在ではないので、いくらでも書架に詰めこむことができる。かつて読み、いまや切れ切れの記憶だけになった他のさまざまな本と融合した本、欄外に書きこんだメモや注釈や感想があまりにも豊かなので一冊だけにしておくのが惜しい本、夢のなか、あるいは悪夢のなかで書かれ、いまではそのあいまいな領域の色に染まってしまった本、書かれるべきだと心のなかで確信しているのに、ついに書かれなかった本、言葉では表現できない経験が詰まった自伝、口にできない欲望の本、昔は明白だったがいまやすっかり忘れられた真理の本、偉大な、だが言葉にならない発明の本。現在に至るまで各国語で出版されたすべての『ドン・キホーテ』を集めることは可能だ。実際、マドリードのセルバンテス文化センターの図書館にはそのコレクションがある。だが、私自身の『ドン・キホーテ』、数度にわたる読書に呼応したそれぞれの本、私の記憶でつくられ、私の忘却によって編集されたその本は、私の心のなかの図書館にしかない。

この二つの図書館がひとつになることもある。『ドン・キホーテ』前篇の第六章では、現実の本を収めた騎士の書斎が、そこを襲った神父と床屋の記憶の書斎と重なりあう。棚からとったどの本も、二人の検閲官の記憶にある本と照らしあわされ、過去の美点によって判断が下される。悪書とされて火に投じられる本と刊の執行を免れる本、そのどちらもページに印刷された文字そのものではなく、床屋と神父の記憶に刻まれた言葉によって、つまり彼らがそれらの本の最初の読者だったときにさかのぼって裁定が下されるのだ。ときには、伝聞が判断の基準になることもある。たとえば神父は、『アマディス・デ・ガウラ』がスペインで印刷された最初の騎士道本だと聞いたことがあり、したがって邪悪の根源なのだから燃やしてしまうべきだという――それにたいして、床屋はその本が最も優れた書と聞いており、だからこそ燃やさずにおくべきだという。ときには、最初の印象があまりにも強いために、その本だけでなく同類までいっしょくたにされる。また、翻訳書は断罪されるのに原本は許されることもある。何冊かの本は燃やされず、将来の読者に悪影響を与えないよう場所を移すだけですまされる。ドン・キホーテの書斎を浄化するつもりの神父と床屋は、じつは自分たちが心に抱いている書斎のイメージに合わせてつくりかえているだけだ。他人の本を横取りし、自分たちの経験によって固まったイメージを押しつけているだけなのだ。結局、書斎だった部屋は壁に塗りこめられて、もともと存在しなかったものとされてしまうが、それも意外なことではない。年老いた騎士が起きてきて、書斎はどこだと訊くと、消えてしまったという答えが返ってくる。部屋が消えたのは、悪い魔法使いのせいではなく（ドン・キホーテはそう推測したが）、他人の持ち物である蔵書に、別の読者が自分のもつ本のイメージをむりやり重ねあわせるという一種の暴力によるものだった。現実の世界の図書館はすべて、私たちの前にいた読者の読みの上に成り立っている。

とどのつまり、この創造性にあふれた解釈こそが、読者に与えられた最大の力である。読者は自分のもつ経験、好み、直観、知識に命じられるまま、本をつくりなおす。もちろん、手当たり次第にではないし、常軌を逸した心によるでっちあげでもない——精神分析医やシュルレアリストによれば、そこにはそれなりの理由と論理があるのだ。しかし、知性や啓示によるテクストの再構成よりも、むしろ理性と想像力を使ったほうが、別のキャンバスに移し替えること、すぐそこに見える境界線や作者の意図をはるかに越えて、表面的な意味の地平を広げるのには向いているようだ。この力の限界は悲しいほど漠然としている。先に述べたように、ウンベルト・エーコはそれが常識の限界に一致するはずだと示唆した。おそらく、その言葉で十分だろう。

限界の有無はともかく、読者のその力は遺伝するものではない。学んで身につけるものである。人はこの世に生まれ落ちたときから、あらゆるものに意味を見出そうとする存在である。しぐさ、音、色、形から意味を導きだそうとする。それでも、コミュニケーションのための社会の共通コードを解読する能力は、努力して学んで初めて身につく技術である。語彙や構文、意味のレベル、テクストの要約と比較などは、社会の共同体に加わった者が読解力を十分に発揮できるよう、最初に身につけなければいけない技術である。しかし、この過程の最後の段階は完全に自分だけで学ぶことになる。一冊の本のなかに、自分の経験の記録を発見することである。

しかし、この力を獲得するよう励まされることはめったにない。メソポタミアのエリート写字生が学んだ学校から、中世の修道院や大学、そしてさらに後年のグーテンベルク以降、テクストが大量に出まわるようになった時代、そしてウェブの時代も、読むことの力を十全に発揮することは、つねに少数の人にしか許されない特権でありつづけた。実際、この現代においてさえ、世界の大多数の人は表面的にしか文字が読めない。広告は読めるし、契約書に自分の名前を書くこともできる。だが、それだけでは真の読み手とはいえない。読書とは、テクストのなかに入りこみ、もてる能力をすべて費やしてそこを探求し、物語をつくりなおす過程でその本を自分のものにすることである。だが、そこに至るまでの道には（『ピノッキオ』の章で述べたように）無数の障害物がある。人は読書によって力を得る。ほかならぬその力ゆえに、政治、経済、宗教など、私たちを支配するさまざまなシステムはそのような想像上の自由を恐れるのだ。最良の読書体験に導かれて、人は内省を深め、疑問を抱くようになる。そして、内省と疑問は反抗と変化への希求につながりかねない。どんな社会でも、それは危険な企てである。

今日の図書館員はいつのまにか、厄介な問題に直面するようになっている。図書館の利用者、とくに若い世代が、いまや文章のきちんとした読み方を知らないのだ。電子文書を見つけてそれを追いかけ、インターネットのさまざまな出典からテクストの一部を切り貼りして、文章らしいものをつくりあげることはできる。だが、テクストを論評したり、批評や注解を加えたり、プリントアウトした文章の要点を記憶したりすることができない。電子文書はあまりにも簡単に入手できるので、学習につきものの困難なしで、勝手に使ってかまわないという錯覚をもたせてしまう。彼らにとって、読書の本質的な目的は失われ、残ったものはただ、必要に応じて使うための情報収集でしかない。だが読書は、ただテクストが入手しやすいというだけでできるものではない。読書とは、人が言葉の迷路に入りこみ、自分の道を自分で切り開き、ページの余白を超えた自分だけの地図をつくることを要求する。もちろん、電子文書でもこれはできる。だが、それらは包括的であることを自慢するあまり、特定の意味を深く掘り下げ、特定のページを徹底的に探査することをむずかしくしている。ディスプレイの上の文章は、境界が定められ一定の束でできている紙の本の文章ほど、読者に課せられたことを明らかにはしてくれない。携帯電話の広告は「なんでもできる」とうたって、写真撮影、録音、ウェブでの調べもの、言葉とイメージの伝達、メッセージの送受信、そしてもちろん通話ができるという。だが、ここでいう「なんでもできる」は、一歩まちがえば「なにもできない」になりかねない。なにかを得ること（なんでも、ではなく）にはかならず選択がつきまとい、さしだされたものを全部受け取れるわけではない。観察し、判断し、選ぶためには訓練が必要だ。それだけでなく、責任感もなくてはならず、ときには倫理的な態度さえ求められる。それなのに、若い読者は、オートマ車の運転しか習わなかった旅行者のように、もはや自分の思いどおりにギアを変えることさえできず、どこへでもつれていくと約束する自動車にすべてをまかせるしかないのだ。

　人類の歴史のある時点、人びとが共同で読み書きできる記号が発明されたあと、粘土板やパピルスの上に作者——時間的にも空間的にもかけ離れた存在だったはずだ——が記した文字が、共通のコードで理解される以上のものを表現していることが理解されるようになった。つまり、そこに書かれているのが、取引された山羊の数や宣戦布告だけではないということだ。いまそのテクストを読む人びとの目には見えないそれらの山羊が、読者の経験のなかの山羊になることがわかった。それは、かつて家族の農場で見た山羊かもしれないし、怖い夢のなかにちらっと出てきた悪魔の山羊かもしれない。そして、宣戦布告の文字が意味するのは、武器を用意せよということだけでなく、ひとつの警告かもしれない。あるいは、和平交渉への働きかけ、またはただの空威張りかもしれない。記されたテクストは、ある個人の意思と知性の産物だが、そのテクストの読み方は、そのもとになった知性や意思におとなしくしたがう義務はなく、さらにいえば、もとの知性や意思がどんなものだったかを推測する必要さえない。

このとき、読者は発見した。社会が意思疎通のために選んだ道具、言葉による伝達手段、不確かであいまいでぼんやりしたそれは、そのあいまいさと不明瞭さと不正確さのなかにこそ強さがあるのだ、とあらためて知ることになった。ものをただ名づけるだけでなく、そこに意味をこめることができるという言葉の奇跡に気づいたのだ。「山羊」や「戦争」と書くとき、書き手はまちがいなく具体的な例を思い浮かべていたにちがいない。ところが、読者はその特殊な具体例に、大勢の群れについての思いや平和の可能性への期待を上乗せする。すべてのテクストは――言葉で書かれているゆえに――いわんとすることを伝える。それと同時に、著者が意図した以上のものになりうる。未来の読者はそれをまとめ、収集して別ののにするだろう。実物の文章から別の文章が生まれることもある。またときには、半醒半睡のなかで書かれた文章、流れる文章、うつろう文章などがあり、そのすべてが心のなかの図書館に溜めこまれる。

『ドン・キホーテ』前篇第三十二章で、疲れきった騎士に一夜の宿を与えた宿屋の亭主は、司祭を相手に騎士道小説の美点について論じ、それらの本が人の正気を奪うなどという事態は見たことがないという。「そんなことになるなんて、わしにはとても信じられませんや」と宿屋の亭主はいう。「わしのにらむところ、この世にあれほど素晴らしい読み物はないんですからね。わしもほかの本といっしょに、あの種のやつを二、三冊持ってますが、ありゃあ本当にわしをわくわくさせたもんですよ。いや、わしだけじゃなく、大勢の者をね。というのも、収穫の時期ともなると、休みの日には刈り取り夫がたくさんここに集まってきて骨休めをするんですが、そういう男たちのなかには必ず読み書きのできるのがいて、そいつが物語の一冊を手にすると、わしら三十人を越える者がそいつをとりまいて座り、まったく日ごろの憂《う》さなんかすっ飛ぶほど夢中になって聞くからなんです」

宿屋の亭主は闘いの場面が好きだという。女中はロマンチックな求愛の物語を好む。宿屋の娘は愛する貴婦人と離ればなれになっている騎士たちの嘆きの場面がなにより気に入っている。それぞれの聞き手（一人ひとりの読者）が文章を自分の経験や欲望に移し替え、物語をしっかりと自分のものにする。検閲の目を光らせる司祭にとって、それらの物語はドン・キホーテのような読者を狂気に追いやる元凶だが、ドン・キホーテ本人にいわせれば、この現実の世界で誠実さと正しいふるまいを追求しようとするとき、お手本にすべき生き生きとした実例なのだ。朗読されたひとつの文章から派生したもうひとつの文章、読書の多様性、棚いっぱいの本は、私たちが貪欲な図書館でページをめくるたびに増えていく。そのページは紙とは限らず、記憶のページかもしれない。それもまた、幸福な経験のひとつである。

わが『ドン・キホーテ』には心から感謝している。病院で過ごした二週間、この二巻の本は寝ずの番をしてくれた。楽しみがほしいときは、本が語りかけてくれた。ベッドのかたわらでおとなしく、じっと待っていてくれることもあった。けっして忍耐を忘れず、無理強いしたり恩着せがましくなったりすることもなかった。まだ私が私でなかったころ、大昔に始まった会話を、時間など関係ないというかのようにつづけてくれた。いま、この時間も、そして読者が抱く不快や不安も、当然のように、いずれは過ぎてゆくのだと教えてくれた。そして、記憶に残ったページだけが私の書架に残り、私だけの、ごく親しい、薄暗い何かを伝えている。それをなんと呼ぶべきか、私にはまだ、それをいいあらわす言葉がない。

『図書館　愛書家の楽園』『奇想の美術館』につづいて、本書でも著者の興味は「読み解く」ことである。その主語はもちろん、人類、人間、私たちだ。人はなぜ見たもの、聞いたもの、読んだもの、つまり自分をとりまく世界のすべてに意味を読みとろうとするのか。本や絵画から意味を読みとろうとするのは理解できる。だが、太陽や星、花や木々、海や風や石ころにさえ、なんらかのメッセージがあると信じるのは人間だけである。いいかえれば、そのような想像力をもっていることが人間性の証といえるのかもしれない。

本書は Alberto Manguel, *A Reader on Reading* の全訳である。底本には Yale University Press 2010 のハードカバー版を用いた。「はしがき」にあるように、いくつかの章は一九九八年刊の *Into the Looking-Glass Wood* に収録されたものと重なる。*Looking-Glass Wood*「鏡の森」というタイトルからもわかるように、このエッセイ集は、各章の冒頭にルイス・キャロルの『不思議の国のアリス』と『鏡の国のアリス』からの引用を掲げていて、それぞれの内容を示唆しているが、そのスタイルは本書でも踏襲されている。一見、無関係のように思える引用が、じつは意外にもエッセイの内容に通じていることに驚かされる。このキャロルの本二冊は著者の愛読書で、長女にアリスと名付けたほどだという。

本書の原タイトル、*A Reader on Reading* は「読書入門」というような意味だが、ここでいう入門とは、けっして初心者のための「いろは」ではなく、（こういっていいかどうか）はるかに上級者向けである。プロパガンダや広告のメッセージのような単純な記号《コード》を読み取ることは初心者にもできる。だが、文字の行間やページの裏にひそみ、著者の背後に隠れている亡霊のような曖昧な存在を発見し、直視することが「読む」という行為の真髄ではないだろうか、と著者はいう。その亡霊は書き手が意図して生みだしたものではなく、ときには書いた当人さえその存在に気づいていない場合がある。

初出一覧を見ると、執筆時期は古くて一九九八年、最新のものは二〇〇九年である。テーマは多岐にわたり、人種問題、ジェンダー、創造的な贋作について、社会的責任と文学の役割、テクノロジーと書物といった大きなテーマを扱うかと思うと、編集者、翻訳者、出版人の役割を具体的に論じたものもある。

広範な話題にもかかわらず、この本を通して読むと、はからずも時間を追って著者の半生をたどることになる。絵本や子供向けの本が並んだ棚一つの最初の書斎から、つい最近、入院することになってどの本を病床で読もうかと数万冊の本を収めた自宅の書斎を思い浮かべたときまで——その構成もうまくできていて感心させられた。

ブエノスアイレスに生まれ、イスラエル駐在アルゼンチン大使の息子としてテルアビブで幼少期を過ごし、乳母に本を読み聞かせてもらったのが、長い読書遍歴の始まりだった。小学生のときに故国アルゼンチンへ戻り、スクールバスのなかで「ユダヤ人」と呼ばれたことから人種的アイデンティティに気づかされた。

高校生になると、先住民の貧困を目にして社会の暗部を垣間見るが、チェ・ゲバラのように革命に身を投じることはできなかった。さらに、ボルヘスをはじめとする作家たちと知り合い、ある教師から文学の面白さを教えられた。この教師がのちに文学的理想と恐ろしい裏切りの矛盾を考えさせるきっかけとなった。

ブエノスアイレス国立大学に進んだころ、軍事政権が権力を掌握してアルゼンチンの暗い時代が始まった。大学を一年で中退し、ヨーロッパで放浪生活を送る。このときの心境については多くを語っていないが、一九六七年のゲバラの死や六八年の五月革命に刺激を受け、またアルゼンチンの軍事政権から逃れるためでもあったはずだ。その生活は、けっして優雅なものではなかっただろう。本人が書いているように、そのままアルゼンチンにとどまったら、友人たちの多くと同じように、軍事政権に与するか、あるいは抵抗運動に身を投じるかの選択を迫られ、後者を選んだ場合は逮捕、拷問、行方不明という運命を辿っていたかもしれない。故国を捨て、家族や友人の苦境から距離をおかざるをえない亡命生活は苦渋の選択だったはずである。

その一方で、ロンドンとパリで風来坊生活をしていたときのエピソードでは、長髪にベルボトムのジーンズ姿でカーナビー・ストリートの路上の物売りとなり、ミック・ジャガーが憧れだったという意外な一面も見られる。

南米で知的な家庭に育つ、あるいは高等教育を受けるというのは、バイリンガルまたはマルチリンガルにならざるをえない、ということだ。水村美苗の『日本語が亡びるとき』は、日本文学という財産をもつ日本人がいかに幸せかと論じ、安易なグローバル化を愚行と断じている。同じように、スペイン語圏も独自のすばらしい文学的遺産——たとえばセルバンテス、最近ではボルヘスやコルタサルやガルシア゠マルケス——をもっているが、スペイン語だけでは文学でもビジネスでも世界的な活動はできず、他の言語を学ばなければならない。数か国語をあやつる著者だが、それはインテリ家庭の教育の成果という優雅なものではなく、状況に応じて故国を捨てざるをえなかった南米知識人の自衛策であり、必然だったのだろう。

ヨーロッパとタヒチで編集・翻訳・アンソロジー編纂などの仕事についたあと、やがてカナダに落ち着いて三人の子供を育て、その間、『図書館』『奇想の美術館』を含む何冊もの著作を送りだした。やがて、それまでのおよそ六十年間に集まった膨大な数の蔵書を収めるのにふさわしい場所をフランスの田舎に見つけ、理想の書斎のある家を建てて、いまはそこで暮らしている。

ところで日本の話だが、二〇一〇年は「国民読書年」だった。六月に衆議院本会議で決議され、もちろんその前に参議院でも決議されている。国民読書年推進会議が発足し、朝日・毎日・日経・産経各新聞社社長、小学館・講談社社長、医師会会長など錚々たる識者が委員に就任した。その発議文の冒頭にはこう書かれている。

「文字・活字は、人類が生み出した文明の根源をなす崇高な資産であり、これを受け継ぎ、発展させて心豊かな国民生活と活力あふれる社会の実現に資することは、われわれの重要な責務である」

出版界の末端につらなる者としては、お説ごもっともというしかない……が、読書好きの一個人としてはどうも居心地が悪い。そもそも、「政官民協力のもとで国を挙げてあらゆる努力を重ねることを盛りこんでいます」などという文章が大上段に構えすぎだ。

読書好きの人ならみな知っているとおり、本を読むことは権力をもつ側にとって、かならずしも手放しで歓迎できるとはかぎらない。試験の前にやたらと本が読みたくなったり、寝なくちゃいけないのに布団をかぶって小説に読みふけったりした経験に思い当たる人も多いだろう。

だいたい、本なら何でもよいというなら、猥褻罪や不敬罪といったものはないはずだ。読書を推進するといっても、これはよし、あれはダメ、という選択を他者に押しつけられたまま受け入れているのでは、「ピノッキオ」の章にあるように、いつまでもあやつり人形のままということになる。本を読むことは世界を知ることであり、他者と自分自身に向き合うことであり、ひいては社会の不正や権力の非道さを意識する契機ともなる。権力者や既得権をもつ人びとにとって、本は危険な存在でもあるのだ。

人の心の奥にある暗い情熱や醜い感情をあふれさせ、ときには社会をくつがえす運動の引き金にもなる。それが読書というものだ。『わが闘争』『悪徳の栄え』『風流夢譚』といった例を見よ。ある立場の人びとにとって、読書は「崇高な資産」や「心豊かな国民生活」をもたらすものばかりとはいえない。

さまざまな障壁を越えて本当の「豊かさ」を手にするには、「深く読みこむ」能力が欠かせないと著者はいう。世界の意味を読み解くことは、苦労なしに楽しめるお手軽な娯楽ではけっしてない。困難を克服してこそ、真の読書の楽しみが得られるのだ。しかし、困難とはいうものの、『アリス』や『ドン・キホーテ』、『神曲』、ボルヘスやカフカの作品など、愛読した本のことを語る著者の口ぶりはとても楽しそうで、誰もがつられて本に手を伸ばしたくなるはずだ――まさに、この著者ならではの読書礼讃である。

前二作のときと同様、翻訳にあたっては非力さを思い知らされるばかりだった。本にたいする著者のあふれんばかりの愛に溺れそうになりながら、先人の助けを借りてなんとか泳ぎきったという感じだ。引用文は以下の邦訳をおもに使わせていただいたが、文脈に沿って一部変更したところもある。また、ここに書名はあげないが、このほかにも多くの邦訳書を参照した。

セルバンテス『ドン・キホーテ』前篇・後篇、牛島信明訳、岩波文庫
ダンテ『神曲』地獄篇・煉獄篇・天国篇、平川祐弘訳、河出文庫
ホメロス『イリアス』上下、松平千秋訳、岩波文庫
同『オデュッセイア』上下、松平千秋訳、岩波文庫
J・L・ボルヘス『伝奇集』鼓直訳、岩波文庫
同『創造者』鼓直訳、岩波文庫
同『汚辱の世界史』中村健二訳、岩波文庫
同『続審問』中村健二訳、岩波文庫
同『砂の本』篠田一士訳、集英社文庫
同『エル・アレフ』木村榮一訳、平凡社ライブラリー
同『永遠の歴史』土岐恒二訳、ちくま学芸文庫
同『ボルヘスとわたし　自撰短篇集』牛島信明訳、ちくま文庫
同『ボルヘスの「神曲」講義』竹村文彦訳、国書刊行会

専門的な事項、とくに中世フランス関係、ボルヘスおよびラテンアメリカ関係、アラビア語やアルメニア語、ゲール語その他の表記については白水社編集部を通じて各先生方にご教示をいただいた。白水社語学書編集部にもたいへんお世話になった。記して感謝に代えたい。

翻訳について論じた「白を黒という」のなかに、「無邪気な翻訳などない（No translation is ever innocent）」という言葉がある。翻訳者としては、自分の innocence（無知）を恥じるばかりである。いつものように、白水社編集部の金子ちひろさんの助けがなかったら、とてもこのような本にはならなかったと思う。心からお礼を申し上げたい。どうもありがとうございました。

二〇一四年四月

野中邦子

訳者略歴
一九五〇年生まれ
多摩美術大学絵画科卒業
翻訳家
主要訳書
プリンプトン『トルーマン・カポーティ』（新潮社）
ラーソン『悪魔と博覧会』（文藝春秋）
フレイザー『マリー・アントワネット』（早川書房）
ヘンライ『アート・スピリット』（国書刊行会）
ホープ『ロンドン　食の歴史物語』
ハストヴェット『フェルメールの受胎告知』
マングェル『図書館　愛書家の楽園』『奇想の美術館』、スパーリング『マティス　知られざる生涯』（以上、白水社）

読書礼讃

二〇一四年　五月一五日　印刷
二〇一四年　六月一〇日　発行

著者　アルベルト・マングェル
訳者 ©　野《の》中《なか》邦《くに》子《こ》
発行者　及川直志
印刷所　株式会社三秀舎
発行所　株式会社白水社
東京都千代田区神田小川町三の二四
電話　営業部〇三（三二九一）七八一一
編集部〇三（三二九一）七八二一
振替　〇〇一九〇-五-三三二二八
郵便番号　一〇一-〇〇五二
http://www.hakusuisha.co.jp
乱丁・落丁本は、送料小社負担にてお取り替えいたします。

株式会社 松岳社

ISBN978-4-560-08357-4

Printed in Japan

索引

サ

タ

ナ

ラ

ワ

初出一覧

本書に収録した文章はさまざまな形式で各種出版物に掲載されたもの、または講演として発表されたものである。初出は以下のとおり。

I　私は誰？

「鏡の国の読者」“A Reader in the Looking-Glass Wood”: Alberto Manguel, *Into the Looking-Glass Wood*（Toronto: Knopf, 1998）

「亡霊に場所を与えよ」“Room for the Shadow”: *Writing Life: Celebrated Canadian and International Authors on Writing and Life*, ed. Constance Rooke（Toronto: McClelland and Stewart, 2006）

「ユダヤ人であること」“On Being Jewish”: 初出時のタイトルは “A Lost Sense of Belonging in No Man's Land,” *The independent*（London), 1994 年 9 月 18 日

「一方、森の向こうでは……」“Meanwhile, in Another Part of the Forest”: *Meanwhile, In Another Part of the Forest: Gay Stories from Alice Munro to Yukio Mishima*, ed. Alberto Manguel and Craig Stephenson（Toronto: Knopf, 1993）に寄せた序文

「イングランドは遠く」“The Further off from England”: *Bad Trips*, ed. Keith Fraser（New York: Vintage, 1991）

「プロテウス頌」“Homage to Proteus”: 2009 年 3 月 26 日−29 日ブリュッセルで開催された Passa Porta Festival での講演

II　巨匠に学ぶ

「ボルヘスの恋」“Borges in Love”: Alberto Manguel, *Into the Looking-Glass Wood*（Toronto: Knopf, 1998）

「ボルヘスと待ち望まれたユダヤ人」“Borges and the Longed-For Jew”: 初出時のタイトルは “Borges and the Jews,” *The Jewish Chronicle*（London), Literary Supplement, 2007 年 2 月 9 日

「創造行為としての贋作」“Faking It”: 初出時のタイトルは “Contributing Editor's Column,” *Descant 140 / Improvisations*（Toronto), vol. 39, no. 1（2008 年春号）

III　覚え書

「チェ・ゲバラの死」“The Death of Che Guevara”: 初出時のタイトルは “Hero of Our

Time," *Times Literary Supplement*, 1997 年 5 月 2 日

「盲目の帳簿係」"The Blind Bookkeeper": 2008 年 4 月 26 日ニューブランズウィック州モンクトンで行なわれた The Northrop Frye/Antonine Maillet Lecture での講演

「不屈の真理」"The Perseverance of Truth": 2009 年 3 月 6 日アンカラ大学で行なわれた Hrant Dink Lecture での講演

「エイズと詩人」"AIDS and the Poet": 1997 年ロンドン，PEN International Lecture

Ⅳ 言葉遊び

「ピリオド」"The Full Stop": *New York Times*, 1999 年 4 月 18 日

「言語への讃歌」"In Praise of Words": *The Spectator* (London), 2001 年 3 月 10 日

「ページをめぐる短い歴史」"A Brief History of the Page": 2000 年 6 月 20 日サスカトーン，サスカチュワン大学，*The Future of the Page* に寄稿

「『私』という声」"The Voice That Says 'I'": 2009 年 5 月 18 日−19 日に開催されたトリノ・ブックフェアでの講演

「最終的な答え」"Final Answers": 初出はフランス語，2006 年シーズン秋にストラスブールの Opéra National du Rhin に寄稿

「セイレーンの歌」"What Song the Sirens Sang": 2008 年 9 月ラヴェンナ，*Dante's Women* に寄稿

Ⅴ 理想の読者

「理想の読者とは」"Notes Towards a Definition of the Ideal Reader": 2003 年 2 月，フランス，サンナゼール，Maison des écrivains étrangers et des traducteurs de Saint Nazaire (MEET), *The Ideal Reader* に寄稿

「ピノッキオはいかにして読み方を学んだか」"How Pinocchio Learned to Read": 初出はフランス語，"Comment Pinocchio apprit à lire," *Et pourquoi pas un éloge de la lecture?* 第 13 回 Journées d'Arole に寄稿，2003 年 11 月 14 日−15 日，ローザンヌ，スイス児童メディア研究所，ラ・ショー゠ド゠フォン公立図書館

「サンスーシ庭園のカンディード」"Candide in Sanssouci": 初出はドイツ語，"Denn alles Fleisch es ist wie Gras," 2003 年 6 月 26 日にポツダムで開催された Einstein Forum に寄稿

「天国の門」"The Gates of Paradise": *The Gates of Paradise: The Anthology of Erotic Short Fiction*, ed. Alberto Manguel (Toronto: Walter & Ross, 1993) に寄せた序文

「時間と憂い顔の騎士」"Time and the Doleful Knight": 初出はスペイン語，"El reloj de Don Quijote," *Matador*, vol. 50 (Madrid, 2008)

「聖アウグスティヌスのコンピューター」"Saint Augustine's Computer": 1997 年 5 月 29 日ヘイ・オン・ワイで開催された *Times Literary Supplement* Lecture での講演；初出は

Times Literary Supplement, 1997 年 7 月 4 日

Ⅵ　本をめぐるビジネス

「白を黒という」“Reading White for Black”: 初出時のタイトルは “No Minor Art,” *Index on Censorship* (London) 1996 年 3 月–4 月号

「秘密を分けあう者」“The Secret Sharer”: *Saturday Night* (Toronto), vol. 102, 1987 年 7 月

「イノック・ソームズを称える」“Honoring Enoch Soames”: 初出時のタイトルは “The Writers' Wish List,” *New York Times*, 1998 年 9 月 8 日

「ヨナと鯨」“Jonah and the Whale”: 1996 年 8 月 30 日アルバータ州バンフで行なわれた Banff Centre for the Arts Lecture での講演

「ドードー鳥の伝説」“The Legend of the Dodos”: 初出はフランス語，*Le Monde*, 2006 年 3 月 23 日

Ⅶ　罪と罰

「イン・メモリアム」“In Memoriam”: Alberto Manguel, *Into the Looking-Glass Wood* (Toronto: Knopf, 1998)

「神のスパイ」“God's Spies”: *God's Spies: Stories in Defiance of Oppression*, ed. Albert Manguel (Toronto: Macfarlane Walter and Ross, 1999) に寄せた序文

「トロイアふたたび」“Once Again, Troy”: *Lebanon, Lebanon*, ed. Anna Wilson (London: Saqi, 2006)

「芸術と神聖冒瀆」“Art and Blasphemy”: *Geist* (Vancouver), vol. 60, 2006 年春号

「きちがい帽子屋のテーブルで」“At the Mad Hatter's Table”: 2007 年 7 月 2 日–5 日ロンドン大学ゴールドスミス・カレッジで開催された英国比較文学会の第 11 回国際大会に寄稿

Ⅷ　荘厳なる図書館

「理想の図書館とは」“Notes Towards a Definition of the Ideal Library”: 書き下ろし

「さまよえるユダヤ人の図書館」“The Library of the Wandering Jew”: 初出時のタイトルは “The Exile's Library,” *The Guardian*, 2009 年 2 月 21 日

「わが家としての図書館」“The Library as Home”: 初出時のタイトルは “A 30,000-Volume Window on the World,” *New York Times*, 2008 年 5 月 15 日

「読書の終焉」“The End of Reading”: 2009 年 4 月 21 日ストックホルム大学で行なわれた Adam Helms Lecture での講演